HISTOIRE

DE

LA MAISON DE MAILLY

Par l'abbé Ambroise LEDRU

TOME II

PREUVES

PARIS

Librairie Émile LECHEVALIER

39, quai des Grands-Augustins

LE MANS	LAVAL
Librairie PELLECHAT	Imprimerie MOREAU
Rue Saint-Jacques	2, rue du Lieutenant

1893

HISTOIRE

DE

LA MAISON DE MAILLY

916

HISTOIRE

DE

LA MAISON DE MAILLY

Par l'abbé Ambroise LEDRU

TOME II

PREUVES

PARIS

Librairie Émile LECHEVALIER

39, quai des Grands-Augustins

LE MANS	LAVAL
Librairie PELLECHAT	Imprimerie MOREAU
Rue Saint-Jacques	2, rue du Lieutenant

1893

HISTOIRE

DE LA MAISON DE MAILLY

PREUVES

XIᵉ SIÈCLE

I

Vers 1007. — Humbert de Mailly, comte, et Guy Le Riche, vicomte de Dijon.

« Dominus Humbertus de Malleio et venerabilis uxor ejus Anna, hujus provinciæ nobiliores, custodiam Divionensis castri et regimen terræ a comite Bellimontis Hugone tenebant, principante secum suo consanguineo Guidone, agnomento Divite, Divionensis vice-comite[1]; quod dominium in tanta vivacitate tenuerunt, ut cum rex Robertus et

---

1. Vers l'année 1055, Guy Le Riche, chevalier, fit son testament en faveur de l'abbaye de Saint-Etienne de Dijon, avec l'approbation de ses fils, Garnier, abbé dudit Saint-Etienne, Gauthier, proconsul ou vicomte, et Hugues, de son neveu Guy et de plusieurs autres chevaliers de Dijon. (Ernest Petit, de Vausse, *Histoire des ducs de Bourgogne de la race Capétienne,* Dijon, 1885, t. I, p. 381, nº 37 des *Pièces justificatives*).

dine ipse Lessines properans Richildem fugavit, ac amplius quam qua-
tor millia Gallicorum interemit, villam depopulavit, deprædatus est ac
incendit et in nihilum redegit. Richildis vero percipiens confusionem et
damnum a Frisone sibi factam, de consilio suorum discretorum misit
magnam multitudinem Gallicorum versus Hollandiam et Zelandiam, ut
has terras depopularent et deprædarentur ac vastarent. Æstimabat
vero quod Robertus Friso hoc audiens Flandriam dimitteret et ad Fri-
siam pergeret, et tunc ipsa per tyrannides certas Flandriam subjugaret.
Nam ipsa cum DOMINO DE MAILLY, cancellario suo, ordinaverat, quod de
tribus villis, Gandavo, Brugis, Ypris, de qualibet harum sexaginta per-
sonæ nobiliores, de cæteris præcipuis villis usque octoginta personas
certo fixo tempore Insulas ad eam accederent et ad Arnulphum filium
suum eorum comitem, et ut cum eis tentaretur quomodo et qualiter comitatus Flandriæ regi posset, sed dolose. Namque ipsa ordinaverat
amplius quam duo millia Gallicorum fortium et ad arma expertorum, qui
Flamingos mandatos de nocte in hospitiis eorum existentes caperent et
cum cordis ante hospitia eorum suffocarent et suspenderent. Sed dominus Gerardus de Buc, castellanus Insulensis, qui consilio interfuit,
Roberto Frisoni clam mandavit festinanter, quatenus si Insulas mitte-
rentur ad Arnulphum comitem et matrem ejus, quod essent fortiores et
robustiores ac quilibet bene armati, et quod quilibet eorum duos vel
tres fortes vernaculos armis bene munitos haberent, et quod circa noc-
tem in nemore juxta Insulas, ubi nunc stat monasterium monialium de
Marketta, clam et secrete dominum Robertum Frisonem expectarent,
cui media nocte castellum cum paucis aperiretur ; cæteri vero, quasi
hora nona ante prandium, villam Insulensem intrarent ac hospitia eis
assignata vel ordinata ; si quid mali audirent vel viderent, quod aliqui
cornu buccinarent et pelves percuterent, illi vero de castello eos juva-
rent.

» Sicut Richildis mandaverat villis Flandrensibus, ita Flamengi fece-
runt ; nam notabiliores et fortiores Insulas ad ipsam et ad comitem
eorum Arnulphum, sed bene armatos miserunt, cum famulis fortibus et
in armis expertis. Qui secundum consilium domini Gerardi, castellani,
facientes, ordinato die, hora nona ante prandium Insulis intrantes,
DOMINUS DE MALGY, cancellarius Richildis, eis obviam ivit, et ex parte
principis singulis diversa hospitia satis distantia unum ab alio deputa-
vit ; insuper mandando, ne aliquis hospitium sub pœna suspendii exiret,
quousque singuli nomine et cognomine proprio per principem vocaren-

tur. De sero, in solis occasu, venit DOMINUS DE MAILLY cum magna comitiva ad notabilius hospitium Gandensium, qui pro salutatione eos durissimis verbis est agressus dicendo : « Vos maledicti conspiratores Flamingi contra dominum vestrum comitem ac matrem ejus, quos fugastis, Robertum Frisonem prædonem vaccarum conduxistis pretio, qui terras regis invasit, dominum de Conchiaco ac plures nobiles interfecit, et Lessines spoliavit et adnihilavit. Quod statim indilate cordæ portentur et ad colla conspiratorum ponantur et ad fenestras hospitii suspendantur. » Sed Gandenses cum impetu in DOMINUM DE MALGY irruentes eum occiderunt, et tubas ac cornua buccinantes, pelves verberantes, omnes Flamingi ad castrum salvis corporibus venerunt, bonis vero eorum in hospitiis dimissis, in castro pernoctaverunt.

» Summo diluculo venit multitudo Gallicorum de mandato Richildis, et villam exeuntes et ante castrum jacentes, ne Flamingi castrum exirent impedire hoc volentes. Et ecce Robertus Friso hoc per exploratores suos sciens, qui ad semileucam exspectabat, ad castrum veniens et ad Gallicos cum comitiva sua optime armata, fremens ut leo, Gallicos a tergo invadit, percutit, prosternit et interficit. Ac Flamingi, qui in castro sunt, portas castri aperiunt et exeunt, et Gallicos conclusos inter Flamingos et Robertum ita armis invadunt, quod nec unicus Gallicorum ensi evasit ; qui interfecti non fuerunt, ita lethaliter læsi erant quod effugere non valuerunt. Richildis hoc audiens vix cum duobus filiis suis effugit.

» Robertus vero Friso villam Insulensem ingrediens et capiens, hospites, ubi locati fuerant Flamingi, cepit, ac bona Flamingorum in hospitiis eorum dimissa singulis capere sua permisit. Richildis multum confusa et non immerito turbata, ad cognatum suum dominum Philippum, regem Francorum, properat, magnam querimoniam de Frisone faciens, quod DOMINOS DE MAILLY et Coucy interfecerat ac plures nobiles, villam de Lessines deprædatus est et depopulavit et combussit, ipsam et filios suos de Flandria fugavit. Philippus rex, audita querela cognatæ suæ, consuluit ut Hannoniam tenderet, et omnes valentes et volentes arma portare ipsos congregaret, ut contra Frisonem dimicarent et a Flandriis fugarent. Ipse vero rex, quam citius posset, cum tota potestate sua Flandrias veniret, ut sibi assisteret et juvaret, filium suum vero Arnulphum in dominio suo poneret, et Frisonem Robertum de Flandriis expelleret vel bello superaret. Istud vero Frisonem non latuit ; nam Insulis valentibus capitaneis ordinatis, abiit apud castrum de Cassel, et consilio ac industria Bonifacii, castellani de Cassel, castrum muro cingitur et fortificatur..... »

(J.-J. de Smet : *Corpus chronicorum Flandriæ, sub auspiciis Leopoldi primi, serenissimi Belgarum regis ; Bruxellis,* 1837 ; tomus primus : *Chronicon comitum Flandrensium,* p.p. 57-59).

XIIᵉ SIÈCLE

IV

1158. — « Extrait du *Cartulaire d'Encre*. — Charte communale d'Encre et de Ham. — .... Omnium supra scriptorum testes sunt de canonicis, Johannes, decanus, etc., Eustachius de Anchisia, Nicolaus de Mailly, Paganus Caret, Johannes de Auviller.

» Datum anno Verbi incarnati MCLVIII. »

(Bibliothèque de l'Arsenal à Paris, ms. 4652, *Recueil de copies de pièces et d'extraits, relatifs à l'histoire d'Amiens et de la Picardie, formé par Nicolas de Villers de Rousseville*, fol. 226, verso).

V

Entre 1159 et 1181. — *Le pape Alexandre III confirme les dispositions que les moines de Corbie ont prises pour l'entretien de leur bibliothèque et, en particulier, l'appropriation à cet usage de certains biens donnés à l'abbaye par Gautier ou Wautier de Mailly.*

« Alexander, episcopus, servus servorum Dei, dilectis filiis abbati et capitulo Corbeien., salutem et apostolicam benedictionem.

» Cum velitis utilitati vestri monasterii, sicut convenit, providere, communi dispositione sicut asseritis statuistis ut ad reparationem et emendationem librorum bibliotece vestre que nimis senuerat et ad constructionem novorum librorum, a singulis prepositis majoribus X et a minoribus V solidi custodi librorum annis singulis persolvantur, tres quoque modios frumenti et avene medie distinctos ad mensuram Encrensem et redditus terre de Brenlers quem ex dono Galteri de Mailli habere noscimini custodi librorum nichilominus deputastis, unde quia constitutionem vestram a nobis ratam haberi et redditus quos prediximus ad opus librorum petitis confirmari. Nos postulationibus vestris benignius annuentes, constitutionem ipsam a vobis sicut diximus rationabiliter factam, ratam habemus, et prescriptos redditus custodi librorum ves-

trorum sicut ei a vobis sunt circumspecta providentia deputati, auctoritate apostolica confirmamus, et presentis scripti patrocinio communimus, statuentes ut nulli omnino hominum liceat hanc paginam nostre
confirmacionis infringere, vel ei ausu temerario contrarie. Si quis autem
hoc actemptare presumpserit, indignacionem omnipotentis Dei et bea-
torum Petri et Pauli, apostolorum ejus, se noverit incursurum.

» Datum Lateran., XV kalen. jul. »

(Bibl. nat. fonds latin, 17759, *Cart. blanc de Corbie*, fol. 35, n° XVII).

« Alixandre tiers conferme (à l'abbaye de Corbie) trois muis de blé
et trois muis d'avaine à la mesure d'Encre[1] que ceulx de Clerfay[2] doivent à l'église de Corbie[3] et les dismez de Branlers[4] que LE SEIGNEUR DE
MAILLY donna pour retenir la librarie de l'église[5], et si devoient pour la
dicte librarie chascun des grans officiers X solz par an et les menus officiers V solz. »

(Bibliothèque nationale, fonds français, 24143, manuscrit sur parchemin avec lettres enluminées, ayant pour titre : *C'est le repertoire pour
trouver legiérement tous les priviléges, chartres, bullez, arretz, sen-
tencez.... et toutes manières de lettres estans de l'église de Corbie,
fait et encommenché l'an mil quatre cens et vingt un*, fol. 8).

1. Encre ou Ancre, aujourd'hui Albert, chef-lieu de canton du département
de la Somme, arrondissement de Péronne.

2. Clerfay *alias* Clairfaix, abbaye du diocèse d'Amiens.

3. Corbie, chef-lieu de canton de la Somme, arrondissement d'Amiens.

4. Branlers, Brenlers ou Branleirs, lieu inconnu au dire du *Dictionnaire
topographique de la Somme*, par M. J. Garnier.

5. Les moines de Corbie prenaient un soin tout particulier de leur bibliothèque. Le n° 24143 du fonds français, à la Bibliothèque nationale, fol. 19
verso, fait mention des « *Lettres comment l'église Saint-Thomas-des-Prés
» fu recouvrée et donnée à l'office que on appelloit la custode des livres
» pour réparer les livres de l'église de Corbie*. On trouve, en 1254, « un bref
» du pape Alexandre IV qui confirme le décret ou statut fait par le chapitre
» de l'abbaye de Corbie pour l'augmentation des livres de la bibliothèque,
» par lequel statut il étoit ordonné ce que chaque prieur devoit payer tous les
» ans au bibliothécaire, et que les trois muits de grains, moitié froment, moi-
» tié, avoine que devoit l'abbaye de Clairfaix à la mesure d'Encre avec tous
» les revenus de la terre de Branlers étoient destinés pour la dite augmenta-
» tion des livres. » Ce bref est analysé dans l'*Inventaire des chartes de l'abbaye de Corbie, dressé en 1780, par Pierre-Camille Lemoine* (Arch. nat. LL
1007, p. 92) sous la date de juin 1254. Lemoine a dû commettre quelque erreur, car Alexandre IV (Raynaud de Segni) ne fut élu pape que le 12 décembre 1254, selon l'abbé U. Chevalier, *Répertoire des sources historiques
du moyen-âge*.

VI

Entre 1159 et 1181. — *Confirmation de certains biens à l'abbaye de Corbie par Alexandre III, particulièrement de ce qui lui a été donné par Wautier de Mailly, chevalier*[1].

« Alexander, episcopus, servus servorum Dei, dilectis filiis abbati et fratribus Corbeien., salutem et apostolicam benedictionem.

» Justis petentium desideriis dignum est nos facilem prebere consensum et vota que a rationis tramite non discordant effectu sunt prosequente complenda. Capropter, dilecte in Domino fili, tuis justis postulationibus grato concurrentes assensu, duas partes decime totius territorii de Reinberpré[2] et decimam de Rokencurte[3] et de omnibus appendenciis suis, duas quoque partes decime totius territorii de Branlers, et terram quam WALTERIUS, miles, ecclesie vestre in prescripto territorio dedit, sicut eas racionabiliter possidetis devotioni vestre auctoritate apostolica confirmamus et presentis scripti pagina communimus, statuentes etc.

» Datum Tusculan., XVII kalen. febr. »

(Bibl. nat., fonds latin, 17759, *Cartulaire blanc de Corbie*, fol. 36, n° XVIII).

VII

1188. — *Nicolas de Mailly concède à l'abbaye de Saint-Vaast d'Arras le droit de traverse sur toute sa terre.*

« Ego NICHOLAUS DE MALLI, omnibus hec legentibus vel audientibus, noverint tam presentes quam futuri quod, ob salutem anime mee et omnium antecessorum meorum, assensu uxoris mee Amilie et duarum sororum mearum Elizabeth et Lucie, et Nicholai, nepotis mei, filii pre-

---

1. M. J. Garnier (*Dictionnaire topographique du département de la Somme*) cite cette bulle, d'après dom Grenier, comme ayant été donnée par Alexandre III, de 1140 à 1177. C'est une erreur évidente, car Alexandre III occupa le trône pontifical de 1159 à 1181.

2. Rubempré, département de la Somme, arrondissement d'Amiens, canton de Villers-Bocage.

3. Est-ce Roquencourt, département de l'Oise, arrondissement de Clermont, canton de Breteuil ?

dicte Lucie, sororis mee, concessi et in elemosinam contuli victuris et curribus et bestiis ecclesie Beati-Vedasti Atrebatensis[1], liberum per omnem terram meam transitum absque visnagio et calciata et omni alia consuetudine. Et ut hec donatio a me et ab heredibus meis, in presentia Danielis, abbatis de Cleirfai[2], et Hugonis, prioris, et hominum meorum legitime facta, apud successores meos râta et inviolabilis permaneat, eam scribi et sub signatis eorum qui affuerunt nominibus sigilli mei impressione volui confirmari.

» S. Roberti de Forceuil ; S. Remneleni de Malli ; S. Walteri Varvassoris ; S. Ingerranni del Bus ; S. Ingerrani, filii prepositi de Corbeia ; S. Tessonis et Petri, monachorum Sancti-Vedasti.

» Actum anno Verbi incarnati M° C° LXXXVIII°. »

« *Ausquelles lettres appendoit une double queue de parchemin, sur laquelle reste quelque peu de chire vermeille, n'y aiant à présent aultre marque de seel.*

» Collation faicte aux lettres originalles estant en parchemin escriptes en viel caractère, thirées des archives de l'église et abbaye de Sainct-Vaast d'Arras, exhibées par dom Philippes de Sainct-Amand, religieux et grand prévost de la dicte église et abbaye, et à luy rendues et trouvées concorder par les nottaires roiaux soubsignez, résidens en la ville d'Arras, le huictiesme jour d'apvril mil six cens trente et ung. — [......] — de Baurains[3]. »

(Archives du château de La Roche-Mailly (Sarthe). Pièce en papier. — Bibl. nat., *Collection de Picardie*, Dom Grenier, t. 53, fol. 1091).

---

1. Les bâtiments de l'abbaye de Saint-Vaast d'Arras, du XVIIIe siècle, servent actuellement de cathédrale, d'évêché, de grand-séminaire, d'archives départementales et de musée.

2. Le *Gallia Christiana*, t. IX, *Ecclesia Ambianensis*, col. 1330, ne donne aucun détail sur cet abbé de Clairfaix.

3. Dom Villevieille (Bibliothèque nationale, *Trésor généalogique*, t. 54, fol. 33 verso) analyse ainsi cette charte : « Messire Nicolas de Mailly fit une donation à l'abbaye de Saint-Vaast d'Arras pour le salut de son âme, par lettres données en l'an 1188, en présence d'Enguerran del Bus et autres ; *Cartulaire de l'abbaye de Saint-Vaast d'Arras.* » — M. l'abbé J. Gosselin (*Mailly et ses seigneurs*, Péronne, 1876), cite une pièce de 1188 ayant pour titre : « Carta Nicolaï, domini de Mailli, pro vinagio in terra suâ. » Nous croyons, contrairement à l'avis de l'estimable auteur, que cette charte n'est autre que celle dont nous publions la teneur, provenant, non de Corbie, mais de l'abbaye de Saint-Vaast.

XIIIᵉ SIÈCLE

VIII

1202, (v. s.), mars. — *Nicolas de Mailly cité dans la charte de Hugues, comte de Saint-Pol, relative aux droits de ce dernier dans la ville de Corbie.*

« Carta de hoc quod Hugo, comes Sancti-Pauli, habet in villa Corbien., a vigilia sancti Mathei usque ad vigiliam sancti Firmini, episcopi et martiris.... Adstantibus de militibus ipsis Ingelranno de Bova, Roberto, fratre ejus, et Galterio de Helliaco¹ cum aliis, Bernardo de Marolio, Bernardo de Plaisseio, Nicholao de Malliaco, Petro de Villeriis, Galterio de Hamello et Galterio de Guiencurt, et multis nobilibus viris...»

(Bibl. nat., f. latin, 17759, *Cart. blanc de Corbie*, fol. 119, v° et 120).

IX

1205, juin. — *L'empereur Beaudouin ayant été pris à la bataille d'Andrinople, son frère Henri envoie Nicolas de Mailly et Jean Bliaut vers le pape Innocent III pour lui demander secours.*

« Henricus, frater imperatoris Constantinopolitani, sanctissimo patri et domino Innocentio, Dei gratia, summo Pontifici...... Nobiles viros M. (corrig. N-i-c- Nicolaum) de Mailli² et Johannem Bliaut, paternitati vestræ transmitto, rogans et cupiens ut eis in his quæ de facto isto apostolatui vestro suggesserint fidem indubitatam adhibere velitis et fir-

---

1. Probablement Gautier de Heilly, père d'Avicie, femme de Gilles de Mailly.

2. Frédéric Hurter, *Histoire du Pape Innocent III*, traduite de l'allemand par A. de Saint-Chéron et J.-B. Haiber, Paris, 1855, t. II, p. 295, transforme Nicolas de Mailly en Nicolas de Maillé. — Rohrbacher, *Histoire universelle de l'Eglise catholique*, Paris. L. Vivès, 1873, t. VIII, p. 449, dit bien que le prince Henri députa vers le pape l'évêque de Soissons, *Nicolas de Mailly*, et Jean Bliaut.

mam, et consilium vestrum et auxilium, sicut Ecclesiæ totique Christianitati necnon et domini et fratris mei liberationi, qui se vestrum ubique devotum gerebat et dicebat militem, expedire videritis, apponatis.

» Datum in palatio Blackernæ, anno Domini 1205, mense junii. »

(*Recueil des Historiens des Croisades. Historiens Grecs,* t. II, p. 638).

X

1219. — *Charte de Gautier de Heilly, père d'Avicie, dame de Mailly, touchant les autels, patronages, prébendes et dimes des églises de Fouilloy, Heilly, Ribemont, Villers-Bretonneux et du Ploich, cédés à l'évêque d'Amiens.*

« Ego Walterus, dominus de Helliaco, notum facio tam presentibus quam futuris, quod assensu et voluntate (en blanc) uxoris mee, et liberorum nostrorum Mathei, militis, Theobaldi, canonici Ambianensis, Gerardi, Roberti, Radulphi, Elizabeth, domine de Miralmont, Avicie, domine de Malli, Beatricis et Margarete, similiter fratrum meorum Ingerrani, canonici Ambianensis, Willelmi, militis, et sororis nostre Margarete, concessi quod altalagia de Folliaco[1] cum impositione sacerdotis et collatione prebendarum et hospitibus et decimis ad idem altelagium pertinentibus, similiter quicquid juris habebam aut habere ardebam in altelagio de Helliaco[2], de Ribemont[3], de Villaci-Britonoso[4], de Plaiseto[5], cum jure patronatus et universis decimis et appendiciis eorumdem, cum omnibus etiam que percipiebam apud Baulencourt[6], in territorio de Hangesto, que episcopo Ambianensi et ecclesie sue in perpetuam contuli elemosinam eis perpetuo garandirem contra omnes propinquos de consanguinitate mea qui ad jus venire voluerint in curia laicali, videlicet abbatis Corbeie, vel domini de Bova, vel domini Regis. Quod si ego, vel heres meus essemus in deffectu talis garandie, etc.

» In cujus rei testimonium presentem cartulam sigillo meo tradidi roboratam.

1. Fouilloy, Somme, arrondissement d'Amiens, canton de Corbie.
2. Heilly, Somme, arrondissement d'Amiens, canton de Corbie.
3. Ribemont, Somme, arrondissement d'Amiens, canton de Corbie.
4. Villers-Bretonneux, Somme, arrondissement d'Amiens, canton de Corbie.
5. Le Ploich, d'après le P. Anselme, VIII, p. 627, E.
6. Bouillancourt.

» Actum anno Domini millesimo ducentesimo nono decimo. »

(Archives de La Roche-Mailly. *Copie du XVIIIe siècle*, sans indication de source, avec le dessin du sceau et du contre-sceau de Gautier de Heilly).

XI

1223, novembre. — GILLES DE MAILLY, chevalier (Egidius, miles, et dominus de Mailli), reconnait devoir au chapitre d'Amiens la somme de deux cents livres parisis qu'il s'engage à rendre sur cinquante muids de froment de sa grange d'Acheu (de quinquaginta modiis frumenti quod de grangia mea de Acheu debeo sumere).

(Archives départementales de la Somme, *Cartulaire de l'Église d'Amiens*, 2, fol. 185).

XII

1223, novembre. — *Gauthier du Hamel, Baudouin de Mailly et Jean de Gentelles rendent une sentence arbitrale dans un différend entre l'abbaye de Corbie et Alix de Blangy.*

« Ego Galterius de Hamello, ego BALDUINUS DE MAILLIACO, ego Johannes de Gentelles, milites, universis presentes litteras inspecturis, notum facimus quod cum causa verteretur inter abbatem et conventum Corbienses, ex una parte, et dominam Ælaydim de Blangiaco, ex altera, coram venerabilibus viris R. Sanctæ-Marie et R. Sancti-Frambaldi, decanis, et Guillelmo, cantore Sancti-Frambaldi Silvanectensis, judicibus a domino papa delegatis super eo, videlicet quod dicti abbas et conventus dicebant se jure hereditario habere terciam partem in villa de Blangiaco, tam in hospitibus, redditibus, areis, terris, nemoribus, pratis, etc. et super hoc diutius coram ipsis judicibus litigascent. Tandem, partes in nos, voluntate spontanea, fide hinc inde interposita, compromiserunt, ratum et firmum promittentes se habere quicquid per nos arbitros supra hiis, justicia mediante, fuerit ordinatum. Vero in negotio supra dicto legitime procedentes, testibus a nobis receptis ab utraque parte productis, ac diligenter examinatis, publicatis attestationibus, auditisque partium confessionibus, de bonorum virorum consilio, pronunciavimus predictos abbatem et conventum Corbienses debere habere, jure hereditario, terciam partem in memorata villa de Blangiaco et in ejusdem ville appendenciis, scilicet hospitibus, reddilibus, areis, terris. etc., excepto molendino quod dicta domina Ælaydis tenet de ecclesia Corbiensi sub annuo censu, sepedicte domine Ælaydi duas partes dicto ville de Blangiaco cum universis appendenciis et proventibus dictarum partium nichilhominus integraliter adjudicantes.

» In cujus rei testimonium presentes litteras sigillorum nostrorum munimine roboravimus.

» Actum anno Domini M° CC° XX° tercio, mense novembri[1]. »

(Bibl. nat., fonds latin, 17758, *Cartulaire noir de Corbie*, fol. 176, v° ; — 17761, *Cartulaire Néhémias de Corbie*, fol. 83, verso).

Des copies de cet acte, prises « sur l'original appartenant à M. le comte de Mailly d'Haucourt, en 1758, » donnent le dessin des trois sceaux en cire verte qui étaient appendus à cette pièce.

Sceau de Gautier du Hamel : un écu portant *trois merlettes ;* légende disparue.	Sceau de BAUDOUIŃ DE MAILLY : écu portant *un seul maillet ;* légende : S. BALDUIN DE MAILLI.	Sceau informe et entièrement fruste de Jean de Gentelles.

(Bibliothèque nationale., *Collection Clairambault*, 1094, fol. 158. — *Nouveau d'Hozier*, 4955, *Mailly*, pp. 2 et 3).

1223, décembre. — Confirmation de la sentence susdite par les doyen et chantre de Senlis, commissaires délégués par le pape.

(Bibl. nat., fonds latin, 17761, fol. 83, verso. — 17758, fol. 177. — Archives nationales, LL 1006, *Inventaire des chartes de l'abbaye de Corbie, dressé en 1780, par Pierre-Camille Le Moine*, p. 149).

XIII

1226, novembre. — « Hugues de Rumelly, chevalier, confirma la donation d'une terre qui avoit appartenu à GUILLAUME DE MAILLY (terra quæ fuit Willelmi de Mailliaco), faite à l'Hôtel-Dieu d'Amiens par Eustache de Bertrancourt. — *Cartulaire de l'Hôtel-Dieu d'Amiens*, fol. 80. »

(Bibl. nat., Dom Villevieille, *Trésor généalogique*, t. 54, fol. 33, v°. — Bibl. de l'Arsenal, à Paris, ms. 4652, fol. 213).

---

1. Dom Villevieille (Bibl. nat., *Trésor généalogique,* t. 54, fol. 36, recto) donne une analyse de ce document.

XIV

1228, (v. s.), mars. — *Gilles de Mailly, chevalier, vend aux Templiers de Belle-Eglise*[1] *la dîme qu'il possédait à Senlis*[2] *sur 1744 journaux de terre.*

« Ego EGIDIUS[3] DE MAILLI, miles, dominus de Mailliaco, omnibus presentibus et futuris, notum facio quod ego vendidi fratribus milicie Templi totam decimam quam habebam apud Senlis et omnes decimas ad eamdem villam redeuntes, scilicet duas partes de mille et septigentis et XLIIII jornalibus terre, et terram in qua grangia decani de Encra sita est, pro octingentis et XV libris parisiensibus quas michi persolverunt. Hanc autem vendicionem legittime factam Avissia, uxor mea, in presencia domini Gauffredi, episcopi Ambianensis, constituta, benigne concessit, in cujus manu quicquid dotalicii in predictis decimis reclamabat spontanea voluntate resignavit, et excambium sibi sufficiens in terragio meo de Mailliaco, de assensu et consilio amicorum suorum, accepit et dictus episcopus dictos fratres de predictis decimis jure hereditario saisivit. Ego autem Egidius et heredes mei supradictis fratribus vendicionem supradictam tenemur bona fide contra omnes qui jure et legi stare voluerint garandire. Et ad majorem confirmacionem presentem paginam sigilli mei munimine roboravi.

» Actum anno Domini M° CC^mo XXVIII°, mense marcio. »

(Arch. nat., S 5059, n° 8, *Cartulaire des chartes et titres primordiaux des biens, droits et privilèges de la commanderie de Fieffes et des membres en dépendants, depuis l'an 1174 jusqu'en 1409.* Manuscrit du commencement du XV° s., fol. 32, v°).

1. Belle-Eglise, ancienne commanderie du Temple, membre de la commanderie de Fieffes, dans la paroisse d'Arquèves (Somme).

2. Senlis (Somme, arrondissement de Doullens, canton d'Acheux), était une dépendance de la commanderie de Belle-Eglise à Arquèves. Primitivement, les Templiers n'avaient à Senlis qu'une grange pour renfermer le produit de leurs dîmes. En 1267, ils y acquirent une maison sise auprès de la grange du Temple. Cette maison, qui se trouvait à côté du cimetière du village, n'existait plus au XVII° siècle. En 1373, la dîme de Senlis rapportait 27 livres ; elle se partageait entre le commandeur, à raison des deux tiers, le curé de Senlis et les religieux de Lihons pour l'autre tiers. (E. Mannier, *Les commanderies du Grand-Prieuré de France*, p. 651).

3. E. Mannier, *Les commanderies du Grand-Prieuré de France*, p. 650, a lu *Eloi* au lieu de *Egidius*.

XV

1228, (v. s.), mars. — *Geoffroy d'Eu, évêque d'Amiens, confirme la vente faite par Gilles de Mailly aux Templiers de Belle-Eglise.*

« G[aufredus [1]], divina permissione, Ambianensis Ecclesie minister humilis, notum facio omnibus presentibus quod dominus Egidius, miles et dominus de Mailliaco, in presencia nostra constitutus cum uxore sua Avissia et filiis eorum, Nicolao et Egidio et Elizabeth, et Matheo, fratre dicti Egidii, militis, recognovit se vendidisse fratribus militie Templi decimam quam habebat apud Senlis, scilicet in mile septigentis et XLIIII jornalibus terre pro octingentis et quindecim libris parisiensibus sibi numeratis. Hanc autem vendicionem concessit Avissia, uxor ejus, et si quid dotalicii in ea habuerat quittavit pro excambio sufficienti quod assignabat ei suus maritus in terragio de Mailli. Hanc autem vendicionem, coram nobis factam, concessimus et gratam habuimus et ad majorem confirmationem sigilli nostri appensione confirmavimus.

» Actum anno Domini millesimo CC° XXVIII°, mense marcio. »

(Archives nationales, S 5059, n° 8, *Cartulaire des chartres... de la commanderie de Fieffes...* fol. 27).

XVI

1228, novembre. — « Aevois [2], fille de messire Hue de Bailleul et veuve de Robert de Boves (Aevois, filia nobilis viri de Baillolio et relicta domini Roberti de Bova), confirme la vente que messire Gilles de Mailly avait faite aux Templiers de Belle-Eglise « des deux parties de toutes les dismes venans à Senlis. »

(Archives nationales, S 5059, n° 8, *Cartulaire des chartres... de la commanderie de Fieffes...* fol. 37).

1. D'après le *Gallia Christiana*, t. X., *Ecclesia Ambianensis,* le siège épiscopal d'Amiens, fut occupé de 1223 à 1236 par Geoffroy d'Eu.

2. Agnès, selon E. Mannier, *Les commanderies du Grand-Prieuré de France,* Paris, 1872, p. 651.

XVII

1229, septembre. — GILLES, CHEVALIER ET SEIGNEUR DE MAILLY (Egidius, miles et dominus de Mailli), vend aux Templiers de Belle-Eglise, du consentement de sa femme Avicie et de ses enfants, un muid de blé « qu'il avoit des dismes ou terroir de Senlis. »

(Archives nationales, S 5059, *Cartulaire des chartres... de la commanderie de Fieffes...*, fol. 33).

XVIII

1230 (v. s.), février. — *Accord entre Gilles, seigneur de Mailly, et l'abbaye de Corbie, au sujet du moulin de Mailly et des habitants de Colincamps.*

« Ego GILO, DOMINUS DE MAILLIACO, universis notum facio quod viri venerabiles [abbas] et conventus Corbeiensis dederunt michi in augmentum feodi mei molneiam hospitum suorum de Coluncanp[1] hereditarie possidendam ita quod dicti hospites tenerentur ire molere ad molendinum de Maliaco ad usus et consuetudines hominum meorum de Malliaco, tali conditione apposita quod predicti hospites de Coluncanp non possunt molere nisi ad dictum molendinum, et si alibi perrexerint molere et inventi fuerint a me et serviente meo revertentes de molendino, ego, vel serviens meus poterimus capere et detinere sacum et farinam, et ultra, pro emenda capere septem solidos parisienses et dimidium. Si vero dicti hospites de Coluncanp ad molendinum de Mailliaco aliquod danpnum quod legitime posset probari sustinent occasione molendini vel molendinarii, ego teneor facere dictum danpnum prefato hospiti pestrini indilate. Et si forte dictum molendinum de Mailliaco frangeretur vel devastaretur dicti hospites de Coluncanp poterunt ire molere ad quodcumque molendinum voluerint sine foriffacto quoadusque dictum molendinum de Mailli fuerit reparatum vel reedificatum ad molendum. Preterea, [sciendum quod omnes masure casticate et edificate apud Coluncanp morabuntur de cetero et possunt edificia fieri in illis, sed

---

1. Coluncanp, actuellement Colincamps, commune du département de la Somme, arrondissement de Doullens, canton d'Acheux.

2

nove masure neque nove castigationes (*sic*) ibidem non possunt ab ecclesia Corbeie fieri, nisi de consensu meo vel heredis mei. De quolibet autem dimidio mencadato terre castigato (*casticato*) apud Coluncanp, habeo XII denarios [1] parisienses, preterquam de manso ecclesie Corbiensis de quo nichil habeo, qui duodecim denarii solvendi sunt infra Epiphaniam annuatim ; et nisi soluti fuerint infra dictam diem, ego in crastino potero capere legem, in tota autem predicta villa de Coluncanp nec in alta justicia nec in aliis aliquid ultra molneiam et duodecim denarios de dimidio mencondato terre, sicut predictum est, aliquid clamare (nequibo ?) : immo omnia jura dominii ecclesie Corbeiensis ibidem remanent per conventiones antedictas michi et heredi meo et ecclesie Corbeiensi hereditarie reservatas, hoc adjecto solummodo quod in aliis terris extra (?) masuras ejusdem territorii ego habeo duas partes terragii et dominium duarum partium, et ecclesia habet alteram partem terragii et dominii. In cujus rei testimonium presentes litteras sigillo me[o] sigillavi.

» Actum anno Domini M° ducentesimo tricentesimo, mense februario.»
(Bibl. nat., fonds latin, 17761, *Cart. Néhémias de Corbie*, fol. 37). .

XIX

1231 (v. s.) janvier. — « AUBERT, dit LE JEUNE DE MAILLY (Ausbertus, dictus juvenis de Mailliaco), assigna sur six journaux de terres assis à la Mare Oger (ad marram Ogerii), quatre muids de blé à la mesure d'Encre, payables par partie pendant six ans, à l'Hôtel-Dieu d'Amiens. — *Cartulaire de l'Hôtel-Dieu d'Amiens*, fol. 76. »

(Bibl. nat., Dom Villevieille, *Trésor généalogique*, t. 54, fol. 33, verso. — Bibl. de l'Arsenal à Paris, ms. n° 4652, fol. 211.)

XX

1232, novembre. — *Gilles, seigneur de Mailly, chevalier, vend, du consentement de sa femme, de ses enfants et de Jean de Suzanne, son*

---

1. La partie de cette charte qui est comprise entre [ ] a été donnée par du Cange, dans son *Glossarium mediæ et infimæ latinitatis*, au mot *Casticare*. — M. l'abbé Gosselin, *Mailly et ses seigneurs*, pp. 326, 327, a publié une partie de ce document d'après une copie très incorrecte.

*suzerain, sa dime de Mailly au chapitre d'Amiens et lui assure une
masure à Mailly pour y construire une grange.*

« Ego Egidius, dominus de Mailly, miles, notum facio universis, quod
ego, de consensu et voluntate Avicie, uxoris mee, et liberorum nostrorum
Nicholai primogeniti, Hugonis, Egidii, Soyheri, Elysabeth, Aelidis,
Pavie, Eustachie et Mathildis, consentiente etiam, volente et laudante
domino meo viro nobili Johanne de Susanne, de quo tenebam decimam
de Mailly in feodum, vendidi totam eamdem decimam in perpetuum
capitulo Beate Marie Ambianensis, pro sexcentis libris parisiensibus
mihi numeratis ; et ipso domino meo Johanne et uxore mea et liberis
supradictis consentientibus et approbantibus, assignavi prefato capitulo
masuram unum jornale terre continentem in villa mea de Mailly, in loco
competenti et congruo, ad faciendam grangiam capituli ab omni censu
et exactione et justitia liberam, in qua masura capitulum habebit omnimodam justitiam, excepto de illis qui non erunt servientes vel homines
capituli, qui causa cujusque delicti confugient ad grangiam supradictam ; in servientes vel homines capituli nullum habebo dominium sed omnis justitia penes capitulum remanebit de suis hominibus et servientibus
et etiam de omnibus malefactoribus in eadem grangia. Condictum etiam
inter me et capitulum quod servientes mei et capituli terragientes et
decimantes erunt quolibet anno obligati alter alteri juramento, antequam
terragium et decima colligantur de decima et terragio colligendis, fideliter et servandis ; et sicut terragium meum adducitur ad grangiam
meam, sic adducetur decima ad sumptus hominum meorum ad grangiam
capituli.

» Et quoniam predicta Avicia, uxor mea, dotalitium habebat in
decima memorata, sufficiens illi excambium donavi in terragio meo de
Mailly, de consilio amicorum suorum, per manum venerabilis patris
domini Gaufridi, tunc Ambianensis episcopi, volente hoc et laudante
prefato domino meo Johanne ; sic et fratres mei Matheus, Willelmus et
Petrus hiis omnibus venditioni et conventionibus præbuerunt assen-
sum ; affidantes quod prefatum capitulum nunquam inquietabunt vel
dampnificabunt de premissis, quod et ego et Avicia, uxor mea, et
liberi nostri fecimus, dictam decimam penitus abjurantes, et bona fide
promittentes, coram prefatis episcopo et domino meo Johanne, quod de
cetero capitulum nullomodo inquietabimus, nec artem aut ingenium
queremus quibus capitulum possit inquietari, dampnificari sive moles-

tari : sed ego, pro posse meo, bona fide dicto capitulo dictas venditionem et conventiones tenere, garandire ; et ad hoc idem de consensu
domini mei Joannis meos obligavi heredes ; et hoc idem dominus meus
Johannes sub fide data in manu domini episcopi prefati promisit, ad
hoc similiter suos obligando heredes.

» Preterea, scire vos volo quod totam decimam quam emeram a
domino Roberto de Forcheville, milite, homine meo, domino de Bello-
Sartu, in territorio de Bello-Sartu sitam, quam idem Robertus de me
tenebat in feodum, donavi et concessi per manum dicti episcopi in perpetuam elemosinam capitulo supradicto, pro salute anime mee et antecessorum meorum, ipso Roberto coram episcopo presente et laudante.
et eamdem decimam in perpetuum abjurante et fide interposita promit-
tente quod nunquam inquietabit capitulum super decima ista, sed ipse
bona fide pro posse suo dicto capitulo garandizabit eamdem, in hoc idem
consentientibus Beatrice, uxore sua, et liberis earumdem, Roberto videlicet primogenito eorum, Johanne, Egidio, Theobaldo, Gaufrido, Margareta et Mathilde, qui omnes, sicut Robertus et Beatrix, hanc decimam
abjurarunt et in manu mea reddendam episcopo ad opus capituli posue-
runt ; et quia Beatrix in eadem decima dotalitium habuerat, consilio meo
et amicorum, recepit sufficiens excambium a marito suo, per manum
episcopi, duodecim videlicet jornalia terre site in territorio de Bello-
Sartu, que de me tenebatur in feodum et quam de prefato Johanne tenebam ; qui etiam Johannes elemosinam istam capitulo factam voluit et
concessit, et coram episcopo approbavit sub fide data, promittens quod
capitulum non inquietabit de hac decima sicut nec de alia supra dicta ;
et sicut promiserat garandiam se laturum super venditione et conventionibus supradictis, sic et de ista decima fideliter sub juramento promisit penitus se facturum, ad hoc similiter suos obligando heredes ; sic
et illud presenti carte, pro bono Ambianensis ecclesie, ego et Robertus
duximus inserendum de assensu uxorum et liberorum nostrorum et
etiam domini Johannis de Susanne, quod ubicunque in villa de Bello-
Sartu decima capituli deducatur, sive in grangiam quam capitulum
fecerit, emerit, sive locaverit, ad sumptus hominum de Bello-Sartu
libere deducetur, et capitulum eamdem omnino habeat libertatem in
grangia sua de Bello-Sartu, que eidem capitulo de grangia de Mailly
superius est concessa ; his igitur venditione, conventionibus et dona-
tione decime de Bello-Sartu diligenter habitis et tractatis, sicut supe-

rius est expressum, predictam decimam de Mailly cum alia decima
de Bello-Sartu posuimus in manu domini episcopi, tam ego quam
dominus meus Johannes, Avicia, uxor mea, et liberi nostri et fratres mei predicti, reddendam capitulo, et ab ipso capitulo perpetuis
temporibus pacifice possidendam ; et episcopus ad petitionem nostram
de decimis supra dictis capitulum investivit, ipso Roberto, uxore sua
et liberis eorumdem consentientibus et volentibus, sicut sigillum ipsius
Roberti cum sigillo meo presenti carte appensum pro confirmandis
omnibus que superius sunt expressa, quantum ad me pertinet et Robertum, testificatur.

» Actum anno Domini millesimo ducentesimo trigesimo secundo,
mense novembri. »

(Archives départementales de la Somme, *Cartulaire de l'Eglise d'A-
miens*, 2, fol. 187 verso à 189. — Archives de La Roche-Mailly, copie de
1782, collationnée par Lamy et Delasaux, « notaires du roy en sa ville
et bailliage d'Amiens. » — Analyse de cette charte à la Bibliothèque
nationale : Dom Villevieille, *Trésor généalogique,* t. 54, fol. 34).

XXI

1232, novembre. — *Jean, seigneur de Suzanne, confirme la vente
faite par Gilles de Mailly, chevalier, au chapitre d'Amiens.*

« Ego Johannes, dominus de Susanne, miles, notum facio universis,
quod dominus EGIDIUS DE MAILLY, miles, homo meus, vendidit capitulo
Ambianensi, de assensu et voluntate mea, pro sexcentis libris parisiensibus sibi numeratis totam decimam quam habebat apud Mailly et in per-
tinentiis ejusdem ville, quam ipse Egidius de me tenebat in feodum, et
ipse Egidius de voluntate mea prefato capitulo assignavit masuram,
unum jornale terre continentem, in eadem villa ad faciendam grangiam
capituli ab omni censu et exactione et justitia liberam, in qua masura
capitulum habebit omnimodam justitiam, excepto de illis qui non erunt
servientes vel homines capituli, qui causa cujusque delicti confugient ad
grangiam supradictam, in servientes vel homines capituli nullum habebit dominium, sed omnis justicia penes capitulum de suis hominibus et
servientibus remanebit, et etiam de omnibus malefactoribus in grangia
memorata.

» Condictum est etiam inter dominum Egidium et capitulum, quod servientes ipsius Egidii et capituli terragientes et decimantes erunt quolibet anno obligati alter alteri juramento, antequam terragium et decima colligantur, de decima et terragio colligendis, fideliter et servandis, et sicut terragium adducitur ad grangiam ita debet adduci ad sumptus hominum ipsius Egidii ad grangiam capituli decima supradicta. Hanc venditionem et conventionem domina AVICIA, uxor dicti Egidii, que dotalitium indicta decima habebat voluit et concessit, et per me recepit sufficiens excambium consilio amicorum suorum in terragio ejusdem ville de Mailly ; NICHOLAUS, HUGO, EGIDIUS, SOTHERUS, ELIZABETH, ÆLIDIS, PAVIA, EUSTACHIA, et MATHILDIS, liberi ejusdem Egidii et Avicie, necnon et Mathildis, Willelmus et fratres dicti Egidii similiter concesserunt venditionem istam et conventiones superius expressas, et etiam prefata Avicia dotalitium quod habebat in dicta decima abjuravit contenta excambio supradicto ; dictus Egidius hanc decimam abjuravit, et per juramentum firmavit predictas venditiones et conventiones se fideliter servaturum, et contra omnes pro posse suo bona fide garandizaturum capitulo memorato, et ad hoc coram me suos obligavit heredes ; predicti fratres et liberi sui hec omnia coram me concesserunt et laudaverunt ; ego autem, de quo prefata decima tenebatur, venditionem et conventiones prescriptas laudavi, volui et approbavi, et per juramentum promisi quod prefatam decimam de cetero, tanquam dominus terrenus, garandirem dicto capitulo bona fide secundum posse contra omnes qui juris et legis stare voluerint, nec quererem artem aut ingenium quibus dictum capitulum possit inquietari, dampnificari sive molestari, et ad hoc similiter faciendum meos obligavi heredes ; et postmodum prefatam decimam michi ab Egidio et Avicia, liberis et fratribus supra dictis redditam, posui in manu venerabilis patris domini Gaufridi, tunc Ambianensis episcopi, predicto capitulo conferendam ; quod et ipse ad petitionem meam fecit, et capitulum de eadem decima investivit perpetuis habenda temporibus.

» Preterea scire vos volo, quod prefatus Egidius predicto capitulo, pro salute anime sue et antecessorum suorum decimam quam emerat a domino Roberto de Forcheville, milite, homine suo, sitam in territorio de Beausart, per manum domini episcopi prefati, de voluntate mea concessit et donavit, quam donationem ad petitionem ipsius Egidii volui et concessi, et garandiam capitulo, sicut de sumptibus expressis, promisi, et omne quod in dicta decima habebam ad opus dicti capituli in manu memorati episcopi resignavi, qui de eadem capitulum predictum ad petitionem meam et prefati Egidii investivit. Ut autem hec omnia perpetuis temporibus rata permaneant et inconcussa, presentes litteras feci confici, et dicto capitulo, ad petitionem dictorum Egidii et Avicie, liberorum et fratrum prefatorum, tradidi in testimonium et munimen sigilli mei munimine roboratas.

» Actum anno Domini millesimo ducentesimo trigesimo secundo, mense novembri. »

(Archives départementales de la Somme, *Cartulaire de l'église d'Amiens*, 2, fol. 189 verso à 191. — Archives de La Roche-Mailly, copie de 1782, collationnée par Lamy et Delasaux).

XXII

1232, novembre. — Geoffroy, évêque d'Amiens, confirme, comme Jean de Suzanne, la vente de la dîme de Mailly et la donation de la dîme de Beaussart, faites par GILLES DE MAILLY au chapitre d'Amiens.

(Archives départementales de la Somme, *Cartulaire de l'église d'Amiens*, 2, fol. 191 à 193).

XXIII

1236 (v. s.), mars. — « Jean Le Damoiseau (Johannes, domicellus), et Henry, son neveu, quittèrent à l'Hôtel-Dieu d'Amiens tout ce qu'ils avaient sur le champ de GUILLAUME DE MAILLY, assis à Bertrancourt[1], sauf son terrage (quicquid habebant, excepto terragio, in campo Willelmi de Mailli, sito apud Bertrancourt). — *Cartulaire de l'Hôtel-Dieu d'Amiens*, fol. 178, verso. »

(Bibl. nat., Dom Villevieille, *Trésor généalogique*, t. 54, fol. 34, verso. — Bibl. de l'Arsenal, à Paris, ms. n° 4652, fol. 211, verso).

XXIV

1239 (v. s.), mars. — *Gilles de Mailly, chevalier, atteste que le comte d'Artois lui a permis de rester pendant sa vie dans l'hommage*

---

1. Bertrancourt, Somme, arrondissement de Doullens, canton d'Acheux.

qu'il lui doit et dont il a donné une partie héréditaire à Guillaume,
son frère.

« Ego GILO DE MAILLIACO, miles, notum facio universis quod karissi-
mus dominus meus R., comes Attrebatensis, concessit michi quod ego
remaneam in homagio suo quamdiu vixero de hoc quod tenebam de eo,
de quo feci portionem hereditariam Guillelmo, fratri meo et quod idem
frater meus inde in meo sit homagio quamdiu vixero. Post decessum
vero meum, ille qui domanium dicti feodi tenebit, faciet homagium domino comiti predicto de feodo eodem. In cujus rei testimonium, presentes litteras sigilli mei munimine roboravi.

» Actum anno Domini millesimo ducentesimo tricesimo nono, mense
marcio. »

Sceau : *Croix pattée et pommetée.* Légende détruite.

Contre-sceau : Ecu portant *trois maillets.* Légende : ✠ St GILLE :
DE : MAILLI (Secret Gille de Mailli[1]).

(Archives départementales du Pas-de-Calais, A 8^1. Orig. parch. —
Archives de La Roche-Mailly. Copie papier collationnée en 1780, par
« Josse-François-Sophie Binot, conseiller du roy, trésorier des chartes
du pays et comté d'Artois. »).

XXV

1243, juin. — « Bauduins, chevaliers, sires de Biauval, faz savoir »
qu'il a vendu au comte d'Artois « l'omage monsigneur GILLON DE MAILLI
que il tenoit » de lui, pour 160 livres parisis « c'est à entendre Maiseroles,
le maison, et le ville et toutes les appartenanches, et l'omage Robert
de Henreumesnil et l'omage Aleline de Mons, etc. »

» Ce fu fet l'an del Incarnation mil CC XLIII, ou mois de juin. »

(Archives départementales du Nord, 1er carton d'Artois, B 1593, fol.
26 verso et 33. — Archives du Pas-de-Calais, A 9^{13}. Original en parchemin, scellé. — Bibl. nat., Dom Villevieille, *Trésor généalogique,*
t. 54, fol. 34).

---

1. Sceau et contre-sceau décrits par Demay, *Sceaux d'Artois,* n° 430.

XXVI

1244, 28 août. — *Hommage rendu au roi par Gilles de Mailly pour la terre qu'il avait achetée de Jean de Suzanne.*

« Apud abbatiam Pontisaræ[1], die dominica ante Decollationem beati Joannis, anno XLIIII. — Dominus Gilo de Mailliaco, homo domini Regis[2], de qua terra emit a domino Johanne de Susanna. »

(*Recueil des Historiens de France*, t. XXIII, p. 677. — Bibl. de l'Arsenal, à Paris, ms. 4653, *Recueil de copies de pièces et d'extraits relatifs à l'histoire d'Amiens et de la Picardie, formé par Nicolas de Villers de Rousseville*, fol. 399).

XXVII

1245, juin. — *Gilles de Mailly, prend la croix au concile de Lyon.*

« Anno 1245, concilio Lugdunensi[3], multi de regno Francorum nobiles cruce signantur, videlicet frater regis Robertus, comes Atrebatensis, dux Burgundiæ, dux Brabantiæ, comitissa Flandriæ cum duobus filiis suis, comes Britanniæ, filius ejus, J. comes Barrensis, comes Suessonensis, comes Sancti-Pauli, comes de Dreux, comes de Retel, Philippus de Curtiniaco, Philippus de Juveni, Ægidius de Mailli, Advocatus[4] Betuniæ. »

(*Matthæi Paris Opera*, Londini, 1640, p. 685).

XXVIII

1246, juillet. — « Hues de Chastillon, quens de Saint-Pol, donne à Gilon, chevalier, seigneur de Mailly, la manse d'Acheu et une pièce

---

1. Pontoise.
2. Saint-Louis.
3. Le concile de Lyon commença à la fin de juin 1245.
4. *Advocatus*, avoué, terme de droit féodal ; nom d'office qui consistait à défendre les droits des églises, des abbayes ou des villes ; en général, il signifiait toute espèce de protecteur. Les avoués étaient ordinairement des nobles. « Advocatus, Tutor, Ballivus, qui nomine tutorio res pupilli administrat et tutatur. » Du Cange.

de terre à Encre, où il a fait son moulin. — *Extrait du Cartulaire
d'Encre.* »

(Bibl. de l'Arsenal, à Paris ; ms. de du Cange, n° 5258, fol. 6, verso).

XXIX

1247, octobre. — « Gilles, chevaliers, sires de Mailli, » promet de
suivre les avis de certains arbitres sur tous les différends qu'il a
avec l'abbé et le couvent de Corbie au sujet du « bos d'Acheu et d'autres plusieurs coses appartenans à Acheu. »

(Bibl. nat., fonds latin, 17761, *Cartulaire Néhémias*, fol. 40. —
Arch. nat. LL 1004, *Inventaire des chartes de l'abbaye de Corbie,
dressé en 1780, par Pierre-Camille Le Moine,* 2ᵉ partie, p. 1).

XXX

1248, mai. — *Accord entre Gilles, chevalier, sire de Mailly, et l'abbé
de Corbie, au sujet de rentes sur la terre d'Acheu.*

« Jou Gilles, chevaliers, sires de Mailli, faich savoir à tous
chiaus ki ches lettres verront ke comme parole eust esté entre mi, d'une
part, et religieus homme Raoul, par la grâce de Dui, abbé de Corbye,
mon seigneur, et le convent de chel meesme liu, d'autre part, seur chou
que li abbés et l'églyse devant dit, avoient à Acheu et el teroir de chele
meesme vile, en chens, en deniers, en dîmes, en terrages, en bos, et en
toutes autres coses, ou que li abbés et l'églyse les eussent ès lius devant
dis, li devant dis abbés et l'églyse d'une part, et jou d'autre part, nous
mesismes de toutes les coses devant dites, seur Sohier Havet, chevalier,
et seur dant Jehan de Miaute, moine de Corbye, et seur Jehan Maquerel,
chevalier, liquel cheste mise prisent seur aus por bien et por pais.

» En le fin, par le conseil de preudhommes et boines gens, de toutes
les coses devant dites, il disent leur dit, par l'acort du devant dit abbé
et de l'églyse et de mi, ent tale manieré que jou et mi oir rendrons à
l'abbé et à l'églyse devant dit, pour les coses devant nommées, chascun
an hyretaulement XV lib. et II sols de parisiis et XLVIII muis, moitié
froment, moitié avainne, le forment si comme on le vent et acate, et
l'avainne boine et loial, et est savoir tel forment com il vient de le
grange d'Acheu a bonne foi du tereoir d'Acheu, et se il i avoit descort,

que tels ne fuest com il vient de le grange d'Acheu et du teroir, VI deniers rendroie jou et mi oir chascun sestier de son le meilleur ; et chel
fourment et chele avaine jou et mi oir renderons et paierons hyretaul-
ment chascun an à Corbye, à le mesure de Corbye, dedens Noël, au commandement de l'églyse de Corbye, et les XV lib. et II sols de paresis
ensement au terme devant dit : et chest dit que li miseur devant dit, on
rendu pour bien de pais, ont li abbés et l'églyse devant dite, créanté à
tenir perduraulement : et jou ensement et ai obligié et oblige mi et mes
oirs, sauf le courtil Wautier de Herbusterne, chevalier, le ou li abbés et
l'églyse devant dite ont leur droiture, liquel cortix demeure hors dudit
as miseurs ; et est asavoir que du forment et de l'avainne devant dit,
jou ne puis point oster, ne faire oster, for por men mengier et pour le
mengier me maisnié et por semer ès teres devant dite, de si adonc que
li abbés, l'églyse devant dite seront paiet des XLVIII muis devansdis.

» Et est asavoir que jou ai créanté seur quanques jou ai à Acheu, à
rendre à l'abbés et à l'églyse de Corbye, ou au commendement de l'é-
glyse, le fourment et l'avainne et les XV libres et II sols de paresis, en si
com il est devant dit. Et par chest chcuse ensi com elle est devisée, li
devant dis abbés et l'églyse quitent à mi et à men oir, quanques il ont
à Acheu, et el tereoir, sauf l'ommage et le serviche que jou dois à l'abbé
et à l'églyse devant dite et che meesme que li abbés et l'églyse de
Corbye m'ont octroié, de coi jou leur rent le blé, et les deniers devant
dis, tenrai jou et mi oir de l'abbé et de l'églyse de Corbye en fief avoec
men autre fié que jou tiens d'aus. Et si est asavoir, que jou tiens du
devant dit abbé et de l'églyse, quanques jou ai à Acheu, sans le siste
part, et sans le seignerie, et le taile de le vile, et sans le molnée, et sans
le markier et le cauchie, et sans le partie aussel. Et si tiens del abbei
et del églyse devant dite et du seigneur d'Encre le fortereche d'Achcu,
en tel manière que jou et mi oir sommes tenus à bailllier le fortereche
d'Acheu à l'abbé de Corbye, s'il en a mestier, envers tous hommes, fors
envers le seigneur d'Encre, et ensement, le seigneur d'Encre, fors envers le devant dit abbé. Et se il avenoit descort entre aus, jou ne mi oir
ne somes tenus à bailllier li devant dite fortereche ne au devant dit abbé
ne au seigneur d'Encre.

» Et ches choses, si com elles sont devant devisées, voel jou, et gré,
otroi, et les ai fermes et estaubes, et à chou warder et tenis perduraulement, ai jou obligié et oblige mi et mes oirs. Et se chestoit cose que li
blées et li denier devant dit n'estoit rendu au devant dit abbé et l'églyse

ou leur commandement, poent prendre sans meffaire ou faire prendre ès lieus devant dis, ke jou tiens d'aus et tenir, jus là dont ke il soient paiiet de le cheusse devant dit, et des lous raisnauls et domages kil i avoient par le défaute de men paiement ou de mes oirs.

» Et pour chou que che soit ferme et estaule à tous jours, jou ai baillié ches présentes letres, seelées de mon seel, au devant dit abbé et l'église de Corbye, en l'an del Incarnation Jesu-Crist M CC et XLVIII, el mois de may. »

(Bibliothèque nationale, fonds latin, 17758, *Cartulaire noir de Corbie*, fol. 197 ; fonds français, 24143, fol. 65 verso ; *Collection de Picardie* (dom Grenier), t. 53, fol. 179 et 180 ; *Nouveau d'Hozier*, 4955, *Mailly*, fol. 3 à 6).

XXXI

1248, mai. — *Nicolas de Mailly, chevalier, confirme l'accord précédent fait par son père avec l'abbé de Corbie.*

« Nicoles, chevaliers, ainsnés fix Gillon, seigneur de Mailli, » confirme la transaction que son père a faite avec l'abbé de Corbie, par lettres données « en l'an del Incarnation M CC XLVIII el mois de may. »

(Bibliothèque nationale, fonds latin, 17758, *Cartulaire noir de Corbie*, fol. 196 verso ; 17761, *Cartulaire Néhémias de Corbie*, fol. 35 ; fonds français, 24143, fol. 65 verso. Dom Villevieille, *Trésor généalogique*, t. 54, fol. 34).

XXXII

1248, juin. — « Gilles, chevalier, sire de Mailly, avoue tenir en fief de monseigneur Gérard, vidame d'Amiens, sire de Péquigny, six journaux de terre qu'il a acquis de monseigneur Baudouin de Beauval, avec un journal de bois où il peut bâtir une maison, s'il le veut, le tout assis ès territoires de Beauval, Valureux et Rosel. — Arch. de l'abbaye de Corbie, *Cartulaire de Péquigny*, fol. 57. »

(Bibl. nat., Dom Villevieille, *Trésor généalogique*, t. 54, fol. 34).

XXXIII

1251, avril. — Gilles de Mailly, chevalier (Egidius de Mailliaco, miles), se constitue caution envers Thomas Somillon, bourgeois d'Arras, pour Werric, dit Truite de Bertramecourt (pro Werrico, dicto Truite de Bertramecourt), qui devait audit Somillon trente deux livres parisis.

(Archives départementales du Pas-de-Calais, A 12⁶. Orig. parch., sceau perdu).

XXXIV

1251 (v. s.), samedi, 18 janvier. — *Gilles de Mailly fait acte de féauté au roi pour la châtellenie de Beauquesne.*

« Sabbato, in festo Cathedre sancti Petri, eodem anno (1252), fecit fidelitatem Gilo de Mailliaco de castellania Bellequercus in baillivia Ambianensi. »

(Arch. nat. JJ 26, fol. 70, verso).

XXXV

1258, 12 mai, Paris. — *Arrêt du Parlement qui condamne Gilles de Mailly à payer le rachat de sa terre de Mailly, dans le cas où elle serait située dans la châtellenie de Péronne.*

« Cum contentio verteretur inter dominum Gilonem de Malliaco, militem, ex una parte, et ballivum Ambianensem, pro domino rege, ex altera, super eo quod idem baillivus petebat ab eodem Gilone, nomine domini regis, pro rachato terre sue, valorem dicte terre unius anni, pro eo quod dicta terra sita est in castellania Perone, et movet de feodo Perone, et quod usus et consuetudo est in dicta castellania quod valor unius anni terre site in eadem castellania, debetur pro rachato domino a quo ipsa terra tenetur, ipso Gilone e contra dicente quod debet esse immunis de dicto rachato in quo tenetur domino regi pro terra predicta, pro sexaginta solidis parisiensibus tantum, et quod ita usitati sunt tam idem Gilo quam ipsius predecessores ; inquesta fuit facta super hoc, per quam inquestam idem Gilo nichil probat. Si idem Gilo de Malliaco est de castellania Perone, solvat rachatum, secundum communem consuetudinem castellanie Perone. »

(Arch. nat. X¹ᵃ I, fol. 9. — Beugnot, *Les Olim*, I, pp. 40 et 41).

XXXVI

1258, 15 septembre, Paris. — Arrêt du Parlement contre Etienne de

Beauval (de Bellavalle) qui prétendait que GILLES DE MAILLY, chevalier (Gilo de Malliaco, miles), l'avait dépouillé d'un terrage à Belleval relevant du fief de Piquigny.

(Arch. nat. X ¹ᵃ I (Olim I), fol. 8).

XXXVII

1259, 13 juin. — « En l'an de l'Incarnation M CC et LIX, tint le court des plais à Arras à le maison le conte d'Artois, Guis de Chastillon, comte de Saint-Pol, comme baus d'Artois, le mardi après le jour de Pentecoste, vestue de barons et dames.... A icele journée vint medame Mahaus, contesse d'Artois.... » Parmi ceux que l'on consulte sur la coutume du pays relativement à un héritage fait par Mahaut, on trouve « messire GILLES DE MAILLI. »

(Arch. départementales du Pas-de-Calais, A 14³. Pièce parch.).

XXXVIII

1261, 11 novembre, Paris. — *Gilles, seigneur de Mailly, ayant prouvé que sa terre de Mailly était un arrière-fief de Miraumont, le Parlement lui donne gain de cause contre le bailli d'Amiens, agissant au nom du roi.*

« Cum baillivus Ambianensis peteret a GILONE, DOMINO DE MALLIACO, pro rachato feodi de Malliaco, valorem terre unius anni, eo quod ipsum feodum erat de castellania de Perone et maniatum ad usus castellanie in qua castellania solvitur, pro rachato, valor terre de uno anno, ut dicebat idem ballivus ; et idem Gilo diceret in contrarium quod, pro rachato hujusmodi, sexaginta solidos tantummodo solvere tenebatur, quia idem feodum est de retrofeodis de Miro-Monte[1], de quibus retrofeodis tantummodo solvuntur sexaginta solidi, ut dicebat, pro relevagiis. Tantum, per inquestam inde factam et per assercionem ballivi Ambianensis, inventum est quod ipsum feodum est de retrofeodis de Miro-Monte, determinatum est igitur quod idem Gilo solvat sexaginta solidos tantum, pro dicto rachato. »

(Arch. nat. X¹ᵃI, fol. 26. — Beugnot, *Les Olim*, 1, p. 146).

---

1. Miraumont (Somme) arrondissement de Péronne, canton d'Albert.

XXXIX

1266, 12 mai, Paris. — *Arrêt du Parlement condamnant Gilles de Mailly et ses complices à une amende de cent livres parisis, pour rébellion à main armée contre le bailli d'Amiens qui était venu à Corbie.*

« Cum quedam mesleia facta fuisset apud Corbeiam, inter dominum Gilonem de Malliaco et alios milites et armigeros in domo in qua hospitatus erat ballivus Ambianensis, qui, de mandato domini regis, ibi venerat ad faciendam inquestam, et post inhibicionem ipsius ballivi eis factam ne sibi invicem forisfacerent, ballivus pro facto hujusmodi petebat ab ipsis emendam pro rege, abbate Corbiensi e contra dicente quod, si de facto hujusmodi deberetur emenda, ad ipsum pertinere debebat, cum sit dominus Corbiensis ville, et ibi habeat omnimodam justiciam, nec rex habeat nisi solum resortum, sicut dicebat. Tandem, hiis auditis, quia mesleia hujusmodi facta fuit in presencia ballivi, in cujus ballivia est ipsa villa Corbiensis, et contra ipsius inhibicionem, determinatum fuit quod rex habet ibidem emendam, et fuit taxata ad centum libras parisienses, et bene fuit pronunciatum quod abbati sit salva emenda sua, si eam inde debeat habere. »

(Arch. nat. X¹ⁿI, fol. 131. — Beugnot, *Les Olim.*, t. I, p. 646).

XL

1270. — *Liste de chevaliers croisés parmi lesquels on rencontre Gilles de Mailly.*

« Voici les chevaliers de l'ostel le roi croisiés.

» Li connestables, lui quinzime, VI. M libres, lui tiers de banerés.

» Li bouteillers.

» Li cuens d'Eu[1], lui quart de banerés, lui douzime, V. M et chent libres.

» Li cuens d'Aucoirre[2], lui tiers de banerés, lui douzime, V. M et chent libres.

1. Jean de Brienne.
2. Jean de Châlon.

» Li cuens de Donmartin[1], lui quinzime, VI. M libres, lui tiers de banerés.

» Li sires de Monmorenci.

» Me sires Simon de Meleun, lui quint, II. M libres.

» Li enfant de Saint-Pol, aus vintiesme, VIII. M libres, aus quar de banerés.

» Mi sires GILLES DE MAILLI, lui cuinsième, VI. M libres, lui tiers de banerés[2].

» Mi sires Mahic de Roie, li disime, IIII. M libres, lui autre de banerés.

» Me sires Colart de Morlaines, li sisime, II. M et III C libres. »

Suivent vingt-cinq autres noms, parmi lesquels on remarque : Hardouin de Mailli (Maillé), Raoul de Necle, le vidame de Chartres, le maréchal de Champagne, le duc de Bourgogne, Godefroi de Brabant, Thibault de Marly, etc.

(*Recueil des Historiens des Gaules et de la France*, t. XXIII, page 733).

XLI

1273, 6 décembre. Conches. — *Lettre du comte d'Artois adressée à plusieurs seigneurs et en particulier au seigneur de Mailly.*

« Robert, conte d'Artois, à ses amis et ses féauz LE SEIGNEUR DE MALLI, le seigneur de Hachecourt, messire Gile de Nueville et monseigneur Jehan de Belves, salut. Nous vous prions et requérons que vous créés monseigneur Gautier d'Aunoy et nos gens de che que il vous diront de par nous, et che que il vous diront fêtes au mix que vous pourrés ; et en ferés tant que nous vous en sachons gré, quar nous désirrons votre compeignie seur tous autres.

» Che fu donné à Conches, l'an de grâce mil II[c] LXXIII, le jour de feste saint Nicolas en yver. »

(Archives départementales du Pas-de-Calais, A 21[37]. Orig. parch.)

---

1. Mathieu de Trie.

2. « Soy dixiesme de chevaliers, trois mil libres. » Variante du tome XX des *Historiens de France.*

XLII

1277 (v. s.), 13 avril. — *Lettres d'obligation de Baudouin de Mailly, chevalier, et de « Hues d'Aucoich, warde de la terre monseigneur le comte de Saint Pol, » relatives à une somme de 1200 livres parisis, dont ils répondent pour Guy de Châtillon, comte de Saint-Pol, et Mahaut de Brabant, sa femme, envers Béatrix de Brabant, veuve de Guillaume de Dampierre, comte de Flandre.*

« Jou BAUDUINS DE MAILLI, chevaliers, et jou Hues d'Aucoich, warde de la terre monsigneur le conte de Saint-Pol, faison savoir à tous chiaus ki ches présentes lettres verront et oiront ke comme noble dame, nostre chière dame Beetris, femme jadis à noble homme Williaume, conte de Flandres, et dame de Courtrai, ait presté amiaulement (aimablement) et débonairement à notre chier signeur Guion de Chastellon, conte de Saint-Pol, et à notre chière dame Mahaut, contesse de Saint-Pol, sa feme, douze cens libvres de parisis, de sen propre catel, en bonne monoie et bien contée, à rendre et à paiier à le devant dite Beetris, dame de Courtrai, notre chière dame, feme jadis à noble homme Willaume, conte des Flandres, c'est assavoir au jour de la feste Nostre-Dame Candelier, en la vile de Lille, ki sera en l'an del Incarnation Notre-Signeur mil deus cens sissante dis et wit, quatre cens livres de parisis, et à l'autre feste Notre-Dame Candelier prochainement après ensuivant, ki sera en l'an del Incarnation Notre-Signeur mil deus cens sissante dis et noef, quatre cens livres de parisis, et à l'autre feste Notre-Dame Candelier, prochainement après ensuivant, ki sera en l'an del Incarnation Notre-Signeur mil deus cens et quatre vins, quatre cens libvres de parisis, et desquels deniers devant dis nostre chiers sires Guis de Chastellon, cuens de Saint-Pol, devant dis, et notre chière dame Mahaus, contesse de Saint-Pol, sa femme, devant dite, l'ont aboutée à leur bos de Esperleke, à le vile d'Esperleke et as apartenanches de cele meisme vile, nous, de tous ches deniers devant dis, nous estaulissons, chascuns pour le tout, propres detes et principal deteur pour notre chier signeur et pour notre chière dame devant dis, envers le devant dite notre chière dame Beetris, femme jadis à noble homme Willaume, conte de Flandres, et dame de Courtrai. Et s'il estoit ensi ke li devant dite notre chière dame Beetris, femme jadis à noble homme Willaume, conte de Flandres, et dame de Courtrai,

3

ou ses commans, ou ses remanans, voloit avoir les soumes des deniers devant dis devant les termes ki devant sont nommés, si nous estaulissons nous propre deteur et en faisons no propre dete pour notre chier signeur et pour notre chière dame devant dis, de rendre et de paiier en le ville de Lisle, dedens les quatre mois, ke li devant dite notre chière dame Beetris, femme jadis à noble Willaume, conte de Flandres, et dame de Courtrai, ou ses comans, ou ses remanans, nous en semonroit. Et se nous en defalions, que ja n'aviegne, li devant dite nostre chière dame Beetris, feme jadis à noble homme Willaume, conte de Flandres, et dame de Courtrai[1], ou ses comans, ou ses remanans, porroient doner à quels justiches kil vouroient le quint de le dite, sans le dete devant dite amenrir ; et avoec tous cheu, nous li seriens tenu de rendre et de restorer tous les autres cous et les domaiges, frais et dépens ke elle, ou ses commans, ou ses remanans, y aueroit fust en donner ou en promettre à signeurs terriens, à justiches, à bailluis, ou en plaidier en court de crestienté ou en court de laiie justiche, sous sen dit ou sous le dit de sen commant ou de sen remanent, sans autre prouvanche faire et sans riens dire en contre avoecques le convenance devant dite.

» Et à che tenir fermement obligeons nous, nos hoirs, et si en renonchons tant ke à chou à privilège de crois prise et à prendre, à tous repis donnés et à donner del apostole, de legat et de roi, et de tous chiaus qui pooir aroient de donner respit, à toutes bares de plait en court de crestienté et de laiie justiche, à toutes exceptions, à toutes allégations, et à toutes autres choses closement ki aidier et valoir nous poroient pour aller contre cheste convenanche, et le devant dite nostre chière dame Beetris, feme jadis à noble homme Willaumes, conte de Flandres, et dame de Courtrai, nuire ne grever.

» Et pour chou ke che soit ferme et estaule, jou BAUDUINS DE MAILLI, chevaliers, et jou Hue d'Auchoich, warde de le terre monsigneur le conte de Saint-Pol, devant nommé, avons ches présentes lettres seelées de nos propres seaus.

---

1. Guillaume de Dampierre, comte de Flandre, était fils de Guillaume de Dampierre et de Marguérite de Constantinople, la Noire, comtesse de Flandre et de Hainaut, née le 2 juin 1202 et morte le 10 février 1280. Il se croisa en 1248 et mourut en 1251, sans postérité de Béatrix de Brabant, fille de Henri II, duc de Brabant, et de Marie de Souabe, et veuve de Henri Raspon, landgrave de Hesse et de Thuringe. Béatrix de Brabant vivait encore en 1285.

» Chou fu fait en l'an del Incarnation Nostre-Signeur Jesu-Crist mil deus cens sissante dis et set, el mois d'avril, le merkedi après Paske Flouriie. »

Sceau de Baudouin de Mailly. Ecu portant *trois maillets* avec cette légende : S. Baldouini de Malliaco, militis, domini de Loucinol [1].

Sceau de Hue d'Aucoich. Ecu parti portant à dextre *des pals de vair au chef chargé d'un lambel,* à sénestre, *un lion.* Légende : «... D'Aucotis...[2] »

(Archives départementales du Nord, B 149, nº 2003.).

Les archives du château de La Roche-Mailly (Sarthe) conservent une copie de cette charte avec reproduction des deux sceaux et cette mention : « Collationné à l'original en parchemin, scellé des sceaux en cire blanche et brune de Bauduin de Mailli et de Hues d'Aucoich, conformes à ceux peints cy-dessus, n'ayant pas pu lire la fin de l'inscription du scel dudit Bauduin, que je crois cependant être *Loucinol*, reposant à la chambre des comptes du roy à Lille, par nous écuier, seigneur de Maillart, conseiller de Sa Majesté, directeur et garde des chartes de la ditte chambre des comptes à Lille, le 14 septembre 1776. (Signé) Godefroy. »

XLIII

1279, octobre. — « Gilles d'Autuille[3], chevalier, » fait savoir qu'il a vendu aux frères et aux sœurs de « l'ostelerie (Hôtel-Dieu) d'Amiens » dîmes et les fruits qu'il avait droit de prendre « au terroir de Behencourt[4]. »

(Bibl. de l'Arsenal à Paris, ms. nº 4652, *Cartulaire de l'Hôtel-Dieu d'Amiens*, fol. 293, vº. Copie avec dessin du sceau de Gilles de Mailly,

1. Demay, *Sceaux de Flandre*, nº 1264, a lu : « + S. Baldouini de M... co, militis, domini de *Loveneu.* »
2. Ce sceau reproduit les armes de Guy de Chastillon et de Mahaut de Brabant. Guy de Chastillon portait *trois pals de vair au chef chargé d'un lambel de cinq pièces* et Mahaut de Brabant, *un lion*. (André du Chesne, *Histoire de la Maison de Chastillon-sur-Marne*, Paris, Sébastien Cramoisy, 1621, p. 120).
3. Gilles de Mailly, seigneur d'Autuille.
4. Behencourt, département de la Somme, arrondissement d'Amiens, canton de Villers-Bocage.

seigneur d'Autuille : Ecu portant *trois maillets* sans brisure ; légende :
† S. Gilles de Autule, militis).

XLIV

1282, 17 mai. — *Arrêt du Parlement relatif à un fief acheté du sire de Mailly par le seigneur de Beauval.*

« .... Soluta fuit manus vicedomini de Pinquigniaco, quantum ad feodum quod dominus de Bella-Valle emit a domino Mailliaci, hoc salvo quod, si baillivus Ambianensis, pro nobis, possit se cerciorare quod illum feodum sit de pertinenciis de Bella-Valle, illud reassumet in manu regis, lite pendente inter regem et dictum vicedominum super homagio de Bella-Valle, ville et pertinenciarum. »

(Archives nationales, *Registres du Parlement*, X¹ᵃ 2 (Olim 2). — Beugnot, *Les Olim*, t. II, pp. 198, 199).

XLV

1282 (v. s.), 3 avril. — Acte qui déclare qu'en présence du bailli d'Arras et des « hommes monseigneur le conte (d'Artois), en son castel à Arras, c'est assavoir messire Gilles de Nœville, messire Gilles de Mailli, mesires Bauduins de Caumont, etc., » le comte de Guines avait dit qu'il avait vendu le comté de Guines au roi de France[1].

(Archives départementales du Pas-de-Calais, A 29°. Pièce parchemin).

XLVI

1283. 1284, octobre. — *Hue d'Aucoich fait un échange et Bauduin de Mailly vend certains prés au prieur d'Encre.*

« Guy de Chastillon, mari de Mahaut de Brabant, avoit un secrétaire nommé Hues d'Ocoche, chevalier[2], qui, l'an mil deux cens quatre-

---

1. La cession du comté de Guines au roi Philippe III, le Hardi, par Arnoul, comte de Guines, fut faite au mois de février 1282 (v. s.). L'acte de vente est imprimé dans les *Preuves* de l'*Histoire de la Maison de Guines*, par du Chesne, p. 292.
2. Hue d'Ocoche ou d'Aucoich, est qualifié dans le document d'avril 1277 (v. s.) « warde de la terre monseigneur le comte de Sainct-Pol. »

vingts-trois, eschangea quelques siennes terres avec le moulin d'Asnel, appartenant à Geofroy, cantre de l'église collégial de Sainct-Sauveur en la ville de Sainct-Paul, sous le seel Henry, lors évesque de Térouenne. Et l'année suivante, au mois d'octobre, BAUDOUIN DE MAILLY, chevalier, vendit aussi à homme religieux et honneste Eurart, prieur de la prieuré d'Encre, pour le pourfit de son église et de ses successeurs, héritablement à tousjours, certains préz qu'il tenoit de noble homme son chier signeur Guyon de Chastillon, comte de Saint-Paul. »

(André du Chesne, *Histoire de la Maison de Chastillon-sur-Marne*, Paris, Sébastien Cramoisy, 1621, p. 124 ; d'après Ferry de Locres, *Traité des comtes de Saint-Paul*, chapitre 36).

XLVII

1285. — *Fragment d'un compte de Jehan d'Ays pendant l'expédition d'Aragon en 1285.*

« Ce sont les choses bailliés à monseigneur GYLE DE MAILLI, par Jehan d'Ays et par son commandement.

» Premièrement, par Jehan Le Clerc, à Narbonne, C setiers de froument à la mesure de Carcassonne, ou prix de XL liv. — Item, par Michiel Le Clerc, en Catheloingne, LIIII sas de froument, qui font, à la mesure de Biaucaire, II^c XVI setiers, ou pris de CVIII liv. — Item, par li, ilec, LXVII sas de farine, qui font II^c LXVIII setiers de Biaucaire, ou pris de VIII^xx VII liv. X s. — Item, par Jehan Le Clerc, à Narbonne, CL setiers d'orge à la mesure de Carcassonne, ou prix de XXXIII liv. XV s. — Item, par Michiel Le Clerc, en Catheloingne, LVI sas d'orge, qui font à la mesure de Biaucaire II^c XXIIII setiers, ou pris de LXVII liv. IIII s. — Item, par Jehan Le Clerc à Narbonne, I setier de pois de Carcassonne, ou pris de V s. — Item, par li, ilec, I setier de fèves, ou pris de V s. — Item, par Michiel Le Clerc, en Catheloingne, II sas de fèves, qui font VIII setiers de Biaucaire, ou pris de XL s. — Item, par Jehan Le Clerc, à Narbonne, XX bacons, ou pris de XXII liv. — Item, par Michiel Le Clerc en Catheloingne, XXIII bacons, ou pris de XXXIIII liv. X s. — Item, par Jehan Le Clerc, à Narbonne, I quintal d'amandes, ou pris de XXV s. — Item, par Michiel Le Clerc, en Catheloingne, II quintaus d'amandes, ou pris de LX s. — Item, par Jehan Le Clerc, à Narbonne, demi quintal de ris, ou pris de VIII s. IIII d. — Item, par

Michiel Le Clerc, en Catheloingne, VIII sommes et demie de vin, ou
pris de XXI liv. V s. — Item, par Jehan Le Clerc, à Narbonne, I quintal
de cire, ou pris de VII liv. X s. = Somme V^c IX liv. XVII s. IIII d.
Rent mestre P. de Condé. »

(*Recueil des Historiens de France*, t. XXII, p. 686).

XLVIII

1288, août. Royaumont. — Le roi Philippe-le-Bel, par acte donné
« apud Regale Monasterium Beate-Marie-Virginis juxta Pontysaram, »
confirme la vente que « Mahaus, contesse de Saint-Pol, » a faite[1] sous
la condition du consentement de son mari « Guy de Chasteillon, conte
de Saint-Pol, » à son « chier ami et féel monseigneur JEHAN DE MAILLI,
chevalier, seigneur dou Lourseignol, » de tout ce qu'elle possédait à
Wavans et dans les hommages qu'elle avait « en la rivière d'Authie, »
pour les tenir ligement d'elle et de ses hoirs.

(Archives départementales du Pas-de-Calais, A 34[15]. Orig. Scellé. —
Richard, *Inventaire sommaire des archives du Pas-de-Calais*, t. I, p.
52).

XLIX

1289, 11 novembre. — *Arrêt du Parlement porté contre le seigneur
de Mailly qui s'est rendu coupable envers le roi en levant des troupes
contre sa volonté*[2].

« .... Pro inobedientia facta a DOMINO MAILLIACI domino regi et pro
calvacata ab ipso facta, condempnatus fuit dictus miles domino regi in
mille et quingentis libris turonensibus, et milites et armigeri qui cum
ipso fuerunt in mille et quingentis libris turonensibus, et nichilominus

---

1. L'acte de vente faite par Mahaut de Brabant à Jean de Mailly existe en
double aux Archives départementales du Nord, 1er carton d'Artois, B 1593,
f° 78, sous les N°s 209 et 210. Le N° 209 porte la date janvier 1288 (v. s.), et le
N° 210, août 1288. Cette dernière date est la bonne, car Mahaut mourut le 29
septembre 1288. D'ailleurs, la confirmation du roi ne put venir qu'après la
vente accomplie. — Dom Villevieille, *Trésor généalogique*, t. 54, fol. 35,
donne l'analyse de cet acte de vente avec la fausse date de janvier 1288.

2. Ce document a été publié par M. l'abbé Gosselin (*Mailly et ses seigneurs*, p. 327), d'après les *Olim* du comte Beugnot, t. II, p. 291.

porte castri domini Mailliaci comburentur nec refici poterunt nisi de spinis donec ad volontatem domini regis. »

(Archives nationales, *Registres du Parlement*, X^{1a}2 (Olim II), fol. 82, verso).

L

1289, décembre. — *Mention de Gillon de Mailly, le jeune, chevalier, seigneur de Brunecamp, dans une lettre de 1776.*

« Amiens, le 1er mars 1776. — Monsieur : Il y a quelque temps qu'un Monsieur vint me trouver de votre part aux archives de la cathé-dralle pour me demander des nottes sur votre illustration. Je cherchai dans mon nobiliaire de Picardie fait sur titres, et n'ayant rien trouvé avant l'époque de 1575, il me laissa votre adresse. Je viens de découvrir dans une petite archive, dont j'ai les titres chez moi, deux titres du mois de décembre 1289, faisant mention d'un *noble homme, monseigneur* GILLON DE MAILLY, LE JOUNE, CHEVALIER, SEIGNEUR DE BRUNECAMP. Si vous le jugez à propos, Monsieur, je tirerai une copie fidèle d'un de ces titres, le plus important, et je vous l'enverrai collationnée par notaires et légalisée. Il n'en coutera que 12$^{#}$ à mettre à la poste à mon adresse. Je ne ferai rien sans une lettre d'avis. Si vous n'en avez pas besoin, votre silence ne ralentira pas mon zèle. J'oubliais de dire que le titre est scellé en cire verte portant ces armes : *trois maillets, deux et un, avec un chevron.*

» Je suis avec respect, Monsieur, votre très humble et très obéissant serviteur.

» LE MOINE, avocat, archiviste à Amiens. »

(Archives de La Roche-Mailly. Lettre sans suscription, avec un dessin sommaire du sceau de Gillon de Mailly).

LI

1291, août. — « MAHIEU DE MAILLY, chevalier, et demiselle Flourain de Talesac, sa femme, par consentement de Pierron, leur fils ainsné et leur hoir, firent eschange d'un fief qu'ils avoient à Acheu, avec Hue de Chastillon, comte de Saint-Pol. — Extrait du *Cartulaire d'Encre.* »

(Bibl. de l'Arsenal, à Paris, Ms. de du Cange, n° 5258, fol. 9).

LII

1293, décembre. — « Hues Haves, chevalier, sires de Soiecourt et Betris, femme au dit monseigneur Huon, » font partage de leurs biens entre leurs enfants. On trouve cité parmi leurs amis, « monseigneur JEAN DE MAILLY, CHEVALIER, SIRE DE LOURSIGNOL, monseigneur Otton d'Encre » et autres.

(Bibl. de l'Arsenal. Ms. 4652, *Recueil de copies de pièces et d'extraits relatifs à l'histoire d'Amiens et de la Picardie, formé par Nicolas de Villers de Rousseville,* fol. 227, verso).

LIII

1299, 25 septembre. Lille. — *Jean de Mailly,* « sire de Loursignol, » *chevalier, donne quittance de gages pour ses services en Flandre.*

« Jou JEHINS DE MAILLI, SIRE DE LOURSIGNOL, chevaliers, fait savoir à tous que j'ai eu et recheut de maistre G. de Maumor, clerc nostre seigneur le roi de France, par compte fait venredi, XXV⁰ jours de septembre, trois mille huit cens trente huit livres, douze sols, trois deniers tournois petis, pour le service que j'ai fait à nostre signeur le roi ens establies de Flandres, de l'an dis sept et dis huit, de la première année. Item, pour le restour de deus chevaux, quarante huit livres tournois petis. En tesmoing de cheu, j'ai mis mon seel à ces lettres escrites à Lille l'an M II⁰ IIII×× XIX, venredi devant dit. »

Sceau : Ecu portant *trois maillets* avec *lambel à trois pendants.*

(Bibl. nat. *Titres scellés de Clairambault,* t. 175, p. 5925, n° 51. Orig. parch.).

LIV

1299, 1ᵉʳ octobre. — *Jean de Mailly,* « sires de Lousqueingnol, » *chevalier, donne quittance de gages pour ses services en Flandre.*

« Jou JEHAM DE MAILLY, SIRES DOU LOUSQUEINGNOL, chevalier, fais savoir à tous que j'ai eu et receu de maistre Guillaume de Mommor, clerc nostre signeur le roi de France, quatre cens et chinquante livres

tournois petis, du remanant du compte que j'ai fait au devant dit maistre
Guillaume, de la seconde année, pour le service que j'ai fait au dit nostre
signeur le roi, ens establies de Flandres. En tesmoing de cheu, j'ai mis
mon scel à ces lettrez, faictes l'an M IIe IIII^{xx} XIX, joedi premier jour
d'octembre. »

Sceau : Ecu portant *trois maillets* avec *lambel à trois pendants.*

(Bibl. nat. *Titres scellés de Clairambault*, t. 175, p. 5927, n° 55.
Orig. parch.).

LV

1299, 9 octobre. Bruges. — *Gilles de Mailly, chevalier, donne
quittance de gages.*

« Jou GILLES DE MAILLI, chevaliers, fait savoir à tous que j'ai eu et
recheu de maistre Guillaume de Mommor, clerc de nostre signeur le roy
de France, par la main mons^r Gilebert Pie et Jehan d'Arras, ses clers,
cuinc cens quarante livres tornois en rabat de mes gages seur le darain
quart de me seconde année. En tesmoing de cheu, j'ai à ces letres mis
mon scel.

» Donné à Bruges, l'an de grasce M CC IIII^{xx} XIX, venredi IX jours
d'octambre. »

Fragment de sceau.

(Bibl. nat. *Titres scellés de Clairambault*, t. 175, p. 5925, n° 52.
Orig. parch.).

LVI

1299, 12 octobre. — *Gilles, sire de Mailly, chevalier, reconnaît
devoir vingt quatre livres parisis à Gilles Hubrest, bourgeois de
Bruges.*

« A touz ceus qui verront cestes lettres, GILE, SIRE DE MAILLY, chevalier, demorant à l'establie de Bruges, salut.

» Ge faz asavoir à touz que ge dei à mon bon ami sires Giles Hubrest,
bourgeois de Bruges, vint et quatre livres de parisis que il m'a prestées
en mes besoignes, et m'en tieng à bien paiez, pour lesquelles XXIIII
livres parisis, ge oblige au dit bourgeois mei et toz mes biens et espe-

ciaument tout ce que li rois me deit pour raison de mes gages que ge ai
deserviz et que ge deserviray en son servise en la dite establie et dou
restor de mes chevax (chevaux), et voil et acorde que li diz bourgeis, ou
son commendement portant ces letres, ait et recouvre les dites XXIIII
livres parisis à la première paie qui me sera fete de mes gaiges et dou
restor de mes chevaus, et que li clerc, ou cil qui pour nostre seignour le
roy paiera, le li baillent et rendent pour moi et en mon nom, et aus
recevoir les dites XXIIII livres ge le establiz pour? aicateur? en sa
chase?

» Ce fut fet l'an de grâce M CC IIII^{xx} diz et nuef, le doze jour de
octembre. »

(Bibl. nat. *Titres scellés de Clairambault*, t. 175, p. 5925, n° 53.
Orig. parch., sceau perdu).

LVII

1299, 28 octobre. Bruges. — *Gilles de Mailly, chevalier, donne
quittance de gages pour ses services en Flandre.*

« Jou GILLES DE MAILLI, chevaliers, fait scavoir à tous que j'ai eu et recheu de maistre Guillaume de Mommor, clerc de mons^r le roy de France,
pour raison de mes gages deservis ès establies de Flandres de me
seconde année qui commença l'an M CC IIII^{xx} et VIII, cuinc mille deus
cœns soissante onze livres dis noef sols sept deniers tournois. Item, pour
restor de cuinc chevaus et pour grasce cent et quarante noef livres tornois. En tesmoing de cheu, j'ai à ces lettres mis men seel.

» Donné à Bruges, l'an de grasce M CC IIII^{xx} XIX, merquedi XXVIII
jours en octembre. »

Sceau : Ecu portant *trois maillets.*

(Bibl. nat. *Titres scellés de Clairambault*, t. 175, p. 5925, n° 54.
Orig. parch.).

XIVᵉ SIÈCLE

LVIII

1303, 5 août. — *Lettre close rappelant qu'il faut être rendu le 15 août à Arras, pour l'ost de Flandre.*

« Nomina illorum quibus dirigitur littera suprascripta.

» Symon de Chastiauvillain ; Hugues l'Archevesque, chevalier ; le sires d'Isles ;.... GILES DE MAILLI ; Mahi de Mailli[1] ; le seignor d'Ailli ; .... le seignor de Rochefort ; le viconte de Roen ; Hue de Conflans.... »

(*Recueil des Historiens de France*, d'après les registres XXXV et XXXVI du *Trésor des Chartes*, t. XXIII, pp. 790, 791).

LIX

1313, 16 décembre. — Arrêt rendu dans un procès entre Marcel de Canchi et Mathilde La Prevoste, demoiselle, (inter Marcellum de Canchi et domicellam dictam La Prevoste), au sujet de la prevôté de Villers, contre le précepteur de la maison de l'Hopital dudit lieu. Marcel de Canchi et Mathilde La Prevoste « dicebant se in feodum tenere a Jo-HANNE DE MAILLIACO, milite, illud quod ipsi habent apud Villers, dicto preceptore contrarium asserente. »

(Archives Nat. Xᵗⁿ 4 (Olim IV), fol. 245 verso. — Beugnot, *Les Olim*, t. III, 2ᵉ partie, pp. 823, 824).

1. Mathieu de Montmorency, seigneur de Marly, d'après André du Chesne.

LX

1314, 1er décembre. — Ligne des nobles « du Corbiois, » parmi lesquels on rencontre le sire de Mailly et Jean de Mailly, pour s'opposer aux exactions de Philippe-le-Bel.

« A tous chiaus qui ches présentes letres verront ou orront, li nobles et li communs des païs de Vermendois, de Biauvoisis, d'Artois, de Pontiu et de la terre de Corbye, pour nous, nos aliez et adjoinz aveukes nous, estanz dedens les poins et les metes du royaume de France, salut.

» Scachent tout que comme très excellenz et très poissanz prinches nostre très chiers et très redoutés sires, Philippes, par la grâce de Dieu, rois de France, ait faict et levé plusieurs tailles, subvencions, exactions non dehues, changemens de monoyes et plusieurs autres choses qui ont été faictes de volenté, pourquoi li nobles et li communs du royalme ont été mout grevés, appovri et à mout grant meschief pour les choses dessùs dites, et encor sont, et n'appert pas qu'il soit tourné en l'oneur ne au pourfit du roy ne du roiaume, ne en la deffension du pourfit commun, des qués griés nous avons pluseurs fois requis et supplié humblement et dévotement le dit nostre seigneur le roy que ches choses vausist deffaire et delaissier et riens n'en a faict, et encore en cheste anée présente, courant par l'an mil CCC et quatorze, li dis nostre sires li rois a faict impositions non dehuement seur les nobles et sus le commun du roiaume et subvertions, lesqués il s'est efforchiés de lever d'ichaus, laquele chose nous ne povons souffrir ne soustenir en boine conscience, car ainsi perdrions nous nos honours et nos franchises et nos libertés et serions en servitude à touzjours, et nous et chil qui après nous venront. Et seur toutes ches choses dessus dites, nous avons requis au dessus dit nostre seigneur le roy, et à son consaill, que drois nous en fust fais. Seur lesquels choses il nous fu respondu que li rois estoit bien enfourmés que chestoit ses drois et que autre droit on ne nous en feroit, et que li rois estoit assez puissanz de contraindre et de punir les rebelles seur ches choses ; et depuis mustre de fait et par manaches que les choses dessus dites, il voloit avoir de volenté et par forche et non mie par droit.

» Pour lesquelles choses dessus dites, nous li nobles de Vermendois, de Biauvoisis, d'Artois, de Pontieu et de la terre de Corbye, dessus dis, pour nous et pour nos adjoins et alyés, en le manière que dessus est dit, avons juré et promis, par nos sairemens loiaument et en boine foy, pour nous et pour nos hoirs, as nobles et as kemuns de Champaigne et de Bourgoigne et des contés d'Auchoinne et de Tournoire et à leur adjoins et aliéz, estans dedenz les poins et les metes du roiaume de France, que nous, en la subvention de cheste présente anée, et en tous autres griés et nouveletés non dehuement faiz ou à faire en tans présent ou à venir, que li rois, nostre sires, ou autres, leur vaudroit faire, leur aiderons et secourrons à nos propres cous et despens, selonc la quantité et l'estat que la besongne requerroit.... En ceste chose faisant, nous avons retenu et retenons, voulu et volons, que toutes les obeissanches, fianches et loiautés et hommages juréz et non juréz et toutes autres droitures que nous devons au roy de Franche, nostre seigneur, et à nos autres seigneurs et à leurs successeurs, seyent wardées.... lesqueles nous n'entendons, voulons, ne ne pensons de rien enfraindre, ne aller encontre ou temps présent ne à venir.

» Et pour che que che soit ferme cose et estaule pour nous et pour nos adjoins et aliéz, à le prière et à le requeste des nobles et du commun de nos pays dessus dits, li chevalier chi après nommé ont ches présentes letres selées de leurs seaus, c'hest ascavoir :

» Li sires de Roye ; li sires de Gauecourt ; li syres de Hangest ; li sires de Vrevin ; li sire de Moroill ; mesire Raoul de Maigneliers ; mesire Symon du Sart ; mesire Weistaces de Ronkeroles ; mesire Jehans de La Boissière ; li Boirgnes de Aargies ; li sires de Fieules ; li sires de Renty ; li sires de Loncvilers ? ; li sires de Willerval ; li sires de Sowastre ; Bidens de Saint-Martin ; li syres de Mangoual ; mesire Gille de Neville ; li sires de Lisles ; li sires de Sapignyes ; li vidames d'Amiens, sires de Pinkegny ; li sires de Bouberch ; li sire de Brimeu ; li sires de Caumont ; mesire Geras de Pinkegny ; mesire Ansel de Cayeu ; li sires de Biauval ; messire Gerars Kierès ; messire Ferris de Pinkegny ; li sires de Hailly ; li sires de Varennes ; li sires de Longueval ; li sires de Mailly ; messire Jehans de Mailly ; li sires de Soyecourt ; li sires de Raimbertpré ; messire Wistaces d'Encre ; li sires de Miraumont.

» Faites et données l'an mil CCC et quatorre, lendemain du jour saint Andrieu l'apostole. »

Pièce munie de vingt-sept sceaux, sur trente-cinq qui existaient primitivement. Le sceau du sire de Mailly s'y trouve encore, il représente un *seigneur à cheval tenant de la main droite une épée et ayant au bras gauche un bouclier ou targe chargé de trois maillets*, avec cette légende : S. Ro.... DE ROLLAINCO.... Le cheval est couvert d'une housse *semée de maillets*. Au contre-sceau on voit un *écu avec trois maillets*, dans un trilobe, avec cette légende : ✠ BULETE GILLON SIRE DE MALGI CHEVAL[IER].

(Archives nationales, J 434, n° 7. Orig. parch. — Il existe une copie assez exacte de ce document, à la Bibl. nat., *Collection de Picardie* (dom Grenier), t. 53, fol. 294 et 295).

LXI

1318, 7 octobre. — *Arrêt de la cour de Parlement contre Jean de Mailly coupable d'excès envers la comtesse d'Artois.*

« Cum dilecta et fidelis nostra Mathildis, comitissa Atrebatensis, in curia nostra graviter de JOHANNE DE MALHI, milite, conquesta fuisset, super eo quod, ut ipsa dicebat, idem miles in prejudicium cause seu causarum inter dictam comitissam, ex una parte, et dictum militem, ex altera, in curia predicta pendencium, plures excessus, injurias, prisias et expleta justicie, violenter et cum armis facere et attemptare presumpserat in ejusdem comitisse non modicam lesionem, nos gardiatori comitatus predicti commisimus, ut ipse, super predictis ac eorum circonstanciis universis, necnon et super quibusdam aliis, postmodum, per dictum militem, attemptatis, vocatis evocandis, inquireret cum diligencia veritatem, et inquestam quam inde faceret, ad tunc instantem quindenam festi novissime preteriti beate Marie-Magdalene, predicte curie, sub suo clausam sigillo, Parisius mitteret, judicandam, ac eumdem militem, ad diem et locum predictos, adjornaret visurum inquestam judicari predictam. Sane cum miles predictus, per dictum gardiatorem, super predictis, et virtute dicte commissionis adjornatus, et coram eo comparens, contumaciter procedere recusaret, idem gardiator, in ejusdem militis contumaciam, super quibusdam articulis eidem, per procuratorem dicte comitisse, super hoc, traditis, continentibus spoliacionem et injurias, prisias et attempta predicta, et tendentibus ad fines certos in eisdem contentos, veritatem inquisivit, et inquestam quam inde fecit, curie predicte, sub suo sigillo inclusam judicandam remisit, ac militem predictum, modo et forma quibus eidem fuerat injunctum, adjornavit ad diem et locum predictos, ad videndum inquestam judicari predictam,

prout de predictis, tam per dictorum articulorum quam litterarum gar-
diatoris predicti ac cujusdam instrumenti publici, super hoc confecti,
tenorem, curie nostre constitit evidenter; ad quam diem dictarum par-
cium procuratoribus, Parisius, in curia nostra, comparentibus et auditis, inquesta predicta, curie nostre tradita fuit, ad judicandum.

» Recepta igitur dicta inquesta per curiam nostram, visisque, per
eamdem curiam nostram, cum diligencia, contentis in eadem inquesta,
quia, ex inspectione ejusdem curie nostre constitit militem predictum
de domo dicte comitisse, vocata de Gennes[1], sita apud Yvernhi, gentes
dicte comitisse, qui ibidem nomine ejusdem existebant et eamdem tenebant et possidebant, expulisse violenter et cum armis, ac ipsum dictam
domum, cum juribus et deveriis spectantibus ad eamdem, per dictam
violenciam occupasse, inhibuisseque et mandasse generaliter illis qui,
racione dicte domus eidem comitisse, pro predictis juribus aut deveriis,
in aliquo tenebantur, ut ipsi eidem militi vel deputato per eum, tantummodo de predictis omnibus responderent et non dicte comitisse, rursus
et eumdem militem vel deputatum ad hoc ab eodem in annis decimo
quinto, decimo sexto et decimo septimo, novissime preteritis, de bladis,
avenis, censivis, avenariis, feno, fructibus et quibusdam aliis in dictis
articulis expressis, que bona excreverunt in terris dicte domus et que,
racione dicte domus, eidem comitisse debebantur, tantum recepisse,
quod computatis de tercio, racione terrarum predictarum, culpa ejusdem militis proveniente, et habita insuper racione de eo quod percipi,
ex dictis terris, potuit, valor predictorum bonorum usque ad summam
septingintarum sexaginta tresdecim librarum quindecim solidorum et
quinque denariorum parisiensium ascendit, et insuper Petrum de Ro-
chafay, militem, pro quibusdam que ipse a dicta tenebat comitissa et,
racione quorum ipse in ejusdem erat fide et homagio, ad faciendum sibi
homagium compulisse, predictus JOHANNES DE MALHI, ad reddendum et
restituendum eidem comitisse possessionem domus predicte jurium et
pertinenciarum ejusdem, per eumdem, ut premissum est, occupatorum,
et in summa predicta septingintarum sexaginta tresdecim librarum
quindecim solidorum et quinque denariorum parisiensium danda et sol-
venda, et ex causis predictis, fuit eidem comitisse, per curie nostre judi-

---

1. Gennes-Yvergny, département du Pas-de-Calais, arrondissement de
Saint-Pol, canton d'Auxy-le-Château.

cium, condempnatus, ac per idem judicium, inhibiciones predicte, seu mandatum ac dictum homagium, dicto JOHANNI DE MALHI sic factum, nulla existere declarata fuerunt, et insuper fuit dictum quod dictus Jo-HANNES DE MALHI hoc nobis emendabit.

» Septima die octobris, trecentesimo decimo octavo.

» M. B. de Albia reportavit. »

(Archives nationales, X^{1a} 4 (Olim 4), fol. 376, verso. — Beugnot, *Les Olim*, t. III, deuxième partie, pp. 1316 à 1318).

LXII

1318, 6 décembre. — *Seigneurs convoqués à Paris, pour cette date, par le roi Philippe-le-Long.*

« Corbienses. — Le seigneur de Ronqueval[1] ; monseigneur GILLE DE MAILLI, seigneur de Maiseroles[2] ; le seigneur de Rubaimpré[3], monseigneur de Soicourt[4] ; monseigneur Eustace d'Encre ; le seigneur de Meraumont[5] ; monseigneur JEHAN DE MAILLI ; COLART DE MAILLI. »

(*Recueil des Historiens de France*, t. XXIII, pp. 815, 816).

LXIII

1318 (v. s.), 10 février. — Arrêt du Parlement de Paris confirmant deux sentences successives de la cour du seigneur de Varennes à Bruncamp[6] (in curia domini de Varennis apud Brunum-Campum[7]) et de celle de Dommart (de Domarcio), qui avaient admis Jean de Tanques, chevalier, à prouver par témoins que son oncle Jean de Nouvion (de Novione) lui avait légué une terre appelée Bruncamp, ce qui avait été contesté

1. Peut-être *Raincheval*, canton d'Acheux, Somme. En 1325. on trouve « Jehan du Bos, jadis prévost de Biaucaine, » jadis seigneur de Raincheval. Arch. nat. JJ 62, fol. 236. — Voir la pièce du 4 janvier 1324 (v. s.).

2. Mazerolles, canton de Bernaville, Somme.

3. Rubempré, canton de Villers-Bocage, Somme.

4. Soyécourt, canton de Chaulnes, Somme.

5. Miraumont, canton d'Albert, Somme.

6. On trouve Brucamps, Bruncamp en 1289, département de la Somme, canton d'Ailly-le-Haut-Clocher.

7. Boutaric, *Actes du Parlement de Paris*, t. II, p. 268, traduit Brunum-Campum, par Chambrun.

par Colaie (Colaia) veuve dudit de Nouvion, et, après la mort de cette
dernière, par GILLES DE MAILLY, chevalier, son héritier (tanquam suc-
cessor ejusdem).

(Archives nationales, X^{1a} 4 (Olim 4), fol. 380. — Beugnot, *Les Olim*,
t. III, 2e partie, p. 1330).

LXIV

1319, 10 juillet. — GILLES DE MAILLY, chevalier, en ayant appelé, la
cour de Parlement confirme son arrêt précédent du 10 février 1318 (v. s.).
Arch. nat. X^{1a} 4, fol. 405.

LXV

1322, 22 juin. — Le roi de France Charles-le-Bel, à la requête de
GILLES DE MAILLY, chevalier, seigneur d'Acheu et de Fricourt (Gilonis
de Mailliaco, militis, domini d'Acheu et de Fricuria), mande aux baillis
de Vermandois et d'Amiens d'arrêter partout où ils se trouveront, hors
lieux saints, Fauvel de Friaucourt, fils de Baudouin de Coutartmeson,
chevalier (Fauvellus de Friencuria, filius Balduini de Coutartmeson,
militis), Gilbert de Toutencourt (Gilbertus de Toutencuria), et leurs
complices, qui avaient enlevé et conduit « ad loca ignota » demoiselle
Agnès de Méricourt-sur-Somme (domicella Agnès de Mericuria-supra-
Summam), mineure placée sous la garde et mainbournie de ses proches,
et à laquelle Jaquin du Mainil (Jaquinus de Mainilio, domicellus), s'était
fiancé, avec le consentement de sa famille.

(Archives nationales, X 2^a 2, fol. 92. — Boutaric, *Actes du Parlement
de Paris*, t. II, p. 464).

LXVI

1322, 14 octobre. Arras. — *Dépenses de Jean de Mailly, seigneur
de L'Orsignol à l'hôtel du Dragon à Arras.*

« Jehans Cringnans, bailli à noble homme mons^r JEHAN DE MAILLY, seigneur dou Lourzignol, ai rechut dou commandement madame d'Artois, de
Andrieu de Monchi, recheveur d'Artois, pour les despenses dou dit

4

mons^r JEHAN DE MAILLY et de pluiseurs gens d'armes, à douze kevaus, fais à l'hostel dou Dragon à Arras, pour le mercredi au soir et pour le jœsdi au disner prochain après le saint Denis, quatre livres et dis deniers parisis ; tesmoing de ce men seel mis à ceste cédule.

» Donné à Arras, au dit jœsdi, en l'an mil trois cent vingt et deus. »
(Archives départementales du Pas-de-Calais, A 408⁹. Orig. parch. scellé. — Archives de La Roche-Mailly, copie collationnée à l'original, en 1780, par « Josse François-Sophie Binot, conseiller du roi, trésorier des chartes du pays et comté d'Artois. »

LXVII

1322, 14 octobre. — « Jehan, sires de Reli, et JEHANS, SIRES DE NE-DON[1], » reconnaissent avoir reçu du receveur d'Artois huit livres et dix sous parisis, pour la dépense « de XVI hommes d'armes à XXIIII rouans, pour le mercredi au soir et le jœsdi au disner prochain après le saint Denys, » ayant été, du commandement de madame d'Artois, « à Arras en la compaignie MONS^r DE MAILLY, pour cause de Loey de Flandres. »
(Archives départementales du Pas-de-Calais, A 408⁷. Orig. parch.).

LXVIII

1322, 17 octobre. — « Jehan de Forcheville, bailli MONS^r DE MAILLI, » reconnaît avoir reçu du trésorier de madame d'Artois, quarante neuf livres et sept sous « pour les despens MONS^r DE MALLI, mons^r de Reli[2], mons^r de Biauval et MONS^r DE NIEDON, à XXVII hommes d'armes et à LXX chevals, pour le venredi, le samedi et le dymenche devant saint Luc (17 octobre), que il furent, du commandement de madite dame (d'Artois) en la compeignie Loys de Flandres et pour leur retour. »
(Arch. départ. du Pas-de-Calais, A 408³¹. Orig. parch.).

---

1. D'après le P. Anselme (VIII, p. 660), ce sire de Nedon était Jean de Mailly, fondateur de la branche des Mailly, seigneurs de Nedon.
2. J.-M. Richard, *Inventaire sommaire des archives départementales du Pas-de-Calais,* t. I, p. 334, a lu « mons^r de Renti. »

LXIX

1322, 23 décembre. — Procès au Parlement de Paris, « entre monseigneur Regnaut de Lyonart? pour cause de Ysabeau, sa femme, Guillaume, Guillemin, Pierre, damoiselle Gilete, et GUILLAUME DE MAYLLI, pour cause de damoiselle Jaquete, sa fame, enfans de bone mémoire monseigneur Pierre de Dici, jadis chevalier le roy, d'une part, et Guiart Tygier, bourgeois de Paris, d'autre part.... »

(Arch. nat. X¹ᶜ 1, n° 42).

LXX

1322 (v. s.), 16 février. — Maître Thomas de Reims, conseiller du roi, et Mathieu Bauvin, bourgeois d'Amiens, sont chargés de faire une enquête dans le procès criminel intenté, par le procureur du roi et Guillaume de La Baume, chevalier, à JEAN SEIVIN DE MAILLY, jadis prévôt de Montreuil (Johannes Seivin de Mailly, quondam prepositus de Monsterello), et de l'ajourner au prochain Parlement au jour du bailliage d'Amiens. — Les mêmes chargés de l'enquête sur les articles criminels dressés par Baudouin de Créqui contre JEAN DE MAILLY dit SÉVIN (Johannes de Mailly, dictus Sevin), jadis prévôt de Montreuil.

(Archives nationales, X²ᵃ 2, fol. 118).

LXXI

1323, juin. — Aveu de Jehan de Monchi, chevalier, pour sa maison de Bellacourt qu'il tient de JEHAN DE MAILLI.

(J.-M. Richard, *Inventaire sommaire des archives du Pas-de-Calais*, t. I (A 418) p. 340).

LXXII

1323, 8 septembre. Hesdin. — Mandement de « Mahaut, contesse d'Artoys et de Bourgongne, palatine et dame de Salins, » par lequel elle charge ses « améz et féaus, monsʳ JEHAN DE MAILLI, seigneur dou Loussignol, messire GILLE D'AUTEUILLE, seigneur Dandinfer, et monsʳ Hy-

deus de Saint-Martin, chevaliers, » de destituer « Hues Gaffiaus » son
« bailli de Bapalmes, » coupable de « griez, oppressions, contraintes,
injures et violences » envers plusieurs personnes.

(Arch. de La Roche-Mailly. Copie papier collationnée à l'original, en
1780, par « Josse-François-Sophie Binot, conseiller du Roy, trésorier
des chartes du pays et comté d'Artois. »)

LXXIII

1323, novembre. — Notification par Jakemes Burete, lieutenant du
bailli de Bapaume, de la comparution de RENAUD DE MAILLI, chevalier,
et d'Ysabeau, dite de Luigni, sa femme, laquelle a vendu à la comtesse
Mahaut, pour 900 liv. par., son douaire et ce qu'elle avait en la terre de
Haplaincourt, par son mariage avec feu Jehan de Haplaincourt,
écuyer.

(J.-M. Richard, *Inventaire sommaire des Archives du Pas-de-Calais*,
t. I (A 68) p. 100).

LXXIV

1323 (v. s.), 25 février. Bapaume. — « Mahieus Chambellens, baillis
de Bappaumes, » fait savoir que « HUES MAAILLIE, escuiers » a vendu à
la comtesse d'Artois « wiet (huit) mencaus de blé, que li dit Hues avoit
et pooit avoir chascun an seur la grange de Gorges[1] » pour vingt livres
parisis.

(Arch. dép. du Pas-de-Calais, A 69[11]. Orig. parch. — Arch. de La
Roche-Mailly. Copie papier collationnée à l'original en 1780, par Josse-
François-Sophie Binot).

LXXV

1324, 16 août. — *Quittance donnée par Jean de Mailly, dit Sévin,
prévôt de Beauquesne, au receveur d'Artois.*

« Sachent tout que jou JEHAN DE MAILLI, dit SEVYNS, prévos de Biau-

1. Gorges, Somme, arrondissement de Doullens, canton de Bernaville.

caisne[1], ai eu et recheu, par le main Andrieu de Monchi, recheveur d'Artois, trente et deux libvres parisis, liquel me estoit deu de très haute et poissant madame la contesse d'Artois et de Bourgongne, pour cause de me pension desservie en l'an de grâce mil trois cens vint et deus et en l'an mil trois cens vint et trois, desquels trente deux libvres parisis je me tieng a paiés et en quite ma dicte dame et son dit recheveur par la teneur de cheste letre, lequele j'ai seelée de nostre seel, donnée l'an de grâce mil trois cens vint et quatre, le seiziesme jour de aoust. »

(Archives de La Roche-Mailly. Copie papier collationnée à l'original, le 18 juillet 1780, « par Josse-François-Sophie Binot, conseiller du roy, trésorier des chartres du pays et comté d'Artois. » — Cette charte qui existe encore aux archives du Pas-de-Calais (A 433) possède un sceau décrit ainsi par Demay (*Sceaux d'Artois*, n° 1488) : *Ecu billeté portant trois maillets au manche figurant une croix, à la bordure engrelée, dans un trilobe ;* légende : .... DE MAILLI).

LXXVI

1324, août. — *Jean de Chartres, bailli de Hesdin, atteste que Jean de Mailly, chevalier, sire de Buires et de L'Orsignol lui a rapporté un hommage qu'il avait en la ville de Bellacourt.*

« A tous chiaus qui ces présentes lettres verront ou orront, Jehans de Chartres, bailluis de Hedin, salut.

» Sachent tout que, par devant nous et les frans hommes de madame d'Artoys, c'est a savoir Aleaume de Ghisny, Colart Le Rous, Huon de Vileman et Mikiel de Wail, est venus en sa personne, haus homs et nobles mesirez JEHANS DE MAILLI, chevaliers, sirez de Buirez et du Loucsignol, et a rapporté en no main comme en main de seigneur un hommage que il avoit de le ville de Bellacourt et des appartenances que li sires de Monchi tenoit et devoit tenir de li en fyef et hommage, lequel homage li dis mesires JEHANS DE MAILLI tenoit en fyef de très haute, très nobles et très poissant ma très chière et redoubtée dame, madame d'Artoys et de Bourgoigne, et en estoit homs de ma dicte dame en la chastellerie de Hédin, avœcs autres coses que ma dicte dame li avoit don-

1. Beauquesne, département de la Somme, arrondissement de Doullens.

nées à tenir de li en le dicte chastellerie. Le hommage dessus dit li dis mesires Jehan rapporta en no main bien et souffissament, présens les frans hommez dessus nommez, si que dit est, pour saizir ent et ravestir par tiltre de don, honorable personne et discrete men chier et redoubté seigneur maistre Thierri d'Yrechon[1], prevost d'Ayre, pour goyr ent et possesser paisiblement et yretablement à tous jours à lui et à ses hoirs, etc.

» En tesmoing de ce, nous, sauf le droit de madame d'Artoys, avons mis le seel de le baillie de Hedin à ces présentes lettres faites l'an de grâce mil trois cens vint et quatre, el moys d'aouest. »

(Archives de La Roche-Mailly. Copie papier, collationnée à l'original, en 1780, par Josse-François-Sophie Binot, trésorier des chartes d'Artois).

LXXVII

1324. — *Jean de Mailly, sire de L'Orsignol, héritier de Jean de Mailly, son père, demande à être reçu « en l'ommage et la foy du roy, en défaute de madame d'Artois, » pour ses « fiés et advoueries de Wavans et de la rivière d'Autie. »*

« A la fin que mons‍ʳ JEHANS DE MAILLI, SIRES DU ROUSSEGNOL, soit receus en la foy et hommage du roy, nostre sires, en défaute de madame d'Artois ou en l'ommage et la foy Madame, se trouvée n'estoit, de recevoir en défaute des fiés et advoueries de Wavans et de la rivière d'Autie et d'autres liex, etc.

» Premièrement, dit li diz JEHAN DE MAILLI, CHEVALIERS, que madame Mahaus, contesse d'Artois et de Saint-Pol, de l'auctorité mons‍ʳ de Saint Pol, son mari, à ce temps vendi bien et loyalment à monsegneur JEHAN DE MAILLI, son père[2], les hommages et advoueries dessus diz, à tenir de lui et de ses hoirs et en fu receus en foy et en hommage me sires li peres, etc.

» Item, que après la mort mons‍ʳ JEHAN DE MAILLI, mons‍ʳ JEHAN DE

---

1. A la mort de Jean du Plessis-Pasté, Thierry d'Hireçon fut élu évêque d'Arras et installé le 21 avril 1328. Il mourut le 17 novembre de la même année.

2. Cette vente eut lieu en août 1288. Voir la pièce XLVIII, note 1.

MAILLI, son filz, a poursuivi mons^r d'Artois et Madame, sa fille, plusieurs fois et grant temps a, et a esté en la poursuite pour estre receus en la foy et hommage des dites choses, en representant la personne son père comme hoirs de lui, etc. »

(Arch. de La Roche-Mailly. Copie papier, collationnée à l'original en parchemin, en 1780, par Josse-François-Sophie Binot, trésorier des chartes d'Artois).

LXXVIII

1324 (v. s.), 4 janvier, Paris. — *Le roi de France, Charles-le-Bel, fait savoir que la terre de Raincheval doit appartenir à Guillaume de Goumegniez et à Ælis, sa femme, fille de feu Pierre de Fouilloy et d'Ælis de Mailly.*

« Charles, par la grâce de Dieu, roys de France et de Navarre, au baillieu d'Amiens, salut.

» Comme par certain acort fait entre noz améz et féaux les genz de noz comptes de Paris pour nous et de nostre commandement d'une part, et Guillaume, seigneur de Goumegniez, chevalier, mari de Ælys, fille et hoir en partie de feu Pierre de Fouilloy, chevalier, en nom de sa dite fame, d'autre, la terre de Raincheval, qui fu Jehan du Bos[1], laquele vint à nous pour cause d'achat, doie demourer aus diz mariéz pour certain pris à héritage, laquelle terre nous avons baillié à Ælis de Malli, dame de Fouilloi, mère de la dessus dite Ælis, à tenir jusques à tant qu'elle feust paié de seze cenz et trente deux libres parisis, esquèles nous estions tenuz à lui et à sa dite fille pour certaine cause. Et nous avons mandé à noz dites genz de noz comptes que, selonc le dit accord, lequel nous plest et l'avons agréable, il délivrent aus diz mariéz la dite terre en rabat de la dite somme et d'autres deniers que nous devons à la dite Ælis, fame dudit chevalier ; de laquele somme de seze cenz et trente deux livres parisis dessus dite, nous avons paié onze vinz et dis livres parisis des yssues de deux anz de la dite terre. Et pour ce que, selonc ledit accord, il doivent prenre et avoir la dite terre à héritage le denier pour seze, et noz dites genz ne scevent mie combien la dite terre vaut

---

1. « Jehan du Bos, jadis prévost de Biaucaine. » Arch. nat. JJ 62, fol. 236, n° 430.

de rente par an, nous vous mandons que vous vous enfourmiez diligemmant de la value, de la condicion et des autres circonstances de la dite terre, et ce fait vous en bailliez ou faites baillier la saisine audit chevalier pour la dite Ælis, sa fame, et en son nom.....

» Donné à Paris, le quart jour de janvier, l'an de grâce mil trois cenz vint et quatre. »

(Arch. nat. JJ 62, fol. 236, n° 430).

LXXIX

1325, 23 septembre. — *Jean de Mailly, seigneur de L'Osignol, et « Gille, sire d'Autuyle, » sont présents dans une affaire concernant Denis d'Hireçon et sa femme.*

« A tous chiaus qui ces présentes lettres verront ou orront, Alyaume Cacheleu, baillieu d'Arraz, salut.

» Sachent tout que en la présence de nous et des hommes madame d'Artoys cy-après nommés, c'est assavoir monsieur JEHAN DE MAILLY, SEIGNEUR DOU LOUSIGNOL, monsieur GILLE, SIRE D'AUTUYLE, chevaliers, Jehans d'Araines, seigneur de Hachicourt, et Wistasses diz li Bleus de Vaus, escuiers, sont venu en leurs propres personnes Denys de Hiricon[1], vallés madame d'Artoys, et damoisèle Ysabiaus, chastelaine d'Arraz, sa femme, et ont recongnut de leur bon gré et de leur bonne voulanté, sanz force et sanz constrainte, espéciaument la dite damoisele, de l'auctorité et dou povoir de son mari à li donné pour ce, que comme honorables hommes, messires Thierrys de Hiricon, prévost d'Ayre, Robers de Firieues, ses niés, Guillaumes d'Arraz, cousins de la dite chastelaine, Andrieus de Courcelles d'Arraz et Tassars d'Estapples, se soient establi plège, pour les devant diz Denys et damoisele Ysabel, etc. nous en son nom et pour li promeissons les dites choses et tout le contract dessuz diz à garantir, sauf son droit en autres choses, avons receu l'obligacion devant dite et les rapporz des diz héritages et convenances toutes. Et le dit raport de toutes les choses devant dites nous avons mis en la main du dit prévost

---

1. Denis d'Hireçon, mari d'Isabeau, fille du châtelain d'Arras, était neveu de Thierry d'Hireçon, conseiller de la comtesse Mahaut, et plus tard évêque d'Arras. Voir *Mahaut, comtesse d'Artois et de Bourgogne*, par Jules-Marie Richard, Paris 1887, p. 19.

en non de lui et pour lui et pour les autres plèges dessus diz. Et les promettons à garantir à la requeste des diz Denys et damoisele Ysabel, en la manière que dessus est dit, et à leur requeste avons mis le seel de la baillie d'Arraz à cez présentes lettres. Et commandons aux hommes dessus diz que il y mettent leur seaus en plus grande seurté, et en tesmoing de vérité des choses dessus dites.

» Et nous JEHANS DE MAILLY, SIRES DE LOUSIGNOL, GILLES, SIRES D'AUTUYLE, chevaliers, Jehans d'Araines, sire de Hachicourt, et Wistasses diz li Bleus de Vaus, escuiers, qui fumes présent et appelé dou dit bailly, comme homme, à toutes les reconnoissances, raporz et obligacions devant dites, et à toutes les choses contenues en ces présentes lettres, en témoing de vérité avons mis noz seaulx à ces présentes lettres avecques le seel de la baillie dessus dite, à la requeste des diz Denys et de la dite damoiselle Ysabel, et au commandement dou bailli dessus dit.

» Ce fu fait le lundi prochain après la feste saint Mathieu, l'apostre, en l'an de grâce mil trois cenz vint et cinq.

» Et scellé de plusieurs sceaux dont le 1er représente un homme à cheval, portant un oiseau sur la main senestre en face, et au revers l'écusson d'Artois.

» Le 2e représente *trois maillets avec un lambel à trois pendants.* (Sceau de Jean de Mailly, seigneur de L'Orsignol).

» Le 3e, *trois maillets et un croissant au milieu* (Sceau de Gilles, sire d'Autuille).

» Le 4e, *trois fasces* (Sceau de Jean d'Araines).

» Le 5e, est détaché par vetusté. »

(Arch. de La Roche-Mailly. Copie papier, collationnée à l'original, en 1780, par Josse-François-Sophie Binot. — Arch. départ. du Pas-de-Calais, A 69³⁵. Original parchemin, ayant conservé le sceau de Gilles, sire d'Autuille : *trois maillets et un croissant en abîme*).

LXXX

1325, 16 décembre. — Lettres de Jean Le Misier, sergent de la comtesse d'Artois, à « nobles hommes et sages, monsʳ Gillon d'Autuille, chevalier, sires d'Andifer, et Jehan d'Araines, escuiers, sire de Hachicourt, » leur transmettant la liste des personnes qu'il a assignées.

(Arch. départ. du Pas-de-Calais, A 69³¹. Parchemin. — Richard, J.-M. *Inventaire sommaire*, t. I, p. 102).

LXXXI

1326 (v. s.), 3 et 4 janvier. — *Extrait d'un compte d'Andrieu de Monchi relatif aux dépenses de Jean de Mailly à Arras.*

« Che sont les despens paiéz, dou commandement madame (d'Artois), en la chevauchié faite dou commandement de ma dite dame par noble homme et poissant monsᵣ Jehan de Ponthieu, conte d'Aubemarle, capitene en cele chevaucié, pour aler au chastel d'Oissy, au chastel à Cantinpré et au Vergier d'en costé Oissy, pour plusieurs griéz et rebellemens fais par le seigneur de Couchi et par ses gens, de qui il a le fait pour agréable, à l'encontre de ma dite dame ès lieus dessus dits.

» ...A monsᵣ JEHAN DE MAILLI, chevalier, pour ses despens et de ses gens à XLVIII chevaux, fais au Dragon (à Arras), le samedi après le jour de l'an, au souper, et le dimence, au disner, pour toutes despenses, XII liv. XII s. X d. »

(Arch. départ. du Pas-de-Calais, A 455. Rouleau parchemin. — J.-M. Richard, *Inventaire sommaire*, t. I, p. 355).

LXXXII

1327. — Arrêt condamnant le lieutenant du prévôt de Péronne et ses sergents à garder prison au Châtelet autant de temps qu'ils avaient retenu captifs à Péronne Arnoul de Brebanz et Adam Le Ravelier, sergents royaux au bailliage d'Amiens, lesquels avaient été arrêtés dans l'exercice de leurs fonctions pendant que, sur l'ordre de Jean du Cange, receveur du roi au bailliage d'Amiens, ils se disposaient à saisir les biens de JEAN SÉVIN DE MAILLY, jadis prévôt de Beauquesne, (Johannes Sevini de Mailly, quondam prepositus Bellequercus), redevable au roi de la somme de 753 livres.

(Archives nationales, X¹ᵃ5, fol. 516).

LXXXIII

1329, 1331. — *Dépositions de Robert et de Guiot de Mailly, de Sainte de Gonnes, d'Aleaume Cacheleu et de Thomas Paste, dans le procès de Robert d'Artois contre la comtesse Mahaut.*

1329, 30 juin. — « Monseigneur ROBERT DE MAILLY, abbé de Sainte-

Marie-ou-Bos de l'ordre Saint Augustin, ou diocèse de Theroenne, de l'aage de LXX ans ou environ, tesmoing juré aus Sains Evangiles, la main mise sur le livre, et examiné l'an dessus dit, le vendredi après la feste saint Pere et saint Pol, et sur les choses dessus dictes à li exposées et declarées ; dit par son serment que il a bien XXX ans et plus que il, quil parle, oy dire à ESCARE DE MAILLY, son père, jadis escuier, et à monsr GILLES et à monseigneur JEHAN DE MAILLI, chevaliers, jadis cousins germains du dit son père, liquel sont alé depuis de vie à mort, qu'il avoient esté présent au traictié et aus convenances qui furent faites du mariage fait par le roi Philippe, qui morut en Arragon, entre monsr Phelippe d'Artoys, filz jadis de monsr Robert d'Artoys, conte d'Artoys, d'une part, et madame Blanche de Bretaigne, d'autre part, père et mère jadis de monsr Robert d'Artoys, conte de Beaumont, et que par les dictes convenances dudit mariage faites par le dit roy Philippe, lequel prist en main quant à ce pour le dit bon conte Robert d'Artoys, qui lors estoit en Puille, ledit monsr Philippe devoit avoir et estre heritez pour lui et pour ses hoirs dudit conté d'Artoys après le décès du dit conte d'Artoys, son père, et ainsi leur oy dire lors, et depuis plusieurs foiz que quant le dit conte R. d'Artoys fu revenuz de Puille, il voult et ratefia les dictes convenances, et en hérita ledit monsr Philippe d'Artoys, son filz, et ses hoirs, dudit conté d'Artoys, et que le dit conte s'en estoit dessaisy et en avoit saisi et vesti li diz monsr Philippe et que seur ce en avoient esté faites lettres scellées du scel dudit conte Robert d'Artoys, lesquelles il avoient veues, si comme il disoient.

» Et dit onquores, il qui parle, que quant le dit conte Robert fu mort et il vit que la dicte contesse d'Artoys entra en la dicte contée, il qui parle, en fu moult esbahiz, car le dict contée devoit appartenir par les causes dessus dictes à monsr Robert d'Artoys, filz et héritier dudit monsr Philippe, son père. — Requis se il vit onques et se il scet où sont les dictes lettres. Dit par son serement que il ne les vit onques ne ne scet où elles sont, mais il a bien oy dire plusieurs foiz et à plusieurs personnes dont il ne li remembre et onquore le dit l'on communément et en est voiz et commune renommée que mestre Thierry, jadis évesque d'Arraz, avoit ou devoit avoir par devers lui les dictes lettres faites seurs les dictes convenances dessus dictes, et croit, cil qui parle, fermement, que les choses dessus dictes sont vraies et le croit pour ce que les personnes dessus nomméez à qui il oy dire estoient teles et si preudommes

que il ne le deissent james se ce ne fust pure verité. Item, dit cil qui
parle, que il oy dire plusieurs foiz à son dit père que quant le dit conte
Robert ot ainssi herité le dit mons^r Philippe, son filz, du dit conté d'Artoys, à la requeste dudit roy Philippe, il pria le roy que il li pleust à
faire garder les lettres des dictes convenances secrètement et que elles
ne fussent pas si tost publiés pour son honeur. Et autres choses ne scet,
si comme il dit, diligemment enquis. » *(En marge de cette déposition)* :
« Il est mort[1]. »

(Archives nationales, JJ 20, fol. 30. — J. 439, n° 5).

« Guiot de Mailly, frère de l'abbé de Sainte-Marie-ou-Bois, de l'aage
de L ans ou environ, si comme il dit, tesmoing juré aus Sains Evangiles,
la main mise sur le livre, de dire vérité sur les choses dessus dites, et
examiné l'an et le jour dessus diz ; requis sur les choses dessus dites à
li exposées et declarées, dit, par son serement, que il n'en scet riens,
fors que tant qu'il oy dire à feu Esgare de Mailly, son père, jadis
escuier, que il avoit esté présenz au traictié et aus convenances qui
furent faictes du mariage fait par le roy Philippe, qui morut en Arragon,
entre mons^r Philippe d'Artoys, filz de mons^r Robert d'Artoys, jadis conte
d'Artoys, d'une part, et madame Blanche de Bretaigne, d'autre part, et
que par les convenances ainsi faites par le dit roy Philippe, lequel avoit
pris en main quant à ce pour ledit conte d'Artoys, qui lors estoit en
Puille, le dit mons^r Philippe devoit héritez pour lui et pour ses hoirs de
la contée d'Artoys, après le décès du dit conte, son père, et que quant
le dit conte fut retournéz de Puille, il volt et ratefia les dites convenances
ainsi faictes par le dit roy Philippe, et que du dit conté avoit hérité le
dit mons^r Philippe, son filz, pour lui et pour ses hoirs après le décès du
dit conte, et que seur ce avoient esté faictes letres, lesqueles son dit père
avoit veues, si comme il disoit. — Requis du temps qu'il oy dire à son
dit père ; dit qu'il a bien XXV ans ou environ, depuis la mort dudit
conte d'Artoys. — Requis se il vit les dites lettres et se il scet où elles
sont ; dit par son serement que il ne les vit onques, ne il ne scet où elles

---

1. Au fol. 136 de JJ 20, « monseigneur Robert de Mailly, abbé de Sainte-
Marie, » est inscrit dans la liste des faux témoins « qui moult estoient coupables, » et qui étaient morts en 1331.

sont, ne autre chose n'en scet, comme il dit, diligemment requis. »
(En marge :) « Il ne peut estre trouvé[1]. »

(Archives nationales, JJ 20, fol. 30 verso et 31. — J 439, n° 5).

« Damoiselle Sainte de Gonnes, demourans à Arrays, de l'aage de
XXXV ans ou environ, tesmoing juré, examiné l'an dessus dit (1329) le
dimenche après la feste saint Père et saint Pol. — Requise sur les
choses dessus dictes ; dit par son serment que elle qui parle estoit à
Arraz, en la maison mestre Thierri (de Hirecon, jadiz évesque d'Arraz),
ou cloistre Nostre-Dame, bien a III ans ou environ, et oy dire au dit
mestre Thierri que mons^r Jehan de Mailly, chevalier, avoit esté en son
hostel, et que, après moult de paroles, il avoit dit au dit mestre Thierri,
lors prévost d'Ayre, que madame d'Artoys (Mahaut) le devoit moult
amer, car moult de biens li avoit fait. Et oy lors, elle qui parle, que le
dit mestre Thierri dist tels paroles ou semblables : « Moult sont de gens
flateurs et chueurs. Cest chevalier m'a dit que madame d'Artoys me doit
moult amer ; certes il dit voir elle me doit moult amer, car se ge ne ne
volsisse elle ne fust mie si grant dame... »

« Aleaume Cacheleu, bailli d'Arraz, de l'aage de LV ans ou environ,
juré et requis, seur plusieurs interrogatoires faites à li, dit par son serement... que il fu présent en l'an de grâce M CCC XXIX, le samedi, après
l'Ascension, avec plusieurs hommes liges de madame d'Artoys, c'est
assavoir mons^r Gille d'Autuille, mons^r Gille de Noeville, mons^r Jehan
de Villerval, mons^r Seuwalle Crespin, chevaliers... tous hommes liges
de ma dicte dame. » Suit sa déposition relative au procès.

(Arch. nat., JJ 20, fol. 33).

1331. — « La confession mons^r Thomas Paste. — C'est le rapport fait
au roy, monseigneur, par mons^r Thomas Paste, chevalier, de ce qu'il
peut savoir du fait mons^r Robert d'Artoys, sur ce qui fu fait et traictié
par ledit mons^r Robert pour la cause de la conté d'Artoys, au plus
véritablement que l'on peut recorder et souvenir loyaument.

» Premièrement, mons^r Robert envoia l'arcediacre d'Avrenches, le
seigneur de Fosseus, messire Gilles de Mailly, et le dit messire Tho-

---

1. Au fol. 135 verso de JJ 20, « Guiart de Mailly, demourant à Roussiau-
ville, » est inscrit dans la liste des faux témoins qui en 1331 « ne porent estre
trouvez et sont moult coupables. »

mas en Artoys, porter lettres aus bonnes villes de prières, de par le dit mons[r] Robert, qui le volsissent tenir pour leur seigneur, car de raison il le devoit mieux estre que nul autre, et que grant domage et grant inconvénient seroit ou pais, se le conté d'Artoys estoit partie en III pars. Et tous iceulx IIII ainsi envoiés là, comme dit est, disoient bien et prioient aus bonnes villes que à ce se volsissent accorder et consentir et en escrire au roy monseigneur.... »

(Arch. nat. JJ 20, fol. 81 verso. — J. 440, n° 20).

LXXXIV

1329, 24 octobre. — « Les hoirs de messire COLART DE MAILLY tenoient à Sanlis un fief mouvant de La Motte de Cayeux que Guy de Noerois et Ysabeau de Bove, sa femme, avouèrent tenir en fief de l'abbaye de Corbie, le mardy après saint Just 1329. — Arch. de l'abbaye de Corbie. *Styx.*, fol. 23. »

(Bibl. nat. *Trésor généalogique de dom Villevieille*, t. 54, fol. 36 v°).

LXXXV

1333. — « GILLES, ÉCUYER, SIRE DE MAILLY, avoue tenir en fief et justice haute et basse de l'abbaye de Corbie ce qu'il a à Senlis et à Coulemcamp. — Arch. de l'abbaye de Corbie. *Reg. Styx.*, fol. 22 verso. »

(Bibl. nat. *Trésor généalogique de dom Villevieille*, t. 54, fol. 36 verso).

LXXXVI

1333 (v. s.), 5 mars. — Arrêt du Parlement de Paris confirmant une sentence du bailli d'Amiens, au profit de Raoul de Magnelliers, chevalier (Radulphus de Magnelliers, miles), à cause d'une certaine somme d'argent qui était due à sa femme par la damoiselle de Canaples et d'Outrebois, fille de Jean de Picquigny, chevalier, et épouse de MAILLET DE MAILLY, écuyer (domicella de Canaples et de Oultrebois, filia Johannis de Piquignyaco, militis, et uxor Mailleti de Mailliaco, armigeri).

(Arch. nat., X[ta] 6, fol. 369).

LXXXVII

1334. — En cette année « Jehans de Mailly, chevaliers, sires du L'Oursignol, » produit la charte de commune octroyée, le 19 juin 1205, par « Baudouin Li Walois, » Béatrix, sa femme, et Eustache, leur fils, à leurs hommes de Wavans, du consentement de Guillaume, comte de Montreuil et de Ponthieu, d'Alix, sa femme, fille de Louis roi de France, et de Marie, leur fille. Jean de Mailly rappelle ce document au cours d'un procès qu'il a au sujet de sa terre de Wavans, « afin que il appert clerement que li dis chevaliers soit haut justiciers à Wavans, à Viliers et ès appartenances. »

(Arch. départ. du Pas-de-Calais, A 5¹¹, 2 pièces parchemin).

LXXXVIII

1335, 8 mai. — Arrêt du Parlement contre Payen de Mailly et Guillaume Pierre, chevaliers (Paganus de Mailly ac Guillelmus Petri, milites), au sujet de vingt livres tournois, restant de plus grande somme, qu'ils devaient à Raoul Souvain, chevalier (Radulpho Souvain, militi), et conseiller du roi.

(Arch. nat., X¹ᵃ 7, fol. 133).

LXXXIX

1335, mai. Maubuisson. — *Philippe VI de Valois confirme la sentence portée le 13 janvier 1834 (v. s.) par le bailli d'Arras qui décharge Jean de Mailly, chevalier, seigneur de L'Orsignol, et ses enfants, du meurtre de Jean de Werchin.*

« Philippe, par la grâce de Dieu, roys de France, savoir faisons à touz presenz et avenir que nous avons veu les lettres cy dedanz escriptes, contenans la forme qui s'ensuit.

« A touz chiaus qui ches présentes lettres verront ou orront, Gilles, sires de Bleci, chevaliers, baillirs d'Arras, salut.

» Comme nobles hommes messire Jehan de Mailly, chevaliers, sires dou Loursignol et de Buires, messire Jehan de Mailly, condist Maillet, chevaliers, et Colars de Mailli, enfant dudit monsʳ Jehan, seignʳ

du Loursignol, dessusdit, fussent suspechonné de le mort Jehan de
Werchin, esquier, et pour icelli souspechon, eussent esté, si comme on
dit, adjorné de tierch jour en tierch jour as droiz du roy, nostre seigneur, par le prévost de Monstereul, ou aucun de ses sergens, et aussi
as droiz mons^r le conte d'Artois, par le baillif de Hédin, ou par ses sergens, et ensement as droiz de Révérent Père en Dieu mons^r l'evesque de
Thérouane, par son baillif de Thérouane, de la justiche laye, ou par ses
genz, et sur ce li diz messire Jehan, messire Mailles, et Colars dessus
dit, si enfant, de leur voulenté, le merquedi prochain après la feste
saint Martin d'iver, l'an trante quatre, venissent par devant nous ou
chastel de Arras, et nos expossassent et feissent exposer que donné leur
estoit à entendre que adjorné estoient ou chastel à Heding, de tierch
jour en tierch jour, par le baillif du dit lieu, ou ses sergens, ensement à
Monstereul et en la court de la justiche laye dudit Révérend père en
Dieu mons^r l'évesque de Therouane, pour le suspechon ou le fait de la
mort Jehan de Werchin, esquier, li dit Maillet et Colars, comme faiseurs,
et il comme conforteres, proposans que eulz, ou temps que on disoit ledit
fait avoir esté perpetré, estoient couchant et levant en la conté d'Artois;
et pour eulz purgier dudit fait et de touz autres, estoient venu par devers nous ou dit chastel d'Arraz comme en cour souveraine, ou chief de
ladite conté comme noble, et pour icelz cas atendre loy contre touz
chiaus qui selonc le loy et le costume du pais poursieure les vauroient,
retenant pour eulz ce que à loy appartient, offrant leur noblece à premier et le seurplus quant a le loy, se besoings fust, et sur ce requerant
droit.

» Nous, du mandement révérent père en Dieu mons^r l'evesque de
Chalon, gouverneur de la conté d'Artois, eue délibération sur ce, comme
en forme de leur noblece, sans eulz de ce mettre en fait, les feismes arrester et leur imposames la mort du dit Jehan de Werchin et conforte-
ment fait, liquel de rechief dirent que non contrestant coze que nous
deissons rechevoir les derniers à loy, comme il fussent noble et venu de
leur volenté, et sur ce à grant instance nous requeroient droit, à savoir
se ainsi les devions recevoir ou non.

» Nous sur ce conjurasmes les hommes de mons^r le conte à ce pre-
sens, chi dessouz nomméz, à savoir se parmi nos claims et leur raisons
proposées, nous les deviens rechevoir, ou non ; liquel homme, eue délibéracion sus ce jugèrent et rendirent par jugement que puisque il estoit

notoire et nous nous tenions pour enformé que li diz chevaliers et si enfant dessus dit estoient noble, nous les devions recevoir à loy comme nobles. Par vertu duquel jugement nous, le jour du merquedi, dessus dit, recheumes le dit chevalier et ses enfanz dessus nomméz à loy comme nobles, et ychiaus recheuz et mis à loy, en la manière que dit est, nous leur assignasmes et enjoisnimes sur certaine paine à tenir prison en certain lieu que nous leur baillames à tenir, tant que jugement les aroit compris.... »

Personne ne s'étant présenté, pendant trois quinzaines consécutives, pour accuser Jean de Mailly et ses deux fils de la mort de Jean de Werchin, le bailli d'Arras rendit le jugement suivant.

« Saichent tous que, en l'an de grâce mil CCC trante quatre, le jeudi prochain après le trezeime jour de Noel darrenier passé, nous conjurasmes les hommes de monsᵣ le conte d'Artois, qui au dit jour estoient en la dite court, sur la foy qu'il devoient à Dieu et a monsᵣ le comte, que il alassent avant en jugement à la délivrance ou encombrance dudit chevalier et de ses enfans dessus nomméz, sus le fait dessus exprimé ; liquel homme sus ce conjuré de nous, si comme dit est, c'hest assavoir messire Gilles, sires de Autuille, messire Jehans, sire de Fosseus, messire Nicholes de Warsiers, messire Pierres, sire de Wiguete et de Bailleul ou Val, messire Hues, sires de Lehaing, messire Jehans de Wendin, messire Jehan de Medon, chevalier, Ferrans d'Arrainnes, Emers de Neufville, Baudouin de Dainville, Jorges de Valiéres, Baudouin Levifontaine, Jehans de Boudart, Jehans de Halonnes, Huars Li Capeliers, Jaques du Mur et Jehans de Le Viguete, eu recort à leur compaignons, de toutes les choses dessus dictes et de chascune d'icelles, oyes les relacions des sergens qui les dictes certifications firent aus prévos et bailliz dessuz dits (de Montereul, de Hédin et de Thérouanne), tout veu et considéré, eu avis et délibéracion ensaule, dirent et prononchièrent par jugement que, du fait dessus dit, li diz messire Jehans de Mailli, messire Jehan de Mailli, diz Maillez, chevaliers, et Colars de Mailli, enfant dudit monsᵣ Jehan, par loy comme noble aloient et estoient quitte et delivré et absolz ; par le vertu duquel jugement, nous délivrames ledit chevalier et ses enfanz dessus nomméz du fait dessus dit et de la dite prison, et les en laissames aler quietes, delivrés et absolz, et avec ce les quictasmes de toutes obligacions que il avoient faites envers nous, en non de seureté, pour la cause dessus dite.

» En tesmoing des quelz cozes, nous avons mis à ces présentes lettres le seel de la baillie d'Arraz, avec les seaulz des frans hommes dessus nommez....

» Nous (le roi de France) adecertés, les pronunciacion, jugement et sentence dessus diz... aians aggréables, fermes et estables, yceulx veulons, loons, ratiffions, approuvons, et de nostre auctorité royal et de certaine science, confermons.... Et, pour que ce soit ferme chose et estable à touz jours, nous avons fait mectre nostre seel en ces présentes lectres.

» Donné en l'abbaye Nostre-Dame la royal de lèz Pontoise, l'an de grâce mil CCC trante cincq, ou mois de may.

» Par le roy, à la relacion de messire Ferri de Pinquigny et G. de Crequeri.

» Aubigny. »

(Arch. nat., JJ 69, fol. 19 verso et 20, n° 44).

XC

1335, 12 décembre, Paris. — *Mandement au bailli d'Amiens pour faire amener prisonniers au Châtelet de Paris Jean de Mailly et ses enfants accusés de certains meurtres.*

« Philippus, Dei gratia, Francorum rex, baillivo Ambianensi aut ejus locum tenenti, salutem.

» Cum ad nostrum nuper pervenerit auditum quod JOANNES DE MAILLY, miles, MAILLETUS ET COLARDUS, ejus liberi, Robertum Paille, quondam receptorem seu baillivum dicti militis, seu liberorum suorum, necnon Johannem de Werchin, in villa Morinensi murtro interfecerunt, pluresque alios excessus enormes commiserunt, occasione quorum legi seu juri in curia nostra Peronnensi se posuisse dicuntur, ubi nostro detinentur carceri mancipati, mandamus et committimus tibi quatenus de et super dictis maleficiis et ea tangentibus et dependentibus ex eisdem eorumque circonstanciis universis, te secrete, celeriter et diligenter informes, visis presentibus, et informacionem quam inde feceris curie nostre sub suo fideliter inclusum sigillo et dictos prisionarios in castelletum nostrum Parisiensem captos sub fida custodia transmictas....

» Datum Parisius, sub sigillo castelleti nostri Parisiensis, in absentia

nostri magni sigilli, die XII decembris, anno Domini M° CCC° tricesimo quinto[1]. »

(Arch. nat., X²ª 3, fol. 43 verso).

XCI

1335, 29 décembre. Paris. — *Lettres données en Parlement, par les-*
quelles on fait savoir que Jean de Mailly et ses enfants, amenés pri-
sonniers à Paris, ont été enfermés au Louvre.

« Philippus, etc., baillivo Viromandensi aut ejus locum tenenti, salutem.

» Scire te volumus quod die veneris post festum Nativitatis Domini
ultimo preteritum, Colardus du Chapicle et Petrus de Cantin, servientes
nostri in prepositura Peronnensi, JOHANNEM DE MAILLIACO, MILITEM,
MAILLETUM et COLARDUM DE MAILLI, ejus liberos, et Guiotum de Beaufort, armigerum, certis de causis captos, et Parisius nostro carceri
mancipatos, in nostro presenti parlamento curie nostre de mane addu-
xerunt, et ipsos dicte curie nostre reddiderunt ; quos dicta curia nostra
tanquam prisonarios nostros apud Luparam[2] duci et ibidem in prisione
nostra secure teneri et custodiri precepit, eisdemque servientibus concessit licenciam recedendi.

» Datum Parisius, in parlamento nostro, sub sigillo castelleti etc., die
veneris post Nativitatem Domini, anno Domini M° CCC° XXXV°. »

(Arch. nat., X²ª 3, fol. 47 verso).

XCII

1335 (v. s.), 5 mars. Paris. — JEAN DE MAILLY, MAILLET DE MAILLY,
chevaliers, et COLARD DE MAILLY, damoiseau, ses fils, (Johannes de
Mailly, Mailletus de Mailly, ejus filius, milites, et Colardus de Mailly,
domicellus, filius dicti Johannis de Mailly), prisonniers, à Paris, sont
élargis sous caution ; ils peuvent circuler en France (pro eundo ubi vo-

1. 1335, 29 décembre. Paris. Autres lettres sur le même sujet, dans
lesquelles Maillet de Mailly est qualifié « miles » et où Guiot de Beaufort,
écuyer (Guyotus de Belloforte, armiger), est dit complice des Mailly. Arch.
nat. X 2ª 3, fol. 44 verso.

2. Au Louvre.

luerint infra tamen regnum nostrum Francie usque ad mensem instantis
festi Pasche Domini). A l'expiration de ce temps, ils devront se consti-
tuer de nouveau prisonniers à Paris.

(Arch. nat., X²ᵃ3, fol. 58, verso et 59).

XCIII

1336, 6 décembre. Amiens. — « Jehan du Change, lieutenant du bailli
d'Amiens » fait savoir qu'en vertu de lettres données à Amiens, « lendemain de le miquaresme » 1335 (v. s.), par « Gallerans de Vauls, bailli
d'Amiens, » obéissant à un mandement du roi, il s'est transporté « à
Buyres, à Hesdin et à Saint-Riquier » où il est resté pendant cinq jours
avec « varles et quevauls, » pour informer contre JEAN DE MAILLY et ses
enfants, accusés des meurtres de Robert Paille et de Jean de Werchin[1].

(Bibl. nat., *Pièces originales*, t. 1801, de *Mailly*, 41638, cote 2 ; orig.
parch. scellé).

XCIV

1336 (v. s.), janvier. Le Louvre. — *Philippe VI de Valois accorde
une rémission à Jean de Mailly et à ses enfants accusés de la mort de
Robert Palle, leur receveur.*

« Philippe, par la grâce de Dieu, roy de France, à touz ceulz qui ces
présentes lettres verront, salut. Comme JEHAN DE MALLY et MALLET DE
MAILLY, chevaliers, et COLART DE MALLI, escuier, enfans dudit Jehan,
eussent esté receuz à loy en notre court à Péronne, par le jugement de
noz hommes, jugeans en ladite court au conjurement de notre prévost
dudit lieu, pour cause de la souspeçon de la mort de Robert Palle, et
eulz estanz receuz à loy en nostre dite court, comme dit est, noz améz et
féauz genz tenant notre Parlement lors firent venir les diz chevaliers et
escuier par devant eulz en notre dit Parlement, et proposa notre procureur contre les dessus nomméz que ledit Robert Palle avoit esté receveur du dit Jehan de Malli, et avoit requis ledit Jehan de Malli au dit

---

1. Cette pièce est datée, par erreur, du « merquedi devant la Conception
Nostre-Dame (6 décembre 1335). » Le scribe s'est évidemment trompé ; il
a voulu écrire 1336.

Robert que il li vousist prester soissante et sept livres ; et pour ce que
ledit Robert respondi que il estoit un petit homme et que ledit argent il
ne li porroit mie prester, tantost ledit Jehan de Malli commanda à ses
diz enfans que il preissent ledit Robert, lequel estoit de bonne renommée et preudomme, et le meissent en prison ; et fist le dit Jehan de
Malli mettre le dit Robert en une mauvaise prison, orde et puant, ou
cep, et li fist oster les pognez de son aucqueton, et demoura un de ses
bras tout nu ou dit cep, et avecques ce fist fichier audit Mallet, son filz,
clous, afin que se le dit Robert sachast son bras que il derompist sa
char, et le fist tenir en la dite prison tant et si longuement que les bras
li fut tout mengié jusques à l'os et les jambes pourriez aussi jusques à
l'os, et avoit par derrière ès rains un grant pertuis de pourreture, en
tele manière que on y boutast bien un poing, et povoit on veoir comment il estoit tout creus. Et après ce, quant le dit Jehan de Malli vit que
le dit Robert estoit ainsi appareilliez, afin que il peust couvrir sa male-
facon, il manda à un sergent de notre amé et féal frère le duc de Bourgoigne, que il tenoit un homme en prison qui estoit clerc, que par
amours il le venist querre, et le rendist à l'official d'Arras, et que quant
le promoteur et l'official de la court d'Arras virent ledit Robert Palle
ainsi apparallé et malmené et que on y espéroit plus la mort que la vie,
ledit official dit qu'il n'en prendroit point, car ce estoit un homme mort,
et bien y apparut que trois jours ou quatre après ledit Robert mourut
par le fait et par la coulpe dudit Jehan de Malli et de ses enfans.

» Et tantost que ledit Jehan sceut que ledit Robert fu mort, et que de
ce la fame dudit mort, qui estoit chargiez de petiz enfanz, et un sien frère
que on appeloit Gille Palle, vouloient suir la mort dudit Robert, il fist
tantost traire le curé de Buxières par devers la famme dudit mort, ou li
disant telz paroles.

» Voulez-vous plaidier à Jehan de Mally et à ses enfanz, vous savez
bien que vous ni auriez povoir ; pacifiez et accordez à luy, car il vieut
miex que de ce vous aiez un pou d'argent pour nourrir voz petiz enfanz
que vous le poursuissez de ce. Et ainsi acorda le dit Jehan de Malli et
pacefia à ladite famme, à une petite somme d'argent, car elle n'ot pour
ce que dix livres ou environ. Mais ledit Jehan avoit accordé au frère du
dit mort à greigneur somme.

» Et ainsi en faisant le pacifiement et accort dessus dit, le dit Jehan
avoit confessé et approuvé les malefactions dessus dites avoir faites ; et

que après ce, quant ledit Jehan sceut que notre bailli de Vermendois, qui pour le temps estoit, fu alé hors de sa ballie, il se traist par devers notre dit prévost de Peronne, et requist audit prévost, que il le vousist recevoir à loy luy et ses enfans ; lequel prévost par corruption d'argent, pour quatre vinz livres parisis qu'il en ot, fist recevoir ledit Jehan à loy luy et ses enfans, et faintement fist prandre dudit prévost unes lettres obligatoires des dites quatre vinz livres à un sien escuier ; et avecques ce disoit notre dit procureur que ledit Jehan de Malli et ses enfanz avoient abusé de justice. Et disoit encore notre dit procureur que les diz Jehan de Malli et ses enfanz avoient tué un homme vers Therouenne, que on appelloit Jehan de Wersin. Et ces choses ainsi proposées par notre dit procureur en notre Parlement contre les dessuz nomméz, comme dessus est dit, notre dit procureur concluoit afin de condempnacion contre les diz Jehan et ses enfanz, afin que il fussent puniz selon la qualité des meffaiz, en corps et en biens ; les diz Jehan de Malli et ses enfanz proposanz plusieurs raisons au contraire, afin que il fussent renvoiez en notre dite court à Péronne, pour attendre loy sur les faiz dessus diz, selon les coustumes du pais et les ordonnances royaus sur ce faites ; et sur ce les parties se mistrent en droit. Et après ce, noz améz et féauz genz tenans notre Parlement ont prononcée par arrest que tant comme au fait du dit Jehan de Wersin notre dit procureur ne se melleroit ne suirroit en notre dite court les diz Jehan et ses enfanz, mes se notre procureur de par de là vouloit suir les diz Jehan et ses enfans ou pais par delà, bien les suist, se il cuidoit que bien fust. Et tant comme au fait du dit Robert Palle fu dit par ledit arrest que les diz Jehan et ses enfans ne seroient pas renvoiés en notre dite court à Péronne, et que il responderoient en notre dite court aux choses dessus dites proposées par notre dit procureur.

» Et après toutes ces choses, les amis des diz Jehan et ses enfans nous aient humblement supplié que sur ce nous vosissions estendre notre grâce envers eulz.

» Pour quoy, nous, considérans les bons et agréables services que les diz Jehan et ses enfanz nous ont faiz et espérons encore que il nous facent ou temps avenir, tous les diz crimes et toute la paine corporelle et peceunielle que les diz Jehan et ses enfans porroient avoir commis, encoru et meffait, tant des diz faicz du dit Robert Palle et dudit Jehan de Wersin, proposé par notre dit procureur, comme dit est, et tout ce

qui se dépent ou peut dépendre, comme de l'abus de justice dessus proposé, et de tout ce dont le dit Jehan et ses enfans peussent estre tenuz
pour les causses dessus dites, supposé que coupables en fussent en aucune manière, leur remectons et quittons, de grâce espécial, de certeine
science et de notre auctorité royal ; et donnons en mandement, par la
teneur de ces présentes lettres, à touz justiciers et subgiez de notre
royaume que les diz Jehan et ses enfanz contre la teneur de notre presente grâce ne molestent en corps et en biens, ou souffrent estre moles-
tés en aucune manière, pour les causes et choses dessus dites, mais se
leurs biens sont ou ont esté prins, saisi, arresté, ou aucune chose levé
pour celle cause, que il leur soient rendu et restitués à plain et sanz
delay.

» Et pour que ce soit ferme chose et estable à perpetuité, nous avons
fait mettre notre seel en ces présentes lettres.

» Donné au Louvre de lèz Paris, l'an de grâce mil CCC trente et six,
ou mois de janvier.

» Par le roy, présenz le mareschal de Trie, le seigneur de Secourt et
mons᷑ Ferry de Puiquigny.

« J. Barrier ? »

(Arch. nat., JJ 70, fol. 63, n° 127).

XCV

1337. — « Sentence du bailly d'Encre de l'an 1337, en laquelle est
fait mention de mons᷑ GILLES DE MAILLY, seigneur de Mailly et d'Acheu,
messire GILLON, seigneur D'AUTHUILLE et d'Andifer, chevaliers, et pers
du chastel d'Encre, Jean de Toutencourt, Wautier de Morlencourt et
MAHIEU DE MAILLY, escuiers et pers dudit chastel, messire Huon de Sappegnies, seigneur de Sappegnies, messire Jean de Beaumont, seigneur
du Maisnil, chevaliers,.... francs-hommes du dit castel. — Extrait du
Cartulaire d'Encre. »

(Bibliothèque de l'Arsenal à Paris. Ms. de du Cange, n° 5258, fol. 6
verso).

XCVI

1338, 16 septembre, Amiens, — *Accord entre Jacques d'Estreelle et*

Maillet de Mailly, chevalier, au sujet du douaire de la femme dudit Jacques, veuve de feu Jean de Piquigny.

« A tous chiaus qui chez présentes lectres verront ou orront, Pierre Le Courant, bailli d'Amiens, salut.

» Sachent tout que acordé est entre messire Jaque d'Estreelle, d'une part, et monssour MAILLET DE MAILLY, chevalier, d'autre part, que ledit Maillet recongnoist au dit monssour Jaque, à cause de se femme, douaire coustumier en toute le terre qui fu monssour Jehan de Pinkegny, seigneur de Saint-Wyn, jadis mary de le dite dame, dont ledit messire Jehan avoit la saisine leur mariage durant et maison de douaire baillier, telle comme il appartient par la coustume du pais, et se elle n'estoit souffisant le dit Maillet doit le dite maison amender par le dit de messire Jaque d'Ivregny et de messire COLART DE MAILLI ; sur quoy il se sont mis de plusieurs autres debas que il ont à faire l'un contre l'autre pour chertaines cousez, et le dit messire Jaque quite tout le droit que il a ou povoit avoir à cause dudit douaire de se femme en le manancion et le chastel de Saint-Wyn.

» En tesmoing de che, nous avons mis à ches lettres le seel de le dite baillie qui furent faites et donnéez à Amiens le merquedy XVIᵉ jour du mois de septembre l'an mil trois chens trente et huit. »

(Arch. nat., Xᵗᶜ 2ᵃ, cote 197. Pièce parchemin portant au dos l'homologation faite à Paris en Parlement, le 16 janvier 1340 (v. s.), « de consensu Petri de Hautecuria, procuratoris dicti MAILLETI, et Ancherii de Cayeto, procuratoris dicti Jacobi. »).

XCVII

1340, 8 mai. — *Jean de Mailly, chevalier, seigneur de L'Orsignol, donne quittance de gages pour ses services en Flandre.*

« Je JEHANS DE MAILLI, chevaliers, sires de Lourseingnol, fais savoir à tous que Jehan du Cange, gouverneur de la conté de Pontieu, de par le roy monseigneur, m'a baillié et delivré en la forest de Cresci, deux cens livreez au tournoys de bois, lesquelz m'estoient deuz, si qu'il poet apparoir par lestre de Jehan Le Mur, trésorier des guerrez, pour le demourant de mes gaigez et des gens de ma compaignie desservis ès partiez de Flandres, en la compaingnie et sous le gouvernement monsʳ le connestable, desquelz IIᶜ livrees tournois de bois dessus dit, je me tieng pour bien paiez, et en quicte le roy monseigneur, ledit gouverneur de Pontieu et tous autres à qui quictance en appartient.

» Donné sous mon seel, le VIIIᵉ jour de mai l'an M CCC XL. »

Sceau : *Ecu portant trois maillets avec un lambel à trois pendants.*

Légende : ✠..... JEHAN DE MAILLI.

(Bibl. nat., *Titres scellés de Clairambault*, t. 175, p. 5927, n° 56. Orig. parch.).

XCVIII

1340, 4 juin. Cambrai. — *Jean de Mailly, chevalier, donne quittance de gages pour service dans les guerres de Vermandois, de Cambrésis et de Hainaut.*

« Sachent tous que nous JEHAN DE MAILLY, chevalier, avons eu et receu de Berthelemy du Dragh, thrésorier des guerres du roy, nostre sire, sur ce qui nous est dehu pour les gaiges de nous bannerés, V chevaliers bacheliers et XXI escuiers en nostre compaignie, desservis en ceste présente guerre, à Saint-Quentin, à Marle, et ès parties de Cambresis et de Henaut, sous le gouvernement de nosseigneurs les mareschaulx de France, dès le desrain jour d'avril mil CCC XL, jusques au XIXᵉ jour de may après ensuivant, deux chens vint deux livres chinc sols quatre deniers tournois ; desquelles IIᵉ XXII liv. V s. IIII d. tournois nous nous tenons à bien paiés, et en quitons le roy, nostre sire, son dit trésorier et tous autres à qui quittance en appartient.

» En tesmoing de ce nous avons seellé ces lettres faites à Cambrai, le IIIIᵉ jour de juing, l'an dessusdit. »

Sceau : *Ecu portant trois maillets au lambel à trois pendants.*

(Bibliothèque nationale, *Titres scellés de Clairambault*, t. 68, p. 5301, n° 116. Orig. parch.).

XCIX

1340, 9 juin. Cambrai. — « MAILLART DE MAILLY, chevalier, » reconnait avoir reçu certaine somme d'argent des trésoriers des guerres du roi, sur ses gages et sur ceux de quatre écuyers de sa compagnie « desservis et à desservir en ceste présente guerre, ès parties de Cambresis et de Haynaut, souz le gouvernement des mareschauls de France.... »

Sceau : *Ecu portant trois maillets dans une rose gothique ornée de six têtes humaines.*

Légende : S. Jeh. de Mailli [cheval]ier.

(Bibl. nat., *Titres scellés de Clairambault*, t. 68, p. 5301, n° 119. Orig. parch. dont l'écriture est en partie effacée par l'humidité).

C

1340, 21 août. — *Quittance donnée par Colart de Mailly, chevalier, pour services de guerre.*

« Sachent tout que nous Collart de Mailly, chevalier, avons eu et receu des trésoriers des guerres du roy, notre sire, par la main de Jehan de Sanci, leur lieutenant, en prest, sur les gaiges de nous et de X escuiers de notre compaignie, desservis et à desservir en ceste présente guerre, sur (sic) le gouvernement de nosseigneurs les mareschiaux de France, ens comptes, IX livres, pour droicture, II sols, pour pingnies[1], chiennequante sept livres deux sols tournois, dont nous nous tenons pour bien paiiet.

» Donné sur (sic) notre seel, le XXIe jour de aoust, l'an M CCC XL. »
Sceau perdu.

(Bibl. nat., *Titres scellés de Clairambault*, t. 68, p. 5301, n° 117. Orig. parch).

CI

1340, 4 octobre. — *Quittance donnée par Nicolas de Mailly, chevalier, pour services de guerre.*

« Sachent tout que nous Nicolas de Mailli, chevalier, avons eu et receu de Jehan du Cange, trésorier dez guerres le roy, notre sire, par la main Jehan de Sanci, son lieutenant, en prest, sur lez gages de nous et dez gens d'armez de notre compagnie, desservis et à desservir en ceste présente guerre, sous nosseigneurs lez mareschaux de France, chent solz tournois, dont nous nous tenons pour bien paiez.

» Donné sous notre seel, le IIIIe jour d'octobre, l'an M CCC XL. »

---

1. Pingnies ou Poingneis, en latin Poingitium, combat, bataille, escarmouche, Du Cange.

Sceau : *Ecu portant trois maillets avec un lambel à trois pendants.*
Légende presqu'entièrement détruite.
(Bibl. nat., *Titres scellés de Clairambault*, t. 68, p. 5301, n° 118.
Orig. parch).

CII

1340, novembre. — « Transaction homologuée sous le scel du bailli
d'Amiens, Pierre Le Courant, entre Jean d'Anglebermer[1], comme procureur de noble dame, madame Jeanne de Fiennes, comtesse de Saint-
Pol, fondé de procuration, passée sous le scel de la dite dame, le diman-
che avant la saint André 1340, d'une part, et Rabustel Warlusel, comme procureur de l'abbé de Sainte-Marie-au-Bos, de Mre Jean, seigneur de
Créqui et de M° JEAN DE MAILLI, SEIGNEUR DE LOURSIGNOL, d'autre part. »

(Archives de La Roche-Mailly. « Extrait d'un livre relié en basane
verte intitulé : *Inventaire de la Fère*, vol. II, huitième liasse. »).

CIII

1340, 1351. — *Guillaume de Mailly, grand prieur de France, fait
un accord avec l'abbaye de Saint-Riquier au sujet du territoire de
Bellinval.*

« 1340. GUILLELMUS DE MAILLY, prior in Francia hospitalis de Jeru-
salem, componit cum abbate et conventu Sancti-Richarii[2] pro territorio
de Bellinval[3], cum ejus appendenciis, quod quidem obnoxium erit in
perpetuum pro terragio quindecim tritici seu bladi boscellis seu modiis
franciis, (*gallice boisseau*), ad mensuram sancti Richarii, et undecim
boscellis avenæ erga ecclesiam Sancti-Richarii solvendis. — 1351. GUIL-
LELMUS DE MAILLY, major prior in Francia. — *Epitome chronici Centu-
lensis.* »

(Bibl. de l'Arsenal. Ms., n° 4652, *Recueil de copies de pièces et d'extraits relatifs à l'histoire d'Amiens et de la Picardie, formé par Nicolas de Villers de Rousseville*, fol. 20).

---

1. Anglebermer, Anglebelmer, aujourd'hui Englebelmer, département de
la Somme, canton d'Acheux.
2. Saint-Riquier, Somme, canton d'Ailly-le-Haut-Clocher.
3. Lieu dépendant de Brailly, Somme, canton de Crécy.

CIV

1340 (v. s.), 6 février. — « Messire Gilles de Mailly, chevalier, sire de Mailly et d'Acheu, fut présent comme homme lige de l'abbaye de Corbie à l'hommage que Hüe de Fricans, écuyer, fit à la dite abbaye, pour raison du fief d'Estineham, le 6e février 1340. — Arch. de l'abbaye de Corbie, *Reg. Styx.*, fol. 36. »

(Bibl. nat., *Trésor généalogique de dom Villevieille*, t. 54, fol. 36 verso).

CV

1341, 12 octobre. — Mandement de Jacques Pikes, lieutenant du gouverneur du bailliage d'Amiens, transmettant pour exécution une lettre du roi, datée de Saint-Germain-en-Laye, du 21 septembre, ordonnant de laisser en état et de ne point toucher les biens « de Jean de Mailly, seigneur de L'Oursignol, chevalier, parti sous le gouvernement de nostre très chier cousin le roy de Navarre, pour venir à Angiers et ès parties de Bretaigne, en la compagnie de nostre très chier fils le duc de Normandie, » jusqu'à un mois après son retour.

(J.-M. Richard, *Inventaire sommaire des archives dép. du Pas-de-Calais*, t. I, (A 79), p. 112).

CVI

1341, 25 novembre. — « Monsr Gille de Mailly, chevalier, seigneur de Mailly et d'Acheu, » souscrit comme homme lige de l'abbaye de Corbie, un accord passé entre « monsr Huon, » abbé de Corbie et « Mathius, chevaliers, sires de Helly. » Dans cet accord, on voit apparaître outre Gilles de Mailly, « monsr Jehan de Havesquerque, chevalier, seigneur de Fléchin, et à cause de sa femme, seigneur de Wyencourt ; Jehan de Haidicourt, dit Pourchel, escuier, seigneur de Haidicourt, pers et hommes liges de l'église Saint-Pierre de Corbie ; messire Symon de Hamel, dit Tournelle, chevalier, seigneur de Linières ; messire Karle de Soyecourt, chevalier, seigneur de Franviller, hommes ligez de la dite église Saint-Pierre de Corbie. » Y sont encore nommés « Jehanne de

Coucy, dame de Helly et hiretière de Coucy, femme et espouse dudit
Mahieu de Helly, messire Wautier de Helly, chevaliers, jadis » son
prédecesseur et « Jaques de Helly, chevaliers, sires de Pas et de Grenas, frères germains et hoirs plus prochains de.... mons^r Mathius, chevaliers, seigneur de Helly, dessus nommé. »

(Bibl. nat., fonds latin, 17758, *Cartulaire noir de l'abbaye de Corbie*,
fol. 239-241. — D. Villevieille, *Trésor généalogique*, t. 54, fol. 36 verso).

CVII

1341 (v. s.), 19 janvier. — Arrêt du Parlement de Paris en faveur de
MAILLET DE MAILLY, écuyer, (Mailletus de Malliaco, tunc armiger), seigneur d'Outrebois, à cause de sa femme, contre le bailli d'Amiens, au sujet de la juridiction sur les échevins d'Outrebois. Le procureur du bailli
d'Amiens prétendait avoir la connaissance, la punition et la correction
des dits échevins (esse in possessione et saisina habendi cognicionem,
punicionem et correctionem scabinorum ville d'Outrebais). Le Parlement juge que ce droit appartient à Maillet de Mailly.

(Arch. nat., X^{ta} 8, fol. 205, verso).

CVIII

1342, 30 juillet, Calais. — *Quittance de Maillart de Mailly pour la
chevauchée de Calais.*

« Sachent tout que je MAILLART DE MAILLI, chevalier, avons eu et receu de Jehan du Change, trésorier des guerres le roy, nostre sire, en
prest sur les gaiges de nous et de II escuiers de nostre compaignie, desservis et à desservir en ceste présente chevauchié à Calais, sous le gouvernement mons^r le connestable de France, ens compte LX s., pour
droiture X d., pour poingnies, dix nuef livres dis deniers tornois, dont
nous nous tenons pour bien paiez et à plain.

» Donné à Calais, le XXX jour de juillet l'an M CCC XLII. »

Sceau : *Ecu portant trois maillets*. Légende disparue.

(Bibl. nat., *Titres scellés de Clairambault*, t. 68, p. 5301, n° 120.
Orig. parch.).

CIX

1342 (v. s.), 9 avril. — Procès au Parlement entre JEAN DE MAILLY, chevalier, (Johannes de Mailliaco, miles), appelant du bailli de Hesdin, contre le duc de Bourgogne, comte d'Artois. Jean de Mailly prétendait, contre le duc de Bourgogne, avoir le droit de haute, moyenne et basse justice dans ses terres de Buires et de Wavans (in villis de Buires et de Vuavans et territoriis earumdem[1]).

(Arch. nat., X^{1a} 9, fol. 436 verso).

CX

1344, 23 décembre. Arras. — *Accord entre le duc de Bourgogne, comte d'Artois, et Jean de Mailly, seigneur de L'Orsignol, au sujet de la justice de Buires, Wavans et Villers-l'Hôpital.*

« Jaquemars du Caurroy, procureur de noble homme mons^r JEHAN DE MAILLY, chevalier, seigneur du Lousignol et de Buires, » comparait devant « Jehan de Chartres bailluis d'Arraz...., et les frans hommes de mons^r le duc de Bourgoigne, conte d'Artoys, c'est assavoir Jehan de Fosseux, escuier, Sowalle du Lurcon, Simon Faverel, fil le maneur d'Arras, Mahieu Le Fourier, Bertoul de Bappaumes dit Noel, Adam de Darninoys et plusieurs autres. » Ledit procureur, en vertu de ses lettres de procuration, données par Jean de Mailly, le « lendemain du jour saint Thumas appostole l'an » 1344, renonce aux procès soutenus par ledit Jean de Mailly contre le duc de Bourgogne, comte d'Artois, « madame sa feme, leur bailli de Hedin, leur sergens et tous autres officiers et personnes quelconques.... pour cause de la haute justice de Buires et de Wavans, de Villers-l'Ospital et de toutes les appartenances d'iceux lieus, que il disoit à lui appartenir. » Cet accord fut fait « le jœsdy prochain avant le jour de Noel, l'an de grâce mil CCC quarante quatre. »

(Arch. nat., X^{1c} 3^a. Pièce parchemin. Sceaux perdus. Au dos de cette

---

1. 1343, 4 juillet. Suite du procès devant le Parlement. On y trouve comme détail que les gens du comte d'Artois, en voulant exercer la justice à Buires, avaient incendié une maison estimée à 40 livres parisis. Arch. nat., X1^a 9, fol. 511. — Les archives départementales du Pas-de-Calais (A 81) possèdent plusieurs documents relatifs à ce procès entre le duc de Bourgogne, comte d'Artois, et Jean de Mailly. Ils sont datés des mois de mars, mai, juin, juillet, août, septembre, octobre 1343 et mars 1344 (n. s.).

pièce se trouve l'homologation faite à Paris, en Parlement, le 27 janvier 1344 (v. s.), « presentibus magistro Gauffido Seguini, dictorum conjugum (ducis Burgundie et ejus uxoris) et Petro de Hautecuria, dicti militis, procuratoribus. »

CXI

1345, 21 mai. — « PAYEN DE MAILLY, chevalier, seigneur de Saint-Georges[1], gouverneur du bailliage de Vermandois, rend une sentence aux assises de Laon, par laquelle il maintient les religieux de l'abbaye de Saint-Nicolas-aux-Bois dans les droits de seigneurs de la cense de Wairy, contre les maire et jurés de Crespy, le 21e may 1345. — Arch. de l'abbaye de Saint-Nicolas-aux-Bois ; lay. Wairy, n° 12. »

(Bibl. nat., *Trésor généalogique de dom Villevielle*, t. 54, fol. 36 v°).

CXII

1345, 26 juin. Avrilly-lès-Beaufort[2]. — *Le roi Philippe-de-Valois « translate » Payen de Mailly du gouvernement du bailliage de Vermandois au gouvernement du bailliage de Chaumont-en-Bassigny.*

« Philippe, par la grâce de Dieu, roys de France, à touz ceuls qui ces lettres verront, salut.

1. Le nom de famille *Maillé* s'écrivait souvent *Mailly* au moyen-âge. A cause de cette similitude dans l'orthographe des noms de deux familles différentes, les Maillé et les Mailly, il est parfois difficile, quand les actes ne sont pas scellés, de distinguer « *Payen de Mailly, chevalier, seigneur de Saint-Georges, gouverneur de Vermandois*, » d'avec *Payen de Mailly ou Maillé, seigneur de Saint-Georges-du-Bois*, fils de Hardouin de Maillé et de Jeanne de Beauçay. Ce dernier vivait en même temps que Payen de Mailly, gouverneur de Vermandois. Le 25 août, le 14 septembre et en novembre 1341, on le trouve qualifié « chevalier du roy, et son sénéchal en Poitou et en Limozin. » Pendant les années 1345 et 1346, il est dit « mestre des requestes de l'ostel de monseigneur le duc de Normandie et de Guyenne. » Payen de Maillé portait pour armes *trois fasces vivrées à la bordure componée*. — Bibl. nat., *Titres scellés de Clairambault*, t. 175, pp. 5901 et 5907. Arch. nat., JJ 72, fol. 187 verso, n° 256.

2. Avrillé-lès-Beaufort, ancien fief qui prit le titre de baronnie vers la fin du XVIe siècle, aujourd'hui simple ferme de la commune de Beaufort, arrondissement de Baugé, département de Maine-et-Loire. — En 1345, Philippe-de-Valois fit de nombreux séjours dans le Maine et dans l'Anjou. En mai, il se trouva au Mans et à La Suze ; en juin, à Baugé et à Segré ; en juillet, à La Suze et à Sablé ; en août, à Sablé et au Mans. Archives nationales, JJ 68 et 75, passim.

» Savoir faisons que, pour certaine cause, nous avons translaté nostre amé et féal chevalier, PAYEN DE MAILLY, du bailliage de Vermendois, lequel il gouvernoit de par nous, ou bailliage de Chaumont-en-Bassigny, dont nous l'avons fait et establi baillif; et nostre amé et féal chevalier et conseiller Gondemart du Fay, jadiz baillif du dit bailliage de Chaumont, nous avons fait et establi, faisons et establissons, par ces lettres, gouverneur du devant dit bailliage de Vermendois.

» Si donnons en mandement à noz améz et féauls genz de noz comptes à Paris, que les seauls du dit bailliage de Vermendois il facent bailler et délivrer au dit Godemart et li facent poier et délivrer les gaiges appartenant audit bailliage aus termes et en la manière acoustumés, et à touz les justiciers et subgiez de notre royaume que audit Godemart, comme à leur gouverneur dudit bailliage, obéissent et entendent diligemment.

» En tesmoing de ce, nous avons fait mectre nostre seel à ces présentes.

» Donné à Avrilly-lez-Beaufort, le XXVIᵉ jour de juing, l'an de grâce mil CCC quarante et cinq. »

(Bibl. nat., *Titres scellés de Clairambault*, t. 175, p. 5927, n° 57. Orig. parch.).

CXIII

1345 (v. s.), 14 janvier. — Arrêt du Parlement de Paris rendu en faveur de Pierre Corbel, écuyer, (pro Petro Corbel, armigero), contre JEAN DE MAILLY, chevalier, seigneur de L'Orsignol, demeurant à Buires, en Artois, (Johannes de Mailliaco, miles, dominus de Leursignol,.... dictus que miles continuo moraretur in villa de Buirez, quam tenet a comite Attrebatensi, et in dicto comitatu Attrebatensi situatur). Jean de Mailly se plaignait de ce que Pierre Corbel l'avait fait ajourner devant le bailli d'Amiens par Pierre « de Bourberch, » sergent de la prévôté de Saint-Riquier, alors que ledit ajournement aurait dû être fait par un des huit sergents du comté d'Artois.

(Arch. nat., Xˡᵃ 10, fol. 401 verso).

CXIV

1346, 18 mai[1]. — « Lettres de PAYEN DE MAILLY, chevalier, sire de

---

1. N'est-ce pas plutôt 18 mai 1345? S'il n'y a pas ici erreur de date, il faut admettre que le roi rapporta ses lettres du 26 juin 1345.

Saint-Georges, gouverneur du bailliage de Vermandois, du jeudi avant l'Ascension, qui confèrent certains droits à Thiébaut de Vailly, boucher, et à Jean Craulet, poulailler. »
(Archives communales de la ville de Laon, AA[1]).

CXV

1346. — « Jeanne[1] de Rayneval, dame d'Acheu, advoue tenir de Jacques de Saint-Pol, seigneur d'Encre, à cause du bail de Ade de Mailly, sa fille mineure d'ans, la terre d'Acheu. — Extrait du *Cartulaire d'Encre.* »
(Bibl. de l'Arsenal. Ms. de du Cange, n° 5258, fol. 5 verso).

CXVI

1347, 16 juin. — « Dame Peronne de Raineval, vefve de feu mons[r] Gilles de Mailly, seigneur d'Acheu, eut une fille du dit mariage, nommée Ade, au nom de laquelle elle releva la terre de Friencourt, le 16 juin 1347. — Extrait du *Cartulaire d'Encre.* »
(Bibl. de l'Arsenal. Ms. de du Cange, n° 5258, fol. 8).

CXVII

1347, 22 décembre. — Arrêt du Parlement rendu en faveur de Colard de Mailly, dit Payen, chevalier, et de sa femme, contre le seigneur de Créquy. au sujet d'une somme d'argent que ce dernier leur devait. (Dominus de Crequi, miles, contra Colardum de Mailliaco, dictum Paien, militem, et ejus uxorem, proponebat quod cum virtute certarum litterarum obligatoriarum in quibus ipse dictis conjugibus in certa pecunie summa tenebatur obligatus....).
(Arch. nat., X[1a] 12, fol. 150, verso et 151).

CXVIII

1350, 14 juillet. Bois-de-Vincennes. — *Amortissement par Phi-*

1. *Sic* pour Péronne.

lippe VI de Valois en faveur de Jean de Mailly, prêtre, chapelain du château de Beauquesne.

« Philippe, par la grâce de Dieu, roys de France, savoir faisons que,.... oye la supplication de notre amé JEHAN DE MAILLY, prestre, chappellain de la chapelle de notre chastel de Beauquesne, fondée par nos prédecesseurs.... à ycellui Jehan.... avons admorti et admortissons perpétuelement quatorze libvres parisis de rente annuelle et perpétuelle que ledit Jehan se dit avoir de son propre héritage, sanz fié et justice, séans environ notre dit chastel, c'est assavoir sur le manoir Jehan Estocart, le jeune, qui fu Hue Le Clerc, tenant au manoir qui fu Ligier Le Bouchier, d'une part, et au manoir qui fu Salomon Le Cordier, d'autre part, vint solz, etc., sur le manoir que soloit tenir Jehan Hemery, lequel ledit Jehan de Mailli, comme son propre héritage tient à présent, séant en la rue de Beauval, vint solz, pour la fondacion d'une chapellenie que ledit Jehan de Mailly, meu de dévotion, entent estre sur ce faicte et ordonés après son décès pour le salu et remède de l'âme de li et de ses amis et bienfaiteurs en la dicte chappelle de notre chastel de Beauquesne, etc.

» Donné au Bois-de-Vincennes, le XIIIIᵉ jour de juillet l'an de grâce mil CCC cinquante. »

Confirmation de cet amortissement par Jean Le Bon, datée de Paris, juin 1351.

(Arch. nat., JJ 80, fol, 360 verso, nᵒ 543).

CXIX

1352. — Arrêt du Parlement[1] en faveur de COLARD DE MAILLY, dit PAYEN, chevalier, fils et héritier de JEAN DE MAILLY, chevalier, (Colardus Pagani, filius et heres Johannis de Mailliaco, militis, miles), poursuivant un procès, commencé par son père, contre Robert, frère et héritier de Jean de Vintenuel, (Robertus, frater et heres Joannis de Vintenuel), au sujet de 40 muids de blé à la mesure de Hesdin, livrables au dit Colard de Mailly à Abbeville (infra portas ville Abbatisville).

(Arch. nat., Xᵗᵃ 13, folio 300 verso).

---

1. Cet arrêt n'est pas daté ; il vient après un arrêt du 18 février 1351 (v. s.) et avant un autre du 8 juin 1352.

CXX

1353. — « Payen de Mailly, chevalier, seigneur de Loursignol, avoue tenir à hommage de bouche et de mains, de l'abbaye de Saint-Riquier[1], le moulin appelé Molinel[2], situé à Saint-Riquier, entre la porte Hairon et la poterne, auquel tous les brasseurs de la ville et des faubourgs sont baniers, l'an 1353. — Arch. de l'abbaye de Saint-Riquier. *Livre rouge*, fol. 171 verso. »

(Bibl. nat., *Trésor généalogique de dom Villevieille*, t. 54, fol. 37).

CXXI

1353 (v. s.), 15 mars. — Jeanne de Mailly, damoiselle, et Gérard de Thorote, chevalier, (Johanna de Mailliaco, domicella, ex una parte, et Gerardus de Thorota, miles, ex altera), prétendant avoir le bail de Michelet de Ligne (Micheleti de Ligne), sont admis par le Parlement à faire valoir leurs droits et à produire des témoins.

(Arch. nat., X^{1a} 15, fol. 330).

CXXII

1354, 5 mai. — *Accord entre Colard de Mailly, dit Payen, chevalier, et sa femme Marguerite de Piquigny, d'une part, et le seigneur de Diquemne et sa femme, Jeanne de Picquigny, d'autre part.*

« Comme certains procès feust et eust esté jà pieça meuz à Amiens, à Biauquesne et depuis en Parlement entre messire Colars de Mailly, chevalier, dit Paien, seigneur du Lousignol, et madame Marguerite de Pinquegny, sa fame, demandeurs, d'une part, et mons^r de Diquemne et madame Jehanne de Pinquegny, sa fame, deffendeurs, d'autre part, pour cause de III^m livres, une maille d'or de pois et de compte pour X s.

---

1. Saint-Riquier, département de la Somme, arrondissement d'Abbeville, canton d'Ailly-le-Haut-Clocher.

2. On lit dans : *Documents inédits concernant la province de Picardie*, Amiens, 1888, t. XI, p. 274, sous la date 1353 : « Payen de Mailly, seigneur de Beausignol, fait hommage pour le fief du Molinet ou du Moustier, en la seigneurie de Millencourt. »

parisis, toute autele monnoie comme y couroit au temps de l'obligacion de ce faisant mencion, et, si comme ès lettres obligatoires, sur ce faites, puet apparoir, que le dit Paien et sa fame demandoient aus diz de Diquemne, sauf à eux que ce que paié avoient leur tenist lieu et en feussent quicte ; le procureur des diz seigneur de Diquemne a cognust et confessé les dictes obligacions estre vraies, sauf pour les dits conjoints de Diquemne que de la somme de XIX^c et L livres, il et leurs hoirs en demouront quittes à touzjours, et du restant, montant à la somme de mil et L livres, monnoie dessus dite, tant seulement, le dit procureur, ou non des dessus dits de Diquemne, a esté condempné par arrest à paier à troys termes, c'est assavoir à Noel prochain venant III^c et L libvres, et à la Pasque prochaine ensuivant III^c et L libvres, et à la saint Jehan prochain ensuivant les autres III^c L libvres.... Et pour tous couz, frais, dommaiges et interes que les diz Paien et sa fame ont fais, quelque part que ce soit, les diz conjoins de Diquemne demourent quictes moiennant la somme de IX^{xx} escus, desquelx yceux de Diquemne paieront IIII^{xx} escus à la Pasque prochaine venant et C à la saint Jehan après ensuivant.... Et à toutes ces choses s'est consentis Guy de Saint-Crespy, comme procureur dudit Paien et de sa femme, et Huc Petit, procureur des dis de Diquemne.

» Fait en Parlement, le Ve jour de may, l'an LIIII. Et y ont esté condampnés les parties par arrest de Parlement du 8 mai. »

(Arch. nat., X^{1c} 8, cote 82).

CXXIII

1354, 20 septembre. — « GILLES, chevalier, SIRE DE MAILLY ET D'ACHEU, amortit un mur assis dans son fief à Foulloy que le chapitre de Foulloy avoit acquis pour la maison de la fabrique[1], le 20e septembre 1354. — *Cartulaire du chapitre de Foulloy*, fol. 105. »

(Bibl., nat., *Trésor généalogique de dom Villevieille*, t. 54, fol. 37).

---

1. La vente de ce mur fut faite à la fabrique de Saint-Mathieu de Foulloy, en septembre 1354, par Noel de Morgemont et Marie de Vesquemont, sa femme, pour la somme de « wit (8) flouris d'or à l'escu. » (Bibl. de l'Arsenal, ms. 4652. Extrait du *Cartulaire de Fouilloy*, fol. 454 verso).

CXXIV

1354 (v. s.), 21 février. — *Arrêt du Parlement contre Henri, seigneur de Diquemne, et ses complices, qui avaient maltraité un sergent du bailliage d'Amiens chargé d'une commission relative à la
tutelle des enfants que Jeanne de Piquigny avait eus de ses deux premiers maris, Jean de Mailly et Jean de Créquy.*

« Dyonisio de Guisi, serviente nostro in baillivia Ambianensi, in curia nostra proponente contra Henricum, dominum (*en blanc*) dominum de
Diquemne, militem, quod licet ipse serviens, virtute certe commissionis
a baillivo nostro Ambianensi, vel ejus locum tenente, se ultra Lisiam in
Flandriam transtulisset in dicta baillivia, pro adjornando dictum dominum de Diquemne et Johannam de Pinconio, ejus uxorem, ad certam et
competentem diem, coram preposito nostro de Bellaquercu, ad resu-
mendum vel deserendum arramenta certe cause pendentis coram dicto
preposito, inter ipsam Johannam, antequam esset desponsata cum ipso
domino de Diquemne, tam suo nomine quam ad causam bailli liberorum
ipsius Johanne quos susceperat a defunctis Johanne de Mailliaco et
Johanne de Crequiaco, quondam ejus maritis, ex parte unâ, et Colardum de Mailliaco, militem, et Margaretam de Pinconnio, ejus uxorem,
sororemque dicte Johanne, ex altera.

» Dictus dominus de Diquemne compulerat seu per Hectorem, bas-
tardum de Diquemne, Petrum de Ledest, Johannem Cramart, et non-
nullos alios in his complices, compelli fecerat dictum Dyonisium, ser-
vientem nostrum, ad cassandum commissionem predictam et ad mandu-
candum ceram sigilli litteris dicte commissionis appensi, necnon ad
bibendum incontinenti plenam scutellam aqua frigida, ipsumque ser-
vientem verberaverat et vulneraverat, seu verberari et vulnerari fecerat
per predictos, seu facta hujusmodi rata habuerat et grata, previaque
certa informatione cum relacione ipsius servientis fuerant predicti ad
jura nostra evocati, sed dilecto et fideli consanguineo nostro comite
Flandrens., pro dicto domino de Diquemne, quem de suo genere esse
dicebat, affectuosius supplicante, et se pro eo et dictis complicibus ad
emendam quamcumque nobis placeret submittente ipsoque domino de
Diquemne in nostris carceribus usque ad nostrum beneplacitum deten-
to, finaliter ob contemplacionem dicti comitis, consanguinei nostri, ac

de nostra gratiâ speciali, dictum dominum de Diquemne et complices super premissis quittaveramus et eis remiseramus, de nostre regie plenitudine potestatis, omnem penam corporalem seu criminalem quam incurrisse poterant in quantum nos premissa concernebant, alieno jure salvo, prout hec inter alia in litteris nostris super his confectis plenius contineri dicebat, etc.

» Tandem, multis rationibus allegatis hinc inde, visis litteris hinc inde productis, auditis dictis partibus in omnibus que dicere et proponere voluerunt, et consideratis omnibus que curiam nostram movere poterant et debebant, dicta curia nostra dictum dominum de Diquemne pro omnibus et singulis premissis, in quingentis libris turonensibus eidem servienti per arrestum condempnavit, XXI die februarii anno (MCCC) LIIII°. »

(Archives nationales, X^{1a} 16, fol. 194 verso et 195).

CXXV

1355, 11 novembre. — Lettres de « frère GUILLAUME DE MAILY, de la saincte maison de l'Hospital de Sainct Jehan de Jérusalem, humble prieur en France, » par lesquelles appert qu'il a acquis « de Jehannin de Bron, mineur d'ans, fils de feuz Jehan de Bron, et de Jehanne, sa femme, bourgeois de Paris, » trois arpents de pré « en l'enclos des fossés de notre maison qui jadis fut du Temple.... et une pièce environnez de haulx (marais), tenuz en censive » dudit Temple, pour 150 écus, laquelle pièce de terre il baille aux frères prêtres du Temple à la charge de célébrer à perpétuité deux messes par semaine dans la chapelle « monsieur saint Jullian le martir, » chapelle qu'il avait fondée et édifiée.

(Arch. nat., M^1, carton, n° 17 ^{1} ^{et} ^{2}. Copies papier).

CXXVI

1355 (v. s.), 20 janvier. Paris. — *Payen de Mailly donne quittance de gages pour services de guerre sous le gouvernement de Jean de Clermont, « lieutenant du roi ès pais d'entre Loire et Dourdoigne. »*

« Sachent tuit que je PAYEN DE MAILLY, chevalier, ay eu et receu de Jehan Chauvel, trésorier des guerres du roy, nostre sire, par la main de

Robin François, son clerc et lieutenant, en prest sur les gaiges de moy, I autre chevalier et VIII escuiers de ma compaignie, à desservir en ces présentes guerres, soubz le gouvernement de mons Jehan de Clermont, sire de Chantilly, mareschal de France, lieutenant du roy ès pais d'entre les rivières de Loire et de Dourdoigne, la somme de six vins quinze livres tournois, compte euz pour droicture IX liv. tour., et pour poignies V sols tournois. Desquelles VIxx XV liv. tournois je me tiens pour bien paié.

» Donné à Paris, souz mon seel, le XXe jour de janvier, l'an mil CCC cinquante et cinq. »

Sceau : *Ecu portant trois maillets avec un lambel à trois pendants.* Légende disparue.

(Bibl. nat., *Titres scellés de Clairambault*, t. 68, p. 5303, n° 124. Orig. parch. — Bibl. de l'Arsenal; ms. 4653, fol. 335 verso).

CXXVII

1355 (v. s.), 13 février. Charroux. — « Payan de Mailly, chevalier, » donne quittance de gages à « Jehan Chauvel, trésorier des guerres du roy, » pour lui « I autre chevalier et VI escuiers de » sa « compaignie desservis et à desservir en ces présentes guerres, souz le gouvernement mons Jehan de Clermont, sire de Chantilli, mareschal de France, lieutenant » du roi « ès pais d'entre les rivières de Loyre et de Dourdoigne. »

Sceau : *Ecu portant trois maillets avec un lambel à trois pendants.*

(Bibl. nat., *Titres scellés de Clairambault*, t. 68, p. 5309, n° 141. Orig. parch.).

CXXVIII

1359, 31 août. — « Dénombrement fourni par Aubert de Hangest, chevalier, seigneur de Genlis, à monseigneur l'abbé de Corbie, de ce qu'il tient noblement en fief et à plein hommage, comme mary de Ade de Mailly et d'Acheu, son épouse, du château d'Acheu, comme il se comporte, avec les trois quarts de la ville et terre d'Acheu. »

(Arch. nat., LL 1004, *Inventaire des chartes de l'abbaye de Corbie, dressé en 1780, par Pierre-Camille Le Moine*, p. 3 de la 2e partie).

CXXIX

1359, 10 décembre. Amiens. — « Nobles homs et poissant monsei-gneur GILLE, SEIGNEUR DE MAILLY et d'Acheu, chevalier, » reconnait devoir à « religieux personnes et honnestes monseigneur l'abbé et cou-vent de l'église Saint-Pierre de Corbie, la somme de soixante six muits et trois septiers de blé, cent nœf muis d'avaine, et seze flourins d'or à l'escu et demy, du cuing et forge du roy Jehan, notre sire, pour cause de certains arrierages.... des années passées.... Liquel religieux prennent et ont vint et quatre muis de blé et vint et quatre muis d'avaine et quinze livres deux sols parisis sur toute se terre, grange et revenues d'Acheu, à paier les dis grains cascun an dedens le jour de Noël et l'argent au jour de Noël, tous les dis grains et deniers rendus et conduis en ladite église à Corbie as coux dudit chevalier.... »

(Arch. de La Roche-Mailly. Copie papier sans indication de source).

CXXX

1359, 10 décembre. — « Messire GILLES, SEIGNEUR DE MAILLY et d'Acheux, chevalier, reconnoit devoir à l'abbaye de Corbie 24 muids d'avoine et 15 liv. 2 s. parisis de rente sur toute sa terre d'Acheux, et 16 liv. 12 s. parisis à cause du travers de Forceville, le 10 décembre 1359. — Arch. de l'abbaye de Corbie ; arm. 2 ; liasse 1ʳᵉ, nº 2. »

(Bibl. nat., *Trésor généalogique de dom Villevieille*, t. 54, fol. 37).

CXXXI

1359, 10 décembre. — « Noble et poissans monseigneur GILLE, SEI-GNEUR DE MAILLI et d'Acheu, chevalier, reconnait et confirme l'accord qui avait été fait en mai 1248, entre Raoul, abbé de Corbie, et « messire Gille (de Mailly), jadiz son devanchier. »

(Bibliothèque nationale, fonds latin 17758 (*Cartulaire noir de Corbie*), fol. 6 ; 17761 (*Cartulaire Néhémias*), fol. 35 verso).

CXXXII

. 1361, 22 novembre. — *Gilles, sire de Mailly, reconnaît avoir vendu aux religieux de Corbie un fief qu'il possédait à Hédauville.*

« Par devant Regnault de Tillon et Jehan Ravenel, dit Paie-Bien, auditeurs establiz en la prévosté de Foulloy par monseigneur le bailli d'Amiens,.... nobles homme messire GILLES, SIRES DE MAILLY et d'A-cheu, chevaliers, » reconnait avoir vendu aux abbé et couvent de Saint-Pierre de Corbie « toute le terre, fief et appartenanches que il avoit, au devant de ceste vente, séans en ville, terroir et appendances de Hédau-ville, » excepté le tiers de la dite terre dont « Ysabel, femme de feu Brongnard de Hédauville, » doit jouir sa vie durant. Cette vendition fut faite, le 22 novembre 1361, pour le prix de « mille florins d'or à l'escu, du coing du roi[1]. »

(Bibl., nat., fonds latin, 17761, *Cartulaire Néhémias de Corbie*, fol. 36 verso).

CXXXIII

1362. — « WILLAUME, escuier, sire de MAILLY-LE-FRANC, de Haviller et d'Acheu, en partie. — Extrait du *Cartulaire d'Encre.* »
(Bibl. de l'Arsenal. Ms. de du Cange, n° 5258, fol. 5 verso).

CXXXIV

1362 (v. s.), 4 mars. — Arrêt rendu par le Parlement de Paris, en .faveur de JEANNE DE MAILLY, dame de Maiseroles, (domicella Johanna de Mailliaco, domina de Maiseroles), dans un procès qu'elle soutenait con-tre Guillaume de Waurins, chevalier, seigneur de Rouvroy (contra Guillelmum de Waurino, militem, dominum de Rouvrayo), au sujet d'un fief situé dans la ville de Rouvroy qu'elle avait acheté du Villain d'Ausseville, écuyer, et de sa femme, (a Villano d'Ausseville, armigero,

1. Dom Villevieille, *Trésor généalogique*, t. 54, fol. 34 verso, a analysé ce document avec la fausse date de 1261. De plus, il a lu Hédainville pour Hé-.dauville,

et ejus uxore), relevant du fief du dit Guillaume de Waurins, sous la suzeraineté du château de Lens en Artois (movens in feodo dicti Guillelmi, sub feodo castri de Lensio in Artesio). La jouissance de ce fief devait appartenir à Jeanne de Mailly et à Jacques Patequin leur vie durant. Guillaume de Waurins ne voulait pas reconnaître cette acquisition et prétendait exercer le retrait féodal.

(Arch. nat., X^{ta} 17, fol. 373).

CXXXV

1363, 16 août. — « Notice portant que JEAN DE NEELLE (mari d'ADE DE MAILLY) rendit son hommage des trois quarts de la terre d'Acheu à monseigneur l'abbé de Corbie, en présence de quatre hommes liges, sauf les droits de l'église. »

(Arch. nat., LL 1004 (*Inventaire des chartes de l'abbaye de Corbie, dressé en 1780, par Pierre-Camille Le Moine*), p. 3 de la 2e partie).

CXXXVI

1364, 30 avril. — Arrêt de la cour de Parlement confirmatif d'un jugement du 8 août 1363, prononcé dans un procès entre « nobles personnes JEHAN DE NEELLE, escuier, seigneur d'Offemont, et madame ADE DE MAILLY, à présent sa femme, et fame naguéres de feu mons^r Aubert de Hangest, chevalier, seigneur de Genly, d'une part, et nobles hommes mons^r Mahieu et mons^r Aubert, dit Flament, de Hangest, frères et héritiers du dit feu mons^r Aubert, seigneur de Genly, » au sujet du douaire de la dite Ade de Mailly. « Per judicium curie Parlamenti dictum fuit.... quod dicti conjuges, Johannes de Nigella et Adea de Mailliaco, ad causam dotis predicte, habebunt precipue una cum castro de Jenliaco et bassa curia, jardinum, caveam, stabula et columbarium ac eciam cheminum inter duas portas dicti castri existens, platumque vinarium inter partes predictas dividetur.... »

(Arch. nat., X^{ia} 19, fol. 27 à 33).

CXXXVII

1364, 12 mai. Amiens. — *Montre du sire de Mailly avant son départ pour le sacre du roi Charles V.*

« La monstre MONS^r DE MAILLI, chevalier, III escuiers de sa compaignie, soux le gouvernement mons^r d'Aubigny, cappitaine de IIIIxx hommes d'armes, pour mener au sacre du roy, nostre sire[1], receu à Amiens, le XIIe jour de may, l'an mil CCC LXIIII.

» Pour ledit MONS^r DE MAILLI, courssier bay estellé au front.

» COLART DE MAILLI, escuier, cheval griz, narines fendues.

» Jehan de Francqueville, escuier, cheval tout blanc.

» Jehan Cardon, cheval gris et I afficquet en la fesse senestre.

» J. ROUSÉE. »

(Bibl. nat., *Cabinet de d'Hozier*, 5739, *Mailly*, n° 75. Orig. parch.).

CXXXVIII

1364, 7 septembre. Vernon. — « GILLES DE MAILLY donne quittance de gages au receveur des aides pour ses services au sacre du roi, sous le gouvernement de mons^r d'Aubigny, sous son sceau portant un écu avec trois maillets. »

(Bibl. de l'Arsenal ; ms. 4653, *Recueil de copies de pièces et d'extraits relatifs à l'histoire d'Amiens et de la Picardie, formé par Nicolas de Villers de Rousseville*, fol. 342 verso et 465 verso).

CXXXIX

1365, 8 mai. — « MARGUERITE DE FRUICOURT (sic) ET DE MAILLY, et GUILLAUMES DE MAILLY, escuier, filz de la dicte dame, » font savoir qu'ils ont établi pour leurs procureurs « maistres Guillaume du Bois, Jehan Cadel, Jehan de Lapion, Nicolas de L'Espoisse, Nicolas de Vret et Jehan Binet » afin « de accorder et pacifier » en leur nom, en Parlement ou ailleurs, avec « madame PERONNE DE RAINEVAL, le seigneur d'Offemont et sa femme. » Cette procuration est scellée sur queues des sceaux de Marguerite de Friencourt et de Guillaume de Mailly.

Sceau de Marguerite de Friencourt : Une dame debout ; à senestre, *un écu portant une fasce ;* à dextre, écu disparu. Légende détruite.

Sceau de Guillaume de Mailly : *Ecu portant trois maillets.* Légende : .... ALLY.

(Arch. nat., X^{1c} 15, cote 254).

---

1. Charles V, qui succéda à son père Jean le Bon, le 8 avril 1364, fut sacré le 19 mai de la même année.

CXL

1365, 27 juin. — « Vente faite par Mathieu des Quesnes, chevalier, comme procureur de noble et puissant JEAN DE NESLES, chevalier, seigneur d'Offemont, et de noble et puissante dame ADE DE MAILLY, dame d'Offemont, sa femme, aux doyen, chanoines et chapitre de Chartres, de l'hôtel et de la terre qu'ils avoient à Lèves-lez-Chartres[1], avec les jardins, fossés, prés, sauslaie, viviers, fours à ban, cens, rentes, dixmes, étans du propre du dit seigneur d'Offemont, tenus en fief du roi à cause de sa grosse tour de Chartres, moyennant 1200 francs d'or, du coing du roi. — *Extrait des registres du Chapitre de Chartres.* »

(Arch. de La Roche-Mailly. Copie).

CXLI

1365, avant le 28 juillet. — *Accord entre Marguerite, dame de Mailly et de Friencourt, et Guillaume de Mailly, son fils, d'une part, et Jean de Neele et Ade de Mailly, sa femme, petite-fille de Marguerite de Friencourt, d'autre part.*

« Chest le traictiés fais et accordés entre MARGUERITE, DAME DE MAILLY ET DE FRIENCOURT et WILLAUME DE MAILLY, son fil, d'une part, et JEHAN DE NEELLE, seigneur d'Offemont, et ADE DE MAILLY, sa femme, dame d'Offemont, d'autre part, en la manière qui s'enssuit.

» Primes, le dicte dame de Mailly et li dis Willaumes de Mailly, ses fix, sunt tenus de asseir, baillier et délivrer à le dicte dame d'Offemont, leur niepche[2], comme hirectière, et audit seigneur d'Offemont, pour tant qu'il li toucque, XIIᶜ livrees de terre paresis, sur les villes, terres et appartenancez de Friencourt et Acheu, se tant y puent estre trouvé, hors les castiaulx, qui doivent estre lez dis d'Offemont sans prisié, pour le mariaige de feu monsʳ GILLE DE MAILLY, dit MAILLET, père de ladicte dame d'Offemont et filz de la dicte dame de Mailly et frère dudit Willau-

---

1. Lèves, actuellement du canton de Chartres-Nord, département d'Eure-et-Loir.

2. Ade de Mailly, dame d'Offemont, était nièce de Guillaume de Mailly et petite-fille de Marguerite de Friencourt.

me, qui se fist à PÉRONNE DE RAINNEVAL, dame de Monteigny, mère de
la dicte dame d'Offemont, si comme tout ce appert par certaines lettrez
faictes sur les convenences dudit mariaige, et lau feux li sires de
Mailly et le dicte dame de Mailly et de Friencourt s'obligèrent à faire
asseir et délivrer audit feu Maillet, leur fil, ses hoirs ou aians cause, et
aussi par certain traictié et acors fait et passé des dictes parties nagaires en Parlement et comme arrest de Parlement, et devoit et doit estre
le dicte prisiée des dictes XIIᵉ livrées de terres faicte dedens certain
tamps passé, par personnes eleues, et se faicte n'estoit, se devoit-elle estre
faicte et delivrée ad dits d'Offemont par nos seigneurs de Parlement
tantost et sans delay.

» Item, que pour ce que le dicte prisié a jà tout plain cousté et si n'en
a riens esté fait par les dis eleux.... les dictes parties sont à tel traictiés
et acors que chi après sera desclairiet.

» Primes, le dicte dame de Mailly et de Friencourt et li dit Willaumes de Mailly, ses fiex, pour le paié et assiette des dictes XIIᵉ livrees
de terre, bailleront et délivreront en fons et en propriété à le dicte dame
d'Offemont, leur niepche, et au dit seigneur d'Offemont, pour tant qu'il
li toucque, les chastiaulx, maisons, villes, terres, bos, chens, rentes et
autres toutes appartenanches de Friencourt, d'Acheu, de Leaviller, le
terre que il ont à Sanlis, con dit demy pairie, et tous les vinaiges de
Clermont que y avoit li dis feux sires de Mailly ou temps de se vie.

» Item, que de toutes les villes, terres, bos, et autres appartenanches
dessus dictes, les dis d'Offemont ad présent ne goiront du proufit et
emolument que tant seulement des vinaiges de Clermont, terroir et appartenanches.

» Item, de tout le sousplus des dites villes, terres et appartenanches,
le dicte dame de Mailly et li dis Willaumes de Mailly, ses fiex, en goiront leurs viez durans tant seulement, en le manière chi après desclairée,
et sur ce asserront et délivreront à le dicte dame de Monteigny son
douaire tel que avoir le doit ad présent, en le manière que faire le devront, et en délivreront et en desquarqueront les dis d'Offemont.

» Item, doit le dicte dame de Mailly goir de Friencourt tout le cours
de se vie, et li dis Willaumes de Mailly, ses fiex, doit goir de Leaviller,
tout le cours de se vie tant seulement, comme dit est, se il ni asseent
douaire à le dicte dame de Monteigny, lequel douaire il pourront asseir
à Acheu, à Leauviller et à Mollainnes, etc. » (Sans date).

(Au dos) Homologation en Parlement de l'accord susdit, le 28 juillet 1365.

(Arch. nat., X^{tc} 15, cote 163).

CXLII

1365, 2 décembre. — « JEHAM DE NÉELLE, seigneur d'Auffemont, et ADDE DE MAILLY, sa femme, » constituent « maistres Jehan Crolebos, Nicholas de L'Espoisse, Nicholas de Viot, Jehan du Closel, » leurs procureurs, pour traiter avec « madame Marguerite, dame de Fruicourt et de Mailly, et GUILLAUME DE MAILLY, escuier, son fill, d'une part, et madame Péronne de Rainneval, d'autre part.... »

Sceau de Jean de Neelle : Ecu portant *deux bars adossés sur un champ semé de trèfles.* Légende disparue.

Sceau d'Ade de Mailly : Deux écus accolés, sous un arbre. A dextre l'écu de Jean de Neelle. A senestre, l'écu d'Ade de Mailly, portant *trois maillets.* Légende fruste.

(Arch. nat., X^{tc} 15, cote 256).

CXLIII

1365, avant le 11 décembre. — *Accord entre Marguerite de Friencourt et Guillaume de Mailly, son fils, d'une part, avec Péronne de Raineval, Jean de Neelle et Ade de Mailly, sa femme, d'autre part, au sujet du douaire de la dite Péronne.*

« Au traictié du mariage de puissant homme, feu mons^r GILLE DE MAILLY, dit MAILLET, chevalier, jadis fil de feu mons^r GILLE, SEIGNEUR DE MAILLY, et de madame MARGUERITE, DAME DE FRUICOURT, sa femme, aveuc noble dame, madame PÉRONNE DE RAINNEVAL, à présent dame de Montigny, les diz sire de Mailly et la dite dame » avaient promis « asseoir au dit feu messire Gille, leur fil, et à la dite de Montigny, sa femme, la somme de douze cens livrées de terre au parisis...., ès terres d'Acheu et de Fruicourt et ès appartenances, pour en hériter eulz et les hoirs qui de eulx isteroient, fust homme ou femme, et que s'il avenoit que li dis messire Gilles de Mailli allast de vie à trespassement avant la dite madame Péronne, que elle auroit VI^c livrées de terre au parisis pour son douaire. » Or, il était arrivé que Gilles de Mailly, mari de

Péronne, était mort et son père après lui. Certains débats, déjà commencés, furent alors poursuivis en Parlement par Péronne de Raineval, Jean de Néelle, seigneur d'Offemont, Ade de Mailly, sa femme, contre Marguerite de Friencourt et « Wuillaumes de Mailly, » son fils, « pour l'assiete des dictes XII[c] livrees de terre et du douaire de la dicte » Péronne.

Après diverses procédures, on convint en particulier que Péronne de Raineval, dame de Montigny, posséderait « en nom de douaire, » sa vie durant, « tout le chastel d'Acheul, ainsi comme li lieux s'estend et comporte, s'il lui plaist, » et joirait « entièrement de la basse-court du dit chastel, des gardins, maisons, fossés et autres choses appartenant à icelluy, de toutes les villes d'Acheul, de Liauviller, d'Estinehan[1] et de Franc-Mailly[2], et de la demie pairie de Sanlis.... lesqueles choses lui » furent « baillées pour le pris et somme de IIII[c] livrées de terre au parisis par an[3]. »

Cet accord, non daté, fut homologué au Parlement, le 11 décembre 1365.

(Arch. nat., X[te] 15, cote 255. Pièce conservant encore le sceau plaqué de Jean de Neelle, seigneur d'Offemont).

CXLIV

1365 (v. s.), 15 janvier. — « Messire MAILLET DE MAILLY, chevalier, conduisit un écuyer avec lui à l'host du roy, sous le gouvernement du duc de Bourgogne, en la compagnie d'hommes d'armes dont mons[r] Hue de Chastillon, grand maître des arbaletriers de France, fit montre et qui fut reçue à Dijon, le 15e janvier 1365. — Chambre des comptes de Bourgogne. *Registre des montres.*

(Bibl. nat., *Trésor généalogique de dom Villevieille*, t. 54, fol. 37, v°).

---

1. Etinehem, Somme, canton de Bray.

2. Franc-Mailly, dépendance de Varennes, canton d'Acheux.

3. En 1370, cette question de douaire n'était pas encore réglée. Le 7 mai de la même année, après la mort de Marguerite de Friencourt (defuncta Margareta de Fricuria, domina de Mailliaco), Péronne de Raineval réclamait devant le Parlement, de Guillaume de Mailly, de Jean de Neelle, seigneur d'Offemont, chevalier, et d'Ade de Mailly, sa femme, l'exécution des clauses du dit accord. — Arch. nat., X[ta] 22, fol. 33.

CXLV

1366 (v. s.), 1er janvier. — « Henry de Beure, chevalier, seigneur de Diquemne, et Jehanne de Pinqueigny, sa femme, dame du dit lieu, » constituent « maistre Jehan de Lapion et Jehan Le Vignon, » leurs procureurs, pour traiter et accorder avec « monsr PAIEN DE MAILLY, chevalier, et madame sa femme. »
(Arch. nat., X1c 17, cote 17. Pièce parchemin).

CXLVI

1366 (v. s.), 12 janvier. — Lettres du roi aux gens du Parlement octroyant à « COLARD DE MAILLY, dit PAIEN, chevalier, » et à sa femme, licence « de pacifier et accorder » avec « Henry de Beure, chevalier, seigneur de Dicquemne et sa femme. »
(Arch. nat., X1c 17, cote 18. Pièce parchemin).

CXLVII

1366 (v. s.), avant le 15 janvier. — *Accord entre Colard de Mailly, seigneur de L'Orsignol, et sa femme Marguerite de Picquigny, d'une part, et Henri de Beures et Jeanne de Picquigny, sa femme, d'autre part, au sujet de la succession de feu Jean de Picquigny.*

« Nobles homs mesires COLARS DE MAILLY, dis PAIENS, chevaliers, sires du Loursignol, à cause de noble dame, madame MARGUERITE DE PINQUEGNY, sa femme,... se fist mectre de fait, de par le roy, notre sire, à cause de ce, en le tierche partie du quint de tous les héritages, fiés, possessions et revenues dont meurut saisis et avestis nobles homs mesires Jehans de Pinquegny, chevaliers, sires de Saint-Onyn, père de la dite dame, pour cause du vivre naturel de la dicte dame Marguerite ; lequel mise de fait fu senefiié à nobles personnes monsr Henry de Beures, chevalier, seigneur de Diqquemne et à madame Jehanne de Pinquegny, dame de Saint-Onyn, sa femme, qui est seurs aisnée et jeremaisne à la dicte madame Marguerite et fille dudit feu ; liquel conjoint de Diquemne y baillèrent oposicion, sur lequel procès se fist Amiens entre les dites partiés par devant ledit bailli ; et tant en fu procédé que il fu

dit par le jugement du dit bailli que à bonne cause si estoient fait mettre
li di conjoint.... Duquel jugement li procureur dez dis conjoins de Diqquemne appela en Parlement présentement séant, dont li dict conjoint
de Mailly antichipérent le tamps au parlement derrain passé, par le vertu
de lequelle antichipacion li dis procès fu aportés au dit parlement, li-
quelx n'est aincoire point jugés.

» Traictié est entre lez dites parties, si plaist à la court, en le manière
que s'ensuit.

» C'est à savoir que li dit conjoints de Diqquemne seront condemné
par Parlement de faire et aseur le tierche partie de tout le dit quint ens
et sur toute le terre et ville de Saint-Onyn et ou terroir d'icelle, au plus
près d'icelle, au profit des diz conjoins de Mailly pour gouir ent et possesser la vie durant de ma dicte dame Marguerite de Pinquigny, tant
seulement, etc. »

En attendant que tout soit réglé, « ont lez dictes parties esleus domi-
cilles Amiens; est à savoir, lez dis conjoins de Diqquemne à l'ostel nommé
le Grose Teste, qui à présent est Jehan Letelier, et li dit conjoints de
Mailly l'ont esleu et prins à leur maison qu'il ont en le dicte ville, etc.).
Sans date.

(Au dos) Homologation au Parlement de l'accord susdit, le 15 janvier
1366 (v. s.).

(Arch. nat., X^{1c} 17, cote 16. Pièce papier).

CXLVIII

1366 (v. s.), 16 janvier. Clermont. — *Contrat de mariage de Gilles,
seigneur de Mailly, et de Jeanne de Donquerre, fille de Bernard de
Donquerre et de Jeanne de Lambersart.*

« Le traictié du mariage pourparlé de messire GILE, SEIGNEUR DE
MAILLY, chevalier, d'une part, et demoiselle Jehanne de Donquerre, jadis
fille feu messire Bernard de Donquerre, chevalier, et de madame
Jehanne de Lambersart, jadis sa femme, et femme à présent mons^r Gile,
seigneur de Nedonchel, chevalier, d'autre part, par la manière qui s'ensuit.

» Premièrement, la dicte demoiselle aura et emportera à son proffit
toute la terre qui venue et deschendue li est par la succession dou dit

7

deffunt messire Bernart, son père, en la manière que les dis mons^r de Nedonchel et madame, sa femme, en gœnt (jouissent) présentement.

» Item, par ledit traictié, les dis mons^r de Nedonchel et madame, sa femme, renoncheront à touz jours, au proffit dudit messire Gile de Mailly et de le dicte demoiselle, à tout le droit de douaire et don d'aumosner que il pevent avoir, dire, requerre et demander en le dicte terre, sauf et reservé pour eulx que, ce le dite demoiselle aloit de vie à treppas sanz avoir hoir de son corps, le don d'aumosne avec le douaire dessus diz retourneroient aux diz mons^r de Nedonchel et dame, sa femme, si comme il seroit rebbardé par l'ordennence du conseilg des dessus diz seigneurs de Nedonchel et dame, ce ainsi n'estoit que il leur convenist vendre de leur héritaiges d'un costé et d'autre par nécessité.

» Item, par ledit traictié, le dit mons^r de Nedonchel a donné audit mons^r de Mailly l'office et tout le proffit à lui appartenant à cause de le chastellerie de le forest de Hes, toute la vie dudit mons^r de Nedonchel durant.

» Item, les diz mons^r de Nedonchel et madame sa femme ont donné audit seigneur de Mailly, à la cause dite, C livreez de terres au parisis à l'anthien paris estimé de l'an mil CCCXLV, à ent goir et possesser par les diz seigneur de Mailly et le dicte demoiselle après le trespas des diz mons^r de Nedonchel et madame, sa femme, et non autrement, par telle manière que, ce il advenoit que le dicte demoiselle alast de vie à trespas senz hoir de sen corps, les dictes C livrees de terres retourneroient aus diz mons^r de Nedonchel et madame sa femme ou l'ordenanche qu'il en feroient en leurs testamens.

» Item, le dit mons^r de Nedonchel tanra en son hostel et à ses despens le dit seigneur de Mailly, deux vallés et trois quevaulx, ladicte demoiselle et une demoiselle avec elle, par l'espasse de demi an après ledit mariage fait, et ne sera le dit seigneur de Nedonchel tenus de faire aucunes nouches, fors che qu'il lui plaira, ne vestemens aucuns.

» Touttes lesquelles choses dessus dictes ledit seigneur de Nedonchel a promis à tenir et à emplir au dit seigneur de Mailly, se ainsi est que le mariage playse et qu'il soit accordés par les amis de ladicte demoiselle. Et le dit seigneur de Mailly a promis, moiennant che que dit est, à aller avant en la perfection du mariage par la foy de son corps.

» Item, les diz seigneur et dame de Nedonchel, le dit seigneur de Mailly et le dicte demoiselle demouront quictes l'un envers l'autre de toutes choses et toutes actions quelconques qu'il porroient faire li uns à l'autre, excepté des choses contenues et exprimées de l'autre part de chest escript.

» Item, ce il advenoit que ledit seigneur de Nedonchel s'obligast envers le dit seigneur de Mailly en plus grans sommes que il n'est contenu en cest présent escript, li diz sires de Mailly a promis et juré par se foy de ent faire et baillier bonne quittanche audit mons^r de Nedonchel toutes foiz que li plaira à avoir.

» En tesmoing des quelles choses dessus dictes et en rateffiant et approuvant ychelles estre et avoir esté traitiés, pourparlées et accordeez, je Gilles, seigneur de Mailly, dessus nommé, ay scellé chest escript de me propre main du seel Pierre Le Blont, de Clermont, auditeur de par mons^r de Bourbon, dou fait des obligations, lequel seel pour che faire j'ai emprunté au dit Pierre pour l'absence du mien. Et, qui plus est, j'ay prié et requis, en la présence du dit Pierre Le Blont et de Pierre Gonse, Ænguerren d'Auchonvillier, et à Jehan des Thomes, que avec le dit seel ilz veuillent mectre leurs propres seaulx. Et nous Enguerren, et Jehan dessus nommez, à le requeste du dit mons^r de Mailly, y avons mis nous propres seaulx.

» Che fut fait ou chastellet de Clermont, le XVIe jour du moys de janvier, l'an de grâce mil CCC soixante et six[1]. »

(Arch. nat., X^{ta} 22, fol. 84 verso à 86 verso).

CXLIX

1367, 28 mai. — Arrêt rendu par le Parlement en faveur de GILLES, SEIGNEUR DE MAILLY, chevalier, (Egidius, dominus de Mailliaco, miles), revendiquant certains droits de sa femme, qui avait été sous la tutelle du seigneur de Nedonchel, mari de sa mère, contre Gaultier « de Villis, » soutenant le procès au nom de sa femme, au sujet de onze livres, trois deniers parisis et quatre chapons de cens.

(Arch. nat., X^{ta}21, fol. 137 verso et 138).

---

1. Ce contrat de mariage est transcrit en entier dans l'arrêt rendu le 10 avril 1369, par le Parlement de Paris, au sujet de revendications de Gilles de Mailly contre Gilles de Nedonchel.

CL

1367, 30 mai.—*Extrait d'un dénombrement rendu au roi, à cause du château de Péronne, par « Jehans, sires de Bousincourt, chevaliers. »*

« Trois hommages tenus de my, cy-après devisez et en le manière qui s'ensuit.

» Premiers, messire Colars de Mailli, dit Payen, chevaliers, en tient son chastel du Lousegnel, le basse court, les priaulx, les gardins, blés, plaches et tout chou qui est dedens le closture des premiers fossez, soit dedens le parc ou dehors.... »

(Arch. nat., P 135, fol. II verso. — Bibl. nat., *Trésor généalogique de dom Villevieille*, t. 54, fol. 37 verso, d'après Bureau des finances d'Amions, *Cartulaire de Péronne*, fol. 220).

CLI

1367, 30 mai. — *Extrait d'un dénombrement rendu au roi, à cause du château de Péronne, par Jacques de Saint-Pol, pour sa terre et châtellenie d'Encre.*

« Item, li sires de Saucourt, dont li sires d'Offemont, à cause de le dame d'Offemont, sa femme, en tient les deux pars de le terre de Saucourt et appendences, avec le chastel de Saucourt, et le dame de Saucourt tient l'autre tierche partie.

» Item, li diz sires d'Offemont, à le cause de sa dicte femme, tient demi parrie séant en terres ahanables (labourables) ou terroir de Sanlis.

» Item, li sires de Helly, de IIII hommages tenus de luy, de l'ommage messire Robert de Wargnies, de le terre d'Argincourt et de l'ommage Jaque de Bussu et le terre d'Englebermes qui fu le seigneur d'Estourmel, et de l'ommage Gilles d'Auviller, de se terre d'Auviller, et l'autre d'un fief séant à le Boissière et ou terroir....

» Item, la dame de Mailly et de Martinsart per de se ville et terre de Martinssart et appendances.

» Item, li sires d'Auvillier deux fois per de se terre d'Auvillier et appendances parmy le parrie qui fu Raoul de Maucourt....

» Item, le dame de Maumes de se ville et terres de Maumes....

» Item, li sires d'Offemont tient en fief le chastel d'Aceu, le mar-

quiet, les forages d'Aceu, et les trois pars de le tierche partie des bos
d'Aceu et de dix muis de grain sur le grange et du travers de Forcheville, à cause de LE DAME D'OFFEMONT, sa femme, à l'encontre de WIL-
LAUME DE MAILLY, escuier, oncle à le dicte dame[1]. Et li diz Villaumes
tient en fief l'autre quarte partie des coses dessus dites de le dicte terre
d'Aceu et appendances.... »

(Arch. nat., P 135, fol. XI verso à XV).

CLII

1367, 30 mai. — *Extrait d'un aveu rendu au roi à cause du château
de Péronne, par « nobles homs Mahieus, sires de Monco [......], chevaliers, pour son château de Miraumont.*

« Item, sont tenuz dudit chevalier plusieurs hommages en fief à cause
de son chastel de Miromont.

» Primes, Regnault, seigneur de Sailli, qui tient dudit chevalier, à
lige, tout le corps de se ville de Sailli et le terroir de le dicte ville....

» Item, sont tenu dudit Regnault, à cause de son dit fief, plusieurs
hommages, est assavoir, noble homme mons[r] PAYEN DE MAILLY, CHEVA-
LIER, SEIGNEUR DOU LOURSIGNOL....

» Item, COLARS DE MAILLI, homme à lige dudit de Miromont de son
manoir de Grancourt, que on dit de Sarton, ainsi qu'il se comprent entre
les quatre corps, et le meilleur de C et XIIII menquadées de terre ou
environ, situées ou dit terroir de Grancourt en plusieurs pièches.... »

(Arch. nat., P 135, fol. XV à XVIII).

CLIII

1367, 5 juin. — *Extrait de l'aveu rendu au roi par Colart de Mailly,
dit Payen, chevalier, pour sa terre « de Boullencourt. »*

« Ensuit li dénombrement du fié que je COLARS DE MAILLY, dit PAIEN,

---

1. « Le sire d'Offemont, comme mari de la nièce de Willaume de Mailly,
écuyer, tenoit son travers de Forceville et autres choses en fief de la seigneurie d'Encre que Jacques de Saint-Pol avoua tenir en pleine pairie du
roy à cause du château de Péronne, le 30 mai 1367. — Bureau des finances
d'Amiens, *Cartulaire de Péronne,* fol. 255. » Bibl. nat., *Trésor généalogique
de dom Villevieille,* t. 54, fol. 37 verso.

chevalier, sires de Boulencourt et de Lorsegnol, tien et adveue à tenir du roy, monseigneur, à cause de son chastel de Mondidier.

» Premièrement, le maison et ville de Boulencourt, les fossez, gardins et aulnois, le rivière, ung molin à yaue, bos, vignes, terres, hommes liges, rentes d'argent, etc., avecques haulte justiche, moienne et basse, reservée la souveraineté au roy, mon dit seigneur....

» Item, ung franc sergent qui adjourne les hommes, qui tient ung manoir franquement.

» Liquelz fiefz, dessus devisez, me est venu de la succession de deffuncte madame ma mère, et en ay goy et possesse par l'espace de XVI ans, ou environ.... »

(Arch. nat., P 136, fol. 158 verso).

CLIV

1367, 1ᵉʳ août. Noyon. — *Accord entre Mahieu de Hangest, chevalier, et Jean de Neelle, seigneur d'Offemont, mari d'Ade de Mailly.*

« Entre messire Mahieu de Hangest, chevalier, d'une part, et messire JEHAN DE NEELLE, seigneur d'Offemont, et madame ADE DE MAILLY, sa femme, à cause d'ycelle, douagière, pour cause du chastel, basse-court, des fossez d'entour le chastel, la basse court, le plat vivier devant ledit chastel et tous les gardins avec les aires de Genly.... Le dit messire Mahieu de Hangest baillera chascun an dix frans audit monsieur d'Offemont, le douaire durant.... Et tant comme au chastel, la sale et la tour couverte d'ardoise, la tour au carbon et la moitié de la grange demourront audit messire Mahieu, et ne le pourra mettre hors monsʳ d'Offemont par temps de guerre. Et aussi aura son aisement au puis et à passer et rapasser, pour lui, ses gens et ses choses, parmi la porte et le pont dudit chastel, par temps de paix. Se ledit monsʳ d'Offemont demouroit oudit chastel, ledit messire Mahieu ny aroit que un varlet ou une femme et ses biens et choses dessus dites, et aroit avec ce la grange. Et se ledit monsʳ d'Offemont demouroit oudit chastel ledit messire Mahieu ne payeroit riens des X frans dessuz diz, fors pour le temps qu'il y aroit demouré ou demoureroit (etc).

» Présens à ce appellez, monsʳ de Canny, monsʳ Harpin de Neelle[1];

---

1. Jean de Neelle, dit Herpin. Arch. nat., Xˡᵃ 22, fol. 1.

monsʳ Flament de Hangest[1], monsʳ Mahieu des Quesnes, chevaliers, Guillaume de Foulloy, Huistace Riquesche, Gérart L'Escuier, Jehan Le Boulengier, Pierre Cotin, et plusieurs autres. »

(Arch. nat., Xᶦᶜ 18, cote 162).

CLV

1367, 2 septembre. — *Gilles, sire de Mailly, s'engage à convertir en héritages tout l'argent qu'il a retiré de la vente des terres de sa femme.*

« GILLES, SIRE DE MAILLY, salut. Saichent tout que je doy mectre et convertir en héritage, au proufit de la dame de Mailly, ma femme, sanz part d'autrui et de cheux qui de li aront cause, tout l'argent et autant que je aray vendu de se terre, che qui le y ait aucun frait ne domage pour li ; et sont les parties qui s'ensuivent, dont je promech à mi obligier au loz de son conseil de ce qui ensuit.

» Premier, pour le terre de Morenneville, qui fu vendue à Jehan de Gueberfay, six vins et huit frans.

» Item, pour le terre de Leures, qui fu vendue à Jacques de Flecicourt, douze cens et cinquante francs.

» Item, pour le terre de Maisons en Rollant[2], deux cens et cinquante frans.

» Et à faire les coses dessus dictes promée-je par le foy de mon corps et mi oblige à le faire sur seaulx royaulx quant il plaira au conseil de amis de le dicte me femme.

» Faict le IIᵉ jour de septembre, l'an LXVII. »

Le Parlement, par arrêt du 19 juin 1368, oblige Gilles, seigneur de Mailly, à l'exécution de ses engagements, à la requête de Gilles de Nedonchel.

(Arch. nat., Xᶦᵃ 21, fol. 400 verso).

CLVI

1367, 10 décembre. — « JEHAN DE NEELLE, chevalier, seigneur d'Offe-

---

1. Aubert, dit Flament, de Hangest, frère de Mahieu de Hangest.

2. Maison-Roland, département de la Somme, arrondissement d'Abbeville, canton d'Ailly-le-Haut-Clocher.

mont et de Merlo » et « Ade de Mailly, femme et espouse » dudit Jean
de Neelle, font savoir qu'ils ont établi « Guillaume de Foulloy, escuier,
maistre Jehan Croslebois et Guyart de Saint-Crespin » leurs « procureurs généraux » afin de « comparoir en jugement » par devant le Parlement à Paris et « là recognoistre et passer.... un certain accord ou es-
chambge fait et traictié entre.... Jehan de Neelle et Ade dessusdits,
d'une part, et noble et puissant homme mons[r] Mahieu de Hangest, chevalier, d'autre part, pour cause dou chastel de Genly et de plusieurs
heritaiges qui appartenoient à..... Ade de Mailly, devant nommée, à
cause de douaire » qui lui était « eschcu par la succession et trespas de
deffunct mons[r] Aubert de Hangest, en son vivant seigneur dou dit Genly
et jadis » son « très chier seigneur et mary, dont Diex ait l'âme. »

Sceau de Jean de Neelle : Ecu portant *deux bars adossés sur champ
semé de trèfles.* Deux lions qui em-
piètent sur la légende accompagnent
l'écu. Légende : « ..... eelle : sir : de
..... »

Sceau d'Ade de Mailly : Ecu parti
des armes de Jean de Neelle et des
trois maillets des Mailly. Supports,
deux lions empiétant sur la légende
disparue.

(Arch. nat., X[1c] 18, cote 164).

CLVII

1367 (v. s.), février. — « Tassars de Siracourt, dis de Boullongne,
baillis de Saint-Pol et garde de la séneschaucée de Ternoys, » fait savoir que « noblez homs mons[r] Paien de Mailly, chevalier, seigneur de
Coulemont et de Buillencourt, » a renoncé aux appellations qu'il avait
faites de certaines sentences portées par « nobles homs mons[r] Bauduin
d'Arras.... et mons[r] Jehan du Mesnil, chevaliers, » au profit du comte
de Saint-Pol.

(Arch. de La Roche-Mailly. Original parchemin conservant un sceau
sur quatre qui existaient primitivement).

CLVIII

1367 (v. s.), 7 mars. — Procès « entre noble damoiselle, mademoiselle
Jehenne, dame de Ham en Vermendois,... et noble homme mons[r] Dreux
(Droco) de Fieffes, dit Galehaut, chevalier,.... Pour oster toute matère

de plait et de descort et pour nourrir et avoir paix entre les dites parties, et mesmement que la feue femme dudit mons^r Galehaut estoit tante
à la dicte damoiselle et que ses enffans sont cousins germains à ladicte
damoiselle, » on désigne les arbitres, suivants :

« Nobles hommes mons^r de Moy en Vermendois, mons^r de Flavy,
mons^r Hector de Ham et mons^r Desmery, pris et esleuz de la partie d'i-
celle damoiselle.

» Monsr Paien de Mailly, mons^r de Maizerolle, mons^r de Bousincourt et mons^r Gryffon de Clary, priz et esleuz de la partie du dit mons^r
Galehaut. »

Les arbitres devront se réunir à Péronne, et les biens du feu seigneur du Ham qui ont donné lieu au litige seront « miz en la main de
nobles hommes, monseigneur Guerart de Thorote et mons^r de Sissy. »

(Arch. nat., X^{1c} 19^a, cote 84. Pièce parchemin).

CLIX

1368, 8 juillet. — Procès en Parlement entre Gilles, seigneur de
Mailly, chevalier, et Jeanne de Donquerre, sa femme, (Egidius, dominus de Mailliaco, miles, et Johanna de Donquerra, ejus uxor), d'une
part, et Gilles, seigneur de Nedonchel, chevalier, et Jeanne de Lambersart, sa femme, mère de ladite Jeanne de Donquerre, (Egidius, dominus
de Nedonchello, miles, et Johanna de Lambersart, ejus uxor, mater que
dicte Johanne de Donquerra), d'autre part, au sujet des conventions
matrimoniales dudit Gilles de Mailly et de Jeanne de Donquerre. Gilles
de Mailly réclamait en particulier toute la terre de défunt Bernard de
Donquerre, père de sa femme, (terra que fuerat defuncti Bernardi de
Donquerra, patris ipsius Johanne de Donquerra).

(Arch. nat., X^{1a} 21, fol. 273 verso).

CLX

1369, 1er juin. Saint-Omer. — *Montre de Colard de Mailly, dit
Payen, chevalier.*

« La monstre mons^r Colart de Mailly, dit Paien, chevalier, de V
autres chevaliers bacheliers et de VIII escuiers de sa compaignie, soubs

mons^r le conte de Boulongne, receu à Saint-Omer, le premier jour de juing l'an mil CCCLXIX.

» Ledit mons^r Colart, cheval bay, L livres.

» Monsr de Launoy, chevalier bacelier, cheval bay.

» Monsr Regnaut, sires de Biaufort, cheval fauve estelé.

» Monsr Bauduin, sires de Noyelle, cheval bay estelé.

» Monsr Jehan de Goy, cheval tout bay.

» Monsr JEHAN DE MAILLY, cheval gris liart.

» GILLOT DE MAILLY, cheval bay, bancal pié senestre, derrière blanc.

» Pierre de Villers, cheval bay, bancal, labourant.

» Robin de Biaufort, cheval gris pommelé.

» Gavain de Guinchy, cheval roan fauve, bancal.

» Manessier de Rieulecourt, cheval bay baillet destre pié, derrière blanc.

» Guiot de Goy, cheval noir, gris pié senestre, derrière blanc.

» Jehan d'Englebermer, cheval bay estelé lonc.

» Willaume de Rieaumes, cheval brun bay estelé. »

(Bibl. nat., *Titres scellés de Clairambault*, t. 68, p. 5302, n° 121. Pièce parchemin).

CLXI

1372, juillet. — « GILLES, SIRE DE MAILLY et de Beauffort, chevalier, avoue tenir en fief du duc de Lorraine, à cause de sa châtellenie de Bove, sa terre et seigneurie de Beauffort avec les vingt cinq hommages qui en dépendent, ce qu'il a à Verly, à Méharicourt et à Warviller, au mois de juillet 1372. — Arch. de l'abb. de Corbie. *Rég. Bove*, n° 51, fol. 27 v°. »

(Bibl. nat., *Trésor généalogique de dom Villevieille*, t. 54, fol. 37 v°).

CLXII

1372, 26 mars, avant Pâques. — Arrêt du Parlement rendu contre Gérard de Thorote, chevalier, en faveur de GILLES, SEIGNEUR DE MAILLY, également chevalier, (inter Guerardum de Thorota, ex una parte, et Egidium, dominum de Malliaco, milites, ex altera), au sujet du château de Beaufort (racione castri seu fortalicii, cum terra et pertinenciis de

Belloforti), dans le bailliage de Vermandois, provenant de l'héritage de
feu Michel de Ligne, chevalier, leur parent.

(Arch. nat., X^{1a} 23, fol. 211).

CLXIII

1373, novembre, Paris. — *Rémission pour Jean de Mailly, dit Der-*
rée, bâtard, frère de Payen de Mailly, qui au cours d'une discussion
avait tué Jean de La Rue, meunier du moulin de Bouillancourt.

« Charles, par la grâce de Dieu, roy de France, savoir faisons à tous
présens et avenir que, de la partie des amis charnelx de JEHAN DE MAILLY,
dit DERRÉE, bastart, frère, si comme on dit, de PAIEN DE MAILLI, chevalier, nous a esté exposé que, comme en la fin du mois d'octobre, derrenier passé, c'est assavoir le dymenche devant la feste de Toussains, le
dit Jehan de Mailly, qui demouroit en la ville de Boulliencourt, et se
entremetoit de besoingner du dit Payen de Mailly, et mesmement de recevoir l'émolument de sa terre et du moulin de Boulliencourt, appartenant au dit chevalier, eust à faire pour ledit moulin à Jehan de La Rue,
maunier, qui gouvernoit ycelui, et pour ce qu'il avoient acoustumé de
compter de la recepte et valeur du blé et mettre en taille, et qui n'avoit
guares, il avoient compté et taillié sept sextiers de blé dudit moulin ou
environ, et ledit mannier requeroit audit Jehan de Mailly que il feussent
tailliez de rechief, et le dit Jehan, disant que il avoit tout compté et taillié, li refusa et contredit, et sur ce le dit maunier eust dit audit Jehan :
Vous me voulez desrober et avoir le mien sanz cause quant vous ne
voulez taillier le blé que j'ay payé ; ledit Jehan respondant que en vérité
il avoit descompté et rabatu ou taillié ycellui blé et que il ne devoit pas
estre déduit par deux fois au dit maunier ; et le dit maunier, par perti-
nacité, eust perséveré en ses paroles et eust dit publiquement audit Jehan, en la présence de plusieurs assistans qui estoient en la dite ville de
Boulliencourt, environ heure de tierce le dit dymenche : Jehan, vous
me robez et tolez le mien ; lequel Jehan lui dist que non faisoit. Et le dit
maunier mal meu dist que il taisoit la vérité, ou qu'il mentoit, ou paroles semblables, et qu'il mettroit son corps en adventure. Et prit le dit
Jehan de La Rue sa taille qu'il tenoit en sa dextre main et la mist en sa
senestre, et de la dextre prist son coutel qu'il avoit à sa ceinture et se
efforça, ou fist semblant, de en férir ledit Jehan de Mailly. Et incontinent

le dit Jehan de Mailly, qui avoit soustenu les opprobes et dures paroles dudit maunier que il lui avoit dit par plusieurs fois qu'il le roboit et lui touloit le sien et l'avoit desmenti et mis main au coustel pour l'en férir, comme dit est, meu chaudement et sanz délibéracion féri ledit maunier d'un coutel, et le cuidoit férir en l'espaule et ou bras, et il le féri ou corps et le navra, dont mort s'en est ensuye en la personne dudit Jehan de La Rue, si comme on dist.

» Pour occasion duquel fait, ledit Jehan de Mailly s'est absenté et n'ose comparoir pour doubte de rigueur de justice et pour ce a esté appelléz à noz droiz, si comme dient les diz exposans, et nous ont fait supplier humblement que, actendu que ledit Jehan de Mailly a esté tousjours et est homme de bonne vie et renommée, sanz avoir esté diffamé ou reprins d'aucun villain meffait, et nous a servi bien et loyalement en noz guerres, esquelles plusieurs de ses amis nous ont semblablement servi et sont prestz de nous servir, et, sur le fait de la dicte mort dudit feu Jehan de La Rue, ait obtenu paix et fait sur ce sattisfaction aux amis du mort et à partie adverse, sur ce nous lui vueillons eslargir notre grâce, etc. (Suit la rémission).

» Donné à Paris, en nostre hostel lez Saint Pol, ou mois de novembre, l'an de grâce mil CCC soizante treze, et le disiéme de nostre règne. Ainsi signé : Par le roy en ses requestes, Henry Hotomesnil. »

(Arch. nat., JJ 105, fol. 11, n° 1).

CLXIV

1373 (v. s.), 11 mars. — Procès au Parlement par Guillaume de Bours, écuyer, contre Renauld, seigneur de Beaufort, GILLES DE MAILLY, chevaliers, Pierre Milon, exécuteurs testamentaires, avec Jean de Mariaucourt, de défunt Mathieu de Bours, chevalier, (contra Reginaldum, dominum de Belleforti, et Egidium de Mailliaco, milites, ac contra Petrum, dictum Milon, ut se dicentes executores subrogatos vel adjunctos cum Johanne de Mariaucourt, ad exsequendum testamentum defuncti Mathei de Bours, militis). JEANNE DE MAILLY apparait dans ce débat tant en son nom qu'au nom de son fils, Jean de Bours, dont elle a le bail.

(Arch. nat., X¹ᵃ 23, fol. 407).

CLXV

1374, 4 septembre. — *Extrait d'un dénombrement rendu au roi par Gilles de Mailly pour sa terre de Mailly.*

« C'est le dénombrement que je Gilles de Mailli et de Biaffort tieng et adveue à tenir du roy de Franche, men seigneur, à cause de sen chastel de Péronne, c'est assavoir le fief et tenement, terroir et appartenances de Mailli, en plain hommage,.... qui sont situez et assix en la dicte prévosté de Péronne, dont les parties s'ensuivent. — Premièrement, le chastel de Mailli, le manoir et gardins tenans audit chastel, etc. » — Parmi les vassaux du sire de Mailly, on remarque « Jacques de Morlaincourt, écuyer, pour un fief assis à Mailly ; Wautier de Bartangles, chevalier, pour son fief assis à Mailly ; Jean d'Encre, écuyer, demourant à Colencamp, pour son manoir audit lieu de Colencamp ; Jean d'Aveluis, écuyer, demourant à Maricourt, pour son fief audit lieu ; damoiselle Péronne, veuve de feu Baudouin d'Arras, pour Drienet d'Arras, son fils, pour un fief assis à Mailly. »

(Arch. nat., P 135, fol. 38. — Bibl. nat., *Trésor généalogique de dom Villevieille*, t. 54, fol. 37 verso).

CLXVI

1375, 1er novembre. — « Monseigneur Jacques de Lannoy, chevalier, paya les droits seigneuriaux de la vente qu'il avoit faite à monseigneur Maillet de Mailly, chevalier, de 87 journaux de terre situés à Roussefay, tenus du château de Hesdin, selon le compte de Colart Rumet, au terme de la Toussains 1375. — Chambre des comptes de Lille. *Domaine d'Hesdin*. »

(Bibl. nat., *Trésor généalogique de dom Villevieille*, t. 54, fol. 38).

CLXVII

1376 (v. s.), 14 février. — « Jehans de Mailly, dit Maillet, chevaliers, sires de Buyres et de Wavans, » reconnait avoir reçu de « Colart Rumet, receveur de le baillie de Hesdin, » la somme de 17 livres, 2 sous, 4 deniers, qui lui était due pour blé vendu par ses gens, « pour la despense de l'ostel de.... madame la comtesse de Flandres et d'Artoys, faicte en son hastel de Hesdin. »

Sceau de Jean de Mailly, « en cire blanche sur simple queue de parchemin, représentant *trois maillets avec un lambel.* »

(Archives de La Roche-Maily. Copie papier, collationnée à l'original en 1780, par « Josse-François-Sophie Binot, conseiller du roy, trésorier des chartes du pays et comté d'Artois. »).

CLXVIII

1377, 6 juin. — « MAILLES DE MAILLY, chevaliers, sires de Buyres et de Wavans, » reconnait avoir reçu de « Colart Rumet, receveur de le baillie de Hesdin, » la somme de 56 sous, qui lui était due pour blé vendu par ses gens « pour la despense de l'ostel de.... madame la comtesse de Flandre et d'Artoys. »

Sceau de Maillet de Mailly, « en cire blanche sur simple queue de parchemin, représentant *trois maillets avec un lambel.* »

(Arch. de La Roche-Mailly. Copie papier, collationnée à l'original en 1780, par « Josse-François-Sophie Binot, » trésorier des chartes d'Artois).

CLXIX

1378, 22 avril. — « PAYEN DE MAILLY, Hue de Châtillon, seigneur de Dampierre et de Rollaincourt, maître des arbalétriers de France, et tous les autres parens et amis du sire de Poix, s'assemblèrent à Hesdin pour aviser aux moyens de le délivrer de la cruelle prison où le détenoient les Anglois qui l'avoient pris combattant pour son roy[1], et dressèrent une taille sur eux pour payer sa rançon, le 22e avril 1378. — Arch. du château de Poix, chap. 3e. »

(Bibl. nat., *Trésor généalogique de dom Villevieille*, t. 54, fol. 38).

---

1. Jean II Tyrel, seigneur de Poix, fut fait prisonnier par les Anglais en 1369, en même temps que son beau-frère Hugues de Châtillon. Il mourut en 1382. André du Chesne, *Histoire de la Maison de Chastillon-sur-Marne*, (Paris, 1621), p. 383.

CLXX

1380, 11 mai. — Jean de Rubempré, écuyer, et damoiselle Jeanne de Baconel, sa femme, (Johannes de Rebamprato, scutifer, et Johanna de Basconnello, domicella, ejus uxor), ayant enfreint une sauvegarde accordée par le SEIGNEUR DE MAILLY et de Beaufort-en-Santers (a domino de Mailliaco et Bellifortis in Santeriis) à Robert Monseignart et à Jeanne, sa femme, et s'étant permis certains excès envers cette dernière, avaient été condamnés par le bailli d'Amiens à payer 60 livres parisis au roi, 60 livres au seigneur de Mailly et 30 livres au dit Robert et à sa femme, ainsi qu'à l'amende honorable dans le château de Beaufort, tête nue et à genoux. Les condamnés en avaient appelé au Parlement qui confirma la sentence du bailli d'Amiens par arrêt du 11 mai 1380.

(Arch. nat., X^{1a} 29, fol. 260 verso).

CLXXI

1380, 4 juillet, Abbeville. — *Montre de Maillet de Mailly, chevalier.*

« La monstre de messire MAILLET DE MALLY, chevalier, un autre chevalier et sept escuiers de sa compaignie, reçeuz à Abbeville, le IIII° jour de juillet, l'an M CCC quatre vins.

» Le dit messire MAILLET. — Messire Bridoul de Hiermont.

» Arnoul de Bours. — Carbonnel Lefort. — Jehan du Parc. — Vigueraux de Rouval. — Le Borgne de Hargyval. — Tristeam de Senliz. — Mahieu de Cauliers[1]. »

(Bibl. nat., *Titres scellés de Clairambault*, t. 68, p. 5304, n° 129. Orig. parch.).

CLXXII

1380, 5 juillet. Abbeville en Ponthieu. — « JEHAN DE MAILLI, dit

---

1. 1380, 4 juillet. Les maréchaux de France envoient à Jean Le Flament, trésorier des guerres du roi, la montre de Maillet de Mailly, chevalier, lequel sert « en ces présentes guerres, souz le gouvernement de mons' Enguerram, sire de Coucy, comte de Soissons, capitaine général ès pais de Picardie et de Caux. » Bibl. nat., *Titres scellés de Clairambault*, t. 68, p. 5305, n° 133. Orig. parch.

Maillet, chevalier » confesse avoir reçu de Jean Le Flament, trésorier des guerres du roi, 77 livres tournois en prêt sur ses gages et sur ceux d'un autre chevalier et de sept écuyers de sa compagnie, servant en Picardie, sous le gouvernement de monsʳ de Coucy.

Sceau : *Ecu portant trois maillets avec lambel à trois pendants.*

(Bibl. nat., *Titres scellés de Clairambault*, t. 68, p. 5303, n° 126. Orig. parch.).

CLXXIII

1380, 19 juillet. Hesdin. — *Montre de Maillet de Mailly, chevalier.*

« La revue de messire Maillet de Mailly, chevalier, un autre chevalier et VII escuiers de sa compagnie reveuez à Hédin, le XIX° jour de juillet l'an M CCC IIIIxx¹. »

(Mêmes hommes qu'à la revue du 4 juillet 1380).

(Bibl. nat., *Titres scellés de Clairambault*, t. 68, p. 5306, n° 134. Orig. parch.).

CLXXIV

1380, 20 juillet. — Par devant « Pierre Le Jumel, bailli de Hesdin,.... monsʳ Jehan de Mailli, dit Maillet, chevalier, » reconnait avoir reçu de Jean Le Flament, trésorier des guerres du roi, la somme de 66 francs d'or en prêt sur ses gages et sur ceux d'un autre chevalier et de sept écuyers de sa compagnie, servant « soulx le gouvernement de monsʳ de Coucy. »

Sceau du bailliage de Hesdin.

(Bibl. nat., *Titres scellés de Clairambault*, t. 68, p. 5303, n° 127. Orig. parch.).

1. 1380, 19 juillet. Les maréchaux de France envoient à Jean Le Flament, trésorier des guerres du roi, la montre de Maillet de Mailly, chevalier, lequel sert « en ces présentes guerres souz le gouvernement de monsʳ de Coucy, comte de Soyssons. » Bibl. nat., *Titres scellés de Clairambault*, t. 68, p. 5307, n° 136. Orig. parch.

CLXXV

1380, 1er août. Arras. — *Montre de messire Maillet de Mailly, chevalier.*

« La reveue de messire MAILLET DE MAILLY, chevalier, un autre chevalier et sept escuiers de sa compagnie reveuz à Arras, le premier jour d'aoust l'an M CCC quatre vins[1]. »

(Mêmes hommes qu'aux revues des 4 et 9 juillet 1380).

(Bibl. nat., *Titres scellés de Clairambault*, t. 68, p. 5302, n° 122. Orig. parch.).

CLXXVI

1380, 2 août. Corbie. — *Montre de messire Gilles, sire de Mailly.*

« La monstre de messire GILLES, SIRE DE MAILLI, chevalier, un autre chevalier et huit escuiers de sa compagnie, reçue à Corbie, le IIe jour d'aoust, l'an mil CCC IIIIxx.

» Le dit SIRE DE MAILLI, chevalier. — Messire Hue de Sapini, chevalier.

» Johan de Miraumont. — Floridas Coffart. — Robert de Beaumont. — Mahiet d'Enguignehaut. — Gallois de Beaumont. — Hue de Huisque. — Alleaume de Sailli. — Tassin de Dommemont[2]. »

(Bibl. nat., *Titres scellés de Clairambault*, t. 68, p. 5302, n° 123. Orig. parch.).

· CLXXVII

1380, 3 août. Corbie. — « MAILLET DE MAILLY, chevalier, » confesse avoir reçu « de Jehan Le Flament, trésorier des guerres du roy, » la

---

1. 1380, 1er août. Les maréchaux de France envoient à Jean Le Flament, trésorier des guerres, la montre de Maillet de Mailly, lequel sert « sous le gouvernement de monsr de Coucy, comte de Soissons. » Bibl. nat., *Titres scellés de Clairambault*, t. 68, p. 5305, n° 132. Orig. parch.

2. 1380, 2 août. Les maréchaux de France envoient aux trésoriers des guerres la montre de « messire Gilles, sire de Mailli, » lequel sert sous le gouvernement de « monsr de Bourgogne, lieutenant du roy. » Bibl. nat., *Titres scellés de Clairambault*, t. 68, p. 5305, n° 130. Orig. parch.

somme de 165 livres tournois « en prest » sur ses gages et sur ceux d' « un autre chevalier et sept escuiers » de sa compagnie, « desservis et à desservir en ces présentes guerres, ou pais de Picardie, en la compaignie de mons^r de Coucy et soubz le gouvernement de monseigneur de Bourgongne. »

Sceau : *Ecu portant trois maillets avec un lambel à trois pendants.* Légende disparue.

(Bibl. nat., *Titres scellés de Clairambault*, t. 68, p. 5305, n° 131. Orig. parch.).

CLXXVIII

1380, 18 août. — « GILLES, SEIGNEUR DE MAILLI, chevalier bachelier, » confesse avoir reçu de Jean Le Flament, trésorier des guerres du roi, la somme de 174 livres tournois « en prest » sur ses gages et sur ceux d' « un autre chevalier bachelier et huit escuiers » de sa compagnie, pour services de guerre, « soubz le gouvernement de mons^r de Bourgongne. »

Sceau : *Ecu portant trois maillets, penché, timbré d'un heaume, supporté par deux griffons.* Légende détruite.

(Bibl. nat., *Titres scellés de Clairambault*, t. 68, p. 5303, n° 128. Orig. parch.).

CLXXIX

1381, 23 juin. — « MATHIEU DE MAILLY et Marie de Rouchy, sa femme, bourgeoix d'Arras, » vendent à « Jehan Dauzaing, drapier, et damoiselle Peronne Bataille, sa femme, bourgeoise de la dite ville, » une rente de soixante sous parisis qu'ils avaient droit de prendre chaque année sur une maison « séans à Darnestal. — Extrait du *Registre aux embrevures de la ville d'Arras, commençant en 1379 et finissant en 1381.* »

(Arch. de La Roche-Mailly. Copie papier du XVIIIe siècle, collationnée par « le greffier de la ville et cité d'Arras. »

CXXX

1381, 30 octobre, Thérouanne. — *Montre de Gilles, seigneur de Mailly.*

« La monstre messire GILLES, SEIGNEUR DE MAILLY, deux autres chevaliers et neuf escuiers de sa compaignie, reçeuz à Thérouanne, le penultième jour d'octobre l'an M CCC IIIIxx et un.

» Le dit messire GILLES. — Monsʳ de Harvilli. — Monsʳ de Grancourt.

» Mallet de Mammes. — Aliaume de Salli. — Jehan Nouet. — Gillet Gombaut. — Michaut des Ruisseaux. — Tassart de Dommencourt. — Millet de Liques. — Jehan Grignon. — Jehan de Latre[1]. »

(Bibl. nat., *Titres scellés de Clairambault*, t. 68, p. 5306, nº 135. Orig. parch.).

CLXXXI

1381, 30 octobre. Thérouanne. — *Montre de Colard de Mailly, dit Payen.*

« La monstre messire COLART DE MALLI, dit PAYAN, trois autres chevaliers et dix escuiers de sa compagnie receuz à Thérouane, le penultième jour d'octobre l'an M CCC IIIIxx et un.

» Le dit messire COLART. — Messire GILLE DE MALLI. — Monsʳ de Malle. — Monsʳ de Fremesent.

» Maillin de Ruillecourt. — Tournet de Broies. — Perot Godeffray. — Thumas de Neuville. — Jehan de Frehenam. — Mahieu de Greboval. — Ameix Boulent. — Colart de Courteville. — Jehan de Bours[2]. »

(Bibl. nat., *Titres scellés de Clairambault*, t. 68, p. 5308, nº 140. Orig. parch.).

CLXXXII

1381, 2 novembre. Thérouanne. — « GILE, SEIGNEUR DE MALLY, chevalier, » confesse avoir reçu de « Mahieu de Linières, receveur et tréso-

---

1. 1381, 30 octobre. Les maréchaux de France envoient au receveur général des aides la montre de Gilles, seigneur de Mailly, lequel sert « en ces présentes guerres, ès parties de Picardie, soubz le gouvernement de monsʳ Enguerram, sire de Coucy, conte de Soissons, lieutenant du roy.... et capitaine général en toute la dite province. » (Bibl. nat., *Titres scellés de Clairambault*, t. 68, p. 5307, nº 138. Orig. parch.).

2. 1381, 30 octobre. Les maréchaux de France envoient au receveur des aides la montre de Colard, dit Payen, de Mailly, lequel sert « soubz le gouvernement de monsʳ Enguerram, sire de Coucy, conte de Soissons. » (Bibl. nat., *Titres scellés de Clairambault*, t. 68, p. 5309, nº 142. Orig. parch.).

rier général de l'aide nouvellement ordonné pour le fait de la guerre, en la province de Reins, » la somme de 30 francs d'or, sur ses gages et sur ceux de « deux autres chevaliers et neuf escuiers » de sa compagnie « desserviz et à desservir en ces présentes guerres, ou pais de Picardie, soubz le gouvernement de mons^r de Coucy, lieutenant du roy.... ou dit pais. »

Sceau : *Ecu portant trois maillets, penché, timbré d'un heaume, supporté par deux griffons.* Légende disparue.

(Bibl. nat., *Titres scellés de Clairambault,* t. 68, p. 5309, n° 143. Original parch.).

CLXXXIII

1381, 12 novembre. — « Colart de Mailli, dit Paien, chevalier, » confesse avoir reçu la somme de 68 francs d'or pour ses gages et ceux de trois autres chevaliers et neuf écuyers de sa compagnie, servant « en ces présentes guerres en la frontière de Picardie, soux le gouvernement de mons^r de Coussy, cappitaine général en la dicte province. »

Sceau disparu.

(Bibl. nat., *Titres scellés de Clairambault,* t. 68, p. 5307, n° 139. Orig. parch.).

CLXXXIV

1381 (v. s.), 25 janvier. — « Mailles de Mailly, chevaliers, sires de Buyres et de Wavans, » reconnaît avoir reçu de « Colart Rumet, receveur de le baillie de Hesdin, » la somme de 11 livres, 8 sous, qui lui était due pour blé vendu par ses gens « pour la despence de.... madame la comtesse de Flandres et d'Artoys derrainement que elle demoura en le dicte ville de Hesdin. »

Sceau de Maillet de Mailly, « en cire blanche, un peu mutilé par vetusté, sur lequel on apperçoit encore *un maillet* et la moitié d'un *lambel.* »

(Arch. de La Roche-Mailly. Copie papier collationnée à l'original en 1780, par « Josse-François-Sophie Binot, » trésorier des chartes d'Artois).

CLXXXV

1383, 3 avril après Pâques. — Accord entre « messire Jehan de Maricourt, chevalier, » et « monsʳ COLART DE MAILLY, dit PAIEN, chevalier, » au sujet d'une somme de 20 francs d'or que ledit Jean de Maricourt s'était engagé, alors qu'il était écuyer, à payer audit Colard de Mailly.

(Arch. nat., X¹ᶜ 46. Pièce parchemin).

CLXXXVI

1383, 12 juin. Hesdin. — « GILLE DE MAILLY, chevalier, » confesse avoir reçu du trésorier des guerres du roi la somme de 120 francs d'or « en prest » sur ses gages et sur ceux d'un « autre chevalier et huit escuiers » de sa compagnie, desservis et à desservir en ces présentes guerres, ou pais de Picardie et Flandre, soubz le gouvernement de monsʳ l'amiral de France. »

Sceau : *Ecu portant trois maillets, penché, timbré d'un heaume, supporté par deux lions.* Légende disparue.

(Bibl. nat., *Titres scellés de Clairambault*, t. 68, p. 5309, n° 144. Orig. parch.).

CLXXXVII

1383, 17 juillet. Paris. — Charles VI accorde une rémission à COLARD DE MAILLY, dit PAYEN, seigneur de L'Orsignol au diocèse d'Amiens, chevalier et clerc, (nobilis vir dominus Colardus de Maillyaco, alias Paien, dominus du Bourseignol, dioc. Ambianen., miles et clericus). Celui-ci, avec des complices, avait attaqué et blessé Jean du Castel, (Johannes de Castello), lequel était mort de ses blessures. Marie Petit, femme du défunt, Renaud, son fils, (domicella Maria Petite, relicta dicti defuncti, Renaudus, ejus filius), Jean du Castel, frère du défunt, un autre Jean du Castel et sa femme Marguerite, ainsi que certains autres amis de la victime, avaient poursuivi Colard de Mailly pour obtenir satisfaction.

(Arch. nat., JJ 123, fol. 24, n° 47).

CLXXXVIII

1383, 29 août. Béthune. — « GILLES DE MAILLI, chevalier, » confesse avoir reçu de Jean Le Flament, trésorier des guerres du roi, la somme de 180 francs d'or « en prest » sur ses gages et ceux d'un « autre chevalier et huit escuiers » de sa compagnie, pour leurs services dans les « guerres ès parties de Picardie et de Flandres, soubz le gouvernement de mons[r] l'amiral de France. »

Sceau : *Ecu portant trois maillets, penché, timbré d'un heaume cimé d'une tête de cerf, supporté par deux lions.*

(Bibl. nat., *Titres scellés de Clairambault*, t. 68, p. 5309, n° 145. Orig. parch.).

CLXXXIX

1383, 15 septembre. — « Ysabeau de Craon, dame de Sully et vraie dame de Craon[1], nomma l'un de ses exécuteurs messire JEAN DE MAILLY, son cousin, chevalier, par son testament passé au château de Sully, le 15 septembre 1583. — Archives du Chapitre d'Angers ; fenestre 8e ; tome 2e, fol. 97. »

(Bibl. nat., *Trésor généalogique de dom Villevieille*, t. 54, fol. 38).

CXC

1384, 19 avril. Lille. — « Messire GILLES DE MAILLY, chevalier bachelier, servit le duc de Bourgogne au nombre des hommes d'armes de la compagnie dont mons[r] Thierry de Diquemne, chevalier bachelier, fit montre et qui fut reçue à Lille en Flandres, le 19e avril 1384. — Chambre des comptes de Bourgogne. *Registre de montres.* »

(Bibl. nat., *Trésor généalogique de dom Villevieille*, t. 54, fol. 38).

CXCI

1384, 22 avril. Lille. — « Messire MAILLET DE MAILLY, chevalier bachelier, servit le duc de Bourgogne sous la bannière du sire d'Auxy[2],

---

1. Au dire de Gilles Ménage (*Histoire de Sablé*, 1re partie, p. 264), Isabeau de Craon fit son testament le 25 septembre 1383.
2. Le sire d'Auxy avait avec lui trois chevaliers bacheliers, Maillet de Mailly, Aleaume d'Auxy, Flament de Lannoy, et dix-sept écuyers. (Dom Villevieille, *Trésor généalogique*, au mot *Auxy*).

chevalier banneret, et fut reçu à Lille en Flandres, le 22e avril 1384. —
Chambre des comptes de Bourgogne. *Registre de montres.* »

(Bibl. nat., *Trésor généalogique de dom Villevieille*, t. 54, fol. 38).

CXCII

1384, 31 mai. — « Monseigneur COLARD DE MAILLY, seigneur de Loursignol, et madame MARGUERITTE DE PINQUEGNY, sa femme, vendirent au
maire et échevins de la ville d'Amiens leur hôtel de Mailly situé en la
ditte ville, pour la somme de 425 florins d'or, le 31e may 1384. — *Cartulaire A de l'Hôtel-de-Ville d'Amiens,* fol. 80. »

(Bibl. nat., *Trésor généalogique de dom Villevieille*, t. 54, fol. 38).

CXCIII

1385 (v. s.), 2 avril. Clermont en Beauvoisis. — *Rémission pour
Pierre de Mailly, écuyer, qui avait aidé Huet de Hargicourt à mutiler
un nommé Pasquier.*

« Charles etc. savoir faisons à touz présens et à venir à nous avoir
esté exposé de la partie des parens et amis de PIERRE DE MAILLI, ESCUIER,
que, comme ja pieçà Hector de Hargicourt, chevalier, eust esté batu et
injurié par un homme paysant, nommé Pasquier, lors demourant à
Bonneil-le-Plessie[1], Huet de Hargicourt, frère du dit chevalier, cousin
dudit Pierre, requist ou fist requerre ycellui Pierre que, avecques ses
amis, il voulsist estre pour ycellui chevalier contrevengier d'icellui fait,
à quoy ledit Pierre se consenti. Et pour ce furent yceulx Huet et autres
plusieurs, le dit Pierre avecques eulx, assembléz, et s'en alèrent à
l'ostel du dit Pasquier, où ilz le trouvèrent dormant sur un lit d'erbe, et
d'illec le prindrent et le midrent hors d'icellui hostel où ilz batirent et
navrèrent, par espécial en son bras, si qu'ilz lui coupèrent le poing,
telement qu'il ne se tenoit que de la pel (peau), et combien qu'il se soit
repris, toutevoies en est le dit Pasquier afolez, si qu'il ne se peut aucunement aidier d'une main, sanz ce toutevoies que le dit Pierre y meist
la main ne y ferist oncques coup. Pour occasion duquel fait il a esté

---

1. Bonneuil-le-Plessy, département de l'Oise, arrondissement de Clermont, canton de Breteuil-sur-Noye.

appellé aux droits de notre très cher et très amé oncle le duc de Bourbon, par ses gens et officiers en la ville de Clermont èn Beauvoisiz. Et oultre, par vertu d'une information que notre procureur en la ville de Montdidier à faite ou fait faire sur ce contre le dit Pierre, il a esté pris et emprisonné en noz prisons de Montdidier ; lequel estant ès dites prisons, il est venu à sa congnoissance que les parties estoient en asseurement l'une contre l'autre, dont il ne savoit riens par avant ; ès quelles prisons ycellui Pierre est en aventure de longuement demourer, ou en grant péril de son corps, se sur ce ne lui est pourveu de grâce ; suppliant que pour Dieu et pour pitié, eue considération à ce que le dit Pierre ne fist tant seulement que acompaigner les dessus diz, sanz mettre main, et estoit ignorant qu'il eust entre les dites parties aucun asseurement, comme dit est, et des bons et grans services qu'il a faiz à notre très cher seigneur et père, dont Dieux ait l'âme, en ses guerres, esquelles il fu pris en la compaignie de feu notre amé et féal chevalier Jehan de Villemur, dedens la cité de Limoges, quant elle fu prise par notre adversaire d'Angleterre, et en plusieurs autres lieux, et à nous aussi, par espécial ès trois chevauchées que faites avons ou pays de Flandres, où il a frayé et despendu une grant partie de sa chevance, et encores est prest de nous servir en toutes manières à son povoir, il nous plaise lui sur ce de notre grâce et miséricorde pourveoir.

» Pourquoy.... audit Pierre avons remis, quicté et pardonné, et, par ces présentes, remectons, quictons et pardonnons (etc). Si donnons en mandement au bailli de Vermendois, au prevost de Montdidier (etc).

» Donné à Clermont en Beauvoisiz, le II\e jour d'avril, l'an de grâce mil CCC IIII\xx et cinq, et de notre régne le siziesme, soubz notre seel ordené en l'absence du grant.

» Par le Roy, à la relacion de monseigneur le duc de Bourgongne : Boutier. »

(Arch. nat., JJ 128, n° 260, fol. 147 v° et 148).

CXCIV

1386, 7 juin. — *Accord entre Raoul de Raineval et Ysabeau de Coucy, sa femme, et les héritiers du sire de Mailly, pour partage de biens.*

« Sur ce que nobles personnes mons\r Raoul, seigneur de Raineval,

panetiere de France et chamberlanc du roy, notre sire, et madame Ysabel de Coucy, sa femme, dame de Raineval, avoient fait convenir en
Parlement, au mardi XXIXᵉ jour de may desrain passé, nobles personnes
monsʳ Aubert de Coucy, seigneur de Tronay[1], père de la dite dame, madame MARIE DE COUCY, DAME DE MAILLI, vefve de feu monsʳ GILLE, SEI-
GNEUR DE MAILLI, desrenier trespassé, et seur de la dite dame de Raineval, madame MARIE DE MAILLY, dame de Bethencourt, jadis seur dudit
deffunct, et lui disant héritière d'iceli, demoiselle AGNÈS DE CRESSON-
SART[2], niepce du dit deffunct, comme à elle appartenant le bail de COLART
DE CRESSONSART, son frère, mineur d'ans, lequel en dit estre héritier du
dict deffunct; et chascun d'eulz pour tant que il li touche, pour oir les
sommacions et requestes et pour respondre à tout ce que les dis de Raineval leur voulront faire dire et demander sur certaines choses touchans certains acors, partages et divisions piechà fais, avisés et concor-
dez par le dit seigneur de Tronay et par les dis conjoins de Raineval et
de Mailli, sur les partages et divisions des héritages et conquestes qui as
dites dames de Raineval et de Mailli venroient et escherroient par le
deceps, successions et hoiries dudit monsʳ de Tronay, leur père, et de
deffuncte madame Jehenne de Villesavoir, jadis sa femme, et leur mère,
dame de Tronay ; par lesquels acors, partages et divisions, après le trespas des dis père et mère et du desrain vivant d'iceux, pour ce que li sur-
vivans de eulz doit tenir les héritages et acquestes du costé de l'autre sa
vie durant, li dis Raineval aront tous les héritages et possessions venans
et issans du costé dudit seigneur de Tronay et les acquestes que faites
ont lis dis de Tronay, enclavés entre les dis héritages, et IIIIᶜ livres tournois de rente qui données furent as dis de Raineval en mariage sur la
recepte de Troies ; et iceulz de Mailli aront adonc tous les héritages et

---

1. Dronay, près Montmirel, d'après le P. Anselme, t. VIII, p. 544.
2. Cressonsart, actuellement Cressonsacq dans le département de l'Oise,
arrondissement de Clermont, canton de Saint-Just-en-Chaussée. — La famille de Cressonsart, Cressonsacq ou Cressonnessart, était une des plus anciennes du Beauvoisis. Un de ses membres, « Robert de Cressonnessart, »
fils de « Thibault de Cressonnessart, » chevalier, et d'Agnès, fut doyen puis
évêque de Beauvais, comte et pair de France. Il se trouva comme pair au
procès de Marguerite, comtesse de Flandre et de Hainaut, en 1244, et se croisa
au mois d'octobre 1245, dans l'assemblée que saint Louis tint à Paris, en
conséquence de la délibération prise au concile de Lyon où cet évêque avait
assisté dans la même année, en même temps que Gilles de Mailly. Voir
nᵒ XXVII.

possessions venus et issus du costé de la dicte dame de Tronay et les acquestes qui entre iceulz héritages sont enclavés, acquestés par les dis de Tronay, aveuc IIIᶜ livrees de terre en Flandre qui furent données en mariage as dis de Mailli.

» Toutes lesquels choses aveuc plusieurs aultres, les dessus nommés sires de Tronay, seigneurs et dame de Raineval et de Mailli,.. promirent tenir et accomplir en paine de VIᵐ livres parisis, moitié au roy, nostre sire, et l'autre moitié à partie, si comme ce et plusieurs autres choses pevent plus à plain apparoir par certaines lettres royaulx faictes et passées soubs le seel de la baillie de Vermendois, establi en la prévosté de Roy, le tierch jour du mois de septembre mil CCC IIIxx et II, etc.

» Actum de consensu ut supra, die VIIᵒ junii, anno Domini Mᵒ CCCᵒ octogesimo sexto. »

(Arch. nat., Xˡᶜ 52. Pièce papier).

CXCV

1386, 1ᵉʳ septembre. Amiens. — *Montre de Gilles de Mailly, chevalier bachelier, pour le passage projeté en Angleterre par Charles VI.*

« La monstre de messire GILE DE MAILLY, chevalier bachelier, un autre chevalier bachelier et de huit escuiers de sa compaignie, receue à Amiens, le premier jour de septembre, l'an mil CCC IIIxx et six.

» Et premièrement : Le dit messire GILE DE MAILLY, bachelier. — Messire Lalemant de Rouville.

» Escuiers : Gauvain de Rouville. — Fretel de Sonbrin. — Marin de Roulecourt. — Guillaume de Mongin. — Pierre de Monchaux. — Le bastard de Roullecourt. — Baudouin de Saint-Ligier. — Yzangrin d'Ambrine[1]. »

(Bibl. nat., *Pièces originales*, t. 1801, *de Mailly*, 41638, n° 4. Orig. parch.).

---

1. 1386, 1ᵉʳ septembre. Les maréchaux de France envoient à Jean Le Flament, trésorier des guerres, la montre « de monsʳ Giles de Mailly, chevalier bachelier.... monté et armé souffisamment pour servir aux gaiges du roy.... en ce présent passage d'Angleterre, soubz le gouvernement de monsʳ le duc de Bourbon. » (Bibl. nat., *Pièces originales*, t. 1801, *de Mailly* 41638, n° 5, Orig. parch.).

CXCVI

1386, 22 septembre. — *Jean de Mailly, chevalier, donne quittance de gages pour le voyage d'Angleterre.*

« Saichent tuit que nous Jehan de Mailli, chevalier, confessons avoir eu et receu de Jehan Le Flament, trésorier des guerres du roy, notre sire, la somme de » 112 livres 10 sous tournois « en prest sur les gaiges de nous, deux autres chevaliers bacheliers et neuf escuiers de notre compaignie, desserviz et à desservir en ces présentes guerres, en ce présent voiage d'Angleterre, soubz le gouvernement de mons^r le maréchal de Sancerre....

» Donné soubz notre seel, le XXIIe jour de septembre, l'an mil CCC IIII^{xx} et six. »

Sceau disparu.

(Cabinet d'Eugène Charavay, fils. Orig. parch.).

1386, 20 octobre. Lille. — Quittance du même, donnée à Lille, pour le même voyage.

(Même source).

CXCVII

1386, 1er octobre. Arras. — *Montre de Gilles de Mailly, chevalier bachelier, pour le voyage d'Angleterre.*

« La revue de messire Gilles de Mailly, chevalier bachelier, un autre chevalier bachelier et huit écuyers de sa compaignie, reveues à Arras, le premier jour d'octobre l'an mil trois cens quatre vingt et six[1].

» Premièrement. Le dit messire Gilles de Mailly, bachelier. — Messire Lalemant de Rouville.

---

[1]. 1386, 1er octobre. Les maréchaux de France envoient à Jean Le Flament, trésorier des guerres du roi, la montre de Gilles de Mailly, lequel sert « en ces présentes guerres, en ce présent passaige d'Angleterre, soubz le gouvernement de monseigneur le duc de Bourbon. » (Arch. de La Roche-Mailly. Copie papier collationnée en 1781, à l'original conservé à Saint-Martin-des-Champs, par dom Etienne Henriot).

» Ecuyers. Gauvain de Rouville. — Fretel de Soubren. — Martin de Roulecourt. — Guillaume de Mongin. — Pierre de Monchiaux. — Le bastart de Roullecourt. — Baudouin de Saint-Ligier. — Yzanguin d'Ambrine. »

« Nous, dom Etienne Henriot, religieux bénedictin, chargé du dépôt et collection de plusieurs actes conservés dans un cabinet particulier du monastère royal de Saint-Martin des Champs, certifions que la copie ci-dessus et de l'autre part transcrite, est conforme à l'original en parchemin conservé dans le dit cabinet et que foy peut y être ajoutée comme au dit original. En témoignage de quoi, nous avons signé la présente copie avec notre secrétaire, après y avoir apposé le sceau dudit cabinet. Fait à Paris au dit monastère de Saint-Martin des Champs, le dix neuf mai mil sept cent quatre vingt un.

» Dom Henriot. — de Simencourt. »

Sceau de Saint-Martin des Champs.

(Arch. de La Roche-Mailly. Pièce papier. — Arch. nat., K 53ᴮ, n° 45⁵⁴).

CXCVIII

1386, 14 octobre. Lille. — « GILLE DE MAILLY, chevalier, » confesse avoir reçu de Jean Le Flament, trésorier des guerres du roi, la somme de 900 livres tournois, en prêt, sur ses gages et sur ceux d'un autre chevalier bachelier et de huit écuyers de sa compagnie « desserviz et à desservir en ces présentes guerres en ce présent voyage d'Angleterre, soubz le gouvernement de monseigneur le duc de Berry. »

(Arch. de La Roche-Mailly. Copie papier, collationnée en 1781, à l'original conservé à Saint-Martin-des-Champs, par dom Etienne Henriot).

CXCIX

1387 (v. s.), 12 janvier. — « Messire JEAN DE MAILLY, fut témoin de l'offre que fit damoiselle Jeanne de Cuigneras, veuve de feu Hue de Villers, au nom de damoiselle Marguerite, sa fille, du fief que ledit Hue avoit tenu de l'abbaye de Corbie, assis à Vers, l'an 1387, le 12ᵉ janvier. — Arch. de l'abbaye de Corbie. Rég. *Franciscus*, fol. 13 verso. »

(Bibl. nat., *Trésor généalogique de dom Villevieille*, t. 54, fol. 38 v°).

CC

1389, avant le 9 septembre. — *Accord entre Colard, écuyer, seigneur de Mailly, et sa tante Marie de Mailly, dame de Béthencourt,
au sujet de la succession du feu seigneur de Mailly.*

« Chest li traicztiés fais, se il plaist à la court de Parlement, entre
noble dame, madame MARIE DE MAILLY, dame de Bétencourt, d'une part,
et COLART, SEIGNEUR DE MAILLY, escuier, son nepveu, d'autre part, par
les conseils et advis de plusieurs de leurs segneurs et amis, qui ad ce ont
esté présens, c'est assavoir, nobles hommes monsseigneur PAIEN DE
MAILLY, monsseigneur GILLE DE MAILLY, sen fil, monsʳ d'Autuille,
monsʳ du Mainsnil, monsʳ Gille de Montonviller, chevaliers, Jacques de
Morllemont, escuier, et plusieurs autres.

» Cy est assavoir que, pour toutes les demandes que la dicte dame
avoit fait sur et à l'encontre dudit Colart, son nepveu, et dont contens
et procès en estoit meus entre eulx en la court de Parlement, et aussi pour
toutes aultres coses que elle porroit clamer ou demander sur et contre ychelluy Colart et seur toutes ses terres qui furent à feu noble
homme monssʳ de Mailly, derrenier trespassé, que Dieux pardoins, jadis
frère de la dicte dame et oncle dudit Colart, tant pour cause de l'oirie
et succession du dit feu, comme pour lais, pour don, que la dicte dame
porroit dire à li estre fais par ledit feu en se derrenière volenté par sen
testament, pour quint, etc., dont elle peust ou porroit pourssieure ledict
Colart, son nepveu, pour tout le temps passé jusques aujourduy et de
le date de ces lettres.

» Traictié et accordé est entre eulx, se il plaist à la dicte court, que
pour esquiever plait et procès et pour pais.... la dicte dame doit....
possesser.... les revenues de le terre que li dit feux avoit au Ploys, tant
en la conté d'Artoys, comme en le chastellenie de Lille, tenue tant de
noble et puissant segneur, monssʳ le comte de La Marche, comme de noble
homme monssʳ de Bours et de Jehan de Licoire ?, pour de ce guoir tant et
si longuement comme la dicte dame ara le vie respirant ou corps et
troys ans après son deches, sauf et reservé le douaire que madame du
Buysson a et prent sur le dicte terre du Ploys; et s'il avenoit que le dicte

dame du Buysson alast de vie à trespas pendant le tamps dessus déclaré, la dicte dame de Bétencourt guarroit, ou li aiant cause de li cause,
de toute le dite terre du Ploys tout le tamps dessus dit durant. Et aveuc
ce, par le tenre dudit traictiet, li dit Colars sera tenus de rendre et paier
le somme de XVIᵉ frans d'or ou le valeur au proffit de demoiselle
JEHANE et demoiselle GILLE, filles de la dicte dame de Bétancourt, pour
leur bien et avanchement....

» Et aussi, parmi ce que dessus est dit, la dicte dame de Bétencourt
doit quittier tout le droit, cause et action que elle a ou porroit avoir,
clamer ou demander sur le dit Colart et sur toutes ses terres qui furent
audit feu segneur DE MAILLY, jadis sen frère, mesmement sur les terres
et revenues séans à Ancre, à Martinssart et à Colencamp, dont elle avoit
guoy certain tamps.... »

(Sans date).

| Sceau de la dame de Béthencourt. *Ecu parti ; à dextre un lion ; partie senestre* disparue, laquelle portait probablement *des maillets.* Légende : ✠ S. M..... DE BETE.... | Sceau de Colart, seigneur de Mailly. *Ecu portant trois maillets.* |

CCI

1389, 18 juillet. — « JEHENNE DE MAILLI,.... humble abbesse de l'é-
glise de Bertrancourt, » donne quittance au receveur de Ponthieu, pour
cinq muids de sel qu'elle avait droit de prendre tous les ans à la saint
Jean-Baptiste, « sur les sallines que le roy » possédait à cause de son
comté de Ponthieu.

(Bib. nat., *Titres scellés de Clairambault,* t. 68, p. 5311, nº 147).

CCII

1390. — « Monseigneur PAYEN DE MAILLY, chevalier, releva de la
succession de feu monseigneur de Bours, son neveu, un fief situé à Beuvry, et tenu du château de Beuvry, selon le compte d'Adam de Houssel,

commencé à la saint Jean 1390. — Chambre des comptes de Lille. *Domaine de Beuvry.* »

(Bibl. nat., *Trésor généalogique de dom Villevieille*, t. 54, fol. 38 v°).

CCIII

1390. — « Noble homme messire Payen de Mailly, chevalier, comme plus proche héritier de feu monseigneur de Bours, chevalier, releva deux fiefs situés à Auchy, tenus du château de Lens, selon le 1er compte de Robert Boistel, commencé à l'Ascension 1390. — Chambre des comptes de Lille. *Domaine de Lens.* »

(Bibl. nat., *Trésor généalogique de dom Villevieille*, t. 54, fol. 38 v°).

CCIV

1390, 27 septembre. Tournay. — « Messire Maillet de Mailly, chevalier, avec les chevaliers et les écuyers de sa compagnie, accompagna le duc de Bourgogne au voyage qu'il fit de Hesdin vers Tournay, et dont il fit montre à Tournay le 27e septembre 1390. — Chambre des comptes de Bourgogne. *Registre de montres.* »

(Bibl. nat., *Trésor généalogique de dom Villevieille*, t. 54, fol. 38 v°).

CCV

1390, 23 novembre. — *Colard de Mailly, dit Payen, seigneur de L'Orsignol, relève le fief des « Allighes, » qui lui est venu de la succession de son neveu.*

« De messire Colart de Mailly, dit Payen, chevalier, seigneur du Lourseignol, liquels a relevé un fief, nommé les Allighes, séant à Bours ou environ, tenu du chastel d'Arras, à soixante sols de relief, qui li est venu de le succession et fourmorture et comme acqueste de feu monsieurs de Bours, nagaires trespassé, cui Dieux pardoient, pour ce rechut, le XXIIIe jour de novembre CCC IIIIxx dix, LX sols. — Extrait d'un *Compte de Jehan d'Arras, receveur du bailliage d'Arras*, de l'année 1391. »

(Arch. de La Roche-Mailly. Copie papier, collationnée à l'original en 1780, « par nous, écuier, seigneur de Maillart, conseiller du roy, directeur et garde des chartes de la chambre des comptes de sa Majesté à Lille. (Signé) Godefroy. » — Bibl. nat., *Trésor généalogique de dom Villevieille*, t. 54, fol. 38 verso).

CCVI

1391, 13 juin. — « Dessaisine faite au nom d'ADE DE MAILLY, en faveur de damoiselles Jeanne et Blanche de Nesle, ses filles, de tous les droits qu'elle pouvait avoir en toute la terre d'Achéu, tenue en fief de l'église de Corbie. »
(Arch. nat., LL 1004, *Inventaire des chartes de l'abbaye de Corbie, dressé en 1780*, par Pierre-Camille Le Moine, p. 3 de la 2ᵉ partie).

CCVII

1392, 29 juillet. Le Mans. — *Montre de Gilles de Mailly, chevalier.*

« La monstre de messire GILLES DE MAILLY et un bachelier et huit escuiers de sa compaignie, veux au Mans, le XXIX jour de juillet (1392).
» Premièrement : Le dit messire GILLES DE MAILLY. — Messire Parent Chevalier.
» Frosart de Biaufort. — Allaume de Sailly. — Baudouyn de Belleval. — Jehan de Betranecourt. — Pierre des Monciaux. — Rogues de Beleval. — Pierre de Neve. — Ferry d'Englebenner[1]. »
(Bibl. nat., *Titres scellés de Clairambault*, t. 68, p. 5310, nᵒ 146. Orig. parch.).

CCVIII

1392, 4 août. Le Mans. — *Gilles de Mailly, chevalier bachelier, donne quittance de gages pour la chevauchée du Mans, pendant laquelle Charles VI devint fou.*

« Sachent tuit que nous GILLES DE MAILLY, chevalier bachelier, con-

---

1. 1392, 29 juillet. Le Mans. Les maréchaux de France envoient aux trésoriers des guerres la montre de Gilles de Mailly, vue au Mans le 29 juillet 1392. (Bibl. nat., *Titres scellés de Clairambault*, t. 68, p. 5311, nᵒ 149. Orig. parch. scellé).

fessons avoir eu et receu de Jehan Chanteprime, trésorier des guerres
du roy, nostre sire, la somme de neuf vins frans en prest et paiement
sur les gaiges de nous chevalier bachelier, et huit escuiers de nostre
compaignie, desservis et à desservir ès guerres du roy, nostre dit sire,
en ce présent vayage que le dit seigneur entant à faire en aucune con-
trée pour le prouffit de son royaume, soubz le gouvernement de mons^r
le conte d'Eu, de laquelle somme de IXxx frans dessus dis nous nous
tenons pour comptant....

» Donné au Mans, soubz nostre seel, le IIIIe jour d'aoust l'an mil CCC
IIIIxx et douze. »

Sceau entièrement fruste.

(Bibl. nat., *Titres scellés de Clairambault*, t. 68, p. 5311, n° 148.
Orig. parch.).

CCIX

1393 ou 1394. — *Relief de le terre de Coullemont et de Couturelle,
par Gilles de Mailly, seigneur de « Boullencourt. »*

« De messire GILLE DE MAILLI, seigneur de Boullencourt, pour le relief de le terre de Coulemont[1] et de le Couthurelle[2], tenue du chastel
d'Avesnes à soixante sols de relief, à lui venue par la mort et succession de feue noble dame, madame MARGUERITE DE PIQUINY, sa mère,
jadis femme et espouse de messire PAIEN DE MAILLI, chevalier, père du
dit messire Gille, pour ce receu LX sols. — Extrait du *Compte de
Jehan des Poullettes, receveur d'Avesnes*, années 1393, 1394. »

(Arch. de La Roche-Mailly. Copie papier, collationnée à l'original, en
1780, par Godefroy, garde des chartes de la Chambre des comptes de
Lille. — Bibl. nat., *Trésor généalogique de dom Villevieille*, t. 54,
fol. 38 verso).

CCX

1393, 20 mai. — « JEHANNE DE MAILLY, religieuse et revestiaire de

---

1. Coullemont, département du Pas-de-Calais, arrondissement de Saint-
Pol, canton d'Avesnes.

2. Couturelle, département du Pas-de-Calais, arrondissement de Saint-
Pol, canton d'Avesnes.

l'églize Nostre-Dame de Soissons. » confesse avoir « eu et recheu de très haut et puissant monseigneur le duch de Orliens, conte de Walois et de Beaumont, » par les mains de Pierre Cordelle, son receveur, la somme de 14 francs, 14 sous parisis, à elle « deubs à cause de » son « office. »

Scéau très fruste.

(Arch. de La Roche-Mailly. Original parchemin).

CCXI

1394, 12 novembre. — « JEHANNE DE MAILLY, religieuse et revestiaire de l'église Nostre-Dame de Soissons, » confesse avoir reçu « de noble et puissant prinse monseigneur le duc d'Orliens, par la main de honorable home et saige Pierre Cordelle, receveur de Valois et de Beaumont, la somme de » 10 livres 4 sous parisis, pour bois « nouvellement mesuré en la forest de Rest. »

« Donné soubz » son « seel, le XII⁰ jour de novembre l'an mil CCC IIIJxx et XIIII[1]. »

Sceau en cire verte, oblong, représentant une Vierge assise, tenant de la main droite un sceptre fleurdelisé et sur le bras gauche l'enfant Jésus. A droite de la Vierge, *un écu portant trois maillets;* à gauche, *un écu entièrement fruste.* Au-dessous de la Vierge une religieuse en prières.

(Archives de La Roche-Mailly. Original parchemin).

CCXII

1395-1397. — « Pierre Le Quieu, pour un fief qui luy appartenoit d'ancienneté à Villers l'Hopital, tenu de messire MAILLET DE ·MAILLY, seigneur de Buyres et de Wavans, à cause de sa terre de Wavans, fut taxé à 110 s. pour les droits de nouveaux acquets, selon le compte d'iceux droits, par Philippe L'Escot, depuis 1395 jusqu'à la saint Jehan 1397. — Chambre des comptes de Lille. *Domaine de Hesdin.* »

(Bibl. nat., *Trésor généalogique de dom Villevieille,* t. 54, fol. 39).

---

1. 1395, 26 mai. Autre quittance de la même. (Arch. de La Roche-Mailly. Orig. parch.).

CCXIII

1396, 28 décembre. — *Colard, seigneur de Mailly, se rend coupable d'excès envers certains serviteurs de l'évêque d'Amiens et fait ensuite un accord à ce sujet.*

« Noble homme messire Colard, chevalier, seigneur de Mailly, demeurant à Mailly, alla trouver monseigneur l'évêque d'Amiens pour le prier de luy remettre une amende et quatre contens à quoy avoit été condamné un de ses valets, ce que lui accorda ledit évêque qui envoya aussitôt Jean des Vingnes, son écuyer, à la chambrette et au scelleur pour faire tenir quitte ledit vallet de laditte amende et desdits quatre contens ; mais le scelleur ayant trouvé dans ses registres qu'il en devoit quatorze, il en exigea dix ; alors monsieur de Mailly retourna chez l'évêque pour luy demander l'absolution du tout, mais, n'ayant pu luy parler, il alla avec Guichard de La Grange, écuyer et familier dudit évêque, chez l'official qui ne voulut pas en accorder plus que ledit évêque n'avoit fait, sur quoy ledit chevalier se répandit en invectives et en imprécations contre la personne de l'évêque et contre ledit Guichard, qui avoit pris sa deffense, et menaça même ledit Guichard ; enfin, toujours dominé par sa colère, il alla rassembler des chevaliers, écuyers et varlets, au nombre de dix, et revint aussitôt chercher ledit Guichard au palais même de l'évêque, où il le trouva avec Colart Plantehaye, Jean de Bazay et Jean des Vingnes et le provocqua en le voulant battre et luy disant des choses méprisantes, tira son épée contre luy, dont il l'auroit frappé si on ne l'en avoit empêché, et notamment messire Basin de Beauval qui le prist par la manche et luy fit des remontrances sur cet excès et l'engagea à se retirer ; enfin par le conseil de ses amis il fit accord avec l'évêque par lequel il promit de se soumettre à ce qui en seroit prononcé dans un an, le 28ᵉ décembre 1396. — Arch. de l'évêché d'Amiens. »

(Bibl. nat., *Trésor généalogique de dom Villevieille*, t. 54, fol. 39 rᵒ).

CCXIV

1396 (v. s.), 27 janvier. — Arrêt du Parlement de Paris en faveur de Colard de Mailly, dit Payen, chevalier, (Colardus de Mailliaco, dictus

Paien, miles), contre Tristan de Lambres (contra Tristanum de Lambres), fils de Hugues de Lambres, appelant d'une sentence du bailli
d'Amiens. Tristan de Lambres se prétendait seul héritier de Jean de
Bours, chevalier, pour les terres de Bours, d'Auchy et les bois « de le
Lihue. »

(Arch. nat., X^{1a} 44, fol. 250).

CCXV

*1397, 5 novembre. — Colard, seigneur de Mailly, reconnait devoir
l'hommage lige à l'évêque d'Amiens, jusqu'au payement d'une amende
de 300 livres à laquelle il avait été condamné pour les excès qu'il
avait commis envers les serviteurs dudit évêque.*

« Noble homme monseigneur COLART, SEIGNEUR DE MAILLY et de
Beaufort-en-Santerre, chevalier, fut condamné à 300 livres d'amende,
de son consentement, en réparations des violences et injures par luy
commises dans le palais épiscopal, en la personne de l'évêque d'Amiens
et de Guichard de La Grange, son écuyer et familier. Mais, comme il
ne pouvait présentement payer la ditte somme sans vendre ou engager
ses terres, il pria l'évêque de vouloir l'en recevoir luy et ses hoirs à
hommage lige, lorsque luy ou ses hoirs en seront suffisamment requis à
Mailly ou à Beaufort, et d'engager dix sols de relief jusqu'au remboursement des dites trois cens livres, l'écu d'or compté pour dix huit sols ;
le 5e novembre 1397. — Archives de l'évêché d'Amiens. »

(Bibl. nat., *Trésor généalogique de dom Villevieille*, t. 54, fol. 39).

CCXVI

1397 (v. s.), février. — « Messire ROBINET DE MAILLY, Roland de
Hulkerque, Antoine de Craon, Basin de Beauval, Mathis de Scotille,
Hüe d'Auchy, Yvain de Beauval et Louis de Commines, chevaliers,
Rase Le Vert, écuyer, plusieurs autres écuyers et archers de la compa-
gnie du seigneur de Diquemne, furent reçus à Lille par Tiercelet de La
Barre, conseiller du duc de Bourgogne, et par lui commis pour rece-
voir les montres de l'aide qu'il envoyoit, au mois de février 1397, à Bos-
le-Duc, à la duchesse de Brabant contre le duc de Gueldres et ses alliés.
— Chambre des comptes de Bourgogne. *Registre de montres.* »

(Bibl. nat., *Trésor généalogique de dom Villevieille*, t. 54, fol. 39 v°)

CCXVII

1398, 24 mai. — *Extrait de l'aveu et dénombrement rendu au roi par Colart, sire de Mailly, pour son fief de Mailly.*

« Chi s'enssuit le dénombrement que je COLARS, SIRES DE MAILLY, chevaliers, fay au roy, notre sire, du fief que je tiens du roy, mon dit seigneur, à cause de son chastel de Perronne, et contient che qui s'enssuit.

» Premiers, le chastel, deux pairez de fossés, tout autour dudit chastel, la basse-court, salles, granges, estaules, tout ainssy que le dicte basse-court se comporte entre les cors et le moillon.

» Item et avecques ce, un gardin planté d'abres contenans quatre journaux de terre ou environ.

» Item, un pré séans derierre ledit chastel, nommé le Heinch, contenant quatre journaux de terre ou environ, et ledit Heinch tenant d'une part au fossez dudit chastel et d'autre part à le forestelle.

» Item, un pré séant et tenant d'une part à le ruelle que on dist le ruelle Jehan Carette et d'autre part aux terres des Camps que on dit le courtinelle de l'ostel, et le dit pré contenant deux journaux de terre ou environ.

» Item, un aultre pré que on dist le pré Sévin, contenant sept quartiers de terre ou environ et tenant d'une part au gardin Pierre Castellois et d'autre part au gardin Steunin Le Compte.

» Item, s'enssuit le déclaracion des terres des Camps séans ès lieus chi après desclairés.

» Premiers, cent quatorze journaux demi et dis verguez de terre ou environ, tous tenans enssemble, et tenant d'une part au terroir de Beaussart et d'autre part à la villé de Mailli.

» Item, au lieu que on dist le camp du Pumeril, vint et un journel de terre ou environ tenant d'une part à le terre qui fu Robert Carette et d'autre part à le terre Colart Gobet.

» Item, huit journaux de terre ou environ séans en l'estoie, tenant d'une part à le terre des hoirs Baudin Cardon aboutans à vint et un journel de terre dessus dis....

» Item, trente noeuf journel de terre, dis verguos mains, ou environ, séans devant le molin de Mailli, d'une part tenant à le motte dudit molin et d'autre part à le terre Saint-Nicolay....

» Item, s'enssient le desclaracion de mes bos d'Auviller, contenant cent dis et huit journel demi et chincq verguez ou environ, tous ensanble en une pièce, et tenant au terroir de Mailli d'une part.

» Item, les bos du sart Caillouel, tous en une pièce parmi le forestelle, contenant quatre vins treze journel et quarantes vergues de bos, et le dit bos et forestelle séans derière mon dit chastel....

» Item, je ay un molin scitué et assis ou terroir de le dicte ville de Mailli, vers le quemin qui mainne de Mailli à Arras, auquel molin tout li manant en me dicte ville de Mailli, soit en frans lieus ou ailleurs, et tout li manans à Colencamp, ou lieu que on dist le grant Rue, sont banier à mon dit molin, parmi paiant pour meuture de seze sestiers un sestier.

» Item, n'est point à oublier que le manoir Ferry de Myleberemes, scitué et assis en le dicte ville de Collemcamp, ou chieux manans ou dit manoir, sont banier à mon dit molin, parmi paiant pour trente deux sestiers un sestier de meuture.

» Item, n'est point à oublier que se aucuns ou aucunnes personnes manans ès dis lieus estoit trouvés alant ou venant de autruy molin maure, se il avoit queval, car, carette ou brouette ou aultre harnas, il perderoit le dit harnas avec sac, blé ou forment, fust à teste ou autrement, et avec ce admende de soissante solx parisis envers my, che ce n'estoit par men congiet ou lissence de mi ou de men commant.

» Item, que se il avenoit que il fust deffaulte de vent et que à mon dit molin ne peussent maure, tant pour le vent comme autrement, il est en mi de ordonner bicquet à un meulin auquel il yroient maure à yaue ou ailleurs à deux lieuez à le ronde, et pour paier meuture comme dessus, et s'il aloient à aultre molin maure, ce n'estoit par men congiet, il foursseroient amende comme dessus est dit.

» Item, je ay en la dicte ville de Mailli deux fours, l'un séant devant le moustier et l'aultre en la rue que on dist de la Motte, auquel deux fours tous les manans de le dicte ville, soient en frans lieus ou ailleurs, sont banier pour cuire toutz pastez, soit blanquez ou bisez, auxquelx deux fours, pour men droit, je prengs à une chacune fournée deux fournaisez à une certaine mesure ordonnée ad ce faire, et n'est point à oublier que je dois faire ou retenir les mottez et cappez des deux fours dessus dis, et li abitant et manant en me dicte ville, soit en frans lieux ou ailleurs, doivent faire et retenir les mais des deus fours dessus dis.

» Item, et n'est point à oublier que il n'y a nul manant en me dicte ville, soit en franc lieu, qui jouist faire ou avoir four en se maison, pour cuire quelconques pastez que ce ne soit, ce se n'est par men congié.

» Item, que se aucuns des abitans ou manans de la dicte ville cuist pain au four pour vendre à détail ou aultrement, il ne le puet enporter au deheurs de sa maison des dis fours, jusquez à tant que esquievins l'arront asore et mis à tel pris que le pain poroit valoir, selonc raison, et s'il emportoit sans asorer il souifferoit amende de LX sols parisis envers my.

» Item, que se il avenoit aucune personne qui vendesissent vin, chevoise gondable ou aultrez breuvagez, fust en franc lieu ou autrement, il me deveroient pour chacune quene huit los de vin à le mesure d'Encre, et se cestoit onnel? de vin tout en un vaissel, il m'en deveroient seze los à le dicte mesure d'Encre, et pareillement pour un coquet de vin ou un ponchon il m'en deveroient et paieroient pour chacune pièce huit los de vin autant comme pour une queue..... »

Suivent les noms des vassaux du sire de Mailly.

1º « Pierre de Longueval, à cause de demoiselle Jehenne de Morlencourt, sa femme, » pour son fief et certaines terres « séans derière le molin de Mailli, tenans d'une part aux terres monsʳ PAIEN DE MAILLI, chevalier. »

2º « Pierre Rouelle » pour un « fief qui fu à feu Colart d'Authuille » et pour un autre fief « qui fu à Jehan Le Rieu. »

3º « Jehanne Roullée, aisnée fille dudit Pierre, » pour un « fief qui fu Jacques de Leauvillier, dit Le Moisne, et à feue demoiselle Isabel d'Auchevillier, sa femme. »

4º « Messire Wautier de Bertangle. » — 5º « Jehan Le Maire, dit Morel. » — 6º « Colart Le Maire. » — 7º « Colart de Rainnechon, dit le Huchier. » — 8º « Pierre Le Compte » pour deux fiefs. — 9º « Tassart Regnault. » — 10º « Pierre Tieche, demeurant à Forcheville » pour deux fiefs. — 11º « Hue Warin. » — 12º « Jehannin Guillbert, » pour deux fiefs. — 13º « Jehan de Quenaussart, escuier. » — 14º « Raoul de Le Hestroye, dit Coquenet. » — 15º « Jehan Cardon, demeurant à Collincamp. » — 16º « Ferry d'Engleberemez. » — 17º « Jehan d'Aveluis, dit du Dezert. »

Suivent « les héritaiges tenus.... en cotherye (en cens), tant en ma-
noirs, masurez comme en terrez, » au nombre de cent.

« En laquelle ville et seignourie de Mailly je advoue avoir toute justice et seignourie haulte, moyenne et basse.....

» Ce fu fais et donnez l'an de grâce Notre-Seigneur mil CCC IIII[xx]
et dix huit, vint et quatre jours ou mois de may. (Sceau perdu). »

(Arch. nat., P 28³. Ancien rouleau en parchemin actuellement divisé
en 12 folios. — Bibl. nat. Analyse de cet aveu dans, *Trésor généalogique de dom Villevieille*, t. 54, fol. 39 verso).

CCXVIII

1398, 21 juin. Tournay. — « Messire GILLES et ROBINET DE MAILLY,
chevaliers, frères, servirent en la compagnie que messire Caulux ? de
Luxembourg, chevalier banneret, conduisit à l'aide de la duchesse de
Braban contre le duc de Gueldres, par ordre du duc de Bourgogne,
donné à Tournay, le 21ᵉ juin 1398. — Chambre des comptes de Bourgogne. *Registre de montres.* »

(Bibl. nat., *Trésor généalogique de dom Villevieille*, t. 54, fol. 39 vᵒ).

CCXIX

1399, 8 juin. — *Quittance donnée à Hue, seigneur de Neuville, par
Baudouin, sire de Souastre, héritier de défunte Jeanne de Mailly à
cause de sa femme Catherine de Mailly.*

« Est venus et comparus en sa personne noble homme monseigneur
Bauduin, sire de Souastre, Baux, et maris de madame CATHERINE DE
MAILLI, sa femme, et à celle cause hoir de deffuncte madame JEHENNE
DE MAILLI, ou temps de sa vie, femme de monsʳ Euxtasse, jadis seigneur
de Noefville, et a recogneu tant en son nom comme el nom que dessus,
comme jà piechà se fust procès assis entre lui et madame Catherine de
Mailli, sa femme, d'une part, et noble homme monsʳ Hue, seigneur de
Noefville et d'Alennes, et ses devanchiers, dont il a cause, d'autre part,
et ce pour la somme de la moittié de mil et cincq cens frans que les dis
conjoins demandoient et prétendoient à avoir, tant au siège de la pre-
vosté de Beaucaine comme à Ains ?, et depuis en Parlement, auquel ait
tant esté procédé que le dit monsʳ de Noefville a esté condempné en la

moittié de la dite somme de mil et cincq cens frans et en tous les despens des dits conjoins, déduit et rabatu la moittié de cent frans que le dit mons^r de Noefville avoit paié, et avoec ce déduit le moittié des frais et despens que ycellui mons^s de Noefville avoit heu, mis et soustenu en certaine poursuite qu'il avoit fait et fist, tant au siège de Beaucaine comme darriénement à l'encontre de messire Robert de Launoy, chevalier ; et pour contraindre ledit mons^r de Noefville, ycellui mons^r de Souastre avoit soutenus grans frais, mises et despens, en plusieurs et diverses manières que pour les causes condempnacion et procès il avoit piecha heu et receu du dit mons^r de Noefville la somme de cinq cens frans....; et avec ce a déduit et rabatu de la dite condampnacion la moittié de cent frans d'une part, et, pour la moittié des frais que ledit mons^r de Noefville a soustenus mis et encourus contre le dit messire Robert de Launoy, la somme de vingt livres seize sols parisis, et le sourplus et reste de toute la dite somme, montant tout à huit vingt quatorze frans, qui a esté aujourduy, datte de ces présentes, paié, baillié et délivré, par la main de Jehan Sacquespée, campgeur, pour el nom en l'acquit et descherge du dit mons^r de Noefville, et oultre lui a esté paié et délivré en deniers comptans les coulz, frais, mises, despens, domages et interestz, tant de exécution, etc., moiennant lesquelles paies à lui faictes, il s'est tenus et tient content, etc.

» Fait le huitième jour de juing, par devant Pierre de Hyerelle ? et Gille Crespin, eschevins, acordans que de ce soient faites boinnes lettres.... »

(Archives de La Roche-Mailly. Copie papier, collationnée au XVIIIe siècle à l'original par le greffier de la ville et cité d'Arras, dans le « *Registre aux embrevures de la ville d'Arras*, commençant en l'an de grâce mil trois cent quatre vingt dix neuf. »).

CCXX

1399, 2 août. Maubuisson. — *Lettres de Charles VI par lesquelles le roi fait savoir que Colard, sire de Mailly, lui a fait foi et hommage pour sa terre de Mailly relevant de Péronne.*

« Charles, par la grâce de Dieu, roi de France, à nos amés et féaulx gens de nos comptes et trésoriers à Paris et aux bailli et receveur de Vermendois ou à leurs lieutenants, salut et dilection.

» Savoir vous faisons que notre amé et féal chevalier Colart, sei- gneur de Mailly et de Beaufort, nous a aujourd'hui fait foy et hommage de la dite terre de Mailly et de ses appartenances et appendances, le- quel hommage il nous est tenu de faire à cause de nostre chastel et chas- tellenie de Péronne, auquel foy et hommage nous l'avons receu, sauf notre droit et l'autruy. Si vous mandons, etc.

» Donné à Maubuisson-lès-Pontoise, le deuxiesme jour d'aoust, l'an de grâce mil trois cent quatre vingt et dix neuf et de notre règne le dix neuviesme.

» Plus bas : de par le roy, signé Beauvillé.

» Au dos est écrit : Habet respectum reddendi suum denominamen- tum usque ad festum Nativitatis Domini millesimo trecentesimo nona- gesimo nono. »

(Archives de La Roche Mailly. Extrait « du vol. 15 des *Anciens hom- mages de France*. » conservé en la Chambre des comptes).

CCXXI

1399 (v. s.), 9 janvier. — « Robinet de Mailly, chevalier, et cham- bellan du duc de Bourgogne, fut gratifié par ce prince de la somme de 100 livres en récompense de ses services, par lettres, de Pontoise, le 9 janvier 1399. — Chambre des comptes de Bourgogne. »

(Bibl. nat., *Trésor généalogique de dom Villevieille*, t. 54, fol. 39 v°).

CCXXII

1399 (v. s.), 15 avril. — *Marguerite de Mailly, dame de Quinquem- poix, prisonnière à la Conciergerie du palais à Paris, est élargie à l'occasion de la fête de Pâques.*

« Dame Marguerite de Mailly, dame de Quiquenpoix, qui estoit prisonnière en la Conciergerie du palais pour souspeçon de la mort de son mary, le viconte des Quesnes, par ordenance de la court, pour con- sidéracion du bon jour de Pasques, est eslargie par la manière qui s'en- suit, c'est assavoir qu'elle sera en l'ostellerie où pend l'ensaigne du Mouton, en la rue de la Calandre à Paris, en laquelle hostelerie elle estoit logiée quant elle vint à Paris, et de là ne partira aucunement, se n'est pour aler à l'église, jusques après Pasques. »

(Arch. nat., X²ⁿ 12, fol. 427 verso).

CCXXIII

1400, 28 mai. — *Marguerite de Mailly est mise en liberté « jusques aux jours du bailliage d'Amiens. »*

« Sur le débat pendant céans entre messire Guillaume des Quesnes, chevalier, d'une part, et madame MARGUERITE DE MAILLY, jadis femme de feu messire Pierre, dit Ferrant, chevalier, vicomte de Poix et seigneur des Quesnes, frère dudit messire Guillaume, d'autre part, pour raison de la mort dudit messire Pierre,... fu ordené ce qui s'ensuit.

» C'est assavoir que l'appellation faicte en ceste matière à la court de céans par messire Guillaume des Quesnes, dessus dit, du bailli d'Amiens, est mise au néant, sans amende et sans despens.

» Item, la dicte dame MARGUERITE DE MAILLY est eslargie par tout, soubz les peines accoustumées en cas criminel, jusques aux jours du bailliage d'Amiens du Parlement prochain.... Et a esleu la dicte dame son domicile en l'ostel maistre Pierre La Rose, son procureur.... »

(Arch. nat., X²ᵃ 12, fol. 431.)

CCXXIV

1400. — *Relief du fief des « Alighes » par Gilles de Mailly, fils de feu Payen de Mailly.*

« De monseigneur GILLES DE MAILLI pour le relief d'un fief assis à Bours, nommé le fief des Alighes, tenu du chastel d'Arras à soixante solz de relief, à lui escheu de la succession de feu messire PAIEN DE MAILLI, son père, pour ce LX solz. — Extrait du *Compte de Jean de Pressy, receveur du bailliage d'Arras,* années 1399 et 1400. »

(Arch. de La Roche-Mailly. Copie papier, collationnée à l'original, en 1782, par Godefroy « directeur et garde des chartes de la Chambre des comptes de Lille. » — Bibl., nat., *Trésor généalogique de dom Ville-vieille,* t. 54, fol. 39 verso, sous la date 1399).

CCXXV

1400. — *Relief du fief d'Artois, par Gilles de Mailly, fils de feu Payen de Mailly.*

« De noble monseigneur GILLE DE MAILLI, chevalier, qui releva de la succession de feu noble homme monsieur Payen de Mailli, son père, un fief tenu du chastel de Lens, à LX sols parisis de relief, séans à Auchy, nommé le fief d'Artois. — Extrait du *Compte de Robert Boistel, receveur de Lens en Artois, pour le duc de Bourgogne,* l'année 1400. »

(Arch. de La Roche-Mailly. Copie papier, collationnée à l'original en 1780, par Godefroy « directeur et garde des chartes de la Chambre des comptes de Lille. » — Bibl. nat., *Trésor généalogique de dom Ville-vieille.* t. 54, fol. 39 verso, sous la date 1399).

XVᵉ SIÈCLE

CCXXVI

1400 (v. s.), 22 janvier. — *Arrêt de la cour de Parlement condamnant Robert de Béthune, vicomte de Meaux, et les héritiers des seigneurs de Moreuil et de Mailly à indemniser Pierre de La Trémoille,
frère de Guy, seigneur de La Trémoille, acquéreur de biens vendus,
vers 1384, pendant la minorité de Jeanne de Hondescote.*

Robert de Béthune, vicomte de Meaux, et Rogues de Soissons, seigneur de Moreuil, chevaliers, tuteurs et curateurs de Jeanne de Hondescote, fille et héritière de Raoul, seigneur de Hondescote, et GILLES,
SEIGNEUR DE MAILLY, parent de la dite Jeanne, (Robertus de Bethunia,
vicecomes Meldensis, et defunctus Rogo de Suessone, suis.... nominibus, ac tanquam tutores et curatores Johanne de Hondescote, filie et
heredis defuncti Radulphi, quondam domini de Hondescote, EGIDIUS-
QUE, DOMINUS DE MAILLYACO, ejusdem Johanne carnalis amicus seu con-
sanguineus), avaient vendu à feu Guy, seigneur de La Trémoille, de
Sully et de Craon, les fiefs et terres de Cloé et de Planquère, en Normandie, relevant du château de Bayeux et appartenant à la dite Jeanne
de Hondescote, en promettant de faire approuver cette vendition par la
dite Jeanne quand elle serait arrivée à sa majorité, ou, en cas de refus
de cette dernière, d'indemniser l'acheteur ou ses héritiers[1]. Guy de La
Trémoille céda son acquisition à son frère Pierre de La Trémoille, seigneurs de Dours. Celui-ci à son tour vendit les terres susdites à Philippe d'Harcourt, chevalier, seigneur de Tilly et de Bonnétable (dominus

---

1. Gilles, seigneur de Mailly, s'était engagé envers Guy de La Trémoille,
dès 1384. (Arch. nat., Xᴵᵃ 4785, fol. 12 verso).

de Tilleyo et de Bona-Stabula). Jeanne de Hondescote s'étant mariée à Jean de Boulainvilliers, chevalier, les conjoints réclamèrent au Parlement contre l'aliénation des terres dessus dites. Philippe d'Harcourt dut alors les rendre aux demandeurs tandis que Pierre de La Trémoille se voyait condamné à restituer au seigneur de Bonnétable la somme de huit mille francs, prix de la vendition. Le seigneur de Dours s'en prit alors à ceux ou aux héritiers de ceux qui avaient disposé des biens de Jeanne de Hondescote pendant qu'elle était mineure. Le vicomte de Meaux, Co-LARD, chevalier, SEIGNEUR DE MAILLY, héritier de feu GILLES, SEIGNEUR DE MAILLY, Ade de Montigny, dame de Moreuil, veuve de Rogues de Soissons, Thibault de Soissons, écuyer, seigneur de Moreuil, son fils, Jean de Lisac, et MARIE DE COUCY, sa femme, veuve de GILLES DE MAILLY, héritiers des seigneurs de Moreuil et de Mailly, furent condamnés à indemniser Pierre de La Trémoille, par arrêt de la cour de Parlement, du 22 janvier 1400 (v. s.).

(Arch. nat., X^{1a} 48, fol. 148-160. — Dom Villevieille mentionne sommairement cet arrêt dans son *Trésor généalogique*, t. 54, fol. 39 verso).

CCXXVII

1400 (v. s.), 26 février. — Le parlement de Paris confirme une sentence du bailli d'Amiens en faveur de Baudouin, seigneur de Souastre, chevalier, et de CATHERINE DE MAILLY, sa femme (Balduinus, dominus de Souastre, miles, ac Katherina de Mailliaco, ejus uxor), contre Hugues, seigneur de Neuville, chevalier, au sujet d'une somme de 1500 francs d'or que les dits Baudouin et sa femme réclamaient.

(Arch. nat., X^{1a} 48, fol. 283).

CCXXVIII

1401 (v. s.), mars ou avril. — « A la prière de monseigneur GILLES DE MAILLY, chevalier, les maire et échevins d'Amiens allèrent en cérémonie à Béthancourt au service de feu monseigneur PAYEN DE MAILLY, son père, qui se fit le mardy après la My-Carême 1401, et auquel se trouvèrent plusieurs prélats, nobles et grands seigneurs avec les maires et bourgeois de plusieurs bonnes villes. — Hôtel de ville d'Amiens ; *Compte* cotté 10. y. 3. »

(Bibl. nat., *Trésor généalogique de dom Villevieille*, t. 54, fol. 39 v°).

CCXXIX

1402, 20 août. — « C'hest le dénombrement d'un fief que je, Baudouin Gamelin, tient.... de noble et puissant seigneur monseigneur GILLE DE MAILLI, chevalier, seigneur de Loursignol et de Boulencourt, à cause de son chastel et seigneurie dudit Boulencourt...— Extrait de l'*Aveu rendu au roi le 1er août 1406 par Regnault de Mailly.* »

(Arch. nat., P 136, fol. 149).

CCXXX

1402, 25 août. — « C'est le dénombrement d'un fief que je, Marie, vefve de feu Jehan de Mauvel, tiens, comme aians la garde de Regnauldin de Mauvel, mon filz, héritier du dit fief, et adveue à tenir de noble et puissant mon très cher et redoubté seigneur REGNAULDIN DE MAILLY, escuier, seigneur de Boulencourt, lequel fief est tenu de mon dit seigneur à cause de son chastel dudit Boulencourt.... — Extrait de l'*Aveu rendu au roi le 1er août 1406, par Regnault de Mailly.* »

(Arch. nat., P 136, fol. 150).

CCXXXI

1402. — « PIERRE DE MAILLY, à cause de la succession de feu MICHEL DE MAILLY, son frère, releva un fief situé à Vremelle, tenu du château de Lens, selon le 13e compte de Robert Boistel, commencé à l'Ascension 1402. — Chambre des comptes de Lille. *Domaine de Lens.* »

(Bibl. nat., *Trésor généalogique de dom Villevieille*, t. 54, fol. 39 v°).

CCXXXII

1403, 26 juillet. — *Colard de Mailly, chevalier, seigneur de Mailly, rend aveu au roi pour sa terre de Beaussart qui lui appartient du chef de sa femme Marie de Mailly.*

« Du roy, mon souverain et naturel seigneur, je COLART DE MAILLI, chevalier, seigneur dudit lieu de Mailli et de Beaussart, tien et adveue à tenir du roy en foy et hommaige liges, à cause de son chastel et chastellenie de Péronne, à cause de MARIE DE MAILLY, ma femme, la terre, fief et seigneurie du dit lieu de Biaussart, aux us et coustumes du bailliage de Vermendois et chastellenie de Péronne,... en laquelle ville de Baussart et en tout le terreoir.... je adveue à avoir toute justice et seigneurie, haulte, moyenne et basse.... »

(Arch. nat., P 135, fol. 137. — Dom Villevieille, dans son *Trésor généalogique*, t. 54, fol. 40, donne une analyse de cet aveu avec la date erronée du 16 juillet).

CCXXXIII

1403 (v. s.), 24 janvier. — *Procès au Parlement entre le vicomte des Quesnes et Robinet de Mailly, à cause d'excès commis par ce dernier.*

« Entre le vicomte des Quesnes et J. Biquet, lieutenant de son bailli, d'une part, et messire ROBINET DE MAILLY, chevalier, et le prévost de Becquoiz et plusieurs autres, d'autre part.

» Dit le vicomte qu'il est honneste chevalier, de bonne vie et bonne pacience et juste homme, et dit que qui fait vilenie audit Bicquet, son lieutenant, ou de son bailli, lui fait.

» Dit que messire ROBINET, frère de MARGUERITE DE MAILLY, contre la défence du roy et en content de certain procès, accompaignié de XIII hommes armez, vint à Vimi? ou près, et firent enquérir s'il estoit illec et trouvèrent qu'il estoit à Arras. Si l'espièrent en chemin et lui coururent suz et l'abatirent de sus son cheval et le batirent et navrèrent jusques à mort et l'estandirent et lui dessirèrent la face et lui défendirent qu'il n'en deist rien.

» Maiz Robinet, non content de ce, donna entendre au roi que le vicomte voloit procéder par voie de fait, si obtint lettres par lesquelles lui fu défendu qu'il ne procedast par voie de fait, dont fu bien esbahy.

» Ce non obstant, Robinet accompaignié de XVIII compaignons, à un jour qui dit, l'espièrent près d'Avenes?, et pour ce qu'il sceurent que ce scavoit se partirent, et pour despit de ce et pour le injurier Robinet ala au prévost de Saint-Riquier qui emmena prisonnier le viconte, disant qu'il avoit procédé par voie de fait, combien qu'il ne fust pas subgiet dudit prévost. Si conclud que Robinet et les siens soient condempnez, etc.

» Le procureur du roy propose et dit que, en may CCCC, furent faictes défences de par la court aux parties, lesquelles touchoit certain procès céans demeuré, qu'ilz ne procédassent par voie de fait à grosses peinnes. Maiz, ce non obstant, environ la saint Jehan derrenière passée, un jour ou deux environ la dite saint Jehan,... VIII jours après.... et le XXVIIe de juillet ensuivant, » Robinet de Mailly et ses compagnons se livrèrent à de nouveaux excès contre le vicomte des Quesnes et son lieutenant.

(Arch. nat., X^{ia} 4786, fol. 240 verso ; X^{2a} 14, fol. 159 verso).

CCXXXIV

1403 (v. s.), 15 mars. — Arrêt du Parlement de Paris confirmatif d'une sentence du bailli d'Amiens en faveur de Guillaume de Belval, dit Florimont, écuyer, frère et héritier de feu Pierre de Belval, chevalier, contre MARGUERITE DE MAILLY, veuve de défunt Renaud de Quinquempoix, chevalier, (contra Margaretam de Mailliaco, relictam defuncti Reginaldi de Quiquempoys, quondam militis), au sujet d'une rente de 180 livres parisis qui devait être payée à Jean de Craon, le jeune, chevalier. Cette rente avait été vendue autrefois au dit Jean de Craon par feu Renaud de Quinquempoix, Jeanne d'Argonnes[1], sa mère, ladite Marguerite de Mailly et feu Pierre de Belval (per dictum defunctum Reginaldum de Quiquempoys, dum vivebat, Johannam d'Argonnes, ipsius matrem, predictam de Mailliaco et dictum defunctum Petrum de Bellavalle).

(Arch. nat., X^{ia} 51, fol. 142 verso).

CCXXXV

1403 ou 1404. — « Madame JEANNE DE BUILLY, dame de Loursignol et de Buillemont, veuve de feu messire GILLES DE MAILLY, comme tutrice

---

1. Le 23 décembre 1411, Jeanne d'Argonnes est en procès au Parlement avec Marguerite de Mailly. « Ad requestam dilecte nostre Johanne d'Argones, domine de Quiquempois.... certa dotalitia ad dilectam nostram Margaretam de Maillyaco, relictam defuncti Reginaldi de Quiquenpoys, quondam militis, spectantia » etc. (Arch. nat., X^{1a} 59, fol. 95).

de ses enfants, releva la terre des Allighes tenue du château d'Arras, selon le *Compte de Jean Robault commencé à la saint Jean 1403.* — Chambre des comptes de Lille. *Domaine d'Arras.* »

(Bibl. nat., *Trésor généalogique de dom Villevieille*, t. 54, fol. 40).

CCXXXVI

1404 ou 1405. — « Damoiselle JEANNE DE BILLY, dame de Loussignol, de Bours et de Coulemont, veuve de feu messire GILLES DE MAILLY, chevalier, comme mère et tutrice de REGNAULT DE MAILLY, leur fils et héritier, releva la terre de Coulemont et de La Couturelle tenue du château d'Avesnes, selon le *Compte de Jean Robault commencé le 17e juillet 1404.* — Chambre des comptes de Lille. *Domaine d'Avesnes.* »

(Bibl. nat., *Trésor généalogique de dom Villevieille*, t. 54, fol. 40).

CCXXXVII

1405. — *Relief du fief d'Artois par Jeanne de Billy, veuve de Gilles de Mailly.*

« De noble dame JEHANNE DE BILLI, dame du Lousignol et vicontesse d'Orchies, comme ayans le bail, garde et administration de noble homme REGNAULT DE MAILLI, escuier, menre d'ans, fil de feu noble homme monseigneur GILLE DE MAILLI, qui releva par procureur un fief tenu du chastel de Lens, à soixante sols parisis de relief, séans à Auchi, nommé le fief d'Artois, de le succession dudit feu tant pour le héritage comme pour le dit bail, VI livres. — Extrait du *Compte de Robert Boistel, receveur de Lens en Artois pour la duchesse de Bourgogne; année 1405.* »

(Arch. de La Roche-Mailly. Copie papier, collationnée à l'original en 1782, par Godefroy. — Bibl. nat., *Trésor généalogique de dom Villevieille*, t. 54, sous la date 1404).

CCXXXVIII

1405, 23 décembre. — Arrêt du Parlement de Paris en faveur du SEIGNEUR DE MAILLY, contre Jean du Bruille, sergent en la prévôté de Péronne, au sujet de la juridiction à Mailly (in villa de Mailliaco).

(Arch. nat., X^ta 53, fol. 326).

CCXXXIX

1406, 1er août. — *Extrait de l'aveu rendu au roi par Regnault de Mailly pour le fief de Bouillancourt.*

« Du roy, nostre sire, à cause de son chastel et chastellenie de Mondidier, je REGNAULT DE MAILLI, escuier, tien et adveue à tenir noblement en fief et à plain hommage de bouche et de mains, la ville, terroir et appartenances de Boulencourt[1], icelluy fief déclairé par le manière qui s'ensuit :

» Et premièrement, tieng de mon demaine le chastel dudit lieu, la basse-court, les maisons et fossez qui sont autour et assez près dudit chastel, les pressoirs, une maison et goue avec les gardins, tout tenant ensemble, et contiennent toutes ces choses chuinc journeulx de terre ou environ....

» Item, ay ung molin à blé séant audit lieu sur la rivière[2], là ou sont banniers tous les habitans de Gratibus[3], excepté ceulx qui demeurent sur le fief que on dit de Bosquiaulx, et tous mes subgetz de Boulencourt et de Malepart[4], et est à présent baillée pour XXVII muis de blé par an, au muy et à le mesure de Mondidier, dont sur icellui molin prennent, c'est assavoir le curé de Boulencourt deux muis et demi de blé chacun an, le seigneur de Gratibus deux muiz et demi, l'abbaye de Lannoy ung muy, le prieur de Maresmontier[5] XVIII setiers, l'église dudit lieu VI sextiers et l'église de Hargicourt deux septiers.... »

(Arch. nat., P 136, fol. 138 verso).

---

1. Bouillancourt, département de la Somme, arrondissement et canton de Montdidier.

2. Sur le Don. Cette rivière prend sa source dans le département de l'Oise, à Dompierre, coule du S. au N., passe à Ayencourt, au-dessous de Montdidier, à Courtemanche, à Maresmontiers, à Bouillancourt et se joint à l'Avre entre Hargicourt et Pierrepont.

3. Gratibus, département de la Somme, arrondissement et canton de Montdidier.

4. Malpart, département de la Somme, arrondissement et canton de Montdidier.

5. Marestmontiers, département de la Somme, arrondissement et canton de Montdidier.

CCXL

1407, 27 septembre. — *Extrait d'un aveu rendu par Colard, sire de Mailly, chevalier, pour sa terre de Beaufort-en-Santerre, à Ferry de Lorraine, comte de Vaudemont.*

« Colars, sires de Mailly et de Beaufort-en-Santers, chevalier, » rend aveu et dénombrement à son « très redoubté seigneur Ferry de Lorraine, comte de Waudemont et seigneur de Bove, » pour sa « terre de Beaufort-en-Senters, » relevant de la « terre et chastellenie de Bove. » Il y déclare « le chastel de Beaufort et les fosséz, les gardins, tenans quatre journaux de terre ou environ....; le four de le dite vile de Beaufort....; le molin à vent de Beaufort, assiz au dit teroir....: le bos de Beaufort....; les fossés d'entour la ville de Beaufort...., le molin à waide séans en la planche que on nomme le Riez au dit Beaufort....; une marc au bout de » son « bos de Beaufort.... A le cause de mon dit fief (y dit-il) toute le dite ville de Beaufort est toute tenue de my ainsi qu'elle siet, tant en cens, en rentes, en fiefz séans en la dite ville, sauf et reservé le gardin et maison de Rubempré ainsi qu'elle se comporte.... »

Vingt-quatre fiefs relèvent de Beaufort-en-Santerr. Les deux plus considérables sont celui du Quesnel, appartenant à « Colart de Guisy, escuier, seigneur du Caisnel, » et celui de « Dreu de Maucourt, chevalier, sires de Maucourt.... assiz à Méharicourt. »

(Recueil de documents inédits concernant la Picardie, publiés, d'après les titres originaux conservés dans son cabinet, par Victor de Beauvillé ; Paris, imprimerie impériale, 1867 ; 2e partie, pp. 116-124.— Dom Villevieille, Trésor généalogique, t. 54, fol. 40, donne une analyse de cet aveu qu'il avait trouvé dans les archives de l'abbaye de Corbie; Registre Bove, n° 51, fol. 43).

CCXLI

1408, 22 août. — « Entre messire Raoul de Saint-Rémy, chevalier, chambellan du duc d'Orléans, appelant, d'une part, et madame Marguerite de Mailly, vefve de feu messire Regnault, en son vivant seigneur de Quinquenpoys, appelant des gens des requestes du palais, d'autre part, concluent en cause d'appel et à despens, et tiennent les parties l'une l'autre pour bien fondez, par vertu des procurations qui sont aux requestes, et sera faicte collation dedans VIII jours. »

(Arch. nat., X^{ta} 8301, fol. 288).

CCXLII

1408, 9 novembre. — « Jean de Mailly, dit Maillet, chevalier, seigneur de Buires, de Saint-Hun (sic) et de Blangy-sur-Somme, avoue tenir en fief de monseigneur Ferry de Lorraine, à cause de sa chastellenie de Bove, sa terre et seigneurie de Blangy-sur-Somme avec tout ce qui en dépend, le 9e de novembre 1408. — Archives de l'abbaye de Corbie ; *Registre Bove*, n° 51, fol. 69 v°. »

(Bibl. nat., *Trésor généalogique de dom Villevieille*, t. 54, fol. 40).

CCXLIII

1409, 16 décembre. — « Messire Robinet de Mailly, chevalier bachelier, conduisit les hommes d'armes de sa compagnie à Paris pour y accompagner le duc de Bourgogne et y fut reçu le 16e décembre 1409. — Chambre des comptes de Bourgogne. *Registre de montres.* »

(Bibl. nat., *Trésor généalogique de dom Villevieille*, t. 54, fol. 40).

CCLXIV

1409 ou 1410. — « Messire Maillet de Mailly, pour cinq fiefs du château d'Hesdin, scavoir : les crénaux de son château de Buires, un fief à Wavans, le fief de la rivière dudit lieu, un fief appelé la terre de Lannoy et un autre à Boissefay, paya l'aide du mariage de la fille aînée du duc de Bourgogne avec le dauphin de Viennois, selon le *Compte de Guyot Guilbaut, commencé à la Saint-Jean 1409.* — Chambre des comptes de Lille. *Domaine de Hesdin.* »

(Bibl. nat., *Trésor généalogique de dom Villevieille*, t. 54, fol. 40).

CCXLV

1409 ou 1410. — « Noble homme Regnault Mailly, écuyer, paya le relief de son fief et terre d'Auchy, tenu du château de Lens, pour l'aide

demandée pour le mariage de la fille aînée du duc de Bourgogne avec
le dauphin de Viennois, duc de Guyenne, selon le *3ᵉ Compte de Jean
Le Bossu commencé à l'Ascension 1409.* — Chambre des comptes de
Lille. *Domaine de Lens.* »

(Bibl. nat., *Trésor généalogique de dom Villevieille*, t. 54, fol. 40 v°).

CCXLVI

1410, 1ᵉʳ mai. Montreuil. — *Montre de messire Robinet de Mailly,
chevalier bachelier.*

« La monstre de messire ROBINET DE MAILLY, chevalier bachelier,
ung autre chevalier bachelier et cincq escuiers de sa compaignie, reçeus
à Montreul, le premier jour de may, l'an mil IIIIᶜ et dix.

» Le dit messire ROBINET. — Messire Estourdi d'Oigniez.

» Galois de Renty. — Bourleux de Ligny. — Compaignon de Fon-
tainez. — Borgnet de Liescez. — Bureau de Beaurepair[1]. »

(Bibl. nat., *Titres scellés de Clairambault*, t. 175, p. 5927, n° 58.
Orig. parch.).

CCXLVII

1410, 13 juin. — « ROBERT DE MAILLI, chevalier bachelier, » confesse
avoir reçu de « Jehan de Pressi, trésorier des guerres du roy, » la somme de 135 francs « en prest et paiement » sur ses gages et sur ceux
d'un autre chevalier bachelier et de cinq écuyers de sa compagnie « desservis et à desservir ès guerres du roy.... ès parties de Picardie,.... en
la compagnie et soulx le gouvernement de monseigneur le comte de
Liney et de Saint-Pol, cappitaine général des pais de Picardie et West
Flandres. »

Sceau perdu.

(Bibl. nat., *Titres scellés de Clairambault*, t. 175, p. 5929, n° 60.
Orig. parch.).

---

1. 1410, 1ᵉʳ mai. Les maréchaux de France envoient à Jean de Pressy, trésorier des guerres du roi, la montre de Robinet de Mailly, lequel sert en Picardie sous le gouvernement du comte de Ligny et de Saint-Pol, « capitaine
général des pais de Picardie et de Weste-Flandres. » (Bibl. nat., *Titres scellés de Clairambault*, t. 175, p. 5929, n° 59. Orig. parch. scellé).

CCXLVIII

1411 (v. s.), 14 janvier. — Main mise en la main du roi des biens de
Guillaume Gérard, grenetier de Noyon, lequel en avait appelé au Parle-
ment de son arrestation par Robert de Mailly, capitaine de Noyon.
(Arch. nat., X³ⁿ 16, fol. 147).

CCXLIX

1411 (v. s.), 16 mars. — « Adde de Mailly, dame d'Offemont, et dame
d'onneur de madame la duchesse de Guienne, » confesse avoir reçu « de
François de Nerly, trésorier et receveur général des finances de monsei-
gneur le duc de Guienne, la somme de » 90 francs à elle donnée par
ledit duc, par lettres du 15 janvier, pour lui « aidier à avoir une robe. »
Sceau perdu.
(Bibl. nat., *Titres scellés de Clairambault,* t. 68, p. 5311, n° 150.
Orig. parch.).

CCL

1412, 14 mai. Melun. — *Montre de messire Colard, seigneur de
Mailly.*

« La monstre de messire Colart, seigneur de Mailly, chevalier bachelier, de deux autres chevaliers bacheliers et de trente six escuiers et
sept archers de sa compaignie, receuz à Meleun, le XIIII° jour de may
IIII° XII.

» Le dit messire Golart, seigneur de Mailly, bachelier. — Messire
de Saint-Simon, chevalier bachelier. — Monsʳ de Fousonnières, chevalier bachelier.

» Jehan Descardain, escuier. — Gautier de Blangis. — Rogue de
Vaulx. — Regnaut de Nery. — Jehan de Nery. — Simon de Charnetel.
— Jaquet Boulart. — Robert de La Place. — Mahiet de Gacourt. —
Robert de Tancre. — Jehan de Blemur. — Maillart des Murs. — Robert
Blouet. — Guillaume Grangier. — Ferri Pignot. — Pierre Bonier. —
Hemery Bonnier. — Alein de La Noe. — Robert du Bois. — Pierre du
Savoir ? — Guillebaut de Celles. — Wermont de Panant. — Pierre Le

Haile. — Janesson Chaudemenche. — Lotart des Crouctes ? — Simon
de Tonnerre. — Nicolas Viellart. — Jehan de Bassolles. — Jehan de
Fresnes. — Choüart. — Oudinet Quignet. — Baudonnet de La Fon-
tainne. — Raoul de Soubrie. — Le Galois des Murs. — Michaut Bonnier. — Pierre de Charnetel.

» Archiers : Gueraidin Souganel. — Huart de Beauregart. — Jehannin Grenier. — Gobert Radiaux. — Jehan Le Mue. — Perret Toubert.
— Gilebin Chosecte[1]. »

(Bibl. nat., *Titres scellés de Clairambault,* t. 68, p. 5312, n° 151.
Orig. parch.).

CCLI

1412, 18 mai. — « COLART, SEIGNEUR DE MAILLY, chevalier bachelier, »
confesse avoir reçu de Jean de Pressy, trésorier des guerres du roi, la
somme de 682 livres 10 sous tournois « en prest et paiement » sur ses
gages et sur ceux de deux autres chevaliers bacheliers, trente six écuyers
et sept archers de sa compagnie « desserviz et à desservir ès présentes
guerres du roy,... en la compaignie et soubz le gouvernement de mons'
le duc de Bar, chevalier banneret. »

Sceau de Colard : *Ecu portant trois maillets, penché, timbré d'un
heaume cimé d'un vol, supporté par deux lions.* Légende : ✠ S. COLART
SEGN.... DE MAILLY CH....

(Bibl. nat., *Titres scellés de Clairambault,* t. 68, p. 5313, n° 152.
Orig. parch.).

CCLII

1413, 29 août. Paris. — *Lettres de Charles VI par lesquelles il accorde abolition à ceux qui ont pris part aux troubles excités à Paris
depuis la paix d'Auxerre, à l'exception de Robinet de Mailly et de
plusieurs autres personnes.*

« Charles, etc. savoir faisons à tous présens et avenir, que, comme

1. 1412, 14 mai. Melun. Les maréchaux de France envoient à Jean de
Pressy, trésorier des guerres du roi, la montre de « messire Colart, seigneur
de Mailly » et lui mandent de payer ses gages et ceux de ses hommes. (Bibl.
nat., *Titres scellés de Clairambault,* t. 68, p. 5313, n° 153. Orig. parch.).

durant les débaz et dissensions qui, puis certain temps en ça, ont esté en
nostre royaume, entre aucuns de nostre sang et lignage et autres noz
subgiez, et en espécial depuis le traictié de la paix derrenièrement (22
août 1412) par nous faicte à Aucerre, plusieurs manans et habitans en
nostre bonne ville de Paris, sans auctorité de justice, mais seulement à
l'instigation d'aucuns particuliers qui avoient, par leur témérère pre-
sumpcion, entrepris le gouvernement de nostre dicte ville, se soient par
plusieurs foiz assemblez en armes, tant en l'ostel de nostre dicte ville,
comme ailleurs en ycelle, et que, soubz umbre d'icelles assemblées, aucuns d'iceulx particuliers aient extorqués indeuement et sans cause
pluseurs sommes de deniers et autres biens meubles de aucunes personnes tant de ladicte ville comme d'autres, les aucunes d'icelles noiées, et
aucunes autres occises, et fait prisons privées en pluseurs lieux d'icelle
ville, combien aussi que, soubz couleur des dictes assemblées, les des-
susdiz, entre autres choses, au mandement ou pourchaz des diz particuliers dont aucuns d'iceulx estoient eschevins de la dicte ville et avoient
l'administracion devant déclairée, soient puis nagaires venus en très
grand nombre en armes, à estandart desploié, avec lesquelx estoit le
Prévost des marchans de nostre dicte ville ou le commis à la dicte prévosté, non sachans la plus grant partie où ilz aloient ne que l'en vouloit
faire devant nostre chastel de la bastide Saint-Anthoine à Paris, et d'il-
lecques eulz transportez par fois iteratives ès hostelx de nous, de nostre
très chière et très amée compaigne la royne et de nostre très chier et
très amé ainsné filz le duc de Guienne, daulphin de Viennois, et en
iceulx fait et commiz par aucuns des diz particuliers certaines fractions
et excès, prises manuelles de pluseurs noz gens, serviteurs et officiers,
et aussi de pluseurs des gens, serviteurs et officiers de nostre dicte
compaigne et de nostre dit filz, tant nobles comme dames et damoiselles et autres, et entre autres de noz très chiers et amez cousin et frère
les ducs de Bar et de Bavière, et iceulx menez ou fait mener de leur
auctorité, les aucuns ès prisons de nostre chastel du Louvre, les autres
ès prisons de nostre palais, les autres ès prisons de nostre Chastellet à
Paris, et aucuns autres en prisons privées, et fait, commis et perpétré
pluseurs autres crimes, excès et déliz.

» Nous, considérans l'entretenement de la paix qui depuis toutes ces
choses est intervenu..... de noz propre mouvement, certaine science,
plaine puissance et auctorité royal, tous les cas dessus diz.... avons aboli

et, par la teneur de ces présentes, abolissons à tousjours perpétuelment....

» Toutesvoies nostre entencion n'est pas que en ceste présente abo-
lission soient comprins Helyon de Jacqueville, Robinet de Mailly et
Charles de Lens, chevaliers ; maistre Eustace de Laitre, maistre Jehan
de Troyes, maistre Henry de Troyes, maistre Baude de Bordes et Geor-
get, son clerc, maistre Pierre Cauchon, maistre Dominique François,
maistre Nicole de Saint-Yllier, maistre Jehan Bon, maistre Pierre Bar-
bo, maistre Félix du Bois, maistre Pierre Lombart, maistre Nicolas du
Quesnoy, maistre Guillaume Barrau et Marguerite, sa femme, Andri
Rousseau, Jehan Guérin, Garnot de Saint-Yon, etc., ou cas que deuement ilz, ou aucun d'eulx, seront trouvez coulpables d'avoir conspiré en la
mort d'aucuns seigneurs et autres de nostre dicte bonne ville de Paris,
ou qui auroient esté perturbateurs de la dicte paix de nostre dit royaume, depuis le retour derrenièrement fait de Pontoise, ou d'avoir esté
coulpables des occisions, pilleries, raenconneries ou extorcions dessus
diz, fais depuis le traictié d'Auceurre.

» Si donnons en mandement, par ces lettres, à nos amez et féaulx
conseilliers les présidens de nostre Parlement, etc.

» Donné à Paris, le XXIXᵉ jour du mois d'aoust, l'an de grâce mil
quatre cens et treize, et de nostre règne, le XXXIIIᵉ.

» Ainsi signé. Par le roy en son conseil, où messeigneurs les ducs de
Berry et de Bar, Loÿs, duc en Bavière, vous l'archevesque de Bourges,
les sires de Torcy, d'Ivry, de Bacqueville et de Boissay, messire Jehan
Dany, maistre Jehan Jouvenel, Pierre de Lesclat, et autres estoient.
Derian[1]. »

(Ordonn. des rois de France de la troisième race, t. X, pp. 163-165).

CCLIII

1413. — *Relief de « la terre d'Aucy, » par Colard, seigneur de
Mailly.*

« De noble homme Colart de Mailly, seigneur du dit lieu et de

---

1. 1413, 12 septembre. Paris. Autres lettres de Charles VI, dans lesquelles
il est longuement question des violences commises à Paris, le 17 avril de
la même année, par « messire Elion de Jacqueville, Robinet de Mailly,
Charles de Recourt, dit de Lens, chevaliers, » et autres leurs complices.
(*Ordonnances*, t. X, p. 175).

Beaufort-en-Santers, qui releva tant au nom de noble dame MADAME DE
MAILLY, sa femme, un fief tenu du chastel de Lens, à LX sols parisis de
relief, comprenant lé terre d'Aucy et les dépendances d'icelle venu et
echeu à sa ditte femme de le succession et hoirie de feu REGNAULT DE
MAILLY, escuyer, frère germain d'icelle, sa femme, comme à cause de
bail...., pour ce VI livres. — Extrait du *Compte de Jehan Le Bossu,
receveur de Lens en Artois, pour l'année 1413.* »

(Arch. de La Roche-Mailly. Copie papier, collationnée à l'original, en
1780, par Godefroy « garde des chartes de la Chambre des comptes »
de Lille. — Bibl. nat., *Trésor généalogique de dom Villevieille*, t. 54,
fol. 41, sous la date 1412).

CCLIV

1413. — *Relief de la « terre de Coullemont » par Colard, seigneur
de Mailly.*

« De MONSIEUR DE MAILLY pour les relief de le terre de Coullemont à
luy venue à cause de Madame, sa femme, de la succession REGNAULT DE
MAILLY, frère d'elle, tenue du chastel d'Avesnes à LX sols de relief.....
VI livres. — Extrait du *Compte de Jehan Robaut, receveur du bailliage
d'Avësnes, pour l'année 1413.* »

(Arch. de La Roche-Mailly. Copie papier, collationnée à l'original, en
1780, par Godefroy).

CCLV

1413. — *Relief de la terre « des Alighues » par Colard, seigneur de
Mailly.*

« De messire COLART, SEIGNEUR DE MAILLY, chevalier, mary de madame MARIE DE MAILLY, pour le relief de la terre des Alighues, tenu du
chastel d'Arras, à LX sols de relief, pour ce, tant pour le bail comme
pour la terre, VI livres. — Extrait du *Compte de Jean Robaut, receveur du bailliage d'Amiens, pour l'année 1413.* »

(Arch. de La Roche-Mailly. Copie papier, collationnée à l'original en
1779, par Godefroy. — Bibl. nat., *Trésor généalogique de dom Villevieille*, t. 54, fol. 41, sous la date 1412).

CCLVI

1415, 11 avril. — « FERRY DE MAILLY, écuyer tranchant du duc de Bourgogne, ayant voulu aller au service et en la compagnie dudit duc, il fut fait prisonnier et détenu longtemps à Compiégne, où il fit de grandes pertes, et ce prince pour l'en dédommager luy fit don de 500 francs, le 11ᵉ avril 1415. — Chambre des comptes de Bourgogne. *Compte pour ladite année.* »

(Bibl. nat., *Trésor généalogique de dom Villevieille,* t. 54, fol. 41).

CCLVII

1415, 17 août. — Arrêt rendu par le Parlement de Paris en faveur des habitants de Gratibus contre COLARD DE MAILLY, chevalier, héritier, à cause de sa femme, de feu REGNAULT DE MAILLY, (contra Colardum de Mallyaco, militem, heredem, ad causam sue uxoris, Reginaldi de Mallyaco, defuncti). Le dit Colard de Mailly reprenait le procès commencé autrefois par le dit Regnault de Mailly, écuyer, seigneur de L'Orsignol et de Bouillancourt (Reginaldus de Mailliaco, scutifer, dominus de Lorseignol et de Boullencuria), contre les habitants de Gratibus et contre Pierre de Montmorency, chevalier, seigneur de Gratibus, ayant le bail et administration de sa femme[1], au sujet d'un pont sur la rivière à Bouillancourt, pont qui avait été endommagé par les inondations survenues en 1407 (magne inundaciones que, anno Domini Mᵒ CCCCᵒ VIIᵒ, obvenerant).

(Arch. nat., Xᵗᵃ 60, fol. 493 verso et 494).

CCLVIII

1415. — « Le duc de Bourgogne donna à son chevalier, conseiller et

---

1. « Petrus de Montemorenciaco, miles, dominus predicte ville (de Gratibus), tanquam habens ballium et administrationem uxoris sue. » Ce Pierre de Montmorency semble à peu près inconnu à du Chesne. Il est simplement signalé, dans l'*Histoire de la maison de Montmorency,* comme fils de Jacques, seigneur de Montmorency, et de Philippe de Melun, et comme étant mort sans enfants avant 1422.

chambellan, messire ROBERT DE MAILLY, 200 livres de pension viagère
sur la recette d'Arras, outre 200 livres sur celle de Douay, et la terre et
seigneurie de Blatou qu'il lui avoit déjà donnée, pour l'aider à vivre plus
honorablement à son service, selon le *Compte de Jean Robaut, commencé à la saint Jehan 1415.* — Chambre des comptes de Lille. *Domaine d'Arras.* »

(Bibl. nat., *Trésor généalogique de dom Villevielle*, t. 54, fol. 41).

CCLIX

1416, 30 juin. Gand. — « Lettres de Jean, duc de Bourgogne, par lesquelles il ordonne à la Chambre des comptes d'enteriner ses lettres patentes portant don à messire ROBERT DE MAILLY, chevalier, son conseiller chambellan, de 200 f. de pension annuelle sur la recepte de Feignies,
au lieu de 400 f. qu'il lui avait accordés auparavant sur les receptes de
Douay et d'Arras.... »

Godefroy, *Inventaire des Cartulaires de la Chambre des comptes de
Lille*, t. II, fol. 196 verso).

CCLX

1416, 16 juillet. — « Messire ROBERT DE MAILLY, chevalier, conseiller,
chambellan du duc de Bourgogne, considérant les grandes dépenses
qu'il convient de faire audit duc, renonce aux 400 livres d'augmentation
de pension sur la recette d'Arras et de Douay qu'il luy avoit donnée
par ses lettres de Germolles du 11e octobre 1415, et se contente de 200
écus sur la recette désignée qui luy ont été donnés par lettres données
à Gand le 30e juin 1416, par acte du 16e juillet de la dicte année. —
Chambre des comptes de Lille. *Reg. 6e des chartes*, fol. 118. »

(Bibl. nat., *Trésor généalogique de dom Villevieille*, t. 54, fol. 41).

CCLXI

1416, 9 août. — « JEHAN DE MAILLY, escuyer, aisné fil et hoir de feu
MONSEIGNEUR DE MAILLY, » relève par procureur un fief de l'abbaye de

Corbie, « séant à Collencamp,.... audit Jehan de Mailly venu et eschu par le formorte [1] et hoirie dudit feu monseigneur de Mailly, son père. »

(Arch. de La Roche-Mailly. Copie papier, collationnée en 1779 à l'original existant aux archives de l'abbaye de Corbie. — Bibl. nat., *Trésor généalogique de dom Villevieille*, t. 54, fol. 41).

CCLXII

1416, 30 août ; 1417, 10 mai. — *Extrait d'un compte de « Dreue Sucquet, conseiller et maistre des comptes » du duc de Bourgogne, relatif à Robert de Mailly, chevalier.*

« A messire ROBERT DE MAILLY, chevalier, conseiller et chambellan de mons^r le duc et commissaire de luy ordené en la réformation générale par lui mise suz en son pays et conté d'Artois et ès villes et chastellenies de Lille, Douay et Orchies, et appartenances, ou mois d'aoust l'an mil CCCC et seze, pour avoir vacquié et entendu ou fait d'icelle reformation, tant aveuc messieurs les autres commissaires, comme en autre manière, voiageant pour ycelle par devers mon dit seigneur (le duc de Bourgogne) à III foiz, par II^c LIII jours entiers, commençans le XXXe jour d'aoust l'an mil CCCC XVI et fenissant le Xe jour de may l'an mil CCCC XVII ; c'est assavoir les VII^{xx} III jours premiers au feur de IIII frans, monnoie du roy, que mon dit seigneur lui ordonna prendre et avoir de gaiges pour chacun jour qu'il vacqueroit et entendroit ou dit fait, par ses lettres données à Douay, le XIXe jour de novembre l'an mil CCCC XVI,.... et les autres CX jours au feur de III frans, dite monnoie royal, par jour, seulement, à quoy par autres lettres de mon dit seigneur le duc furent restrains et ramenez ses gaiges dessus diz, par II quittances du dit chevaliers, cy rendu : IX^c II frans. »

(Arch. de La Roche-Mailly. Copie papier, collationnée en 1780 à l'original par Godefroy, « écuier, seigneur de Maillart, conseiller du roi, directeur et garde des chartes de la Chambre des comptes du roi à Lille. »).

CCLXIII

1416. — « Madame Marguerite de Longueval, veuve de feu monsei-

---

1. Pour formorture (formortura), héritage qui arrive par mort. (Du Cange).

gneur d'AUTHUILLE, paya les droits dus pour raison du transport par elle
fait à messire JEAN DE MAILLY, dit LE BÈGUE, chevalier, fils aîné, et héritier dudit deffunct seigneur et d'elle, de la terre et seigneurie de Bienvillers, tenue du château d'Arras, en avancement d'hoirie et en faveur du
mariage de son dit fils aîné avec la fille aînée de monseigneur Guillaume Bonnier, chevalier, gouverneur d'Arras, selon le *Compte de Jean
Robaut commencé à la Saint-Jean 1416.* — Chambre des comptes de
Lille. *Domaine d'Arras.* »

(Bibl. nat., *Trésor généalogique de dom Villevieille,* t. 54, fol. 41 v°).

CCLXIV

1417, 31 août. — « Les hommes d'armes et de trait de l'hôtel de messire ROBERT DE MAILLY, chevalier, furent reçus le dernier août 1417, à
Beauvais, où le duc de Bourgogne rassembla l'armée qu'il conduisit
vers Paris pour le bien du roy, de son royaume et de la chose publique.
— Chambre des comptes de Bourgogne. *Registre de montres.* »

(Bibl. nat., *Trésor généalogique de dom Villevieille,* t. 54, fol. 41 v°).

CCLXV

1417 (v. s.), 9 janvier. — « ROBINET DE MAILLY, chevalier, conseiller
chambellan du duc de Bourgogne, fut gratifié de 200 livres par le duc,
en reconnoissance de ses services en ses armées et au voyage de Picardie, le 9e janvier 1417. — Chambre des comptes de Bourgogne. *Compte
de Jean Noident.* »

(Bibl. nat., *Trésor généalogique de dom Villevieille,* t. 54, fol. 41 v°).

CCLXVI

1418, 19 juillet. Paris. — *Lettre de Charles VI aux chanoines d'A-
miens les priant d'élire Jean de Mailly pour leur évêque.*

       « De par le roy.
   » Chers et bien amez, il est venu à notre connoissance, par la relation
de notre très cher et très amé cousin le duc de Bourgogne, que votre

évesque est de nouvel allé de vie à trespassement[1], et pour ce qu'à ladite église et évêché vouldrions de pasteur estre convenablement pourveu, et qu'aussy sommes connoissant du lignage, mœurs et science notable de la personne de notre amé et féal conseiller et maistre des requestes de notre hostel, maistre JEAN DE MAILLY[2], qui desjà est promeu en sainte Eglise, nous vous prions et neamoins mandons que, pour avoir faveur et contemplation de nous et de notre dit cousin, qui de ce nous a très instament suplié et requis, vouliez notre dit conseiller promouvoir et eslire en pasteur de votre Eglise, et en verité avec ce que vous aurez bien pourveu à votre dite église de notable pasteur, *nay du pays*, lequel avec sa lignée reconnoissez assez, vous nous ferez trés grand et trés singulier plaisir, lequel nous reconnaitrons evers vous touttes fois que nous le requeres sans en ce faillir, sur tout le plaisir que faire nous voulés, et, s'il advient que fassies le contraire, ce que (en blanc) que ne vouldriez, nous redonderont à trés grande déplaisance.

» Donné à Paris, ce 19 juillet.

» Charles. — Bordes. »

(Bibl. de l'Arsenal. Ms. n° 4652, fol. 196 verso. Copie).

CCLXVII

1418, 22 juillet. Paris. — Charles VI, « confians à plain des sens, loyautez, diligences, preudomnies, souffisances et vrayes expériences de » ses « améz et féaulx maistres Jehan Le Clerc, JEHAN DE MAILLY, Pierre Cauchon, Thierry Le Roy, Philibert de Montjeu » et autres, les établit, « par l'advis et délibération » du duc de Bourgogne, « conseilliers et maistres des requestes de » son « hostel. »

(*Ordonnances des rois de France de la troisième race*, t. X, p. 461).

CCLXVIII

1418 (v. s.), 9 mars. — *Procès au Parlement de Paris entre Jean de Mailly, doyen de Saint-Germain-l'Auxerrois, et l'évêque de Paris.*

« Maistre JEHAN DE MAILLY, doyen de l'église Saint-Germain l'Au-

1. D'après le *Gallia Christiana*, t. X, col. 1198, l'évêque d'Amiens, Philibert de Saulx, mourut en 1418.

2. Les lettres de Charles VI nommant Jean de Mailly maître des requêtes de son hôtel ne sont datées que du 22 juillet. Voir la pièce suivante.

cerrois, à Paris, d'une part, contre l'évesque de Paris,.... pour avoir la délivrance dez fruits de son dit doyenné, escheuz depuis sa confirmacion et possession par lui prinse du dit doyenné....

» L'évesque dit » que « le dit doyenné est tenu en foy et hommage de l'évesque de Paris, dont le dit de Mailly n'a fait aucun hommage et n'en est en souffrance de l'évesque, qui, soubz umbre des procès pendans céans, n'y met aucun empeschement, mais, comme seigneur féodal, signifie qu'il a mis et met en sa main les fruis dessus dis, par deffault de hommage non fait[1].... »

(Arch. nat., X[1a] 4792, fol. 114).

CCLXIX

1419, 25 avril. — *Procès au Parlement de Paris entre maître Jean de Mailly et maître Guillaume de Gy.*

« Maistre JEHAN DE MAILLY a fait une requeste à l'encontre de maistre Guillaume de Gy, et dit que, l'an CCCC VIII, après la publicacion de la neutralité faicte à Pierre de Lune[2], l'évesque de Paris donna à maistre Jehan Tarenne la prébende de Paris, vacant par la résignation de feu maistre Giles des Champs, et y a eu droit, possession et saisine, en a joy depuis l'an CCCC VIII jusques à l'an CCCC XIX, et y ot céans procès entre Gy, demandeur, et ledit Tarenne, défendeur, auquel les dites parties furent appointées par mémoire, et après ladite prébende a esté donnée au dit de Mailly, vacant ycelle prébende par le trespas dudit Tarenne, et a esté surrogué par le Roy ou droit et procès ou lieu dudit Tarenne, récite le contenu ès lettres de surrogacion dont il requiert l'enterinement, et qu'il soit mis par la court en l'estat dudit feu Tarenne.

» Appointé que les dites parties revendront à VIIIe et *interim* Gy verra les dites lettres de surrogacion[3]. »

(Arch. nat., X[1a] 4792, fol. 124).

---

1. 1418 (v. s.), 20 mars. Suite du procès. Arch. nat., X[1a] 4792, fol. 117.

2. Pierre Martinez de Luna, antipape connu sous le nom de Benoît XIII, déposé les 5 juin 1409 et 26 juillet 1417, mort le 23 mai 1423.

3. 1419, 9 mai. Suite du procès « entre maistre Jehan de Mailly, conseiller et maistre des requestes de l'ostel du roy, d'une part, et maistre Guillaume de Gy, conseiller du roy, d'autre part.... » Arch. nat., X[1a] 4792, fol. 128.

CCLXX

1419, 29 mai. — « Le bailly de la terre de Caulers pour monseigneur ROBINET DE MAILLY, chevallier, attesta avec le gouverneur et les échevins de Saint-Pol que l'usage et la coutume de la comté de Saint-Pol étoit de prendre le quint dans le prix des ventes pour les droits seigneuriaux, le 29ᵉ may 1419. — Chambre des comptes de Lille. *Reg.* 7ᵉ *des chartes,* fol. 39. »

(Bibl. nat., *Trésor généalogique de dom Villevieille,* t. 54, fol. 41 vᵒ).

CCLXXI

1419, 1ᵉʳ octobre. Lille. — « Commission de gouverneur des terres de Blatou et de Feignies, aux gages de 500 f., monnaie de Flandre, par an, pour le seigneur de Roubais et de Herzelle, chevalier, conseiller et chambellan du duc de Bourgogne, au lieu de messire ROBINET DE MAILLY[1]. »

(Godefroy, *Inventaire des Cartulaires de la Chambre des comptes de Lille,* t. II, fol. 220 verso).

CCLXXII

1419. — *Epitaphe de Robert de Mailly* « *devant le grand autel des Jacobins de Troyes.* »

« Cy gist noble et puissant seigneur monseigneur ROBERT DE MAILLY, chevalier, conseiller et chambellan du roy, nostre seigneur, et de monseigneur de Bourgongne, grand pannetier de France, qui trespassa l'an 1419, le (en blanc). »

(Bibl. nat., *Cabinet de d'Hozier,* 5739, *Mailly,* nᵒ 74).

1. Dom Villevieille, *Trésor généalogique,* t. 54, fol. 41 verso, date cette pièce du 1ᵉʳ décembre 1419.

CCLXXIII

1419, 27 novembre. — *Noms de ceux qui assistèrent au conseil du duc de Bourgogne tenu à Arras, le 27 novembre 1419, « sur le fait du traité d'Angleterre. »*

« Le comte de Namur, l'évêque de Tournai, l'évêque de Térouane, Philippe de Morvilliers, premier président, le sire d'Antoing, le sire de Neufchâtel, grand-maître d'hôtel, le sire de La Viefville, le sire de Comines, le sire de Roubaix, Gautier de Roupes, Lourdin de Saligny, Roland d'Uytkerke, le sire de Noyelles, le sire d'Olehain, le doyen de Liége, Hue de Lannoy, Guilevin de Lannoy, Martelet du Maisnil, Athis de Brimeu, Henri de Chaufour, Simon de Fromelles, JEAN DE MAILLY, Pierre de Marigny, Robert Le Josne, Thierry Gherbode, Jean de La Keythule, Jean de Pressy, Barthélemy Le Vooght, receveur de Flandre, Jean Sac, le vidame d'Amiens, le sire de l'Isle-Adam, le sire de Cayeu, prévôt de Saint-Omer, le sire de Humbercourt, bailli d'Amiens. »

(Arch. départ. du Nord, B 1452. — *Inventaire sommaire*, t. I, p. 330).

CCLXXIV

1420, 15 avril, après Pâques. — Procès au Parlement de Paris, « entre maître Guillaume Grenet, d'une part, et maistre JEHAN DE MAILLY, conseiller du roy, d'autre part. » Grenet disait que l'évêque d'Amiens lui avait donné « la prébende d'Amiens, vacant par le trespas de feu messire Pierre Lamire. » Jean de Mailly soutenait au contraire qu'il avait eu provision et était en possession de ladite prébende[1].

(Arch. nat., X^{1a} 4792, fol. 207).

CCLXXV

1420, 29 octobre. Melun. — *Lettres de Charles VI par lesquelles le roi commet maître Jean de Mailly, maître des requêtes de son hôtel,*

---

1. Suite du procès les 9 mai 1420, 23 janvier 1420 (v. s.), et 10 juillet 1421. Arch. nat., X^{1a} 4792, fol. 215 ; X^{1a} 4793, fol. 14 et 86.—Le 10 juillet 1421, Jean de Mailly est qualifié « conseiller du roy et maistre des requestes de son hostel. »

avec le bailli de Senlis et autres, pour faire prêter serment de fidélité au roi d'Angleterre par les prélats, gens d'église, nobles, manans et habitants des villes de Senlis, Beauvais et autres villes et cités de Picardie.

« Charles, par la grâce de Dieu, roy de France, à nostre amé et féal conseiller maistre JEHAN DE MAILLI, maistre des requestes de nostre hôtel, salut et dilection.

» Comme pour le bien et entretenement de la paix final faite par la grâce de Dieu, entre nous et nostre très cher et très amé fils le roy d'Angleterre et les royaumes de France et d'Angleterre, soit expédient et convenable que le serement ordoné en cette partie soit fait par les gens d'église, nobles et communautés de nostre royaume, qui contient la forme qui s'ensuit :

» Vous jurez et promettez que à très hault et très puissant prince Henry, roy d'Angleterre, comme à gouverneur et régent du royaume de France et de la chose publique d'icelluy et à ses mandemens et commandemens vous entendrez et observerez humblement, diligemment et loyalement en toutes choses, touchans le gouvernement dudit royaume de France et de la chose publicque subgecte à très hault et très excellent prince et nostre souverain seigneur, Charles, roy de France.

» Item, que incontinent après le décès de nostre dit souverain seigneur Charles, roy de France, et continuellement, vous serez loyaulx hommes liges et vrays sujets dudit très hault et très puissant prince Henry, roy d'Angleterre, et de ses hoirs perpétuellement, et iceluy comme votre souverain seigneur et vray roy de France, sans opposition, contradiction ou difficulté, aurez et recevrez, et à luy comme vray roy de France obéirez, et que jamais à nul autre comme à roy et régent de France ne obéirez, sinon à nostre dit souverain seigneur Charles, roy de France, et au dit très haut et très puissant prince Henry, roy d'Angleterre, et à ses hoirs.

» Item, que vous ne serez en aide, conseil ou consentement que le dit très hault et très puissant prince Henry, roy d'Angleterre, perde la vie ou membre, ou soit prins de mauvaise prinse, ou qu'il souffre dommage ou diminution en ses personne, état, honneur ou chose quelconque, mais, se vous scavez ou cognoissez aucune telle chose estre contre luy pensée ou machinée, vous l'empecheriez en tant que vous pourrez, et, par vous mêmes, par messages ou lettres, luy ferez assavoir le plustôt que faire le pourrez, et généralement vous jurez que, sans dol, fraude ou mal engin, vous garderez et observerez et ferez garder et observer toutes les choses, poins et articles contenus ès lettres et appointements de la dicte paix final, faite, accordée et jurée entre nostre dit souverain seigneur, Charles, roy de France, et le dit très hault et très puissant prince Henry, roy d'Angleterre, sans jamais en jugement ne dehors, directement ne indirectement, publiquement ou secrètement, par quelque couleur ou voye que ce soit ou puist estre, venir, faire ou consentir estre fait au contraire des chose, poins et articles dessus dis ou d'aucuns d'iceulx, mais en toutes manières.... résisterez à tous ceux qui vouldront ou s'attempteront ou se efforceront de faire, venir ou attempter à l'encontre des choses, poins et articles dessus dis ou d'aucuns d'iceulx.

» Nous, par l'advis de nostre conseil, auquel nostre très chier et très amé frère le duc de Bourgogne et plusieurs autres de nostre dit conseil estoient, confians de vos sens, loyaulté et bonne diligence, vous mandons et commectons, par ces présentes, que vous vous transportiez en notre ville de Senlis, par devers les gens d'église, nobles, bourgeois et habitans d'icelle, et appelés évesque, le bailli et son lieutenant et nostre procureur au dit lieu, lesquels et chascun d'eux, nous, par ces mêmes lettres, avons commis et commettons avecques vous en cette partie, faictes lire et publier en nostre dite ville publiquement et solennellement le traictié de la dicte paix, en leurs requerans et faisant commandement de par nous, se mestier est, que le serment dessus transcript ils facent et promettent tenir et garder selon sa forme et teneur,.... et semblablement procédez ès autres villes, lieux et places que vous adviserez estre expédient ; et de là vous et les dessus nommés, ou l'un d'eux, vous transportez en la ville de Beauvais, par devers les gens d'église, maire, pers et commune d'icelle ville, et avecques nostre amé et féal conseiller l'évesque de Mande, lequel, après ce que en tant qu'il luy touche aura fait le serment dessus dit en votre main, nous commettons et depputons, vous et le dit bailli ou son lieutenant et nostre dit procureur, ou l'un d'eulx en sa compagnie, à prendre et recevoir pareillement des dis de Beauvais le serment dessus dit.... Et ce fait, vous transportez par devers nos trés chers et amez cousins et conseillers le comte de Saint-Pol, l'évesque de Thérouenne, l'évesque d'Arras, le gouverneur de Lisle, le gouverneur d'Arras, maistre Pierre de Marigny et maistre Georges d'Ostende, nostre secrétaire, ou les aucuns d'eulx, que vous trouverez qui pourront vacquer et entendre promptement à prendre et recevoir le dit serement des gens d'église, nobles, communaultés, des citéz et bonnes villes de Picardie et autres, à quoy, ilz sont commis et vous avecques eulx ou les aucuns d'eulx....

» Donné en nostre ost devant nostre ville de Melun[1], le XXIXe jour d'octobre, l'an de grâce mil quatre cens et vint, et de nostre règne le LXIe, sous notre scel ordonné en l'absence du grand. Ainsi signé : Par le roy en son grand conseil. J. Milet[2]. — Archives de l'Eglise de Senlis. *Titres généraux* ; boîte 60. »

(Archives de La Roche-Mailly. Copie moderne, papier).

CCLXXVI

1421, 1er décembre. — Procès au Parlement de Paris « entre maistre JEHAN DE MAILLY, conseiller du roy, archidiacre de Chaalons, » et « l'évesque de Chaalons » au sujet d'une « pension de VIe florins de Florence, » que ledit Jean de Mailly demandait à cause de son archidiaconé[3].
(Arch. nat., X^{1a} 4793, fol. 116 verso).

CCLXXVII

1422, vers juin. — *Gages de maître Jean de Mailly annulés à cause de ses fonctions d'ambassadeur.*

« Maistre JEHAN DE MAILLI, maistre des requestes de l'ostel du roy, nostre seigneur, clerc, pour ses gaiges de IIII^{xx} VIII jours qu'il a servy de son office à court, au conseil, en la chancellerie et ailleurs, ès moys

---

1. Le roi d'Angleterre, Henri V, commença le siège de Melun le 7 juillet 1420. La ville ne capitula que le 17 novembre après une résistance héroïque. (Vallet de Viriville, *Histoire de Charles VII*, t. I, pp. 226-232).

2. Jean de Mailly reçut le serment des habitants de Senlis le lundi 25 novembre 1420. (*Archives de l'Eglise de Senlis. Titres généraux ; boîte 60*).

3. Suite du procès les 13 et 27 janvier 1421 (v. s.). (Arch. nat., X^{1a} 4793, fol. 131 et 136 verso). — 1424, 19 avril avant Pâques.Le Parlement accorde à Jean de Mailly, chanoine et archidiacre de Châlons, 200 livres parisis de provision, par an, sur les 600 florins qu'il prétendait avoir le droit de prendre, chaque année le jour de la Purification Notre-Dame, sur les revenus de l'évêché de Châlons. (Arch. nat., X^{1a} 64, fol. 52 verso).

de février, avril (1421, v. s.) et juing (1422) en ce terme, XX IIII sols parisis par jour, argent CV livres XII sols parisis. Néant cy, pour ce que le dit maistre Jehan a esté en embaxade durant le dit temps. »

(Arch. nat., KK 33, fol. 35).

CCLXXVIII

1422, 6 août. Courbeville. — Henri, roi d'Angleterre envoie des députés aux « évesque, chapitre, cité et paiis de Liége, » pour traiter avec eux. Ces deputés sont ses « très chers et bien améz messire Rolland de Dunquerke, chivalier, grant pennetier de France, maistre JEHAN DE MAILLI, doyen de Saint-Germain l'Auxerrois, grant archidiacre de Chaalons et maistres des requestes de l'ostel, maistre Henry Godalz, doyen du Liége et prévost de L'Isle, conseillers, et maistre Jehan Milet, secrétaire » de Charles VI.

(Rymer, Fœdera, Londres 1709, t. X, p. 234).

CCLXXIX

1423, avril. Amiens. — *Henri, roi d'Angleterre, fait don à Colard de Mailly, seigneur de Blangy-sur-Somme, et à son frère Ferry, de la terre de Rambures confisquée sur Andrieu de Rambures et sur Jacques de Harcourt, chevaliers.*

« Henry, par la grâce de Dieu, roy de France et d'Angleterre, savoir faisons à tous présens et avenir que nous, considérans les grans et notables services que ont fais le temps passé à feux noz très chiers seigneurs ayeul et père les roys de France et d'Angleterre, derreniérement trespassez, ausquelz Dieu pardoint, font chacun jour à nous, tant ou fait de noz guerres comme autrement en plusieurs et diverses manières, et esperons que encores facent ou temps advenir, noz amez et féaulx COLARD DE MAILLI, chevalier, seigneur de Blangy-sur-Somme, et FERRY DE MAILLI, escuier, frères, à iceulx et chacun d'eulx, par l'advis et délibéracion de notre très chier et très amé oncle Jehan, régent notre royaume de France, duc de Bedford, avons donné, cédé, transporté et delaissé, et par la teneur de ces présentes, de notre grâce, plaine puissance et auctorité royal, donnons, cédons, transportons et delaissons, le chastel, terre et seigneurie de Rambures, avec ses appartenances.... qui furent et appartindrent à Andrieu de Rambures[1] et à Jaques de Harecourt[2], chevaliers, à nous venuz et escheuz par confiscacion, par le moien de la rebellion et désobeissance commise par les dessus diz de Harecourt et Rambures, envers notre dit seigneur et ayeul et envers nous, pour, d'iceulx chastel, terre et seigneurie de Rambures, avecques leurs appartenances et appendances dessus dites, joir et user par les dessus ditz COLARD et FERRY DE MAILLI, et chacun d'eulx, et leurs hoirs masles venans d'eulx et d'un chacun d'eulx en directe ligne et procréez en loyal mariage, plainement, perpétuelement, heréditablement et à tousjours, en la valeur de huit cens livres parisis de revenue par an, eu regart au temps que valoient les choses dessus dites maintenant quinze ans a, pourveu touteffoiz qu'elles n'excédent en valeur ladite somme de huit cens livres parisis de revenue par an, qu'elles ne soient de notre demaine, et que elles ne aient esté données à autre par avant la date de ces présentes, et aussi que les dessus ditz de Mailly et chacun d'eulx feront et payeront les charges, drois, devoirs et services pour ce deubz et acoustumez.

» Si donnons en mandement (etc).

» Donné à Amiens, ou mois d'avril, l'an de grâce mil IIII[c] et vint et trois, après Pasques, et de notre règne le premier.

» Ainsi signé : Par le Roy, à la relacion de monseigneur le Régent le royaume de France, duc de Bedford.

» J. MILET. »

(Arch. nat., JJ 172, fol. 143 verso, n° 286).

CCLXXX

1423 (v. s.), 2 mars. Amiens. — « Lettres de Philippe, duc de Bourgogne, portant amortissement du fief des terres de Lannoy près Buy-

1. Au dire du P. Anselme, t. VIII, p. 67, André de Rambures, fils de David de Rambures, maître des arbalétriers de France, et de Catherine d'Auxy, épousa Péronne de Créquy, fille de Jean, seigneur de Créquy et de Canaples, et de Jeanne de Roye. Il fut maître des eaux et forêts de Picardie et servit le roi Charles VII en plusieurs sièges et combats, depuis 1420 jusqu'en 1449.

2. Probablement Jacques II de Harcourt, chevalier, baron de Montgommery, seigneur de Noyelles-sur-Mer, capitaine de Rue et du Crotoy, qui fut assiégé dans le Crotoy et contraint de rendre cette place aux Anglais, en 1423. (P. Anselme, t. V, p. 137).

res,.... lequel fief messire Jean de Mailly, dit Maillet, chevalier, seigneur de Buyres, veut donner pour la fondation d'une chapelle en l'honneur de la Vierge dans la basse cour des château et forteresse de Buyres, en laquelle chapelle on dirait 3 messes par semaine pour l'âme du dit de Mailli et celle de dame Jeanne de Creseques, sa femme, moyennant finance qui sera taxée par les gens des comptes de Lille. »

(Godefroy, *Inventaire des Cartulaires de la Chambre des comptes de Lille*, t. II, fol. 273 verso. — Bibl. nat., *Trésor généalogique de dom Villevieille*, t. 54, fol. 41).

CCLXXXI

1424, 8 juin. — Procès au Parlement de Paris, « entre maistre Philippe Le Besgue, conseiller du roy, demandeur, d'une part, et maistre Jaques Saquespée, coustre de Saint-Quentin, défendeur, d'autre part.

» Le Besgue dit que.... il a droit, possession et saisine de l'archidiaconé de Brie en l'église de Soissons, qui vacca par le trespas de feu messire Guy Dermenie.....

» Saquespée défend et dit que messire Guy Dermenie après ce qu'il se rendi indigne et fu privé dudit archidiaconé et qu'il se rendi homme d'armes, adversaire du roy, le dit archidiaconé fu donné à maistre Jehan de Mailly,.... et d'abondant obtint du pape nouvelle provision par le trespas de Raoul Gousset, qui prétendoit droit, par vertu d'une nominacion, et aussi par le trespas dudit Dermenie, et pour ce que lors le cardinal de Saint-Marc, par vertu d'une grâce expectative, obtint provision dudit archidiaconé, par vertu d'une acceptation dont il n'ot point de possession. Di que depuis la régale ouverte en l'église de Soissons, il permua avec Mailly qui lui laissa ledit archidiaconé, et ot Saquespée don en régale.... »

(Arch. nat., X¹ᵃ 4793, fol. 434).

CCLXXXII

1424, 21 juin. Paris. — Donation par Henri, roi d'Angleterre, à son oncle, le duc de Bedfort, des duché d'Anjou et comté du Maine « que tiennent et occupent nos dits ennemis, avecques toutes les citez, chasteaulx, chastellenies, terres, seigneuries, etc. — Ainsi signé: Par le roy,

à la relacion du grand conseil, ouquel monseigneur le duc de Bourgogne, vous les évesques de Thérouenne et de Beauvais, le chancellier de
Bourgogne, l'abbé du Mont-Saint-Michiel, les seigneurs de Robais et
de Saligny, messire Rolant Dunkerque, messire Andrieu de Vaillins,
messire Raoul Le Saige, seigneur de Saint-Pierre, les srs de Rance et
de Clamecy, maistre JEHAN DE MAILLY, le trésorier de l'église de Rouen,
et autres estoient. — J. de Ruiel. »
(Arch. nat., JJ 173, fol. 152 verso, n° 315).

CCLXXXIII

1424, 22 décembre. Châlons. — Pierre Cauchon, évêque et comte de
Beauvais, Jean de Neufchâtel, seigneur de Montagu et d'Amance,
Pierre de Fontenoy, seigneur de Rance, Jean de Courcelles, seigneur
de Saint-Liebaut, institués par Henri VI commissaires pour juger un
différend pendant entre Louis, cardinal de Bar, et Jean de Villiers, chevalier, seigneur de l'Isle-Adam, au sujet d'une créance de 4.000 écus
réclamée au dit cardinal par le seigneur de l'Isle-Adam « comme porteur de certaines lettres obligatoires faites au prouffit de FERRY DE
MAILLY, maistre NICOLE DE MAILLI, et autres leurs consors, » pronon-
cent un arrêt de défaut contre ledit Jean de Villiers [1].
(Bibl. nat., *Collection de Lorraine*, t. 200, n° 11).

CCLXXXIV

1424. — « Messire JEAN DE MAILLY, dit MAILLET, chevalier, seigneur
de Buires, paye le droit d'amortissement d'un fief appellé le fief des terres de Lannoy, près de Buires, qu'il a assigné pour 15 livres de rente
qu'il avoit donnée pour la dottation d'une chapellenie de trois messes
par semaines qu'il avoit fondée dans la basse-court de son château de
Buires, pour prier pour luy, pour madame JEANNE DE CRÉSECQUES, sa
femme, et tous leurs parens, selon le *Compte de Guy Guilbaut commencé à la Saint-Jean 1424.* — Chambre des comptes de Lille. *Domaine de Hesdin.*
(Bibl. nat., *Trésor généalogique de dom Villevieille*, t. 54, fol. 41 v°).

---

1. Ce document est publié *in extenso* dans *Jeanne d'Arc à Domremy*, par
Siméon Luce, pp. 333-335.

CCLXXXV

1424 (v. s.), 19 janvier au 18 mars. — *Mention de deux comptes rela-*
tifs à des voyages faits auprès du duc de Bourgogne par Jean de
Mailly, maître des requêtes de l'hôtel du roi et président de la
Chambre des comptes.

« Compotus particularis magistri Johannis de Mailly, consiliarii et
magistri requestarum hospicii domini nostri regis, de quodam viagio
per ipsum facto, ex deliberatione domini ducis Bedfordie, erga dominum
ducem Burgundie existentem in partibus Burgundie, propter aliqua
magna negocia dictum dominum regem et suum regnum Francie tangencia, videlicet a decima nona januarii M CCCC° XXIIII inclusive
usque ad decimum quartum februarii et eodem anno etiam inclusive.
» Compotus particularis magistri Johannis de Mailly, consiliarii
domini nostri regis et presidentis in sua curia compotorum Parisien.,
de quodam viagio per ipsum facto.... ad partes Flandrie in comitiva
domini cancellarii Francie, erga dominum ducem Burgundie ibidem
existentem, propter aliqua magna negotia dictum dominum regem et
suum regnum Francie tangencia, videlicet a vigesima quinta die februarii M CCCC XXIIII usque ad decimum octavum martii, eodem anno
et diebus supradictis inclusive. »
(Arch. de La Roche-Mailly. Copie papier, collationnée en 1781, par
dom Etienne Henriot à l'original existant à Saint-Martin-des-Champs).

CCLXXXVI

1425, 8 juillet. Abbeville. — *Henri, roi d'Angleterre, fait don à*
Colard de Mailly, seigneur de Blangy-sur-Somme, des terres confis-
quées sur feu Jean de Coucy.

« Henri, par la grâce de Dieu, roy de France et d'Angleterre, savoir
faisons à tous présens et advenir que, pour considéracion des bons et
aggréables services que notre amé et féal Colart de Mailly, chevalier,
seigneur de Blangy-sur-Some, a faiz à feu notre très chier seigneur et
ayeul le roy Charles, derrenier trespassé, que Dieu absoille, et à nous
en noz guerres, à l'encontre de noz ennemis et adversaires et pour cer-

taines autres consideracions, à icellui Colard, par l'advis et délibéracion de notre très chier et très amé oncle Jehan, régent de notre royaume de France, duc de Bedford, avons donné, cédé, transporté et délaissé, donnons, cédons, transportons et délaissons pour lui et ses hoirs et
ayans cause, à tousjours mais, perpétuelment et héréditablement les terres, cens, rentes, revenues et seigneuries qui furent et appartindrent à
feu Jehan de Coucy, à nous appartenant de présent pour les rébellion,
désobeissance et autres crimes de lèze Magesté commis envers nous par
ledit feu Jehan, ou temps de sa vie, pour joir d'icelles rentes, terres,
revenues et seigneuries, comme de leur propre chose à tousjours mais,
comme dit est, jusques à la valeur de deux cens livres parisis de rente et
revenue par chacun an, eu regard à ce qu'elles valoient au temps de l'an
mil IIII^c et dix, pourveu toutesvoies qu'elles ne soient de notre propre
et ancien demaine ne données à autres par feu notre très chier seigneur
et ayeul, par l'advis et déliberacion de feu notre très chier seigneur et
père, que Dieu absoille, ou nous, par l'advis de notre dit oncle le Régent,
et parmi ce qu'ilz payeront les charges et feront les devoirs pour ce
deuz et acoustumez.

» Si donnons en mandement, par ces présentes, à noz amez et féaulx
conseillers les gens de noz comptes, trésoriers et gouverneurs généraulx de toutes noz finances en France, les commissaires sur le fait des
confiscacions et forfaictures, aux bailliz d'Amiens et de Senliz, au gouverneur commis de par nous en la conté de Clermont (etc).

» Donné à Abbeville, le VIIIe jour de juillet, l'an de grâce mil CCCC
et vinc cinq, et de nostre règne le tiers, ainsi signé : Par le roy, à la
relacion de mons^r le Régent, duc de Bedford.

» J. DE BETISY. »

(Arch. nat., JJ 173, fol. 138 verso, n° 283).

CCLXXXVII

1425, 19 novembre. — *Procès entre Jean de Mailly, évêque de
Noyon, et Blanche de Coucy, pour les réparations à faire aux maisons et édifices dépendants de l'évêché de Noyon.*

« Entre messire JEHAN DE MAILLY, évesque de Noyon, demandeur,

d'une part, et dame Blanche de Coucy[1], dame de Montmirail, défenderesse, d'autre part. Le demandeur ramaine à fait le contenu en son im-
pétracion et les explois et sommacions faictez contre la dite défenderesse, héritière ou aiant cause de feu messire Raoul de Coucy, évesque
de Noyon, son prédécesseur, et conclut afin qu'elle soit condempnée à
faire ou paier ce qu'il conviendra pour les réparacions des maisons et
édifices dudit évesché, qui montent à plus de XXX^m voire de L^m livres...
Et, ce pendant, pour ce qu'il y a plusieurs édifices qui sont en très grant
ruine, requert que par provision il puist faire ycelles ou aucunes des
dites réparacions, sauf à recouvrer où il appartiendra.

» La défenderesse a demandé délay de conseil, qui lui a esté octroyé
aux jours d'Amiens prochains venans, et pourra ledit de Mailli faire faire
les dites réparacions, sauf à recouvrer où il appartiendra[2]. »

(Arch. nat., X^ia 4794, fol. 150 verso).

CCLXXXVIII

1425 (v. s.), 21 et 22 janvier. — *Colard de Mailly, seigneur de
Blangy-sur-Somme, demande au Parlement, contre Geoffroy de Villiers, l'entérinement des lettres de provision du bailliage de Vermandois qui lui ont été données par le roi.*

« Lundi, 21 janvier 1425. Messire COLART DE MAILLY, seigneur de
Blangi, a présenté céans (au Parlement) ses lettres de l'office du bail-
liage de Vermendois, dont a requis l'enterinnement. A quoy maistre
Jehan Paris, ou nom et comme procureur de messire Geffroy de Vil-

1. Blanche de Coucy, fille de Raoul de Coucy, seigneur de Montmirail,
et de Jeanne de Harcourt, était sœur de Raoul de Coucy, évêque de Noyon.
C'est par erreur que le P. Anselme (t. VIII, p. 544) la fait mourir le 24 février
1411, puisqu'en 1425 et 1426 elle était en procès avec Jean de Mailly.
2. 1425 (v. s.) 22 janvier. Suite du procès. Arch. nat., X^ia 4794, fol. 181.—
1426, 30 juillet. « En la cause d'eutre l'évêque de Noyon, demandeur, d'une
part, et la dame de Montmirail, défenderesse, d'autre part.... La défenderesse dit que feu messire Raoul, son filz (sic, pour frère), après le trespas
de Fresnel, fu translaté de Metz à Noyon en l'an CCCC XV ou environ,
ouquel temps l'évêché est moult desolé et en très grant ruine et tellement
qu'il n'en eust peu avoir la tierce partie de son vivre et de sa despense, et,
s'il n'eust vesqui de son patrimoine, il n'eust peu vivre, et néantmoins il a
fait de son temps grans réparations, dont ne devroit estre bien content.....
Appoincté que la cour verra la déclaracion (des réparations à faire) pour savoir selle est recevable. » (Arch. nat., X^ia 4794, fol. 290).

liers, chevalier, s'est opposé, qui reviendra demain dire ce que vouldra.

» Mardi, 22 janvier. Messire Colard de Mailly, chevalier, seigneur de Blangi, comme dessus, a présenté ses lettres de l'office du bailliage de Vermendois, dont a requis l'enterinnement.

» Messire Geffroy de Villiers, chevalier, dit qu'il est nobles hommes et n'a riens meffait et sera honte à luy de le débouter sans cause ; pour ce maistre Jehan Paris, son procureur, s'est opposé et oppose qu'il ne soit ainsi deschargé sans cause.

» Messire Colart de Mailly dit qu'il n'a point poursuy le dit office, et a esté mandé, et ne scet pour quelles causes le roy a deschargié messire Geffroy, et s'en rapporte au roy et à son conseil, et est prest de leur baillier les dites lettres pour en ordonner ainsi qu'il appartiendra.

» Villiers dit que la court, qui représente le roy, doit pourveoir à ce.

» Appoincté est que la court verra les dites lettres au conseil. »

(Arch. nat., X^{1a} 4794, fol. 180 verso).

CCLXXXIX

1426, 2 et 7 mai. — Procès au Parlement de Paris entre « l'évesque de Chaalons, d'une part, et maistre Jehan de Mailly, évesque de Noyon, et maistre Quentin Menart, d'autre part, qui dient que Mailli a tenu l'archidiaconé de Chaalons, et après sa promotion à Noion le pape l'a donnée à Menart, et ainsi l'évesque de Chaalons doit la pension ou provision de IIe livres ou à Mailli ou à Menart, mais l'évesque de Chaalons ne veult paier na l'un na l'autre, et veult dire que maistre Quentin n'a point fait d'hommage....

» Chaalons dit que Mailly ne peut riens demander en la provision ou pension qui est escheue à la Chandeleur *quia non venit nec cessit dies* jusquez au jour, et n'estoit deue jusquez au jour ; ainsi Mailli qui estoit ou mois de juing promeu à Noyon ny a riens.... Et au regard de Menard, l'évesque de Chaalons ne scet s'il est archidiacre ou non, et n'en a fait foy ne hommage.... »

(Arch. nat., X^{1a} 4794, fol. 235 et 239).

CCXC

1426, 27 juin, 30 juillet. — Procès au Parlement de Paris entre l'ÉvÈque de Noyon « per de France » et les doyen et chapitre de son église au sujet d'un moulin situé près de Noyon.

(Arch. nat., X^{1a} 4794, fol. 265 verso et 290 verso).

CCXCI

1426, 11 juillet. — Procès au Parlement de Paris « entre l'évêque de Noion, demandeur, d'une part, et l'abbé de Vermans[1], défendeur, d'autre part, » au sujet d'une rente de 42 muids de grains réclamée par l'évêque[2].

(Arch. nat., X^{1a} 4794, fol. 278).

CCXCII

1426. — « Monseigneur Jean de Mailly, dit le Bègue, chevalier, à cause de la succession de feue madame de Longueval, sa mère, releva la terre et seigneurie de Fouconviller, tenue du château d'Arras, selon le *Compte de Jean Robaut commencé à la Saint-Jean 1426*. — Chambre des comptes de Lille. *Domaine d'Arras*. »

(Bibl. nat., *Trésor généalogique de dom Villevieille*, t. 54, fol. 42).

CCXCIII

1426. — « Messire Colart de Mailly, bailly de Vermandois, passant par Amiens, les vins de ville luy furent présentés par les officiers municipaux, l'an 1426. — Hôtel de ville d'Amiens. *Compte* cotté 21. y. 3. »

(Bibl. nat., *Trésor généalogique de dom Villevieille*, t. 54, fol. 42).

---

1. L'abbaye de Vermans « de l'ordre de Premonstré. » (Arch. nat., X^{1a} 4795, fol. 47 verso).

2. 1426 (v. s.), 16 janvier. Suite du procès. Les religieux de Vermans se plaignent de leur grande pauvreté et disent qu'ils « n'ont de quoi mengier et s'en sont plusieurs départiz pour aller vivre ailleurs en autres monastères. » (Arch. nat., X^{1a} 4795, fol. 27).

CCXCIV

1426 (v. s.), 1ᵉʳ mars. Moymer[1]. — *Mention de la montre de Colard de Mailly, bailli de Vermandois.*

« Messire COLART DE MAILLY, chevalier bachelier, bailli de Vermandois, et XII hommes d'armes de sa compaignie de la retenue de monseigneur le conte de Salisbury, receuz à monstre le premier jour de mars IIIIᶜ XXVI, au siège devant la place de Moymer.... Somme du service pour 1 mois, IIᶜ II liv. V s. X d. tournois. »

(Bibl. nat., ms. fonds français, 4484 (*Comptes d'Andry d'Esparnon, trésorier des guerres du roi d'Angleterre*), fol. 38, verso).

CCXCV

1427, 11 août. — « Guillaume Defossés, écuyer, avoua tenir en fief, à foi et hommage, de l'abbaye de Saint-Denis en France, son habergement de la Haute-Cour, à Rosay, qui avoit appartenu à feu Pierre de Garencières, à cause de damoiselle Jeanne de Mésalent, sa femme, avec les fiefs et arrière fiefs qui en relevoient, et entre autres : les fief et seigneurie de la Basse-Cour de Rosay tenus de lui par noble et puissant seigneur messire COLART DE MAILLY, chevalier, au lieu de Robert de Montorgueil, écuyer, dont relevoient plusieurs fiefs et arrièrre-fiefs, et nommément un valant 100 livres parisis de rente, tenu par messire Robert de Montorgueil, chevalier, par lettres passées le lundi 11ᵉ août 1427. — Archives de l'abbaye de Saint-Denis-en-France, *3ᵉ reg. de fiefs*, p. 183. »

(Bibl. nat., *Trésor généalogique de dom Villevieille*, t. 54, fol. 42).

CCXCVI

1427, août. — *Guillaume de Châtillon et Colard de Mailly, bailli de Vermandois, envoyés en mission par le roi d'Angleterre à Noyon, Saint-Quentin, Soissons, Laon et dans différentes autres villes.*

« A monsʳ Guillaume, seigneur de Chastillon, et messire COLARD DE

---

1. Aujourd'hui Montaymé, lieu dit de la commune de Bergerès-lez-Vertus, Marne, canton de Vertus, arrondissement de Châlons-sur-Marne.

MAILLY, bailly de Vermandois, chevaliers, lesquelz ont esté commis par
le roy.... et par ses lettres données à Paris, le XXII⁰ jour d'aoust CCCC
XXVII, cy rendues, pour, entre autres choses, aler et eulx transporter
ès villes et citez de Noion, Saint-Quentin, Soissons, Laon, Reims,
Chaalons, ou pais de Rethelois et autres, qui, en la recouvrance des villes et forteresses de Mouson, Passavant et autres, occupées par les ennemis et adversaires ou pays de Champaigne, avoient plus grant interest,
et illec assembler les notables bourgois et habitans d'icelles villes, leur
remonstrer les maulx, griefz et oppressions que font singuliérement aux
dessus diz les diz ennemis occupans les dites places, aussy le grant
bien qui pour la recouvrance d'icelles places s'en ensuirait, et autres
plusieurs choses contenues ès dites lettres, et principalement qu'ilz vou-
loissent paier les restes deues à cause de la taille n'avoit gaires mise sus,
pour VI mois entiers, pour le fait du siège n'avoit gaires tenu devant
Moymer, pour lequel voiage convenoit les dessus nommez vacquer et
séjourner par grant temps à grans frais et despens, pourquoy le roy,....
par ses autres lettres données à Paris, le XXII⁰ jour d'aoust dessusdit,
expédiées le XXX⁰ jour ensuivant dudit mois d'aoust, eust voulu et mandé estre paié et baillié aux dessusdits à chacun C liv. tourn., des deniers
qui vendroient et ysteroient des dites restes deues à cause de la ditte
taille de VI mois, et de certain autre aide, lors ordonné estre mis sus,
pour le recouvrement des dites places occupées par les diz ennemis ou
dit pays de Champaigne, auquel aide recevoir Andry d'Espernon ait
depuis esté commis par lettres,.... par vertu desquelles lettres.... est
mandé ladite somme de II⁰ liv. tourn., paiée aux chevaliers, dessus nommez, estre allouée ès comptes et rabatue de la recepte dudit Andry d'Esparnon.... Pour ce, II⁰ liv. tourn. »

(Bibl. nat., fonds français, 4484, fol. 172 verso et 173).

CCXCVII

1427, 1ᵉʳ septembre. — « Sentence rendue par COLART DE MAILLY,
bailli de Vermandois, ordonnant que les habitants de Laon auront voie
de communication par la porte de Saint-Jean-au-Bourg pour aller sur
les remparts, passage que le chapitre de Saint-Jean de Laon prétendait
leur interdire. »

(Archives communales de Laon, DD 1).

CCXCVIII

1427 (v. s.), 20 janvier. — Mandement de Henri VI, roi d'Angleterre, relatif à la levée d'un corps d'armée de 600 hommes d'armes et 1000 hommes de trait placé sous les ordres de « Jehan de Luxembourg, comte de Guyse et seigneur de Beaurevoir, pour la recouvrance des villes et forteresses de Mouson, Beaumont en Argonne, Passavant, Vaucouleur et autres occupées par les ennemis et adversaires, ès pais de Champaigne, Vermandois, Picardie, Thierarche, Rethelois et autres pais voisins. » Les gages seront ainsi repartis, « c'est assavoir, chevalier banneret » 48 francs, « chevalier bachelier » 24 francs, « homme d'armes » 12 francs, « et homme de trait » 6 francs « pour mois ; et pour l'estat de la personne de mon dit seigneur Jehan de Luxembourg, oultre et par dessus ses gaiges acoustumez, » 600 livres tournois par mois. « Lesquelx gaiges et estat le roy.... veult et mande estre paicz au dit messire Jehan de Luxembourg par le trésorier (des guerres) le premier mois à commancier du jour de sa première montre, faicte et passée par devant messire Guillaume de Chastillon, le sire de Lor, gouverneur de Rethelois, COLARD DE MAILLY, bailly de Vermandois, Jehan de Chastillon, seigneur de Troissy, Jehan de Sconnevel, chevaliers, et Henry de La Tour, escuier, bailly de Vitry, lesquelx le roi.... a commis, les cinq, quatre, trois ou les deux à veoir et recevoir les dictes monstres et reveues des diz hommes d'armes et de trait. »

(Bibl. nat., fonds français, 4484, fol. 74. — Siméon Luce, *Jeanne d'Arc à Domremy, Preuves*, n° CLXII, pp. 202-204).

CCXCIX

1428, 10 avril, après Pâques. Attigny-sur-Aisne. — *Mention d'une montre et d'une quittance de Ferry de Mailly.*

« FERRY DE MAILLY, escuier, ung chevalier bachelier, XXXVIII autres hommes d'armes et IXxx archers de sa compaignie, du nombre de VIᶜ hommes d'armes et mil archers bailliez en charge à monseigneur Jehan de Luxembourg, pour le recouvrement des villes et forteresses de Beaumont, Mouson, Passavant, Vaucouleur et autres, ou pais de Champaigne, iceulz receuz à monstre les Attigny-sur-Esne, le Xᵉ jour d'avril,

après Pasques, IIIIᵉ XXVIII, par messire Jehan de Chastillon, seigneur
de Troissy, et COLART DE MAILLY, bailli de Vermandois, chevaliers,
commissaires » pour recevoir les montres. « Somme du service pour ung
mois, XVIᵉ LXXIIII liv. tourn. »

« Au dit FERRY DE MAILLY, escuier, en prest et paiement sur les gaiges de lui et de ses dits hommes d'armes et de trait de sa compaignie
desservis ou service du roy,.... soubz mondit seigneur Jehan de Luxembourg, pour le recouvrement des dites forteresses, paié par quittance de
lui cy-rendue, donnée soubz son seel, le Xᵉ jour d'avril après Pasques
M CCCC XXVIII, la somme de XVIᵉ LXXIIII liv. tourn. »

(Bibl. nat., fonds français, 4484, fol. 83).

CCC

1428, 12 avril, après Pâques. Attigny-sur-Aisne. — *Mention d'une
montre de Colard de Mailly*.

« Messire COLART DE MAILLY, chevalier bachelier, IX hommes d'armes et XI archers de sa compaignie et retenue, soubz messire Jehan de
Luxembourg, receuz à monstre lez Attigny-sur-Esne[1], le XIIᵉ jour d'a-
vril, après Pasques, mil IIIIᶜ XXVIII,.... Somme du service pour ung
mois, IXˣˣ XVIII liv. tourn. »

(Bibl. nat., fonds français, 4484, fol. 93).

CCCI

1428, 12 avril au 27 mai. — *Mention d'une montre et de quittances de
Colard de Mailly*.

« Messire COLARD DE MAILLY, chevalier bachelier, IX autres hommes
d'armes et X archers de sa compaignie, soubz messire Jehan de Luxembourg, reveuez devant Beaumont, le XIIᵉ jour de may mil IIIIᶜ XXVIII...
Somme du service pour XV jours, IIIIˣˣ XVI liv. tourn. »

« Au dit messire COLART DE MAILLY, chevalier bachelier, emprest et
paiement sur ce qu'il peut et pourra estre deu à cause des gages de lui
et des hommes d'armes et archers de sa dite compaignie et retenue,

1. Attigny-sur-Aisne, Ardennes, arrondissement de Vouziers.

desservis ou service du roy.... soubz le gouvernement de mons^r Jehan de Luxembourg, pour le recouvrement des dites places et forteresses (Beaumont, Mouson, etc.), par III quictances dudit messire Colart cy rendues, données soubz son seel, l'une le XIIe jour de avril, après Pasques, M CCCC XXVIII, montant IX^{xx} XVIII liv. tour. ; l'autre le XIIe jour de may ensuivant oudit an, montant IIII^{xx} XVI liv. tourn. ; et la tierce le XXVIIe jour ensuivant dudit moys de may, montant LI liv. IIII s. tourn. Pour tout, IIIe XLV liv. IIII s. tourn. »

(Bibl. nat., fonds français, 4484, fol. 93 verso).

CCCII

1428, 19 juin. — « Damoiselle Jeanne de Nybat, veuve de feu Jean Werel, fut condamnée à payer une rente due sur certains biens à madame Ysabelle d'Esquignecourt, dame de Campaignes, veuve de feu monseigneur Jean de Guebefay, chevalier, et à MATHELIN DE MAILLY, dit D'AUTHUILLE, leur gendre, écuyer, mary de madame Yde de Guebefay, fille et héritière dudit feu chevalier et de la dite dame, par sentence du sénéchal de Ponthieu, le 19e juin 1428. — Original chez M. Flaman, notaire à Abbeville. »

(Bibl. nat., *Trésor généalogique de dom Villevieille*, t. 54, fol. 42).

CCCIII

1428, 30 juin. Paris. — *Henri VI, roi d'Angleterre, donne à Colard de Mailly, seigneur de Blangy-sur-Somme, « le droit de vinage que le sire de La Suze souloit prendre et avoir ou pais de Laonnois et environ. »*

« Henry, par la grâce de Dieu, roy de France et d'Angleterre, savoir faisons à tous présens et avenir, que, pour considéracion des grans et notables services que nous a faiz et fait de jour en jour nostre amé et féal chevalier COLARD DE MAILLI, seigneur de Blangy-sur-Somme, nostre bailli de Vermandois, tant ou fait de nostre guerre comme en plusieurs voyages par lui faiz pour noz affaires, où il a grandement fraié et despendu du sien et autrement, à icelui, par l'advis de nostre très chier et très amé oncle Jehan, régent nostre royaume de France, duc de Bedfort, avons donné, cédé, transporté et délaissé, et, par la teneur de ces

présentes, de grâce espécial, plaine puissance et auctorité royal, donnons, cédons, transportons et délaissons le droit de vinage que souloit
prendre et avoir ou pais de Laonnois et environ le sire de La Suse,
lequel droit de vinage nous est venu et escheu par confiscacion parce
que ledit de La Suse[1] est désobéissant à nous, tenant la partie de nos
adversaires, pour d'icelui droit de vinage joir et user par le dit de Mailli
et ses hoirs masles, venant de lui en loial mariage, perpétuelment, héréditablement et à tousjours, jusques à la valeur de VIII^{xx} livres tournois,
pour chacun an, eu regard ad ce que le dit vinage valoit l'an mil CCCC
et X, et faisant et paiant les droiz et devoirs pour ce deuz et acoustumez, pourveu que icelui vinage ne soit de nostre demaine ancien et que
par nous il n'ait esté donné à autre par avant la date de ces présentes.
Si donnons en mandement (etc).

» Donné à Paris le derrenier jour de juing, l'an de grâce mil quatre
cens et vint huit, et de nostre règne le sixiesme.

» Ainsi signé : Par le Roy, à la relacion de monseigneur le Régent
de France, duc de Bedfort.

» J. MILET. »

(Arch. nat., JJ 174, fol. 74 verso, n° 174).

CCCIV

1428, 22 juillet. — « JEHAN DE MAILLY, escuier, » reconnait avoir reçu
« de Jehan Marlette, commis par monseigneur le duc de Bourgogne à
tenir le compte de ses armées, » la somme de 80 livres, à lui due pour
ses « gaiges et soldees » et de « cincq hommes d'armes et treze hommes
de trait, » pour quinze jours, durant lesquels il promet demeurer « ès
pays de Hollande et de Zeellande et ailleurs.... »

(Archives départementales du Nord, B 1939, n° 48°. Orig. parch.
Sceau perdu).

CCCV

1428, 8 août. Bourges. — Charles VII fait don à Thibaut Chabot des
terres de « LOYSE DE CRAON, fille de feu Guillaume de Craon, chevalier,

---

1. Jean de Craon, seigneur de La Suze, au Maine, marié en premières
noces à Béatrix de Rochefort, et en secondes avec Anne de Sillé, mort le 15
novembre 1432. (Gilles Ménage, *Histoire de Sablé,* 1re partie, p. 289).

et de Jeanne de Montbasson, sa femme, » laquelle s'est « naguère mariée » à un seigneur (JEAN DE MAILLY) « tenant le party » des Anglais.

(Bibl. nat. Arm. de Baluze, LIV, fol. 255 verso. — Sandret, *Histoire
généalogique de la Maison de Chabot*, Nantes, 1886, p. 282).

CCCVI

1428, 15 octobre. — « Dénombrement, en parchemin, sans seing et scel,
du 15 octobre 1428, contenant Jehan Barnel au nom et comme homme
vivant et mourant, pour messeigneurs les religieux, abé et couvent de
l'église Notre-Dame de Beaupré, avoir advoué tenir noblement et en fief,
par foi et hommage, de noble et puissant seigneur et dame Mr COLLART
DE MAILLI, chevalier, et madame ISABELLE DE CONTI, sa femme, seigneur
et dame de Blangi-sur-Somme et dudit Conti, à cause de leur châtellenie
dudit lieu de Conti, c'est assavoir un fief situé et assis en la ville de Contres et au terroir d'environ, qui jadis fut et apartint à deffunct Jean
d'Estrée. — Extrait d'un livre relié en bazane verte intitulé : *Extraits
de titres, cartulaires et journaux* ; article, *Nantheuil*, cote 242, fol.
187. »

(Arch. de La Roche-Mailly. Copie du XVIIIe siècle).

CCCVII

1428, après le 17 juillet. — « ANTOINE DE MAILLY, écuyer, seigneur de
La Rosière, paya le quint de la vente à luy faite par Colinet de Le Motte,
dit le Borgne, de deux fiefs du château de Bapaulme, l'un consistant en
20 livres et l'autre en 80 mencaux de bled et 80 mencaux d'avoine, sur le
grand cens de Bapaulmes, à la charge de 52 écus d'or de rente viagère
envers messire David de Brimeu, seigneur de Ligny, et JEANNE DE
MAILLY, fille d'iceluy ANTOINE DE MAILLY, selon le *Compte de Colart
Maunare commencé le 17e juillet 1428*. — Chambre des comptes de
Lille. *Domaine de Bapaulmes*. »

(Bibl. nat., *Trésor généalogique de dom Villevieille*, t. 54, fol. 42).

CCCVIII

1428. — « MATHELIN DE MAILLY, dit D'AUTUILLE, paya les droits qui
étoient dûs à cause du transport à luy fait de la terre de Fouconviller,

tenue du château d'Arras, par messire Jean de Mailly dit le Bègue, son frère aisné, pour ses droits en la succession du feu seigneur d'Authuille, leur père, selon le *Compte de Jean Robaut commencé à la Saint-Jean 1428.* — Chambre des comptes de Lille. *Domaine d'Arras.* »

(Bibl. nat., *Trésor généalogique de dom Villevieille*, t. 54, fol. 42).

CCCIX

1428 (v. s.), 3 janvier. — *Vente de la sixième partie d'une maison située à Arras, rue de Rouville, par Jean de Mailly, dit le Bègue.*

« Est venus et comparus en sa personne noble homme monsᵣ Jehan de Mailly, dit le Begue, chevalier, seigneur du Quesnoy et de Bienvillers, filz de feus monseigneur d'Autheville et madame, sa femme, forains et non bourgeois, et a dit et recongnut que,.... moyennant la somme de LX courones d'or qu'il confesse avoir reçu comptant de Jehan de Dienat, recepveur général du pays d'Artoys pour monseigneur le ducq de Bourgogne, forain et non bourgeois,.... il avoit et a vendu.... héritablement au proffit dudit recepveur.... le 6ᵉ partie et avec tout le droit, cause et action qu'il avoit.... de la succession de ses dits feus père et mère en une maison et héritage en cette ville d'Arras en la rue de Rouville, avec un droit de rente que doivent les archers de la confrairie de le dite ville pour l'arrentement par eulx fait de certain jardin et héritage qui estoient dudit heritage[1].... — Extrait du *Registre aux embrevures de la ville d'Arras, de 1428 à 1430,* fol. 24 verso. »

(Arch. de La Roche-Mailly. Copie papier du XVIIIᵉ siècle, collationnée à l'original par « le greffier de la ville et cité d'Arras. »).

---

1. 1428 (v. s.), 10 janvier. « Noble homme *Mathelin de Mailly,* dit d'Authewille, fils de feus monsᵣ *Gilles de Mailly,* chevalier, *seigneur d'Authewille* et madame *Marguerite de Longueval,* sa femme, forain et non bourgeois » d'Arras, vend au même sa part de la même maison qui lui est venue de la succession de son père et de sa mère. »

1428 (v. s.), 22 février. « Madame *Jehanne de Mailly,* dame de Wagière, de Maucourt, et Jehan Fourmentin, escuier, et damoiselle *Jehanne de Mailly,* sa femme, forains et non bourgeois d'Arras, » vendent au même leur part de la même maison, laquelle « jadis fut et appartint à monsᵣ *Gille de Mailly,* en son vivant chevalier, seigneur d'*Authewille,* et à madame *Marguerite de Longueval,* qui fut sa femme, » et leur droit de rente « sur ung gar-

CCCX

1428 (v. s.), 19 février. Corbeil. — *Don par Henri VI, roi d'Angleterre, à Ferry de Mailly de « la prévosté de Lannoys, » confisquée sur Henri de Lizac.*

« Henry, par la grâce de Dieu, roy de France et d'Angleterre, savoir faisons.... que, pour consideracion des bons et agréables services que nous a faiz, fait un chacun jour,.... notre bien amé FERRY DE MAILLY, escuier, à icelui, par l'advis et déliberacion de notre très chier et très amé oncle Jehan, régent notre royaume de France, duc de Bedfor, avons donné, cédé, transporté et délaissié, donnons (etc) certaine seigneurie, appellée la prévosté de Lannoys, tenue en fief de l'évesque de Laon, ensemble les terres, fiefs, rentes, revenues, maisons et possessions appartenant à la dite prévosté et dépendances d'iceles, qui jadis furent et appartindrent à Henry de Lizac, lesqueles sont à nous forfaictes et confisquées par la rébellion et désobeissance et autres crimes de lèse Magesté, commis par ledit Henry, à l'encontre de nous et de notre dite seigneurie de France, pour en jouir ledit Ferry et ses hoirs masles legitimes.... perpétuellement.... jusques à la valeur de trois cens livres tournois de rente ou revenue par chacun an, eu regard au temps de l'an mil CCCC et dix....

» Donné à Corbueil, le XIXe jour de février, l'an de grâce mil quatre cens et vint huit.... »

(Arch. nat., JJ 174, fol. 118, n° 266).

CCCXI

1429. — « Messire MAILLET DE MAILLY, chevalier, paya les droits

din séans au derrière de ladite maison,.... naguerre baillé à rente.... au roy, connestable et confrères des archiers à main de la ditte ville d'Arras. »
1428 (v. s.), 21 mars. « Noble homme *Robert de Mailly*, dit d'*Authewille*, escuier, seigneur de Le Renterie-lez-Busnei, tant en son nom que comme procureur de demoiselle *Izabel de Cambligneul*, » vendent au même leur part de la même maison, « qui jadis fut et appartint à deffunct monsr *Gille de Mailly*, en son vivant chevalier, *seigneur d'Autheville*, et à madame *Marguerite de Longueval* qui jadis fut sa femme, et dont ledit Robert a cause. »
(Extrait du *Registre aux embrevures de la ville d'Arras, de 1428 à 1430*, fol. 28, 50 verso et 58 verso. — Arch. de La Roche-Mailly. Copie papier du XVIIIe siècle, collationnée à l'original par « le greffier de la ville et cité d'Arras. »).

qu'il devoit pour raison d'un fief tenu du château de Hesdin et appartenant à Jean d'Allery qu'il avoit acquis par décret, selon le *Compte de Jean Guilbaut commencé à la Saint-Jean 1429.* — Chambre des comptes de Lille. *Domaine de Hesdin.* »

(Bibl. nat., *Trésor généalogique de dom Villevieille,* t. 54, fol. 42).

CCCXII

1429 (v. s.), 1ᵉʳ février. — « JEHAN DE MAILLY, évesque et conte de Noion, per de France, conseiller du roy, nostre sire, et président en sa Chambre des comptes, » donne quittance à « Jehan Bauvarlet, grenetier du grenier à sel establi à Paris, » d' « ung sextier de sel pour la provision et deppense de » son « hostel. (Signé) J. de Mailly. »

Signet ovale. *Ecu portant trois maillets, avec lambel à trois pendants, timbré d'une crosse, embrassé par deux tiges de lis.* Sans légende.

(Bibl. nat., *Titres scellés de Clairambault,* t. 68, nº 153).

CCCXIII

1430, 21 décembre. Rouen. — *Henri VI, roi d'Angleterre, mande à son trésorier général de faire délivrer à Colard de Mailly, bailli de Vermandois, la somme de 1.000 saluts d'or, destinée à Jean de Luxembourg.*

« Henry, par la grâce de Dieu, roy de France et d'Angleterre, à nostre améz féal Thomas Blone, chevalier, trésorier général de noz finances en Normandie, salut et dilection. Nous, par l'advis et délibération des gens de nostre grant conseil estans présens, nous voulons et vous mandons que nostre bien amé Pierre Surreau, receveur général de noz dites finances, vous fassiez baillier et délivrer des deniers de nos dites finances à nostre amé et féal COLART DE MAILLY, chevalier, bailly de Vermandois, la somme de mil saluz d'or en or, pour icelle porter et bailler de par nous à nostre très cher et très amé cousin Jehan de Luxembourg, comte de Guise et seigneur de Beaurevoir, auquel avons ordonné la ditte somme affin de soy employer en chertaine charge que de nouvel lui avons baillés sur le feit de la guerre ez [.....] des bailliages de Vermandois et Vitry....

» Donné à Rouen, soubz nostre seel ordonné en l'absence du grant, le vingt et uniesme jour de décembre, l'an de grâce mil quatre cens et trente et de nostre régne le neuviesme[1]. »

(Arch. de La Roche-Mailly. Copie papier, collationnée en 1781 à l'original conservé au monastère de Saint-Martin-des-Champs, par dom Etienne Henriot, religieux bénédictin).

CCCXIV

1431, 21 décembre. — Ce jour, « feste de Saint-Thomas l'apostre, le roi d'Angleterre tint le Parlement, présens le cardinal d'Angleterre, le duc de Bedfort, ses oncles, messire Loys de Lucembourg, évesque de Théroenne, chancelier, lez évesques de Beauvais[2], DE NOION (Jean de Mailly), de Paris, d'Evreux, le conte de Wawich, » et autres. Tous prêtèrent au roi d'Angleterre « le serement de nouvel ordoné estre fait.... »

(Arch. nat., X^{1a}, 1481, fol. 48).

CCCXV

1431. — « Vins de présent de la ville de Laon aux gouverneurs de Soissons qui vinrent besonger à Laon pour leur ville ; à Jean de Luxembourg ; à FERRY DE MAILLY ; à l'inquisiteur de la foi qui prêcha à Laon, pendant quatre ou cinq jours.... »

(Arch. communales de Laon, CC 10).

1. 1430, 21 décembre. Mandement de « Thomas Blount » à Pierre Surreau de payer à Colard de Mailly la somme de 1.000 saluts d'or, pour « icelle porter et bailler à monseigneur Jehan de Luxembourg, comte de Guyse, et pour tourner et convertir ou paiement des gens d'armes et de trait qu'il doit avoir et tenir à la garde, conservation et deffense de plusieurs des villes et du pays du dit bailliage de Vermandois. » (Arch. de La Roche-Mailly. Copie papier collationnée en 1781 par dom Henriot).

2. Pierre Cauchon, évêque de Beauvais depuis le 4 mars 1420, fut transféré en 1432 à l'évêché de Lisieux. Un acte du Parlement de Paris du 12 novembre 1432, s'exprime ainsi : « Messire Pierre Cauchon, évesque de Lisieux, nagaires évesque de Beauvais. » (Arch. nat., X^{1a} 1481, fol. 63).

CCCXVI

1432, 4 août. — *Procès au Parlement de Paris entre Jean de Sepoy, écuyer, et Ferry de Mailly.*

« Entre Jehan de Sepoy, escuier[1], appellant, d'une part, et messire FERRY DE MAILLY, et sa femme, d'autre part. L'appellant dit qu'il est jeune escuier, et, après la mort de son père, sa mère se remaria à Richart de Chicey[2], et à la prise de Meaulz[3], les dames furent délivreez et restituez à leurs héritages. Depuis Jehan de Sepoy a fait diligence de recouvrer ses héritages, selon le traictié de Meaux[4], mais il n'a peu avoir délivrance que de Sepoy qui ne lui vault gaires, et n'a peu avoir délivrance de sa rente et terre de Mondidier, et convient qu'il vive de courtaisie avec le sire de Troissy. Oultre dit que messire Ferry, qui a espousé sa niepce, le fist adjorner à Laon, devant le bailli de Vermendois, frère de messire Ferry, et lui fist demande de rente et d'arréraiges et le fist adjorner en lieu où il n'estoit et n'avoit domicile, et le laissa sen procureur mectre à default et renonca à la procuracion. Et depuis sa mère entendi ce que dit est et fist envoier devant le bailli pour essoiner son filz et pour rabatre les defaulz, et pour dire que son filz ne tenoit son domicile avec elle, mais qu'il demouroit avec le sire de Troissy, et pour ce que le bailli dist que lez deffendeurs tiendroient, il appella.... »

1. Jean de Sepoy, Cepoy ou Chepoy, était fils de Louis, seigneur de Chepoy, tué à la bataille d'Azincourt en 1415, et de Marguerite de Chaule. (P. Anselme, t. VII, p. 740).

2. Le P. Anselme, t. VII, p. 740, le nomme Guichard de Cissé et le qualifie maître d'hôtel du roi et capitaine de Meaux, ce qui est une erreur. A l'époque du siège de Meaux par les Anglais, en 1422, le capitaine de Meaux était le fameux bâtard de Vaurus, lequel avait pour lieutenant son cousin Denis de Vaurus. Parmi les défenseurs de la place, on remarquait Philippe de Gamaches, Robert de Girème, évêque de Meaux, Louis Gast, grand bailli de Meaux, Jean de Rouvres. Perron de Luppé, *Guichard de Chicey* (Cissé), Louis de Tromargon, Bernard de Mereville, et autres.

3. Meaux se rendit le 2 mai 1422, après sept mois de siège. Le texte anglais du traité se trouve parmi les *Acta publica* de Rymer, t. IV, p. 64.

4. Henri V accorda, le 14 mai 1422, aux habitants de Meaux, qui avaient pris part à la défense de la ville, des lettres de rémission portant restitution de leurs biens, à la condition de jurer la paix et de réparer les remparts et les portes de la ville, y compris le pont réunissant la cité au marché. La même faveur fut étendue au mois d'octobre 1425 à trente-sept habitants du marché. (Arch. nat., JJ 172, n° 98 ; JJ 173, fol. 195 verso. — *Journal d'un bourgeois de Paris, publié par A. Tuetey,* p. 169).

» Si dient messire Ferry et sa femme que, par traictié fait l'an CCCC XI, dont sont faictes lectres, à eulz compète et appartient une rente de IIII^{xx} livres avec les arrérages, par le traictié que fist feu messire Loys de Cepoy, père dudit Jehan de Cepoy, qui est filz et héritier. Si concluent lez demandeurs personellement et ypothécairement pour la rente et les arrérages escheuz depuis l'an CCCC XI et qui escherront pendant ce procès ou les arrérages de tel temps que la court regardera et despens[1].... »

(Arch. nat., X^{1a} 4797, fol. 22).

CCCXVII

1432, 20 octobre. — *Confiscation de biens sur Ferry de Mailly, tenant le parti des ennemis de Charles VII.*

« Saichent tuit que je Jehan Boileaue, substitut à Reims du procureur du roy, nostre sire, ou bailliage de Vermendois et commis à la recepte des confiscacions à Reims et ou diocéze d'icellui, certiffie... que, par Bertrand Gomnon, ad ce commis par lettres de commission données par honorable homme et saige maistre Jehan Cabert, licencié en loys, conseiller du roy, nostre sire, et juge par lui commis sur le fait des dictes confiscacions, et à ma requeste, a esté saisie et mise en la main d'icellui seigneur, comme à luy appartenant, par confiscacion, une pièce de boys contenant en siége deux arpens quatre verges et demie ou environ, séant ou lieu dit Pourcizoys, ou fons de messire Ferry de Mailly, à cause de sa femme, tenant party contraire du roy, nostre dit sire, tenant d'une part à la taille Vinoyen et, d'aultre part, audit chevalier, laquelle pièce de boys est en la grairie de mons^r le duc d'Orlians, à cause de sa chastellenie d'Espernay.... Tesmoing mon seel et seing manuel cy mis, le XXme jour d'octobre, l'an mil quatre cens et trente deux. Ainsi signé : J. Boileaue[2]. »

(Arch. de La Roche-Mailly. Pièce parchemin).

_____

1. 1433 (v. s.), 15 février, lundi. Suite du procès « entre messire Ferry de Mailly, et dame Marie de Braban, sa femme, demandeurs, d'une part, et Jehan de Cepoy, défendeur.... » (Arch. nat., X^{1a} 4797, fol. 143).
2. 1432, 20 octobre. Autre confiscation sur le même Ferry de Mailly d'une pièce de bois contenant cinq arpents « ès boys de Pourcizoys en lieu dit à la Queue-Blanchart. » (Arch. de La Roche-Mailly. Pièce parch.).

CCCXVIII

1433, 14 avril. — « Messire Jean de Mailly, dit le Bègue, chevalier, seigneur de Brenvilles, ayant vendu, pour 3600 francs de franc argent, à damoiselle Jeanne, fille ainée de feu monseigneur de Rosimbos et de madame Jeanne de Waurin, sa femme, les fiefs, château, terre, justice et seigneurie du Quesnoi, en la paroisse de Busne, dame Béatrix, dame de Waurin, Lillers et Malannoy, dame du fief, remit à la dite damoiselle, sa cousine germaine, les droits de quint qui lui étoient dûs, montant à environ 800 francs, par lettres signées de sa main et scellées de son sceau, le 14ᵉ avril, après Pasques, 1433. — Cabinet de l'auteur. »
(Bibl. nat., *Trésor généalogique de dom Villevieille*, t. 54, fol. 42 vᵒ).

CCCXIX

1433, 12 octobre. — « Anthoine de Mailli, seigneur de Le Rosière, escuier d'escuirie de monseigneur le duc de Bourgogne et lieutenant général de monseigneur le gouverneur d'Arras et de Bappalmes[1], » confesse avoir reçu la somme de 6 livres « pour la prinse d'un brigant, nommé Jourdain Le Forestier, natif de Mortemer en Normandie et tenant le parti des ennemis de mondit seigneur...., selon le tax et ordonance que » ledit duc de Bourgogne lui en « a pieça fait pour tous autres de telle condicion que prendre ou faire prendre » il pourrait, comme appert par lettres du dit duc, du 14 septembre 1431. « Lequel brigant a esté prins ou bos de Sapignies-lès-Bapalmes ou mois de septembre, derrenier passé, et ycellui » exécuté et pendu « à ung arbre ou grant chemin d'entre Bappalmes et Cambray.... (Signé) A. de Mailli. »
(Arch. départementales du Nord, B 1950, nᵒ 7. Orig. parch.).

CCCXX

1433, 10 décembre. — « Anthoine de Mailli, seigneur de La Ro-

---

1. 1433, 7 juillet ; 1434, 22 juillet. « David de Brimeu, seigneur de Ligni et de Bois (ou Bris), chevalier, conseiller et chambellan de monseigneur le duc de Bourgogne et de Brabant, et gouverneur des bailliages d'Arras, Bapaumes, Avesnes et Aubigni. » (Arch. du Nord, B 1950, nᵒ 79 ; B 1952, nᵒ 218).

sière et de Thiebval, lieutenant général de monseigneur le gouverneur des bailliaiges d'Arras et de Bapalmes, » certifie « que les nouvelles monnoyes d'or et d'argent que » le duc de Bourgogne faisait « forgier en ses pais ont esté publiées de par lui en ceste dite ville (d'Arras), le jour saint Andrieu, derrain passé[1].... »

(Arch. départ. du Nord, B 1949, n° 23[2]. Orig. parch.).

CCCXXI

1434, 12 juillet. — *Antoine de Mailly, lieutenant du gouverneur des bailliages d'Arras et de Bapaume, certifie que Colard Mannard, receveur de Bapaume, a payé différentes sommes à plusieurs messagers envoyés au comte de Ligny et ailleurs.*

« Nous Anthoine de Mailly, seigneur de La Rosière et de Thiebval, lieutenant général de monseigneur le gouverneur des bailliaiges d'Arras et de Bapalmes, certifions à tous qu'il appartient que Colart Mannart, receveur dudit bailliaige de Bapalmes, si a paié aux personnes cy après nommées pour les causes cy après déclaré les sommes qui s'ensuivent :

» Premiers : A Roquelet Dusart, pour sa paine et salaire d'avoir porté lettres closes de Bapalmes à Lucheu devers monseigneur le conte de Liney[2], de par nous, environ le XIXe jour de septembre IIIIc XXXIII, par lesquelles nous lui escripvions que les ennemis du Roy et de nostre dit seigneur avoient coru devant Bapalmes et estoient logiez à Beaumez-lez-Cambrésis[3], où il vacqua par II jours entiers, au pris de VIII sols tournois pour jour, pour ce, XVI sols vielle monnoie de Flandre.

» Au prince de Faverolles, pour samblablement avoir porté lettres

---

1. 1433, 12 octobre. Certificat d'Antoine de Mailly pour la ferme de l'assise du vin. (Arch. du Nord, B 1949, n° 23[1]. Orig. parch.). — 1433, 18 décembre. Certificat du même « Anthoine de Mailli, seigneur de La Rosière et de Thiebval, lieutenant général de monseigneur le gouverneur des bailliaiges d'Arras et de Bapalmes, » scellé de son sceau. (Arch. du Nord, B 1950, n° 39[2]. Orig. parch.). — Autres quittances ou certificats d'Antoine de Mailly en 1433, 1434 et 1435. (Arch. du Nord. B 1950, n° 39[1] ; B 1952, n°s 21[2], 21[3], 21[4], 21[5] ; B 1955, n°s 10[3], 10[4], 19[2]).

2. David de Brimeu, comte de Ligny.

3. Beaumetz-lès-Cambrai, Pas-de-Calais, arrondissement d'Arras, canton de Bertincourt.

closes dudit Bapalmes à Arras devers le conseil de nostre dit seigneur
illec, pour ladicte cause, pour ce, dicte monnoie, XII sols.

» A Jehan le Roy, sergant dudit bailliaige de Bapalmes, pour son
salaire de deux voiaiges par lui faiz pour ladicte cause dudit Bapalmes
audit Arras où il vaqua par IIII jours, pour ce, monnoie dicte, XXXII
sols.

» A Martin Légier, pour son salaire d'avoir porté lettres closes, de
nuit, de par nostre dit seigneur le conte de Liney à Jehan de Miraumont,
par lesquelles il lui mandoit qu'il venist avecques nous à Cappy-sur-
Somme[1] pour faire rompre les pons du pasaige, pour ce, nouvelle monnoie, VI sols.

» A Jehan Lamendeur, pour son salaire d'avoir alé dudit Bapalmes à
Arras quérir le maistre de le haulte œuvre pour pendre ung Armignac,
pour ce, dicte monnoie, VI sols.

» A Martau Haultondu, pour son salaire d'avoir porté lettres closes de
par ledit nostre dit seigneur le conte de Liney, lui estant devant Haplaincourt[2] à siège, devers le gouverneur d'Arras et de nuit, pour ce,
dicte monnoie, VIII sols.

» A lui, pour avoir depuis porté autres lettres closes de par nostre dit
seigneur le conte de Liney, lui estant audit Bapalmes, dudit Bapalmes à
Péronne, devers les officiers illec et de nuit ; pour ce, dicte monnoie
VIII sols.

» Au dit Jehan Leroy, pour avoir porté autres lettres closes de par
nous et la ville de Bapalmes audit Péronne, adréchans aux officiers de
nostre dit seigneur illecs et aussi à ceulx de ladicte ville, par lesquelles
nous leur priesmes qu'ilz nous voulsissent rescripre le convigne desdits
ennemis que on disoit estre à Lihons-en-Santers[3], où il vaqua par II
jours, pour ce, dicte monnoie, XVI sols.

» A lui, pour avoir porté autres lettres closes dudit Bapalmes audit à
Arras de par nous et lesdits de Bapalmes devers le consel de nostre dit
seigneur illec, touchant ledit fait, où il vaqua par II jours, pour ce, XVI
sols dicte monnoie.

---

1. Cappy-sur-Somme, Somme, arrondissement de Péronne, canton de Bray.
2. Haplincourt, Pas-de-Calais, arrondissement d'Arras, canton de Bertincourt.
3. Lihons-en-Sangterre, Somme, arrondissement de Péronne, canton de
Chaulnes.

» Audit Prince, pour son salaire d'avoir porté lettres closes de la ville de Bapalmes à Guise de par le seigneur d'Inchy, Lionnel de Waudenne, et Percheval Le Grant, à nostre dit seigneur le conte de Liney, touchant le bolverq de Cappy-sur-Somme, pour ce, dicte monnoie, XII sols.

» A Enguerran Charace, pour son salaire d'avoir porté de Bapalmes à Péronne ung mandement de nosseigneurs les commis au gouvernement des pais de nostre dit seigneur, de pardeça, affin que on ne laissast passer plus nulz vivres aux ennemis d'icelui nostre seigneur, pour ce, VI sols, dicte monnoie.

» A Baltazar, pour son salaire d'avoir porté lettres closes de par nous dudit Bapalmes audit Guise devers ledit nostre dit seigneur le conte de Liney, par lesquelles nous lui faisions savoir que on avoit prins II compaignons qui se disoient à lui qui desroboient gens sur les chemins, affin qu'il rescripsist son plaisir, pour ce, dicte monnoie, XXI sols.

» A Jehannin Bonneeule, pour son salaire d'avoir porté lettres closes de par nous devers nosdiz seigneurs, commis au gouvernement dudit Bapalmes, à Lille, touchant l'assamblée desdits ennemis qui estoient ensamble à grant puissance envers Lihons-en Santers, où il vaqua par VI jours en attendant responce, pour ce, pour lui et son cheval, monnoie dicte, XLVIII sols.

» Au BASTART DE MAILLI, pour avoir samblablement porté lettres closes dudit Bapalmes audit Arras devers les gens du conseil de nostre dit seigneur audit lieu, touchant ledit fait, pour ce, dicte monnoie, VIII sols.

» Audit Jehannin, pour son salaire d'estre alez dudit Bapalmes à Corbie pour savoir le convigne desdits ennemis et là où espéroit qu'ilz passeroient la rivière de Somme, où il vaqua par IIII jours, pour ce, pour lui et son cheval, XXXII sols, dicte monnoie.

» Audit Roquelet, pour son salaire d'estre alez à Bray-sur-Somme[1] dudit Bapalmes pour savoir le convigne desdits ennemis lesquelx vinrent assez tost après logier à Cappy-sur-Somme emprès ledit Bray, où il vaqua par II jours, pour ce, pour lui et son cheval, dicte monnoie, XVI sols.

» Audit Jehannin, pour son salaire d'estre alez dudit Bapalmes à Bailleul-le-Mont[2] devers le seigneur de Saveuses porter lettres closes de par

---

1. Bray-sur-Somme, chef-lieu de canton du département de la Somme, arrondissement de Péronne.
2. Bailleul-le-Mont, Somme, arrondiss. d'Abbeville, canton d'Hallencourt.

nous et ladicte ville de Bapalmes, par lesquelles on lui escripvoit et
prioit qu'il lui pleust à lui mettre sus, affin de contrester aux diz ennemis, où il vaqua par II jours, pour ce, pour lui et son cheval, dicte monnoie, XVI sols.

» A Adam Hatron, pour son salaire d'avoir porté lettres closes, de par
Colart de Lobelet, de Bapalmes à Bray-sur-Somme, devers Gilles de
Rouvrel, commis à faire faire le bolverq de Cappy, touchant icelui, pour
ce, VIII sols, dicte monnoie.

» A Simon du Péage, pour son salaire d'avoir porté lettres closes de
par nos dits seigneurs les commis audit gouvernement, aux officiers de
nostre dit seigneur audit Péronne qui avoient esté envoiés à Bapalmes
par Jehan de Dienat, receveur général d'Artois, pour ce, monnoie dicte
VI sols.

» A Gillot Estaillet, pour son salaire d'avoir coppié certaines lettres
touchant le héritaige de nostre dit seigneur en sa chastellenie de Bapalmes et le fait des sergans de Péronne du nombre d'Artois, pour ce, IIII
sols.

» Audit Adam Hatron, pour son salaire d'avoir porté autres lettres
closes de par nostre dit seigneur au seigneur de Miraumont, de Monton-
villier et Jaques de Bussi, environ le XVIIIe d'avril IIIIe XXXIIII, pour
ce, V sols, dicte monnoie.

» A Pierret de Saudemont, pour son salaire d'avoir porté lettres closes dé par nous à Aissiet-le-Grant[1] et Petit[2], affin d'avoir des compaignons pour aler quérir certains brigans à Mès-en-Cousture[3] qui y estoient prins, pour ce, IIII sols, dicte monnoie.

» Item, certiffions avoir receu dudit receveur la somme de IX livres
XII sols pour VI jours entiers que affermons avoir vaquié à estre alez
dudit Bapalmes à Lille devers nostre dit seigneur, pour le fait des appa-
tis de ladicte chastellenie et pais d'environ, lesquelz nostre dit seigneur
avoit mandé porté devers lui par déclairacion, laquelle chose nous feismes au pris de XXXII sols par jour, pour ce ladicte somme.

1. Achiet-le-Grand, Pas-de-Calais, arrondissement d'Arras, canton de
Bapaume.
2. Achiet-le-Petit, Pas-de-Calais, arrondissement d'Arras, canton de Bapaume.
3. Metz-en-Couture, Pas-de-Calais, arrondissement d'Arras, canton de
Bertincourt.

» Audit Martau Hautondu, pour son salaire d'avoir porté lettres closes de par ce dit nostre seigneur le conte de Liney, de Bapalmes audit Arras, devers les officiere d'icelui nostre dit seigneur illec, pour ce, VI sols.

» Audit Jehannin Bonneeule, pour son salaire d'avoir porté lettres closes de par nous devers nostre dit seigneur à Brouxelles, touchant le fait de certains prisonniers qui estoient ès prisons de Bapalmes, porté leurs déposicions et raporté sur ce responce, où il vaqua par VIII jours, pour ce, pour lui et son cheval, LXIIII sols.

» Lesquelles personnes, cy dessus nommées, se sont par devant nous tenus pour bien contentez et paiez et en ont quictié nostre dit seigneur, son dit receveur et tous autres, tesmoing nostre séel cy mis à leur requeste et en signe de vérité, le XIIᵉ jour de juillet, l'an mil IIIIᶜ trente quatre. »

(Arch. départementales du Nord, carton B 1952. Orig. parch. Sceau perdu).

CCCXXII

1434, 12, 19 juillet, 25 novembre, 10 décembre ; 1435, 27 juin. — Procès au Parlement de Paris « entre messire JEHAN DE MAILLY, évesque de Noyon, appelant et complaignant en cas de saisine...., d'une part, et Jehan et David d'Ardres, intimés et défendeurs, d'autre part, » au sujet de deux « fiefs et héritages assis environ Estaples et.... païs de Flandres. »

« L'appelant dit que, par le trespas de messire Philippe de Disquemne, vindrent à feu messire MAILLET DE MAILLY, son père et oncle dudit messire Philippe, deux fiefs, et en fu messire MAILLET, son père, saisi et vestu, et après le trespas d'icellui messire Maillet, son père, ledit évesque en fu saisi et vestu ; et pour ce partie adverse s'est boutée ès diz fiefz, il print et fist exécuter une complainte et fu partie adverse adjornée devant le bailli.... »

« Jehan et David d'Ardres.... dient qu'ilz sont notables gens de Saint-Omer, et ont acheté les deux fiefs contencieux.... »

Détails généalogiques contradictoires sur la postérité de Thierry et de Philippe de Disquemne.

(Arch. nat., Xᵗᵃ 4797, fol. 184 verso, 188, 211, 217, 268 verso et 269 ; Xᵗᵃ 1481, fol. 94).

CCCXXIII

1434, 6 décembre, 17 janvier. — Procès au Parlement de Paris « entre messire JEHAN DE MAILLY, évesque de Noion, d'une part, et messire Jehan de Chastillon, chevalier, seigneur de Troissy, et Jehan Le Roy. — L'évesque de Noion dit qu'il est évesque et conte de Noion, et, à ce tiltre, a drois et segnouries, vassaulz ; et dit que, entre les autres, le dit de Chastillon, à cause de sa feue femme, tenoit de lui en fief la terre, chastel et chastellenie de Héricourt, et, après le trespas de sa femme, par défaulte de homme, fist mettre le dit chastel et chastellenie en sa main et y fist mettre les vinages…. Mais, Chastillon, accompaigné de plusieurs personnes, fist charger les vins des vinages et autres de nuit à gens d'armes et transporter tout en enfraignant la sauvegarde du roy…. »

(Arch. nat., X^{1a} 4797, fol. 212 verso et 219).

CCCXXIV

1434. — « Jean Fremin, comme procureur de noble homme monseig^r DE MAILLY, dit LE BÈGUE D'AUTHUILLE, chevalier, ayant la tutelle de JEAN DE MAILLY, son fils mineur, releva un fief situé à Avions tenu du château de Lens, selon le *6e compte de Hue de Humbercq, commencé à l'Ascension 1434.* — Chambre des comptes de Lille. *Domaine de Lens.* »

(Bibl. nat., *Trésor généalogique de dom Villevieille*, t. 54, fol. 42 v°).

CCCXXV

1435, après le 17 juillet. — « ANTOINE DE MAILLY, seigneur de La Rosière et de Thiébeval, paya le quint de la vente par luy faite à Guy Guilbault, trésorier général et gouverneur de toutes les finances du duc de Bourgogne, des deux fiefs qu'il avoit sur les grands cens de Bapaulmes, tenus du château dudit lieu, selon le *Compte de Colart Maunarre commencé le 17e juillet 1435.* — Chambre des comptes de Lille. *Domaine de Bapaulmes.* »

(Bibl. nat., *Trésor généalogique de dom Villevieille*, t. 54, fol. 42 v°).

CCCXXVI

1435, 18 décembre. — *Jaquet Le Large achete une coupe de bois sur le « fons » de Ferry de Mailly, lequel « fons » est venu en la main du roi par confiscation.*

« Saichent tuit que je Jehan Boileaue, substitud à Reins du procureur du roy.... ou baillaige de Vermandois et commis à la recepte des confiscations audit Reins et ou diocèse d'icellui, certiffie.... que messire FERRY DE MAILLI, chevalier, a fait vendre et délivrer soubz la main du roy..... à Jaquet Le Large, demourant à Charmery, la coppe..... d'une pièce de boys, contenant deux arpens ou environ, séant ou Pourchizoys en lieu dit à la Fontaine aux deux Chesnes,.... laquelle pièce de boys est au fons du dit chevalier, à cause de sa femme, et encores de présent en la main du roy, nostre dit sire, comme à lui appartenant par confiscacion, jusques ad ce que le dit chevalier ait fait screment d'entretenir la paix naguères faicte entre le roy, nostre dit sire, et monseigneur de Bourgoingne[1]; en laquelle pièce de boys monseigneur le duc d'Orlians a accoustumé de prendre la moictié à cause de sa grarie[2] et chastellerie d'Esparnay.... Le XVIIIe jour du moys de décembre l'an mil IIIIe et XXXV. »

(Arch. de La Roche-Mailly. Orig. parchemin).

CCCXXVII

1435 (v. s.), 9 mars. — « GUILLAUME DE MAILLY, dit SALADIN, écuyer, D'AUTHUILLE, paya les droits seigneuriaux à la ville de la vente faite par luy de certains cens assis à Amiens, le 9e mars 1435. — Hôtel de ville d'Amiens. *Compte* cotté 29, y. 3. »

(Bibl. nat., *Trésor généalogique de dom Villevieille*, t. 54, fol. 42 v°).

CCCXXVIII

1436 ou 1437. — « Noble homme Antoine de Brétéacourt, écuyer,

---

1. Le traité d'Arras, où la paix fut faite entre Charles VII et le duc de Bourgogne, eut lieu en septembre 1435, après la mort de Jean, duc de Bedfort.

2. Grarie, droit qu'on a dans les bois d'un autre.

comme mary de damoiselle MARGUERITTE DE MAILLY, releva de la succession de feu JEAN DE MAILLY, frère de la dite damoiselle, un fief du
château de Lens situé à Vions et à Salans, selon le *Compte de Jacques
de Humbercy, commencé à l'Ascension 1436*. — Chambre des comptes
de Lille. *Domaine de Lens.* »

(Bibl. nat., *Trésor généalogique de dom Villevieille*, t. 54, fol. 42 v°).

CCCXXIX

1437, 1er mai. — « Messire COLART DE MAILLY, chevalier, s'opposa
entre les mains de l'abbé de Corbie, seigneur du fief, à la saisine et dessaisine du fief que Robert de Sarcus, dit Bruel, écuyer, tenoit de ladite
abbaye, assis à Vers, pour la sûreté d'une rente viagère de 20 salus d'or
qu'il y avoit, le 1er may 1437. — Arch. de l'abbaye de Corbie. *Reg.
Jacobus* n° 4, fol. 30. »

(Bibl. nat., *Trésor généalogique de dom Villevieille*, t. 54, fol. 43).

CCCXXX

1437, 7 juillet. — « GUILLAUME DE MAILLY, dit SALADIN, écuyer, paya
les droits seigneuriaux à la ville pour raison de la vente qu'il avoit faite
d'un cens sur une maison assise à Amiens, le 7e juillet 1437. — Hôtel
de ville d'Amiens. *Compte* cotté 30. y. 3. »

(Bibl. nat., *Trésor généalogique de dom Villevieille*, t. 54, fol. 43).

CCCXXXI

1438, 19 novembre. — « Noble homme monseigneur COLARD DE
MAILLY, seigneur de Blangy-sur-Somme et de Wavans, comme héritier
testamentaire de feue madame YSABELLE, sa femme, dame DE CONTY et de
Hamel, fait un accord avec nobles hommes Guérard de Vaulx, dit Gale-
haut, écuyer, Simon de Gonnelieu, dit de Beaumez, mary de damoiselle
Jeanne de Vaulx, sa femme, sœur aînée dudit Guérard, damoiselle
Aline de Vaulx, sœur dudit Guérard, veuve de feu le Galois de Saint-
Micquiel, et Gilles de Rouverel, écuyer, mary de damoiselle Margue-
ritte de Soyecourt, cousine germaine dudit Guérard, tous héritiers de
ladite feue dame YSABELLE DE CONTY, et, par ledit accord, il est statué

que les terres de Conty, Rost, Vauvalon, sur Maisnil, et cent dix sols de
rente sur les héritiers de Sarcus seront et demeureront audit Coland de
Mailly, et les terres de Hamel, Vers et Mourcourt audit Guérard de
Vaulx et ses cohéritiers, par acte passé à Amiens le 19ᵉ novembre 1438.
— Archives de S. A. S. Mgr le prince de Condé. »
(Bibl. nat., *Trésor généalogique de dom Villevieille*, t. 54, fol. 43).

CCCXXXII

1438, 25 novembre. — *Accord entre messire Jean de Mailly, « seigneur d'Auvillier, » fils de Jean de Mailly et de Louise de Craon, et
Brunissant d'Argenton, au sujet de la succession de Jean de Craon,
mort sans enfants.*

« Saichent tous présens et advenir que, comme plusieurs contans,
débatz et procès, sont mus ou espérez à mouvoir entre noble et puissans
personnes messire Jehan, seigneur d'Auvillier, chevalier et chambe-
lain du roy, notre sire, demandeur et complaignant.... en cas de saisine et de nouvelleté.... au regard de certaines debtes personnelles, ran-
tes et arrérages.... d'une part, et dame Brunissant d'Argenton, veufve
de feu messire Thibault Chabot, en son vivant, chevalier et seigneur de
La Gréve, en son nom et comme ayant le bail, garde, gouvernement et
administration de Loys, Catherine et Jehanne Chabotz, enfans du dict
feu messire Thibault et d'elle, deffanderesse et opposant au dict cas de
nouvelleté et aussi demanderesse,... d'autre part, pour cause et occasion
de ce que ledict seigneur d'Auvillier, comme demandeur et complaignant, disant et proposant que de feu messire Guillaume de Craon, et
de dame Jehanne de Montbason, sa femme, seigneurs et dame de Mon-
contour et de Montbason, estoient yssuz messire :
» Jehan de Craon, chevalier, et quatre filles, dont l'aisnée d'icelles
filles, nommée :
» Margueritte de Craon, fut mariée avecques messire Guy, seigneur
de La Rochefoucault, dont estoit yssu et demoure messire Aymar de
La Rochefoucault ; et la seconde fille nommée :
» Marie de Craon fut mariée avecques messire Loys Chabot, seigneur
du dit lieu de La Grève, dont estoit yssu le dict feu messire Thibault
Chabot, qui avoit esté marié avecques la dicte dame Brunissant et dont

et en mariage estoient yssuz, les dicts Loys, Catherine et Jehanne Chabotz, demourés au bail d'elle ; et la tierce fille nommée :

» Ysabeau de Craon, avoit esté mariée avecques messire Guillaume
Odart, chevalier, seigneur de Verrières, dont estoient yssu messire
Pierre Odart et Guillemette Odart, femme de messire Bertrand de La
Jaille, seigneur de La Jaille, et d'icellui messire Pierre Odart estoit de-
mourée une fille nommée Françoise Odarde ; et la quarte fille nommée :

» Loyse de Craon avoit esté mariée avec messire Jehan, seigneur
d'Auvillier, dont estoit issu le dit messire Jehan, seigneur d'Auvillier,
demandeur et complaignant, etc. »

Après ce préambule énumerant les droits du mari de Louise de
Craon dans la succession de Jean de Craon, mort sans enfants, vient
l'accord et transaction de « messire Jehan, sieur d'Auvillier,.... représentant ladite dame Loyse de Craon, » avec « dame Brunissant d'Argenton, » où il est dit que « le dict feu messire Jehan de Craon,.... donna en
son testament et dernière volonté à la dicte Loyse, sa sœur, la somme de
mil livres tournois. »

(Archives de Montsoreau. Copie papier du XVI⁰ siècle).

CCCXXXIII

1439. — « Monseigneur Jean de Mailly, dit le Bègue d'Authuille,
chevalier, du consentement d'Antoine de Béthencourt, écuyer, mary de
damoiselle Margueritte de Mailly, fille dudit chevalier, vendit neuf
livres de rente en justice et seigneurie sur certains héritages situés
aux territoires de Bienviller et Souastre, selon le *Compte de Jean
Robaut commencé à la Saint-Jean de 1439.* — Chambre des comptes
de Lille. *Domaine d'Arras.* »

(Bibl. nat., *Trésor généalogique de dom Villevieille,* t. 54, fol. 43).

CCCXXXIV

1440, 3 avril. — « Jean, seigneur de Mailly et de Beaufort-en-Santerre, et Adam, dit Gavain Quierret, écuyer, seigneur de Drœul, tuteurs
et curateurs de Philippe de Brimeu, fils mineur de feu Jean de Brimeu,
seigneur de Humbercourt et de Querrieu, bailly d'Amiens, et de damoiselle Marie de Mailly, sa femme, ledit mineur parent et prochain de

madame Jeanne de Longueval, dame de Maigremont, femme de messire
Gilles de Roye, seigneur de Hangart, du côté de la ligne de Béthisy,
firent le retrait lignager de la terre et seigneurie de Béthisy, mouvante
en fief de l'abbaye de Corbie, pour et au nom dudit mineur, sur Godefroy de Quen, écuyer, capitaine de Chaule, et damoiselle Jeanne de Pon-
ceau, sa femme, demeurans au château de Chaule, auxquels la dite
terre et seigneurie avoit jadis été vendue par laditte feue dame de Longueval et son dit mary, moyennant la somme de 1800 salus d'or, le 3e
avril 1440. — Arch. de l'abbaye de Corbie. *Reg. Jacobus*, n° 4, fol. 73. »
   (Bibl. nat., *Trésor généalogique de dom Villevieille*, t. 54, fol. 43).

CCCXXXV

1440, 27 juillet. — « Contrat de mariage, en parchemin, entre messire
COLLARD DE MAILLY, d'une part, et CLAIRE DE FLORENCE, fille de Arnoul
des Aneulles, sr de Florence, et de Marie de Croindeborch, veuve de feu
M. de Maisons[1], signé sur le repli : de Biondi; scellé de cire verte en
double queue, du 27 de juillet 1440. — Extrait d'un livre relié en basane verte intitulé : *Extraits de titres, cartulaires et journaux. Article Nantheuil.* »
   (Arch. de La Roche-Mailly. Cahier papier du XVIIIe siècle).

CCCXXXVI

1441, 19 mai. — « Jean de Bayencourt, écuyer, seigneur dudit lieu et
de Boussavesnes, fonde procureurs pour reprendre et garantir tous les
procès que feu monsieur de Wadencourt avoit au Parlement contre
monseigneur COLART DE MAILLY, madame de Florence et autres, le 19e
may 1441. — Hôtel de ville d'Amiens. *Saisines*, cotte 1. v. 8. »
   (Bibl. nat., *Trésor généalogique de dom Villevieille*, t. 54, fol. 43 v°).

---

1. Claire de Florence ou de Florens avait épousé en premières noces Antoine d'Hardentum, seigneur de Maisons. Après la mort de Colard de Mailly
elle prit en troisièmes noces Roland de Diquemne. (Voir la pièce de janvier
1483 (v. s).

CCCXXXVII

1441, 27 septembre. — « GUILLAUME DE MAILLY, dit SALADIN, écuyer,
demeurant à Marquais-lès-Péronne, vendit à un bourgeois d'Amiens un
cens de 4 sols et 4 chappons sur deux maisons assises à Amiens, le 27ᵉ
septembre 1441. — Archives de l'hôtel de ville d'Amiens. *Saisines*, cotte
1. v. 8. fol. 214 verso. »

(Bibl. nat., *Trésor généalogique de dom Villevieille*, t. 54, fol. 43 vᵒ).

CCCXXXVIII

1441 (v. s.), 15 février. — « Noble et puissant seigneur monseigneur
COLART DE MAILLY, chevalier, seigneur de Blanzy et de Wavans, à présent sénéchal de Ternois (Vermandois?), avoit fait une donation mutuelle
avec feue madame YSABELLE, sa femme, dame DE CONTY et de Hamel,
sur quoy il y eut litige entre luy, d'une part, et Simon de Gonnelieu, dit
de Beaumez, écuyer, mary de damoiselle Jeanne, sœur et héritière de
feu Godefroy, dit Galehaut de Vaux, écuyer, d'autre part, attendu que
ledit feu Galehaut étoit héritier de ladite feue dame Ysabelle, mais ils
transigèrent le 15ᵉ février 1441. — Archives de l'abbaye de Corbie;
Reg. Jacobus, nᵒ 4, fol. 78. »

(Bibl. nat., *Trésor généalogique de dom Villevieille*, t. 54, fol. 43 vᵒ).

CCCXXXIX

1443, 9 mai. — « Jean de Beauvoir, écuyer, seigneur d'Aveluy, fils de
la femme de MAILLET DE MAILLY, chevalier, obtint des lettres royaux qui
lui accordoit terme pour produire ses témoins au procès, commencé dès
le mois de janvier 1439, aux fins de prouver que la terre de Bertrancourt,
appartenante à Bertrand Pillaguet et à damoiselle Jeanne de Bertrancourt, sa femme, avoit été éclipsée des terre, table et seigneurie d'Aveluis et transportée par ses prédécesseurs à ceux de feux Jean et Gilles
de Beauvoir, seigneurs de Bertrancourt, pour eux et leurs hoirs légiti-
mes, et, à leur deffaut, qu'elle seroit réversible à la table de la seigneurie
d'Aveluy, lesdittes lettres royaux données le 9ᵉ may 1443. — Arch. de
monsʳ d'Aveluy. *Registre cotté : 17.* »

(Bibl. nat., *Trésor généalogique de dom Villevieille*, t. 54, fol. 43 vᵒ).

CCCXL

1443, 15 août. — « Noble homme MATHELIN DE MAILLY, seigneur de Fouqueviller, vendit à Jean de Hénencourt un fief, assis à Biencourt-lès-Senlis, qu'il avoit cy-devant acquis des héritiers de feu Thomas Bérart, demeurant à Senlis, et qui étoit mouvant de monseigneur d'Aveluis, et ledit de Hénencourt en reçut la saisine le 15ᵉ août 1443. — Arch. de Mʳ le marquis de Lamet ; *sac M. Senlis.* »

(Bibl. nat., *Trésor généalogique de dom Villevieille,* t. 54, fol. 43 vᵒ).

CCCXLI

1445, 15 juillet. — « JEHANNE DE MAILLY,.... humble abbesse de l'église Nostre-Dame de Bertaucourt, » donne quittance pour cinq muids de sel dus par le duc de Bourgogne.

(Bibl. nat., *Pièces originales,* t. 1801, *de Mailly* 41638, nᵒ 7, parch.).

CCCXLII

1446 ou 1447. — « ANTOINE DE MAILLY, comme mary de la damoiselle de Ligny, héritière en cette partie de feu messire Jacques de Brimeu, chevalier, seigneur de Grigny et de Villeroye, releva la terre de Grigny, tenue du château de Hesdin, et messire David de Brimeu, chevalier, seigneur de Ligny et de Topasture, comme héritier en cette partie dudit feu messire Jacques, releva la seigneurie d'Yvregny-sur-Authie, tenue de même, selon le *Compte de Jean Gibert commencé à la Saint-Jean 1446.* — Chambre des comptes de Lille. *Domaine d'Hesdin.* »

(Bibl. nat., *Trésor généalogique de dom Villevieille,* t. 54, fol. 43 vᵒ).

CCCXLIII

1446, 4 et 9 novembre. — « MARIE DE MAILLY, dame dudit lieu de Mailly, du Loussignol, de Bours, et de Boullencourt, vesve de feu monseigneur David de Brimeu, à son vivant chevalier et seigneur de Humbercourt, et, par avant, femme de deffunct monseigneur COLART, en son temps, chevalier, SEIGNEUR dudit lieu DE MAILLY, du Ploich et de Beauffort-en-Santers, » assure à « noble homme JEHAN, SEIGNEUR DE MAILLY, du Ploich et de Beauffort-en-Santers, demourant en ladite ville de Mailly, son filz aisné et héritier apparent, » la possession, après son décès, de « la terre et revenue que icelle dame a en la ville et terroir d'Auvert-lez-la-Bassée et environ, par elle nagaires achetée de monseigneur Guérard de Ghistelle, chevalier, et de madame Ælips de Waencourt, sa femme. » Moyennant cette cession, le dit Jean de Mailly reconnait avoir transporté à la dite Marie de Mailly, sa mère, « ung certain fief.... qu'il tenoit de la dite dame ad cause de sa dite terre et seigneurie de Bours, par lui jà piechà acquis et acheté de Corgnelis de Gavre, dit de Lidekerque, seigneur de Lens et de Breecht, et madame Jehanne d'Arly, sa femme, dame de Lestoile et de Freulloy, pour en joir par elle, ses aians cause, celui ou ceulx à qui ou auxquels elle le volra ordonner, baillier ou transporter, soit en main-morte ou aultrement, pour la fondation d'une chappelle ou chappelles, cantuaire ou aultrement[1].... »

(Arch. de La Roche-Mailly. Copie du XVIIIe siècle ; papier).

CCCXLIV

1447, 18 avril, après Pâques. — *Fondation de messes par Marie de Mailly dans l'église de Saint-Nicolas-sur-les-Fossés, à Arras.*

« MARIE DE MAILLY, dame dudit lieu de Mailly, du Loussignol, de Bours et de Boullencourt, vefve de feu monseigneur David de Brimeu, en son vivant, chevalier, seigneur de Humbercourt, et par avant femme de deffunct monseigneur COLART, en son temps chevallier, SEIGNEUR du dit lieu de MAILLY, de Ploich et de Beauffort-en-Santers, » habitant « en la ville d'Arras, en » son « hostel nommé Sainct-Martin, séans en la grant rue Sainct-Nicolay[2], » fonde, avec le consentement de « JEHAN DE MAILLY, son fils aisné et héritier, » dix messes par semaine, pour le repos de son âme et des âmes de ses prédécesseurs, dans l'église de

1. Dans les lettres d'amortissement accordées à Marie de Mailly par Louis de Luxembourg, comte de Saint-Pol, celui-ci appelle la veuve de Colard de Mailly sa *très chière et amée cousine*, et Jean de Mailly son *très chier et amé cousin.*

2. Le 21 janvier 1452 (v. s.), on trouve « noble et puissante dame madame Marie de Mailly, » demeurant en son hôtel à Arras. (Arch. nat., LL 977).

Saint-Nicolas-sur-les-Fossés, d'Arras, dont elle est paroissienne, à dire dans la chapelle de Saint Jean-Baptiste, où elle désire être enterrée.

(Arch. nat., LL 977. Volume parchemin intitulé : *Saint-Nicolas d'Arras; fondation Mailly.* — Arch. de La Roche-Mailly. Copie papier, collationnée en 1782, par deux notaires de la ville d'Arras, avec dessin du sceau de Marie de Mailly).

CCCXLV

1447, avril. — « *Inscription gravée sur bronze en lettres gothiques existant autrefois dans une des chapelles de l'église de Saint-Nicolas-des-Fossés à Arras.* »

« Chy devant gist noble dame madame MARIE DE MAILLY, dame dudit lieu de Mailly du Louscignol, de Bours et de Boullencourt, laquelle, pour le salut de son âme et des âmes de ses prédécesseurs, a fondé et admorti en l'église de céans dix messes perpétuelles, chascune sepmaine, qui se diront en ceste chapelle, par deux prestres commis, c'est assavoir par l'un d'iceulx chacune sepmaine sept messes, à huit heures, pourquoi lui sera payé chacun an par les manégliers d'icelle église à quatre termes quarante livres, et par l'autre prestre chacunes sepmaines trois messes, à sept heures, et jours de lundy, mercredy et vendredy, auquel sera payet par lesdiz manégliers dix huit libres tournois, monnoie courante ; desquelx prêtres à commettre après le trespas d'icelle dame et de ceulx qu'elle y aura commis sera de tout à la disposition desdits manégliers et paroischiens d'icelle et y porront commettre telz prestres que bon leur semblera, qui soient de bonne vie, lesquelx prestres demourront tous les jours de leur vie : et aveuc ce ung obit perpétuelle, vegilles, à neuf salpmes, et à neuf lichons, et messes à diaques et soubs-diaques, qui se dira chacun an au grant autel de ladite église, en jour de venredy, et à commencher au prochain venredy après le trespas d'icelle dame, et les vegilles le jœdy précédent ; pour lequel obit sera payet par iceux manégliers au curé ou visigérant d'icelle église dix sols, aux diaques et soubx-diaques huit sols, au conltre quatre sols, au clerq trois sols, et aus diz conltre et clercq pour sonner bien et longuement autres trois sols, et douze solz qui seront donnez en icelle église aux pouvres membres de Dieu le jour que on fera ledit obit. Et, pour ce payer, icelle dame a mis et transporté en la main desdits manégliers, comme en main morte, tout

le droit de la disme de Bours qui se prend et lièvc sur toutes les terres
dudit lieu de Bours et sur aultres terres à l'environ, qui vault par an environ soixante et dix libres, laquelle disme elle a duement admortie; et,
moyennant ce, iceulx manégliers et leurs successeurs seront tenus de
payer lesdits messes et obits et livrer pain et vin pour célébrer icelles
messes et obits, retenir et garder les calices et ornemens, telz que par ma
ditte dame leur ont été baillez et le surplus demourra au proufit d'icelle
église, et tout selon la fourme et teneur des lettres des dites fondacions
et admortissement.

» Ce fut fait l'an mil quatre cent et quarante sept, au mois d'avril.
Priez à Dieu pour l'âme d'elle. Amen[1]. »

(Arch. de La Roche-Mailly. *Extrait d'un procès-verbal fait en 1782
par Delecourt el Taillandier, notaires à Arras*).

CCCXLVI

1449, 12 mai. — *Jean de Longheval, écuyer, vend à Marie de
Mailly, dame dudit lieu, une rente de quarante sous que ladite Marie
achète au profit de l'hôpital de Mailly.*

« A tous ceulx qui ces présentes lectrez verront, Jehan Le Brun, lieutenant de Jehan Wermer, bailli et garde de justiche pour mon très
grant et doubté seigneur, JEHAN, SEIGNEUR DE MAILLY, du Ploich et de
Beauffort-en-Santers, en sa terre et signourie dudit lieu de Mailly,
salut.

» Sachent tout que, par devant moy et en la présence de Collart
Roulé et Baudin de le Hettroie, dit Gourlois, hommes de fiefs de mon dit
très grant et doubté seigneur, jugans en son chastel oudit lieu de Mailly,
est venus et comparus personnellement Jehan de Longheval, escuier,
filz et hirétier de deffunct Jehan de Longheval, dit Maillet, demourant

---

1. Cette inscription, qui existait encore en 1782, était accompagnée de
trois écussons bien visibles. Le premier avait «un fond jaune à trois maillets,
deux en chef et l'autre en pointe, lesquels maillets semblaient de couleur
rouge usée par vetusté. » Le second « de fond blanc à trois faces vertes, la
bordure du dit escusson de couleur rouge, parsemée de quatorze rozettes
qui semblaient jaunes et usées par vetusté. » Le troisième représentait « en
chef un damier de couleur verte et jaune et le bas était de fond rouge chargé
de quatre lignes blanches, deux par deux. » Un quatrième écusson avait disparu par rupture d'un des angles de la plaque de bronze. (Arch. de La
Roche-Mailly. Extrait du procès-verbal des notaires d'Arras).

présentement en la ville dudit Mailly, et recongnut de sa franche et
libéralle vollenté, non constrains ad ce, que pour son très grant pourffit
en ce clèrement apparant, soy acquitier et deschargier d'aucunez debtes, en quoy il estoit tenus et obligiés envers pluiseurs ses créanchiers,
ce que bonnement il ne pooit faire sans faire la vendicion, dont touchié
sera chi après, et par pure néchessité, qui ad ce faire l'avoit constraint
et constraignoit, sy comme il a affermé et juré sollempnellement en ma
main et présent lesdis hommes de fief, et parmi et moiennant le pris et
somme de quarante livres, en telle monnaie que XL gros de Flandres
pour chacune livre francqs deniers, que ledit escuier en a confessé et
confessa avoir eu et recheu en deniers comptans de noble et puissant
dame madame Marie de Mailly, dame dudit lieu de Mailly, du Loussignol, de Bours et de Boullencourt, et dont il s'est tenus pour comptens,
bien payez et sattisfiez, et en a quittié, et, par ces présentes, quicte la
dite dame, ses hoirs et tous autres qu'il appartient, icelui recongnois-
sans à sa prière et requeste avoit et a vendu, cédé, délaissié et transporté et, par la teneur de ces présentes, vent, cède, délaisse et trans-
porte bien et loyalement, sans fraude, dol ou décepcon aucune, à la
ditte madame de Mailly, et icelle a de lui acheté de ses propres deniers,
pour et au prouffit de la maison et hospital de ladite ville de Mailly, la
somme de quarante solz de tel monnaie qui auera cours à pain, char et
vin, en la conté d'Artois, de rente franche, annuelle et perpétuelle chacun an, qui se paiera au prouffit dudit hospital pour le emploier en le
substentacion, alimentation *des povres membres de Dieu qui seront
recheux et herbégiés oudit hospital*[1], à deux termes et payemens en
l'an, telz que saint Jehan Baptiste et Noël, à chacun d'iceulx terme moittié de ladite rente, dont le premier terme pour la première année sera et
escherra au jour saint Jehan-Baptiste, prochain venant, qui sera l'an
mil quatre cens et quarante nœf, le second terme parfait du premier an
au jour de Noel ensuivant, et ainsi en poursuivant d'an en an et de terme en terme, hirétablement, perpétuellement et à tousjours, à prendre,
lever, perchevoir et recevoir chacun an la dicte rente de quarante solz,
dicte monnoie, par les ministres dudit hospital et au pourffit d'iceluy en
et sur tout ung fief et noble tennement que ledit escuier tiengt de mon

---

1. M. l'abbé Gosselin (*Mailly et ses Seigneurs,* p. 200) émet la fausse opinion que l'hôpital ou Hôtel-Dieu de Mailly n'était autre chose qu'une maison
de Templiers.

dit et très grant et doubté seigneur, JEHAN SEIGNEUR DE MAILLY, à cause
de son dit chastel de Mailly, par soixante solz parisis de relief, qui se
comprent et extendent en ce qui s'ensuit.

» Et premièrement, en ung mannoir amazé de maison mannable,
grange, marescauchies et aultres édéfiches, séans en ladicte ville de
Mailly, contenans quatre journeux de terre ou environ, tenant, d'une
part, au mannoir Jehan Rifflet et, d'aultre part, au bos de le Marogère,
et en six vings treize journeux de terres à hanner, ou environ, séans en
pluseurs pièches ou terroir d'icelle ville, dont et desquelle la déclaracion s'ensuit.

» Et premièrement, soixante quatorze journeux de terre tout en une
pièche, tenans, d'une part, à le terre Collart Lemaire et à le terre Mahieu
de Le Haye et, d'un aultre costé, à le terre Baudin Bousset et Tassart
Sorel. Item, XVIII journeux en une pièche, séans devant le mollin de la
dicte ville, tenant, d'une part, à le terre qui fu Jehan de Bertangles, de
présent appartenant à Baudin de Ricquebourg, et, d'aultre part, à le
terre Saint-Nicollay. Item, XII journeux de terres tenant, d'une part,
aux terres Saint-Nicollay et, d'aultre part, aux terres dudit seigneur de
Mailly. Item, XI journeux tenant, d'une part, au quemin de Collencamp
et, d'aultre part, à la terre Pierrot Gourlois. Item, dix journeux tenant
à le terre dudit seigneur de Mailly, d'une part, et au quemin de le Pas-
tourelle, et en huit journeux de terre en une pièche nommée le Vauca-
pron, tenant au chemin de Ochonviller et à le terre Mahieu de Le Haye
et, d'aultre part, au terroir dudit Ochonviller.

» Et de la ditte rente hirétable desdis quarante solz à prendre et
avoir sur ledit fief au pourffit dudit hospital aus dis termes, comme dit
est, s'est icelui escuier dessaisis, desvestis et deshiretés en ma main et
présent lesdis hommes de fief par rain ou baston, en le manière acous-
tumée, accordans et consentans que le ministre dudit hospital soit saissis et adhiretés de la ditte rente hirétable, pour icelle prendre et avoir
sur ledit fief, au pourffit dudit hospital, par le manière dicte. Et ce fait
conjuray iceulx hommes de fief que, par la foy et serment qu'ilz devoient
à Dieu et à mon dit très grant et doubté seigneur, ilz me deissent, et par
jugement, se ledit Jehan de Longheval s'estoit et est bien deuement dessaisis et deshirétés de laditte rente, pour icelle prendre et avoir chacun
an au prouffit dudit hospital ; lesquelz hommes après, ce qu'ilz orent
parlé ensemble, eulz sur ce deuement advisés et consillés, dirent et dé-

clarèrent et par jugement par le bouche de l'un d'eulz, qui ensieuys fu
des aultres, que ledit escuier s'estoit et est de ladicte rente, au pourflit
et utilité dudit hospital, comme desus, bien et deuement dessaisis et deshirétés et que de ladicte rente bien pooié et devoie saisir et adhiréter le
menistre dudit hospital ou aultre au pourflit d'icelui hospital. Et ce fait,
après que mon dit seigneur ot grée, consenty et accordé que ledit Jehan
de Longheval puist chargier son dit fief de ladite rente hirétable au
pourflit dudit hospital, parmi et moiennant homme vivant et morant et
non confiscant pour le dit hospital, à douze deniers de relief seullement
de mort à aultre, et que, pour le dit hospital, ot esté offert et présenté
homme pour icelui hospital, Pierre de Ricquebourg[1], pour ce présent et
comparant par devant moy et iceulx homme de fief, et aussi que moy,
pour mon dit seigneur, me fuch tenus comptens de tous telz droix sei-
gnouriaux que pour ce lui appartenoient, je saissy et adhiretay et mis en
possession et saisine, par tradicion de fait par signe d'un baston, le dit
Pierre de Ricquebourg de la ditte rente hirétable des dis quarante solz,
chacun an, pour icelle prendre et avoir sur le dit fief hirétablement, au
pourflit dudit hospital, aux termes et par la manière dite. De laquelle
rente la dicte dame, pour ce présente, meue de carité et pour le bien et
accroissement dudit hospital, en faisoit don et aumosne à icelui hospital.
Sur quoy je conjuray les dis hommes adflin que, par la foy qu'ilz devoient
à Dieu et à mon dit très grant et doubté seigneur, ilz me deissent et par
jugement se ledit Pierre de Ricquebourg, ou dit nom, estoit et est bien
deuement saisis et adhiretés de la dicte rente de quarante solz ; lesquelz
hommes, eulx sur ce consilliés,.... dirent et declairérent par jugement,
tout d'un accord, que icelui Pierre, ou nom que dessus, estoit et est bien
deuement et alloy saissis et adhirités des dis quarante solz de rente,
pour les prendre et avoir chacun an hirétablement sur le dit fief par les
menistres dudit hospital....

» En tesmoing de ce, j'ay mis mon seel à ces présentes lettres qui furent faictes et passées et recognuttes le XII⁰ jour de may l'an mil CCCC
et quarante nœuf.... »

(Arch. de La Roche-Mailly. Vidimus parchemin donné par « Mahieu

---

1. M. l'abbé Gosselin (*Mailly et ses Seigneurs,* p. 200) cite, un Pierre de
Ricquebourg, propriétaire de l'Hôtel-Dieu de Mailly, en 1561. Ce Pierre de
Ricquebourg, descendant probablement de son homonyme du XV⁰ siècle,
devait être tout simplement l' « homme vivant et morant » dudit hôpital.

des Mares, escuier, garde du seel de la bailly d'Amiens, estably ès prévosté foraine de Beauquesne, » le 20 juillet 1453. — Note au dos de la pièce : « Et sont les originaux lettrez en le trésorie de l'église Saint-Vaast d'Arras »).

CCCXLVII

1449, 15 novembre. — « Jean de Baynast, écuyer, demeurant à Hesdin, constitua en dot à damoiselle Péronne, sa fille, femme future de Frémin, fils aîné de sire Jean Delabie, citoyen d'Amiens, la somme de 300 écus d'or, dont deux cens payables le jour des noces et les cent autres selon l'ordonnance de monseigneur l'évêque de Noyon et de monseigneur COLARD DE MAILLY, son frère, par acte du 15ᵉ novembre 1449. — Hôtel de Ville d'Amiens ; *Saisines*, cotte 2. v. 8. »
(Bibl. nat., *Trésor généalogique de dom Villevieille*, t. 54, f. 44).

CCCXLVIII

1449 (v. s.), 12 janvier. 1450, 14 novembre. — Ventes de coupes de bois « séant en Pourcizoys, » pour et au nom de « messire FERRY DE MAILLY, chevalier, seigneur de Talmas, Pourcy, Courton et Rueil. »
(Arch. de La Roche-Mailly. Originaux parchemin).

CCCXLIX

1452, 30 décembre. — *Contrat de mariage de Philippe de Noyelle et d'Antoinette de Mailly, fille de Jean de Mailly et de Catherine de Maumez.*

« A tous ceulx quy ces présentes lettres verront, Mahieu des Mares, escuier, ad présent garde du seel royal de la baillie d'Amiens, estably ès prévosté foraine de Beauquesne,.... salut.

» Sachent tous que, par devant Mahieu de Beaumont et Gilles Doresmeulx, auditeurs du roy, nostre sire,.... comparurent en leurs personnes nobles et puissans seigneurs JEHAN, SEIGNEUR DE MAILLY et de Beauffort-en-Santers, NICOLAS DE MAILLY, son aisné fil et plus prochain apparent héritier, d'une part, monsʳ Jehan, seigneur de Noyelle et de

Callonne, et mons^r Phelippes de Noyelle, chastellain de Langle, chevaliers, son seul filz et héritier, et de madame Jehenne du Boiz, dame de
Noyelle, femme dudit mons^r Jehan, d'autre part.

» Et recongnurent les dites parties.... est assavoir les dits de Mailly,
tant en leurs noms comme eulx faisans fors de noble demoiselle mademoiselle KATHERINE DE MAUMEZ, femme et espouze audit JEHAN DE
MAILLY, et les dits de Noyelle, tant en leurs noms comme eulx faisans
fors de madame dame du Bos, femme audit seigneur de Noyelle, que,
pour parvenir au traictié de mariage quy, au plaisir de Dieu, par le
moyen de saincte Eglise, se fera.... dudit mons^r PHELIPPES DE NOYELLE,
d'une part, et de demoiselle ANTHOINE DE MAILLY, fille aisnée desdits
JEHAN DE MAILLY et de ma dicte demoiselle KATHERINE DE MAUMEZ, sa
femme, d'autre part, avant qu'ilz ayent foy ne convenances de mariaige,
par le moyen de plusieurs leurs seigneurs, parens et amys, icelles parties sont d'accord.... par la manière qui s'ensuit :

» Premièrement, a donné et donne ledit seigneur de Noyelle en avanchement d'hoirie à son dit aisné filz.... la somme de » 600 francs de
rente. « Oultre et avecques ce, est et sera tenu de faire saisir son dit filz
de la terre et seigneurie de Calonne, dont il est seigneur, comme son
seul filz et vray héritier, pour d'icelle terre et seigneurie joyr et possesser par ledit mons^r Phélippes et ses hoirs tantost et incontinent après le
trespas dudit mons^r de Noyelle, son père, à la charge du douaire que
ma dicte dame du Bos, sa femme, se elle estoit lors vivant, y porroit
avoir et demander.

» Item, joira ledit mons^r Phelippes.... de tous les fiefz, terres et seigneuries appartenant à ma dicte dame du Bos, femme audit seigneur de
Noyelle, sa mère, pour en joyr aprez le trespas d'elle et non ainchois....

» Et avecq ce, porte le dit mons^r Phelippes à ce présent mariage et
dont il est héritier toute la ville, terre et seigneurie de Marles, tant de
l'achat fait par mondit seigneur de Noyelle à madame de Grancourt
comme à mons^r d'Estrées, pour de ce joir après le trespas de ses père et
mère et non ainchois.

» Et ledit JEHAN DE MAILLY, par le gré et consentement dudit NICOL-
LAS, son aisné filz et plus prochain héritier apparant,.... a donné et
donne à la dicte demoiselle ANTHOINE, son aisnée fille, pour parvenir au
dit mariage, toute la terre et seigneurie que ledit JEHAN DE MAILLY a et
quy luy appartient de la succession de deffunct mons^r COLLART DE MAIL-

LY, seigneur du dit lieu. son père, nommé Le Ploych, et La Clicquetrie, les appendences et appartenances et pais d'environ, tenu ledit fief du Ploych de madame de Mailly, sa mère, à cause de sa terre d'Auchy, et ledit fief de la Clicquetrie tenu de monsʳ messire Jehan de Bourbon, et dont, dès maintenant, ledit Jehan de Mailly, touteffois qu'il plaira au dit monsʳ Phelippes de Noyelle ledit mariage consommer, en saisir et adhériter la dicte fille, et dont, dès maintenant, noble dame madame MARIE DE MAILLY, mère audit JEHAN DE MAILLY, pour ce comparant en sa personne, au regard de ce que tenu est d'elle à cause de sa terre d'Auchy, a donné et quictié ses droix seigneuriaulx,…. pour d'iceulx fiefz du Ploych et de La Clicquetrie…. joyr par la dicte demoiselle Anthoine et les hoirs quy ysteront de ce présent mariage, tantost et incontinent après le trespas de la dicte madame Marie de Mailly, mère audit Jehan, et non ainchois….

» Et au lieu de ce que la dicte dame de Mailly, mère audit Jehan de Mailly, joira des dits fiefz et héritaiges, sa vie durant, ledit Jehan de Mailly est et sera tenu rendre et paier chacun an audit messire Phelippes, ou au porteur de ces lettres, durant la vie de ladicte dame seullement, cent livres parisis, monnoie royal, de demy an en demy an….

» Avecques ce, sera tenus ledict Jehan de Mailly de recevoir le jour des nopces en son chastel à Mailly ledit monsʳ Phelippes et ses gens en simple estat, sans fourme de nopces, et faire les nopces à ses despens, à la vollonté dudit Jehan de Mailly.

» Et, moiennant ces dons, la dicte demoiselle Anthoine sera tenue de renoncher, au prouffit de ses aultres frères et sœur, à tout le droit de succession de ses père et mère….

» Ce fut fait…. le pénultiesme jour de décembre, l'an mil quatre cens et chincquante deux…. »

(Arch. de La Roche-Mailly. Copie papier, collationnée à l'original le 18 octobre 1525).

CCCL

1452 (v. s.), 15 mars. — « Jean Gibert, écuyer, seigneur de Donnest, de Saumettes et de Dompierre-lès-Montdidier, avoua tenir en fief de noble et puissant seigneur JEAN, SEIGNEUR DE MAILLY, de Beaufort et de Grivennes, à cause de sa seigneurie de Grivennes, sa terre et seigneurie de Dompierre en toute justice haute, moyenne et basse, dont estoient tenus plusieurs fiefs et arrière fiefs, le 15ᵉ mars 1452. — Arch. de l'évêché de Beauvais ; *Boete* 27ᵉ. »

(Bibl. nat., *Trésor généalogique de dom Villevieille*, t. 54, fol. 44).

CCCLI

1453, 1ᵉʳ juin. — Procuration donnée par « noble et puissant seigneur HUE DE MAILLY, chevalier, seigneur de Boullencourt et du Loussignol, » à « Adam Pesé, Jehan Blancane, dit Fretelet, Pierre Vaillant, Gilles des Monchaux, Gontier du Pont, Mahieu Fasselin. — Extrait du *Registre aux procurations de l'eschevinage d'Arras, commenchans à la Toussains, l'an mil quatre cent quarante sept et finissant le XIᵉ jour de novembre l'an mil quatre cent cinquante quatre.* »

(Arch. de La Roche-Mailly. Copie papier collationnée).

CCCLII

1454, 4 mai. — Procès au Parlement de Paris « entre messire FERRY DE MAILLY, chevalier, seigneur de Talemas, demandeur en cas de réprinse de part et requérant le proufit de deux defaulx lui estre adjugié, d'une part, et damoiselle Marie de Landres, vefve de feu Jehan de Beaurain, escuier, seigneur de Dercy, deffaillant, d'autre.... »

(Arch. nat., Xⁱᵃ 1483, fol. 141).

CCCLIII

1455, 29 avril. — « Noble homme monseigneur JEAN DE MAILLY, seigneur d'Auviller et de Maumes, vendit au prévôt de l'abbaye de Corbie deux fiefs de la dite abbaye assis à Cherisy et à Warfusée, le 29ᵉ avril 1455. — Arch. de l'abbaye de Corbie. *Reg. Ransonius*, n° 5, fol. 21 verso. »

(Bibl. nat., *Trésor généalogique de dom Villevieille*, t. 54, fol. 44).

CCCLIV

1455, 1ᵉʳ septembre. — « Noble homme monseigneur JEAN DE MAILLY,

chevalier, seigneur d'Auviller, et madame Jeanne de Warsies, sa femme, vendirent à monseigneur Guillaume de Canny, chevalier, seigneur
de Mondescourt, et à madame Marie des Preys, sa femme, un fief de
l'abbaye de Corbie, assis à Estinehen-le-Petit, avec les fiefs, pairies et
seigneuries qu'ils avoient à Estinehem, Grand et Petit, moyennant la
somme de 1600 écus, le 1er septembre 1455. — Arch. de l'abbaye de
Corbie. *Reg. Ransonius*, n° 5, fol. 25 verso. »

(Bibl. nat., *Trésor généalogique de dom Villevieille*, t. 54, fol. 44).

CCCLV

1455 ou 1456. — « Monseig^r d'Eaucourt, comme mary de madame
Antoine de Mailly, ditte d'Authuille, fille de feu Mathelin de Mailly,
dit d'Authuille, écuyer, seigneur de Fouconviller, releva la terre et
seigneurie de Fouconviller tenue du château d'Arras, selon le *Compte
de Jean Robaut commencé à la Saint Jean 1455.* — Chambre des comptes de Lille. *Domaine d'Arras.* »

(Bibl. nat., *Trésor généalogique de dom Villevieille*, t. 54, fol. 44).

CCCLVI

1455 ou 1456. — « De madame Marie de Mailly, dame de Humbercourt et de Beaupré, pour les droits seignoureaux de la possession et
saisine de le terre et seigneurie de Coullemont, tenue en fief du chastel
d'Avesnes, et d'un autre fief qui se comprend en certain nombre de
mencaulx d'avoine, qui se prend chacun an sur le gaule de Beaumez,
appartenant aux religieux, abbé et couvent de l'esglise de Saint-Waast
d'Arras, tenu du chastel d'Avesnes, à elle donné par madame Marie de
Mailly, sa mère, au traittié de mariage de feu Jehan de Brimeu, en son
vivant, seigneur de Humbercourt et de Quierrieu, et d'elle, lesquelles
droitures seignouraux des choses dessus dites, monsieur le duc de
Bourgongne, pour les causes plus à plain déclairez ès lettres patentes,
données en sa ville de Dijon, le XXVIe jour de décembre l'an mil IIIIc
LIIII,.... a donné et quitté tout entièrement et sans rien réserver,....
par vertu desquelles le dit receveur (Jean Robaut) l'a tenu de ce quitte
et paisible.... — Extrait du *Compte de Jehan Robaut, receveur du*

bailliage d'Avesnes, commençant le 17 juillet 1455 et finissant le 17 juillet 1456. »

(Arch. de La Roche-Mailly. Copie papier, collationnée à l'original en 1780, par Godefroy).

CCCLVII

1455 (v. s.), 23 janvier. — « Noble homme GUILLAUME DE MAILLY, dit SALADIN, seigneur de Marquais-lès-Péronne et de Hautmez-lès-Amiens, en partie, donne à damoiselle ANTOINE DE MAILLY, sa fille, en faveur de son mariage avec Jean Dant, citoyen d'Amiens, 40 livres de cens et rentes sur divers héritages assis à Amiens, le 23e janvier 1455. — Hôtel de Ville d'Amiens. *Saisines*, cotte 9. v. 8. fol. 193 verso. »

(Bibl. nat., *Trésor généalogique de dom Villevieille*, t. 54, fol. 44).

CCCLVIII

Sans date. — « Mémoires, motifz et advertissemens que font et baillent par devant vous noble et puissant seigneur monseigneur le bailli d'Amiens ou votre lieutenant, Jacques Chabaut et demoiselle Jehenne Postelle, sa femme, qui fut fille de deffunct maistre Nicolle Postel et de demoiselle Marie Barbasust, qui fut sa femme, à présent femme de GUILLAUME DE MAILLY, dit SALHADIN d'Auth[uille], escuier, deffendeurs.... »

(Bibl. nat., *Pièces originales*, t. 1801, *de Mailly*, 41638, n° 6. Fragment de pièce en parchemin).

CCCLIX

1456. — « PAYEN DE MAILLY, comme fils et héritier de feue damoiselle CATHERINE DE MAUMES, femme en son vivant de JEAN DE MAILLY, releva une rente de 50 sous sur des maisons situées à Saint-Omer, en la rue Sainte-Croix, tenue en fief du château dudit Saint-Omer, selon le *Compte de Guillaume d'Audenfort, commencé le 1er janvier 1455* (v. s.). — Chambre des comptes de Lille. *Domaine de Saint-Omer.* »

(Bibl. nat., *Trésor généalogique de dom Villevieille*, t. 54, fol. 44. — Arch. de La Roche-Mailly. *Preuves d'Alexandre-Louis de Mailly*).

CCCLX

1456, 14 juillet. — Colart de Mailly, seigneur de Conty, fournit aveu et dénombrement au roy de sa terre et seigneurie de Conty, dont Jean Pevin, entre autres, tenoit un fief, duquel Jacques de Rambures, seigneur de Dampierre, et la damoiselle de Durcat tenoient par indivis ce qu'ils avoient ès ville et territoire d'Arqueuve, le 14e juillet 1456. — Chambre des comptes de Paris. »

(Bibl. nat., *Trésor généalogique de dom Villevieille,* t. 54, fol. 44 v°).

CCCLXI

1456, 25 juillet. — Monseigneur Collard de Mailly releva de la succession de feu monseigneur Jean de Conty un fief de l'abbaye de Corbie appellé le fief de Maucourt, le 25e juillet 1456. — Archives de l'abbaye de Corbie. *Reg. Ransonius,* n° 5, fol. 33 v°).

(Bibl. nat., *Trésor généalogique de dom Villevieille,* t. 54, fol. 44).

CCCLXII

1456, 6 septembre. — *Epitaphe de Marie de Mailly, veuve de Colard, seigneur de Mailly, dans l'église de Saint-Nicolas-des-Fossés d'Arras.*

« En l'église Saint-Nicolas-des-Fossez en la ville d'Arras, dessus un portail pour entrer à l'église, à costé dextre, est une table d'autel avec cette écriture.

» Cy gist noble dame Marie, dame de Mailly, du L'Ossignol, de Bours et de Boullencourt, femme de messire Colart, seigneur de Mailly, de Beaufort-en-Santer et du Ploich, qui fut tué à la journée d'Azincourt, desquels seigneur et dame sont issus : messire Colart de Mailly, lequel, après qu'il eust esté chevalier à la dicte journée, trespassa ; Jehan, sire de Mailly, qui trespassa à la journée de Mons-en-Vimeu ; Jehan, sire de Mailly et de Beaufort-en Santer, de Bours ; Antoine de Mailly, escuier ; mons^r Hue de Mailly, chevalier, seigneur de Boulencourt et du Losignol ; damoiselle Marie de Mailly, damoiselle de Domart-sur-la-Lis ; Jehanne de Mailly, religieuse au

Pont-Sainte-Maxence, et JEANNE DE MAILLY, dame de Sombrin et de Proville, et MARIE DE MAILLY, dame de Beauprés et de Coullemont, et autres leurs enfans estant en cette représentation[1] ; laquelle trespassa le 6 septembre 1456. »

(Bibl. nat., *Collection Clairambault (Saint-Esprit)*, t. 1197, fol. 124).

CCCLXIII

1456 ou 1457. — « JEAN, SEIGNEUR DE MAILLY, comme héritier de feue madame de Mailly, sa mère, releva la terre des Aligues, située à Bours, tenue du château d'Arras, selon le *Compte de Jean Robaut commencé à la Saint-Jean 1456*. — Chambre des comptes de Lille. *Domaine d'Arras*. »

(Bibl. nat., *Trésor généalogique de dom Villevieille*, t. 54, fol. 44 v°. — Arch. de La Roche-Mailly. Copie papier, collationnée en 1779 à l'original par Godefroy).

CCCLXIV

1457, 28 mai. — Constitution d'une rente viagère de 20 livres tournois par « noble et puissant seigneur messire JEHAN DE MAILLY, chevalier, seigneur d'Auvillier et de Maumès en Picardie, conseiller et chambellan du roy, nostre seigneur, et noble dame madame JEHANNE DE WASIERS, sa femme, » en faveur de « leur fille nommée JAQUELINE, laquelle Jaqueline meue de grant et bonne dévocion » était « rendue religieuse en l'église de l'Humilité-Nostre-Dame, autrement dicte Longchamp près Paris, » où « les abbesse et couvent.... l'avoient et ont doulcement et bénignement reçeue en la dicte église et abbaye.... »

(Arch. nat., L 1024, n° 11. Orig. parch. et copie papier).

CCCLXV

1457 (v. s.), 24 février. — « Monseigneur le comte de Clermont ayant

---

1. Cette représentation, peinte sur bois, n'existe plus à Arras. La reproduction en couleurs en est conservée à la Bibliothèque nationale, *Collection Clairambault*, t. 1197, fol. 125.

saisi féodalement la châtellenie de Conty sur monseigneur Ferry de Mailly, chevalier, seigneur de Conty, Andrieu de Riencourt, écuyer, seigneur d'Orival et de Tilloloy, paya les lots de l'acquisition qu'il avoit faite du fief et noble ténement de Bergiecourt, mouvant de la dicte châtellenie, au receveur dudit comte de Clermont, le 24ᵉ février 1457. — Archives de M. le comte de Riencourt-Tilloloy. »

(Bibl. nat., *Trésor généalogique de dom Villevieille*, t. 54, fol. 44 vᵒ).

CCCLXVI

1458, 11 décembre. — « Révérend père en Dieu, messire Jehan de Mailly, évesque et comte de Noion, pair de France, » fonde « une messe quotidienne en l'église de Nostre-Dame d'Amyens, en la chapelle de l'Anonciation de la glorieuse vierge Marie, située en la nef d'icelle église, du costé dextre[1]. »

Sceau de Jean de Mailly : Dans une niche principale, gothique, la Vierge assise tenant l'enfant Jésus ; de chaque côté un saint debout les mains jointes ; au-dessous, l'évêque priant, ayant à sa dextre un *écu semé de fleurs de lys, à deux crosses en pal*, et à senestre un *écu portant trois maillets*. Légende : SIGILL... S DE MAILLIACO.... ET CO.... PARIS FRANCIE (Sigillum Johannis de Mailliaco, episcopi et comitis Noviomensis, paris Francie).

(Arch. départementales de la Somme. *Chapitre d'Amiens.* — Arch. de La Roche-Mailly. Copie papier).

CCCLXVII

1458 (v. s.), février. — « On voit à la marge de l'aveu de la seigneurie de Vironchieux fourni au roy, à cause de son bailliage de Cressy, par Wibert des Marres, écuyer, le 7ᵉ may 1373, que madame Béatrix de Boufflers releva la dite seigneurie, après le décès de Robert de Mailly,

---

1. 1462 (v. s.), 12 février. Quittance donnée par « Jehan Hanot, prêtre, l'ung des chappelains de la chappelle perpétuelle fondée et amortie puis nagaires par révérend père en Dieu monsʳ Jehan de Mailly, évesque et conte de Noyon, per de France, en la chappelle de l'Annonciation en l'église Nostre-Dame d'Amiens. » — (Bibl. nat., *Pièces originales,* t. 1801, *de Mailly,* 41638, nᵒ 8, parchemin).

dit d'Auteuille, son mari, le penultiéme février 1458. — Bureau des finances d'Amiens. *Cartulaire de Cressy*, n° 190, fol. 118 verso. »

(Bibl. nat., *Trésor généalogique de dom Villevieille*, t. 54, fol. 44 v°).

CCCLXVIII

1461, 2 août. — « Jacques de Mailly, écuyer, dit Auvillers, fut témoin d'une vente faite le 2° août 1461 par les tuteurs de damoiselle Claude de Rosimbos, fille de feu monseigneur Georges de Rosimbos, chevalier, seigneur de Fillomer, et de madame Antoinette de Grigny, dame de Quescamp, sa veuve, à présent femme de monseigneur Jean de Saveuse, chevalier, seigneur de Sains, et ce en qualité de cousin germain paternel de ladite damoiselle. — Archives de l'hôtel de ville de Douay. »

(Bibl. nat., *Trésor généalogique de dom Villevieille*, t. 54, fol. 44 v°).

CCCLXIX

1466, 10 juillet. Saint-Quentin. — « Charles de Bourgoingne, conte de Charolois, seigneur de Chasteau-Belin et de Béthune, » mande à son « receveur de Péronne, Mondidier et Roye, » de bailler à son « amé et féal chevalier, conseiller et chambellan, messire Hue de Mailly, seigneur de Boulliencourt, la somme de » 220 livres à lui ordonnée « pour raison des fraiz et despens par lui faiz » en gardant « la ville de Mondidier et en icelle avoir entretenu certain nombre de compagnons de guerre, tant à pié comme à cheval, durant le temps que » ledit Charles de Bourgogne avait « été à tout » son « armée en France[1]. »

(Bibl. nat., *Pièces originales*, t. 1801, *de Mailly* 41638, n° 15, pièce parchemin).

CCCLXX

1468, 2 août. — « Jehan de Longueval, au nom et comme procureur de noble et puissant seigneur Jehan, seigneur de Mailly, fondé souffi-

---

1. 1466, 10 octobre. Quittance, signée *Hue de Mailly*, pour la somme susdite. Hue de Mailly s'y qualifie « seigneur de Boulliencourt et du Lossignol. » (Bibl. nat., *Pièces originales*, t. 1801, *de Mailly* 41638, n° 16, pièce parch.).

sament par lettres de procuration.... du XXVII⁰ jour de 'mars l'an mil
CCCC LXIII, avant Pasques,.... se dessaisist et nuement devestit, en la
main de monseigneur de Corbye, de tout ung fief, séant à Colencamp,...
tenu de l'église de Saint-Pierre de Corbie, par pur et vray don irrévocable
fait entre vifs en faveur de monseigneur JEHAN DE MAILLY, chevalier, son
fils second,.... pour en joir par ledit mons' Jehan de Mailly héréditablement et à tousjours pour luy, ses hoirs, successeurs ou ayans cause,....
depuis et incontinent après le trespas de son dit père et non ainchois,....
à la charge de cent livres, monnoye d'Artois, à payer chacun an par ledit
chevalier, au proffit de maistre FERRY DE MAILLY et maistre ROBERT DE
MAILLY, enfans dudit Jehan de Mailly, à chacun la moitié annuellement,
leur vie durant seulement,.... et à la charge de douze libvres, monnoye
royale, chascun an, au proffit de demoiselle JEHANNE DE MAILLY, religieuse à Le Tieulloye-lez-Arras, fille dudit Jehan, sa vie durant tant
seullement. Et se doivent prendre les dites rentes viagères sur ledit fief
de Colencamp, tenu de l'église de Corbye, et sur le fief de Martinsart,
tenu d'autre seigneurie. — *Registre Ransonius*, de l'abbaye de Corbie. »

(Arch. de La Roche-Mailly. Copie papier collationnée le 16 octobre
1779. — Bibl. nat., *Trésor généalogique de dom Villevieille*, t. 54,
folio 45).

CCCLXXI

1468 ou 1469. — « Monseigneur FERRY DE MAILLY, chevalier, seigneur de Thalemas, frère aîné et héritier apparant de révérend père en
Dieu monseigneur JEAN DE MAILLY, évêque et comte de Noyon, releva la
terre et seigneurie de Wavans, tenue du château d'Hesdin, laquelle seigneurie ledit seigneur évêque, son frère, luy avoit transportée en avancement d'hoirie et succession ; ensuite ledit messire Ferry transporta en
avancement d'hoirie ladite seigneurie à messire ADRIEN DE MAILLY, chevalier, seigneur de Conty, son fils, qui la releva aussitôt, selon le
Compte de Jean Gargan, commencé à la Saint-Jean 1468. — Chambre
des comptes de Lille. *Domaine d'Hesdin.* »

(Bibl. nat., *Trésor généalogique de dom Villevieille*, t. 54, fol. 45).

CCCLXXII

1469, 21 juin. — « Messire HUE DE MAILLY, chevalier, seigneur de

Boullencourt, releva, à cause du bail de Margueritte d'Athies, un fief de l'évéché de Beauvais, appellé le fief de La Boissière, consistant en 74 journaux de bois, et en eut souffrance le 21ᵉ juin 1469. — *Registre d'hommages de l'évéché de Beauvais,* fol. 77 verso. »

(Bibl. nat., *Trésor généalogique de dom Villevieille,* t. 54, fol. 45).

CCCLXXIII

1469, 6 septembre. — Sentence d'excommunication portée par Bertrand Merlet, docteur en décrets, prieur de prieuré de Saint-Julien de Lers, diocèse de Vienne[1], commis par le Saint-Siège, contre JEAN DE MAILLY, évêque de Noyon, à cause d'une prébende de l'église de Noyon, vacante par la mort de Guillaume Blumel, laquelle ledit Jean de Mailly avait donnée à Jean de Flavy au détriment de Jean du Temple qui en avait été pourvu canoniquement.

(Bibl. nat., fonds français, 2896, fol. 96 ; pièce en latin).

CCCLXXIV

1469. — « Noble et puissant seigneur monseigneur HUE DE MAILLY, chevalier, seigneur de Boullencourt, comme mary de madame Margueritte d'Athies, releva de la succession de feu monseigneur Guérard d'Athies, seigneur de Moyencourt, oncle de ladite dame, la terre et seigneurie de Flossies, assise assez près ·de La Neuville-lès-Bray-sur-Somme, tenue en fief de l'abbaye de Corbie, lequel fief avoit déjà été relevé par monseigneur Guérard de Fay, chevalier, à qui ledit feu seigneur de Moyencourt l'avoit donné, à la charge d'en faire saisir ledit seigneur de Boulencourt, en présence de Thomas de Waurens, seigneur du Hautpas, et autres hommes liges de l'abbaye de Corbie, en l'an 1469. — Archives de l'abbaye de Corbie. *Registre Ransonius,* n° 5, fol. 84 v°).

(Bibl. nat., *Trésor généalogique de dom Villevieille,* t. 54, fol. 54 v°).

CCCLXXV

1470, 4 mai. — « Monseigneur HUE DE MAILLY, chevalier, seigneur de

1. Saint-Julien de L'Herms, département de l'Isère, arrondissement de Vienne, canton de Beaurepaire.

Bollencourt, assiste noble homme Jean de Villers, seigneur de Domart-sur-la-Luce[1], à son mariage avec damoiselle Margueritte de Soissons, sœur de Louis, vicomte de Soissons, et fille de Raoul de Soissons et de Jeanne de Noyelle, sœur du seigneur de Hangest, et de Léonore de Soissons, de par contrat de mariage du 4e may 1470. — Bibliothèque du roy. *Portefeuille Villiers et Saint-Paul.* »

(Bibl. nat., *Trésor généalogique de dom Villevieille*, t. 54, fol. 45 v°).

CCCLXXVI

1470, juin. Paris. — *Rémission donnée par Louis XI en faveur de Guillaume Basin, écuyer, lequel, en accompagnant Jeanne de Mailly, avait tué un nommé Girard.*

« Loys, par la grâce de Dieu, roy de France, savoir faisons etc., nous avoir receu l'umble supplication des parens et amis charnelz de Guillaume Basin, escuier, contenant que le lundi XXVIIIe jour de may, derrenier passé, ainsi que ledit Guillaume Basin et Jehan de Versin estoient en la compaignie de JEHANNE DE MAILLY, damoyselle, femme de ANTHOINE DE HELLANDE, escuier, seigneur de Montegny, et de Marie, femme de Jehan Basin, Lynor Basin et Godefroy Basin, aagé de XI ans ou environ, et autres venans d'un hostel et manoir appartenant au dit sieur de Montegny, entre lesquelz estoient deux charretiers menans deux charretes chargées de biens appartenans à icelle de Mailly, et que les dits charretiers alloient devant conduisans les dites charretes et estoient pour passer à l'endroit d'une sente par laquelle ilz avoient autreffois passé sans contredit, cuidans qu'il y eust chemyn passant, qui estoit par dessus ung champ de grain appartenant à Jehan Girard, demeurant à Rignouval, auprès de Crevecuer, icelluy Girard, qui estoit en une boulaye auprès dudit champ, estoit venu à l'encontre des dits charretiers, tenant une fourchefière[2] sur son col, en leur disant qu'ilz ne passeroient point par ledit champ et qu'il n'y avoit point de chemin. Et tantost retournèrent au grant chemin. Et néantmoins ledit Girard leur dist qu'il les feroit bien retourner ; à quoy ledit Versin, qui aidoit à conduire les

---

1. Département de la Somme, arrondissement de Montdidier, canton de Moreuil.

2. En latin *furcafera*, sorte d'arme en forme de fourche.

dites charretes, respondit qu'il n'estoit pas homme pour ce faire. Et en ce disant ledit de Versin, doubtant que ledit Girard qui venoit toujours vers eulx à tout sa fourche, leur voulsist faire desplaisir, mist la main à son espée disant audit Girard qu'il retournast, lequel s'en retourna vers la dite boulaye cryant et huant : A l'ayde, à l'ayde ! Parquoy, ledit de Versin, dobtant la survenue d'aucunes gens, crya pareillement : A l'ayde ! et tant que le dit Guillaume Basin l'entendit, lequel pourtoit sur son cheval ladite damoyselle DE MALLY, acompaigné de Geoffroy et Liénor, qui estoient sur ung autre cheval, lesquelz de loing apperceurent leurs gens et ledit Girard qui aloit d'ung cousté et ledit Versin venoit d'autre cousté. Et adoncques se hastèrent et vindrent à l'endroit des dites charretes qui estoient pour lors bien avant au grant chemin. Et tantost trouvèrent le père dudit Jehan Girard auquel ledit Guillaume Basin demanda que c'estoit qu'il demandoit à leurs gens. Lequel respondit qu'ilz gastoient leurs grains, en luy disant : Veez là le sergent qui les mectra en prison. Parquoy ledit Guillemin passa oultre pour savoir audit Girard que les dits charretiers luy avoient fait. Mais, icelluy Girard, meu en couraige, sans leur donner aucune response, print une piarre et la gecta contre ledit Guillemin Basin, cuidant l'en fraper par la teste. Et, à ceste cause, il voulut tirer son espée, mais ladite damoyselle ne le voulut souffrir cuidant tout appaiser. Et ce, non obstant, ledit Girard, en persévérant en son oultraige, s'abaissa, cuidant de rechief prendre une pierre ; par quoy ledit Guillemin véant qu'il ne se povoit défendre, obstant ladite damoyselle qui estoit derrière luy à cheval, la fist descendre à force, et pareillement descendit ladite Lienor Basin, et s'en retournèrent en toute haste et fort courroucées après leurs charreretiers. Et ainsi que ledit Girard s'esmouvoit à gecter icelle pierre contre ledit Guillemin Basin, il tira son espée et en voulut fraper ledit Girard ; lequel receut de sa dite fourchefière le horion et d'icelle voulut fraper ledit Basin par le ventre, et l'eust tué n'eust esté que ledit Guillemin vuida le horion du pomeau de son espée ; mais néantmoins ledit Girard luy bailla ung cop sur la teste de sa dicte fourche, tant que à peu qu'il ne l'abaty à terre, et incontinent s'enfouyt vers ladite boulaye ; et en fuyant ledit Jehan de Versin, qui estoit avec ledit Guillaume, rateignyt icelluy Girard en la ditte boulaye et luy bailla ung cop ou deux du plat de son espée. Et à ce survindrent des parens dudit Girard qui les départirent et tindrent ledit Girard qu'il ne venist plus sur les dits Guillemin Basin, Jehan de Versin et Godeffroy.

» Et après la dite noyse appaisée, ainsi qu'ilz s'en vouloient retourner à ladite damoyselle DE MALLY et leurs charretiers, le père dudit Girard survint de male fortune, lequel commença à crier : A eulx, à eulx ! et leur gecta une piarre ou deux et donna occasion au dit Girard de se mouvoir ; lequel print de rechief deux ou troys piarres et de l'une d'icelles ateigny ledit Godefroy, frère dudit Guillemin Basin, par la teste et luy en donna si grant cop qu'il le fist cheoir de dessus son cheval à terre comme tout mort. Et ce, voyant, ledit Guillemin Basin, fort courroucé dudit cop ainsi baillé par ledit Girard à son dit frère et cuidant qu'il en fust mort, retourna incontinent contre ledit Girard et, en chaulde cole, luy bailla ung cop de son espée, cuidant luy asseoir sur le bras, mais, de male adventure, il descendit sur la teste dudit Girard et luy fit une grande playe, par quoy il en cheut à terre et tantost après ala de vie à trespas.

» Pour occasion duquel cas ledit Guillemin Basin doubtant rigueur de justice s'est absenté, etc. (Suit la rémission). Si donnons en mandement au bailli de Vermandois, etc....

» Donné à Paris, ou moys de juing, l'an de grâce mil CCCC soixante et dix, et de notre règne le IXme.

» Ainsi signé : Par le conseil, de Puigiraut. Visa. Contentor. De Vignacourt. »

(Arch. nat., JJ 195, fol. 109 verso, n° 318).

CCCLXXVII

1470 ou 1471. — « NICOLAS DE MAILLY, dit PAYEN, comme fils aîné et héritier de feu JEAN, SEIGNEUR DE MAILLY, releva les terres des Alligues, assises à Gricourt-les-Bours, tenues du château d'Arras, selon le *Compte de Hue de Dompierre commencé à la Saint-Jean 1470*. — Chambre des comptes de Lille. *Domaine d'Arras.* »

(Bibl. nat., *Trésor généalogique de dom Villevieille*, t. 54, fol. 45 v°).

CCCLXXVIII

1471, 13 novembre. — « Madame Margueritte d'Athies, veuve de feu monseigneur HUE DE MAILLY, chevalier, seigneur de Boullencourt, donna son consentement à ce que les officiers de l'abbaye de Corbie donnassent la saisine du fief de Flossies à damoiselle Margot, fille de messire Robert de Miraumont, chevalier, seigneur dudit lieu et d'Hermaville, et de madame Marie Fretel, sa femme, en exécution du traité que ledit feu seigneur de Boullencourt, son mary, avoit fait avec ledit seigneur de Miraumont, ledit fief étant échu audit feu seigneur de Boulencourt, par accord fait entre luy et monseigneur Guérard de Fay, chevalier, auquel l'avoit donné feu monseigneur Guérard d'Athies, chevalier, sire de Moyencourt, oncle de ladite dame Margueritte, le 13ᵉ novembre 1471. — Arch. de l'abbaye de Corbie. *Reg. Ransonius*, nᵒ 5, fol. 92 verso. »

(Bibl. nat., *Trésor généalogique de dom Villevieille*, t. 54, fol. 45 vᵒ).

CCCLXXIX

1471 (v. s.), 13 avril. — *Relief de la terre de Colincamps par Nicolas de Mailly, dit Payen, fils aîné de Jean de Mailly.*

« Le troisiesme (pour treizième) jour d'avril mil quatre cens soixante et unze, veille de Pasques communiaux, après bénédiction du cierge pascal, environ trois heures après midy, comparut en sa personne noble homme NICOLAS DE MAILLY, dit PAYEN, fils aisné et héritier de deffunct JEAN DE MAILLY, seigneur dudit lieu, par devant monsieur de Corbie, en la présence de Thomas de Vauchelles, seigneur de Hampad, et Robert Paton, homme lige de la comté de Corbie, lequel s'est offert de rellever de mon dit sieur de Corbie le fief de Collencamp, ainsy qu'il se comporte et estend, tenu de l'église de Saint-Pierre de Corbie, à luy venu et escheu par le trespas dudit deffunt Jehan de Mailly, son père ; auquel relief, après que monsieur de Corbie luy eust déclaré qu'il avoit homme auparavant dudit fief, c'est à scavoir monsieur JEAN DE MAILLY, chevalier, second filz dudit Jean de Mailly, frère dudit Payen, par don fait à luy par ledit feu, en son vivant, par don d'entre vifz, à certaines charges et sous certaines conditions, contenues en lettres pour ce passées par ledit Jean de Mailly, qu'iceluy Nicolas, dit Payen, fut tenu pour diligent audit relief dudit fief de Collencamp, sauf tous droits, moyennant les droits seigneuriaux pour ce deubs, qui monte à soixante sols pour le rellief et trente solz pour le chambellage, que mon dit sieur de Corbie a reçu dudit Payen et dont il se tient pour content.

» Et ce fut fait en la chambre de la ditte église Saint-Pierre de Corbie, présent dom Jean Davraisnes, chantre de la ditte église, Hüe Canesson et moy Jean Le Vasseur, prestre. — Extrait du *Registre aux relliefs et saisines des fiefs mouvans de l'abbaye Saint-Pierre de Corbie, à cause dudit lieu*[1]. »

(Arch. de La Roche-Mailly. Copie papier. — Bibl. nat., *Trésor généalogique de dom Villevieille*, t. 54, fol. 45 verso).

CCCLXXX

1472 ou 1473. — « Monseigneur FERRY DE MAILLY, seigneur de Thalcmas, comme héritier de feu monseigneur JEAN DE MAILLY, évêque de Noyon, son frère, releva trois fiefs du château d'Hesdin, scavoir : les crestiaux[2] du château de Buires, le fief qui avoit appartenu à feu Robert d'Allery, à Roissefay, et un autre fief au même lieu, selon le *Compte de Pierre de Saissy, commencé à la Saint-Jean 1472*. — Chambre des comptes de Lille. *Domaine d'Hesdin*. »

(Bibl. nat., *Trésor généalogique de dom Villevieille*, t. 54, fol. 45 v°).

CCCLXXXI

1473, 18 juin. — « Noble homme monseigneur Jean de Hames, chevalier, seigneur de Hames, de Sangastre, Andiffer et Boudues, conseiller, chambellan du duc de Bourgogne, constitue à Jean de Bernemicourt, écuyer, seigneur de Braquencourt, 50 écus d'or et 32 lions d'or de rente, au principal de 800 écus d'or, et 512 lions d'or, qu'il en avoit reçu sous le cautionnement de Jacques de Laoutre, écuyer, demeurant en l'hôtel d'icelui chevalier, et d'ANTOINE DE MAILLY demeurant à Béthune, par lettres passées sous le scel du baillage d'Amiens, le 18e juin 1473. — Cabinet de l'auteur. »

(Bibl. nat., *Trésor généalogique de dom Villevieille*, t. 54, fol. 46).

---

1. 1470 ou 1471. Nicolas de Mailly, dit Payen, fils aîné et héritier de feu Jean de Mailly, seigneur de Mailly, relève « la terre, chastel et seigneurie de Bours, tenue » du duc de Bourgogne. — Extrait du *Compte de Pierre de Wavrance, receveur de la comté de Saint-Pol*. (Arch. de La Roche-Mailly. Copie papier collationnée par Godefroy, en 1780).

2. Cresteau, Crestiau, Créneau, en latin Cresta.

CCCLXXXII

1473. — « Payen de Mailly, seigneur de Bours et de Ravensberghe, fils de feu Jean de Mailly, avoue tenir du comte de Saint-Pol la terre de Bours dont sont tenus grand nombre de fiefs, l'an 1473. — Chambre des comptes de Lille. *Cartulaire de Saint-Pol*, p. 530. »

(Bibl. nat., *Trésor généalogique de dom Villevieille*, t. 54, fol. 46).

CCCLXXXIII

1473. — « Jacques de Bristel avoue tenir un fief de Nicolas de Mailly, dit Payen, seigneur de Bours, et un autre de Hue Paillet, à cause de sa seigneurie de Noyelle, l'an 1473. — Chambre des comptes de Lille. *Cartulaire de Saint-Pol*, p. 485. »

(Bibl. nat., *Trésor généalogique de dom Villevieille*, t. 54, fol. 46).

CCCLXXXIV

1473. — « Monseigneur David d'Aveluz, chevalier, seigneur de Le Motte, avoue tenir un fief du comte de Saint-Pol et un autre de Payen de Mailly, à cause de sa terre de Bours, l'an 1473. — Chambre des Lille. *Cartulaire de Saint-Pol*, p. 446. »

(Bibl. nat., *Trésor généalogique de dom Villevieille*, t. 54, fol. 46).

CCCLXXXV

1473. — « Messire Ferry de Mailly, chevalier, seigneur de Barelinghen, est rappellé dans un fragment de dénombrement du comté de Guisnes pour un fief tenu de luy à Barelinghen, en 1473. — Hôtel de ville d'Ardres. »

(Bibl. nat., *Trésor généalogique de dom Villevieille*, t. 54, fol. 46).

CCCLXXXVI

1473. — « Baudrin de Mailly, chevalier, seigneur de Cambligneul, avoue tenir ladite seigneurie du comte de Saint-Pol, l'an 1473. — Chambre des comptes de Lille. *Cartulaire de Saint-Pol*, p. 268. »

(Bibl. nat., *Trésor généalogique de dom Villevieille*, t. 54, fol. 46).

CCCLXXXVII

1473. — « ADRIEN DE MAILLY, chevalier, fils et héritier de feu monseigneur FERRY DE MAILLY, chevalier, seigneur de Tallemas, avoue tenir du comte de Saint-Pol la seigneurie de Caulers et de Senestrevilles, l'an 1473. — Chambre des comptes de Lille. *Cartulaire de Saint-Pol*, p. 432. »

(Bibl. nat., *Trésor généalogique de dom Villevieille*, t. 54, fol. 46).

CCCLXXXVIII

1473 (v. s.), 26 février. — « Monseigneur ADRIEN DE MAILLY, chevalier, à cause de sa seigneurie et baronnie de Barclinghem, étoit seigneur direct du fief de Colwede, tenu de luy en justice vicomtière, en la paroisse de Redelinghem, par Flour Le Mus, qui en fit aveu au duc de Bourgogne, à cause de son comté de Guisnes, le 25ᵉ février 1473. — Hôtel de ville d'Ardres. »

(Bibl. nat., *Trésor généalogique de dom Villevieille*, t. 54, fol. 46).

CCCLXXXIX

1474 (v. s.), 14 janvier. Camp de Neuss. — *Charles le Téméraire, duc de Bourgogne, donne à Nicolas de Mailly, dit Payen, les biens meubles confisqués sur ses frères et sœurs.*

« Charles, etc., à noz amez et féaulx les commis de par nous à inventorier et mectre en nostre main tous les biens des Franchois et aultres tenantz le party à nous contraire, gisanz en noz pays et seigneuries, et à tous noz aultres justiciers et officiers, cuy ce peult et pourra touchier et regarder, ou à leurs lieutenants, salut.

» Savoir faisons que, pour considéracion des bons et agréables services que nous a fait par ci-devant nostre amé et féal escuier NICOLAS DE MAILLY, dit PAYEN, tant en noz voyages et armées, à très grans fraiz, missions et despens, comme aultrement, voulans iceulx services recon-

gnoistre envers lui,.... à icelluy Nicolas, pour ces causes et aultres à ce
nous mouvans, avons donné, cédé, transporté et délaissié, cédons, donnons, transportons et délaissons, par ces présentes, tous les biens meubles demourez après le trespas de feu JENNET DE MAILLY, en son vivant
son frère maisné, lesquelz biens meubles nous sont advenuz et escheus
par droit de confiscation parce que maistre FERRY DE MAILLY, HUTIN DE
MAILLY, dame MARGUERITE DE MAILLY et MARIE DE MAILLY, ses frères et
sœurs, et ausquels iceulx biens meubles devoient appartenir par droit
de succession, sont demourans en Franche et tiennent nostre parti contraire, comme entendu avons, pour, par ledit Nicolas, ses hoirs et ayans
cause, joyr et user comme de leur propre chose.

» Sy vous mandons.... que de nostre présent don, cession et transport,.... faictes, souffrez et laissez le dit Nicolas plainement et paisiblement joyr et user....

» Donné en nostre siège devant la ville de Nuyst[1], le quatorziesme
jour de janvier, l'an de grâce mil quatre cent soixante quatorze.... »

(Arch. de La Roche-Mailly. Copie papier collationnée en 1780 « à un
ancien *Registre aux plaids du baillage d'Arras*, » par « Josse-François-Sophie Binot, conseiller du roy, trésorier des chartres du pays et
comté d'Artois. »).

CCCXC

1474 (v. s.), 7 mars. — *Jean de Mailly s'étant opposé à l'entérinement des lettres données le 14 janvier 1474 (v. s.), en faveur de Nicolas
de Mailly, par Charles le Téméraire, les parties sont renvoyées devant
le parlement de Malines.*

« A noz très grans et honnorez seigneurs messeigneurs tenans.... le
parlement de nostre très redoubté et souverain seigneur monseigneur le
duc de Bourgogne à Malines, les commis ou ordonnés ou pays et conté
d'Artois, de par nostre dit très redoubté et souverain seigneur, au saisis-
sement des biens des Franchois et d'autres tenans party à luy contraire,
submis à vos commandemens et plaisirs mes très grans et honnourez
seigneurs.

---

1. Nuis ou Neuss, ville d'Allemagne, dans l'archevêché de Cologne, non
loin du Rhin, est célèbre par la résistance qu'elle fit à Charles le Téméraire
qui l'assiégea pendant dix mois, depuis août 1474 jusque en juin 1475.

» Plaise vous scavoir que mons^r Jehan de Mailly, chevalier, conseiller et chambelan de nostre très redoubté et souverain seigneur, Jehan
de Goubermez, commis à la recepte de Gouy et Bavaincourt, et Jehan
Ansart, lieutenant du bailly des dits lieux pour ledit seigneur, jointz
avec luy, avoient par nous esté receuz à opposition à l'encontre de Nicolas de Mailly, dit Payen, escuier, seigneur de Bours, à l'exécution et
enterinement d'unes lettres patentes de nostre dit très redoubté et souverain seigneur, obtenues par le dit Nicolas, et certaine nostre commission y atachée, en vertu desquelles Pierechon Cosset, sergent à cheval
de la gouvernance d'Arras, en excédant le contenu ès dites lettres et
commission et en abusant de son office, s'estoit efforchié de empeschier
le dit mons^r Jehan de Mailly en la possession et joissance des dites terres et seigneuries de Gouy et Bavaincourt, meismes de destutier les dits
recepveur et lieutenant de leurs dits offices en y commectant autres, laquelle opposition les dits seigneur de Mailly et ses officiers avoient fait
signeffier audit Nicolas et sur luy assygner jour par devant nous à
Arras ; auquel jour.... le dit Nicolas de Mailly, appellé et souffissamment
actendu,.... n'est venu, ne comparu, ne procureur pour luy, contre lequel, en son absence, comme se présent eust esté, pour Jehan des Mo-
lins, procureur desdits seigneur de Mailly, recepveur et lieutenant,
avoit esté contendu adfin que les dictes lettres et commission fussent
dictes et déclairées nulles et de nulle valeur, quant aus dites lettres, et
tout quy, en vertu d'icelles, avoit esté fait par ledit sergent, revocquié,
annullé et mis au néant, avecque ce le dit Nicolas fust compdempné ès
despens de ceste poursuite....

» Nous, oyes lesdites parties, eu sur ce conseil et advis, et considéré
tout ce qui fait à considérer, avons la congnoissance de ladite cause en
l'estat qu'elle est avec icelles parties comme bien adjournées et, de leur
consentement, renvoyé et renvoyons par devant vous noz très grans et
honnourez seigneurs, et illec assigné et assygnons jour aus dites parties,
à prochain lundi aprèz le *Quasimodo* prochain venant, pour y a donc
procéder, selon raison, lesdits mess^{rs} Jehan et Nicolas de Mailly, à ce
présenz en leurs personnes, noz très grans et honnourez seigneurs.

» En tesmoing de ce, nous avons mis nos seaulx à ces lettres de renvoy.

» Donné le septiesme jour de mars, l'an mil quatre cent soixante quatorze. »

(Arch. de La Roche-Mailly. Copie papier, collationnée en 1780 « à un ancien *Registre aux plaids de la gouvernance d'Arras*, » par « Josse-François-Sophie Binot. »).

CCCXCI

1475, 30 avril. — « Relief, foy, hommage, fait à noble seigneur, monseigneur Hue de Mailly, seigneur d'Auchy et à présent de Bouillencourt-en-Seri, obtenu chez mons^r Jehan de Mailly, son frère, demeurant au partye du duc de Bourgogne, par noble homme Pierre de Haucourt, tuteur de Charles de Haucourt, son fils, et de feue damoiselle Jeanne de Caumont, d'un fief noble situé à Friville, tenu noblement et en pairie de ladite seigneurie de Bouillencourt. »

(Arch. de La Roche-Mailly. Copie papier, collationnée en 1780, « par les notaires du roi au bailliage d'Amiens résidents au bourg d'Ault. »).

CCCXCII

1475, 19 mai. Camp de Neuss. — *Charles le Téméraire donne à Nicolas de Mailly, dit Payen, un certain droit que Robert de Frévilliers prétendait avoir sur la terre de Bours.*

« Charles, etc...., à noz bailly d'Amiens, gouverneur d'Arras et de Béthune, aux commis de par nous à inventorier, prendre, saisir et mectre en nostre main les biens des Franchois et autres noz ennemis et adversaires estans en noz pais et seigneuries, et à tous noz autres justiciers ou officiers ou à leurs lieutenans, salut.

» Savoir faisons que, pour consideracion des bons et agréables services que nostre amé et féal escuier Nicolas de Mailly, dit Payen, nous a fais par ci-devant en noz guerres et armées et pour le récompenser aucunement des pertes et dommaiges qu'il a eu et supporté aux moiens des présentes divisions, mesmement par les coursses et ravissemens que nos ennemis et adversaires ont nagaires fait en noz pays de Somme, Artois et autres de par delà, esquelz il avoit plusieurs terres et seigneuries, lesquelles noz dits ennemis luy détiennent et occupent présentement, ainsy qu'il dit, nous, au dit Nicolas de Mailly, pour ces causes et autres ad ce nous mouvantz, avons donné, quicté et remis, donnons, quictons et remectons, de grâce espécial, par ces présentes, tout le droit et action que ung nommé Robert de Frevilliers, dit Seigre-

nus, prétend à luy compecter et appartenir en la rente de cent francs
qu'il dist et maintient à luy estre deue, chascun an, par ledit Nicolas
sur sa terre et seigneurie de Bours, et dont procèz et différent est encoi-
res pendant et indécis entre iceulx Nicolas de Mailly et Robert de Frevilliers, ensemble les arrieraiges quy, à cause de laditte rente, sont et
pœvent estre deuz et escheus de tout le temps passé jusques à présent,
lequel droit et action, se aucun en compete et appartient audit Robert
de Frevilliers, dit Segrenus, les dites rentes et arieraiges nous est
escheu, compéte et appartient par droit de confiscacion, au moyen de
ce que icelluy Robert de Frevilliers tient le party à nous contraire....

» Donné en nostre siège devant la ville de Nuysse, le dix neufviesme
jour de may, l'an de grâce mil quatre cent soixante quinze.... »

(Arch. de La Roche-Mailly. Copie papier, collationnée en 1780 « à un
ancien *Registre aux plaids du baillage d'Arras*, » par « Josse-François-Sophie Binot, conseiller du roy, trésorier des chartres du pays et
comté d'Artois. »).

CCCXCIII

1475, 31 juillet. Camp de Doullens. — *Le duc de Bourgogne révoque
la donation à Jean de Mailly du douaire confisqué sur Péronne de
Pisseleu pour l'attribuer à Jean de Saucourt.*

« Charles, etc., à noz bailly d'Amiens, gouverneur d'Arras, aux commis de par nous à inventorier, prendre, saisir et mettre en nostre main
tous les biens appartenans aux Franchois et autres tenans le parti à
nous contraire, et à tous noz autres justiciers et officiers, cui ce regardera ou à leurs lieutenants, salut.

» Savoir vous faisons que, pour considération des bons et loyaux services que nostre amé et féal escuier Jehan, seigneur de Saucourt, nous a
fait par ci-devant, fait journellement et désire faire ou temps advenir de
bien en mieulx, à icelluy, pour ces causes et autres à ce nous mouvans,
mesmement de le aucunement récompenser des pertes et dommaiges
qu'il a eues et a de présent à l'occasion des guerres et divisions d'entre
le roy et nous, avons donné, cédé, délaissié et transporté, donnons, délaissons et transportons, par ces présentes, tout le droit de douaire quy
compéte et appartient, poeut et doit compéter et appartenir à dame
PÉRONNE DE PISSELEU, ès lieux, terres et seignouries de Gouy et de Ba-

vaincourt, ad cause de feu messire Loys de Saucourt, son mary, et autrement en quelque manière que ce soit, pour, icelluy douayre, comme à nous escheu et advenu par droit de confiscacion, au moien de ce que la dite dame est demourant en Franche, tenant nostre dit parti contraire, pour par ledit Jehan, seigneur de Saucourt, prendre et lever doresenavant ou lieu d'icelle dame, ensemble les arriéraiges et tout ce quy luy en est et poeult estre deu et escheu du temps passé... et le tout aplicquier à son pourffit, non obstant quelque don que en ayons fait à messire JEHAN DE MAILLY, ou autres quelconques, que avons révoqué et rappellé, révoquons et rappellons du tout et entiérement au pourffit dudit seigneur de Saucourt, par ces présentes....

» Donné au camp de nostre beau-frère, le roy d'Angleterre, lez nostre ville de Dourlens, le derrain jour de juillet, l'an de grâce mil quatre cent soixante quinze.... »

(Arch. de La Roche-Mailly. Copie papier collationnée en 1780 « à un ancien *Registre aux plaids du baillage d'Arras*, » par « Josse-François-Sophie Binot. »).

CCCXCIV

1475, 31 juillet. Camp de Doullens. — *Autre révocation de la donation faite à Jean de Mailly par le duc de Bourgogne.*

« Charles, etc. Receu avons l'umble supplicacion de nostre amé et féal escuier, Jehan, seigneur de Saucourt, contenant comment, puis nagaires, pour la grande amour et affection qu'il a eu envers nous et le désir qu'il a eu de venir en nostre service, il s'est du tout résolu et retrait par devers nous et en noz pays et seigneuries, en habandonnant et délaissant ses biens et seigneuries qu'il avoit en Franche et ailleurs en pays à nous contraire, et que, à l'occasion des présentes guerres et divisions, nous ayons données à aucuns noz subgetz, mesmes à messire JEHAN DE MAILLY, chevalier, toutes les terres et seigneuries de Gouy et Bavaincourt, appartenans à ung scen nepveu, filz de son frère, josne enffant et mendre d'ans, demourant avec sa mère oudit pays de France, et duquel il est apparant estre héritier, et doit, selon raison, avoir l'administration de ses corps et biens, nous requérant ce que dit est considérer, et que son dit nepveu, mendre d'ans, est seullement oudit pays de France, soubz la noureture de sa dite mère, et ne s'entremet aucunement de la guerre, aussy que de luy, comme dit est, il est apparant estre héritier, en quoy se le don, par nous fait que dessus, des biens, revenues et seigneuries d'icelluy son nepveu, sortissoit son effect, il auroit et pourroit avoir très grant perte, interetz et dommaige, il nous plaise, de nostre grâce, faire main levée et plainière joyssance d'icelles terres et seignouries.

» Savoir vous faisons que nous, ces choses considérées,.... à icelluy (s^r de Saucourt), pour ces causes et autres ad ce nous mouvans, après que sur ce avons eu l'advis de nostre très cher et féal chevalier et chancellier le s^r de Saillant et d'Espoisse et des autres gens de nostre grant conseil, avons.... et faisons main levée et plénière joyssance, par ces présentes, de toutes les terres, rentes, revenues, héritaiges, seignouries et autres biens appartenans à son dit nepveu, où qu'ilz soient gisans et que trouver les porra en nosdits pays et seigneuries, pour les tenir et possesser doresnavant ou nom de son dit nepveu, tant qu'il tendra nostre dit parti,.... non obstant le don par nous fait d'icelles terres et seignouries audit messire Jehan de Mailly, ou à autres quelz qu'ilz soient, que avons oudit cas révocquée et rappellé, révocquons et rappellons....

» Donné ou camp de nostre beau-frère, le roy d'Angleterre, lez-Dourlens, le darrain jour de juillet, l'an de grâce mil quatre cent soixante quinze.... »

(Arch. de La Roche-Mailly. Copie papier, collationnée en 1780 « à ung ancien *Registre aux plaids du baillage d'Arras*, » par « Josse-François-Sophie Binot. »).

CCCXCV

1475 ou 1476. — « De messire Jean de Mailly, chevalier, seigneur dudit lieu de Mailly, frère et héritier de feu Nicolas, dit Paien de Mailly, en son vivant seigneur de Bours, pour le relief de sa ditte terre, chastel et seigneurie de Bours, tenue du chastel de Saint-Pol, à luy succédé par le trespas dudit feu Nicolas, a paié pour ledit relief, LX s. p., et pour cambellaige, XXX s. p., sont : IIII liv. X s. — Extrait du *Compte de Pierre de Wavrans, receveur de la comté de Saint-Pol, commençant le 1er octobre 1475 et finissant le 30 septembre 1476.* »

(Arch. de La Roche-Mailly. Copie papier, collationnée à l'original en 1780, par « Godefroy, escuier, seigneur de Maillart, conseiller du roy, directeur et garde des chartes de la Chambre des comptes de Sa Majesté, à Lille. » — Bibl. nat., *Trésor généalogique de dom Ville-vieille*, t. 54, fol. 46 verso).

CCCXCVI

1476, 8 mai. — « MATHELIN DE MAILLY, dit d'AUTHUILLE, fut té-moin du relief que fit Pierre de Basencourt, écuyer, du fief de Maigre-mont tenu de Jean de Villers à cause de sa seigneurie de Senlis, le 8ᵃ may 1476. — Arch. du château d'Henencourt. *Sac M. Senlis. Reg. de fiefs.* »

(Bibl. nat., *Trésor généalogique de dom Villevieille*, t. 54, fol. 46 vᵒ).

CCCXCVII

1477, 20 septembre. — « Les religieux de l'abbaye de Corbie, pour soutenir les frais des guerres qui travailloient le pays, furent contrains d'emprunter de grosses sommes d'argent et entre autres la somme de 600 écus d'or au chapellet de 61 au marc à 23 carats un huitième, de messire FERRY DE MAILLY, seigneur de Thalemas, auquel fut constitué une rente de 50 écus d'or, par contrat du 20ᵉ septembre 1477. — Arch. de l'abbaye de Corbie. »

(Bibl. nat., *Trésor généalogique de dom Villevieille*, t. 54, fol. 46 vᵒ).

CCCXCVIII

1477, 23 novembre. — « Il y eust procès en l'an 1477 entre l'abbaye de Saint-Lucien, d'une part, et noble et puissant seigneur HUE DE MAILLY, seigneur d'Aucy, grand dimeur de La Neuville-le-Roy, Grandviller et Beaupuis, maître FERRY DE MAILLY et autres ses frères, Jean de Fré-viller, écuyer, son serviteur, et autres ses compagnons, d'autre part, sur ce que les dits de Mailly avoient entrepris à mains armées de lan-gues de bœuf, d'espieux, d'arcs et de bâtons invasibles, de dixmer sur les terres de la seigneurie de ladite abbaye à Beaupuis, sur quoy il y eut information le 23e novembre 1477. — Arch. de l'abbaye de Saint-Lucien de Beauvais. *Beaupuis.* »

(Bibl. nat., *Trésor généalogique de dom Villevieille*, t. 54, fol. 46 v°).

CCCXCIX

1479, 23 avril. — « Les religieux de Saint-Lucien furent maintenus en leur exemption de péage à Grandviller contre noble homme HUTIN DE MAILLY, seigneur d'Auxy, et Jean de Fréviller, écuyer, par sentence de la prévôté de Montdidier, le 23e avril 1479. — Arch. de l'abbaye de Saint-Lucien de Beauvais. *Beaupuis.* »

(Bibl. nat., *Trésor généalogique de dom Villevieille*, t. 54, fol. 46 v°).

CCCC

1479, 13 octobre. — Contrat de mariage, devant « Jean Harlé, lieutenant du bailli d'Amiens, de JEAN, SEIGNEUR DE MAILLY, avec damoiselle YSABEAU D'AILLY, fille de noble et puissant seigneur, monseigneur Jehan d'Ailly, vidame d'Amiens, seigneur baron de Pincquegny, de Rayneval et de la Broye, et de madame Yolent de Bourgongne, sa femme, » par lequel ledit vidame d'Amiens constitue en dot à la dite demoiselle, sa fille, 900 livres de rente. « Au regard des dix mil escus d'or promis par le roy à ladite demoiselle en avanchement d'icellui mariage, qui se doivent assigner et payer à deux fois, » les contractants s'engagent à en poursuivre le payement.

Cet acte est inséré dans les lettres de Jean de Latre, bailli de la terre et châtellenie de Bours, du 16 mars 1479 (v. s.), portant investiture en faveur de Jean de Mailly et d'Ysabeau d'Ailly, sa femme, de la terre de Vinacourt, pour hypothèque d'une partie des dites 900 livres de rente.

(Arch. de La Roche-Mailly. Pièce parch. — P. Simplicien, *Extrait de la Généalogie de la Maison de Mailly,* Paris, 1757. *Preuves de Jean et d'Adrien de Mailly*[1]).

---

1. Nous nous abstiendrons dorénavant de publier ou d'indiquer dans ce présent volume les documents donnés par le P. Simplicien, dans l'*Extrait de la Généalogie de la Maison de Mailly, suivi de l'histoire de la branche des comtes de Mailly, marquis d'Haucourt et de celle des marquis du Quesnoy.*

CCCCI

1479 (v. s.), 20 mars. — « Monnot de Mailly fut mis en possession des héritages qu'il avoit à Senlis comme donnataire de Matelin de Mailly, dit d'Authuille, son père, par le bailly dudit Senlis pour Martin de Merliers, écuyer, seigneur dudit Senlis, le 20ᵉ mars 1479. — Arch. du château d'Henencourt. *Sac M. Senlis. Reg. de fiefs.* »

(Bibl. nat., *Trésor généalogique de dom Villevieille*, t. 54, fol. 46 vº).

CCCCII

1480, 7 avril. — « Noble dame madame Ysabeau d'Arly, veuve de monseigneur Allart, chevalier, seigneur de Rabodenges, dame de L'Etoile, demeurant à Abbeville, renonça en faveur de nobles seigneur et dame monseigneur Jean de Mailly, chevalier, seigneur dudit lieu, et de madame Ysabeau d'Arly, sa femme, mère de ladite dame Ysabeau, au quint qu'elle pouvoit prétendre sur les terres d'Arly, de Villers et de Longuet, tenues en un ou plusieurs fiefs de la seigneurie de Dommart et autres, moyennant la somme de 600 livres tournois, le 7ᵉ avril 1480 après Pasques. — Arch. de M. de Calonne au château de Lignières. »

(Bibl. nat., *Trésor généalogique de dom Villevieille*, t. 54, fol. 47).

CCCCIII

1480, 5 mai. Lihons-en-Santerre. — « Monstre à Lylyons-en-Xantois » de 482 hommes « de guerre et archers à pié, estans soubz les seigneurs de Warignis et de Mailly.... du nombre de sept mil archers et hommes de guerre mis sus par messire Philippe de Crevecœur, chevalier, seigneur d'Esquerdes, lieutenant général du roy, nostre sire, en ses païs de Picardie[1], pour la deffense de son camp nouveau. »

(Arch. de La Roche-Mailly. Copie papier, collationnée en 1781, à l'original existant à Saint-Martin-des-Champs, par dom Etienne Henriot).

---

1. Il existait en 1883 aux Archives du château de Souverain-Moulin, près de Boulogne-sur-Mer, plusieurs documents originaux concernant Philippe de Crevecœur, seigneur d'Esquerdes. Voici l'analyse de quelques-unes de ces pièces.
1480, 9 novembre. Le Plessis-du-Parc. — Louis XI, « pour considération

CCCCIV

1480, 26 juillet. — « Noble homme Ferry de Mailly et consors et monseigneur d'Auchy, nommé Hutin de Mailly, frère dudit Ferry, demeurans à La Neuville-le-Roy, furent ajournés à la requête des religieux de Saint-Lucien, pour raison de leurs dixmes de la seigneurie de Beaupuis, en la possession desquelles ils avoient été troublés, le 26ᵉ juillet 1480. — Arch. de l'abbaye de Saint-Lucien de Beauvais. *Beaupuis.* »

(Bibl. nat., *Trésor généalogique de dom Villevieille*, t. 54, fol. 46).

des grans, notables et recommandables services » que lui a faits son « amé et féal conseiller et chambellan, le seigneur d'Esquerdes, chevalier de » son « ordre » et son « lieutenant général en Picardie, Arthois et Boulenoys, » l'établit son « lieutenant et cappitaine général de » son « champ, pour avoir le regard, prérogative, et préeminence par dessus tous les autres lieutenans, cappitaines et gens de guerre, tant des ordonnances, des nobles, des ban et arrière-ban, des Souysses, archiers à pié que autres quelzconques gens de guerre.... » Orig. parch., scellé sur queue.

1483 (v. s.), 22 mars. Tours. — Transaction entre « messire Phelippe de Croy, conte de Porsien et seigneur de Renty, d'une part, et monsʳ Anthoine de Crevecœur, seigneur dudit Crevecœur,.... ou nom et comme procureur de messire Phelippe de Crevecœur, seigneur d'Esquerdes et de Launoy, son frère, » au sujet de « la reddicion et restitucion de la terre de Renty que ledit seigneur d'Esquerdes avoit et tenoit par don de confiscation... » Orig. parch., sceau perdu.

1484 (v. s.), 7 janvier. Montargis. — Charles VIII quitte et décharge son « amé et féal conseiller et chambellan le seigneur d'Esquerdes, chevalier de » son « ordre » et son « lieutenant général ès pays d'Artoys et de Picardie, » de la somme de 1800 livres qu'il avait « despendue pour le service » du roi Louis XI « à la reddicion de la ville d'Aire où il s'employa grandement vaillamment. » Autographe signé *Charles*.

1485, 1491. — Vidimus des dons faits, par Charles VIII à Philippe de Crevecœur, seigneur d'Esquerdes, le 5 juillet 1485 et le 6 mai 1491, « des fruiz, prouffiz, revenues et emolumens de la ville, terre et seigneurie d'Aire,.... par chacun an durant le temps de dix ans.... » Pièce parchemin en mauvais état.

1485, après le 14 décembre, ou 1486. — Lettres de provision par Charles VIII de l'office de mareschal de France, vacant par la mort d'André de Laval, sire de Lohéac, en faveur de son « amé et féal conseiller et chambellan, Phelippe de Crevecœur, chevalier, seigneur d'Esquerdes, » son « lieutenant général ès pais de Picardie et Arthois, » lequel avait été « créé mareschal en actendant la première vaccation.... » Fragment de pièce en parchemin. La fin du document, où se trouvait la date, est entièrement détruite.

1488, 14 décembre. — Traité de paix entre les villes de Lille, Douay et Orchies, d'une part, et « hault et puissant seigneur monseigneur d'Esquerdes, mareschal de France et lieutenant général du roi, ès pays d'Artois et de Picardie, » agissant au nom de Charles VIII. Orig. parch., scellé primitivement de vingt-deux sceaux.

CCCCV

1481, 23 juin. — « L'abbaye de Saint-Lucien obtint des lettres royaux contre HUE DE MAILLY, seigneur de La Neuville-le-Roy, et autres qui avoient troublé ladite abbaye dans la jouissance de ses dixmes de Beaupuis, le 23ᵉ juin 1481. — Arch. de l'abbaye de Saint-Lucien de Beauvais. *Beaupuis.* »

(Bibl. nat., *Trésor généalogique de dom Villevieille*, t. 54, fol. 47).

CCCCVI

1481, 19 juillet. — « Noble homme HUE DE MAILLY, écuyer, seigneur d'Auchy, et noble et puissant seigneur monseigneur JEAN DE MAILLY, chevalier, frère dudit écuyer, furent ajournés le 19ᵉ juillet 1481 à la requête de l'abbaye de Saint-Lucien au sujet des troubles qu'ils avoient faits à ladite abbaye dans la jouissance de leurs dixmes de Beaupuis. — Arch. de l'abbaye de Saint-Lucien de Beauvais. *Beaupuis.* »

(Bibl. nat., *Trésor généalogique de dom Villevieille*, t. 54, fol. 47).

CCCCVII

1481, 25 septembre. — « Noble homme HUTIN DE MAILLY, écuyer, seigneur d'Auchy, grand dimeur de La Neuville-le-Roy, Grandviller et de Beaupuis, après avoir été en procès depuis plusieurs années en son nom et en celuy de noble personne maître FERRY DE MAILLY, son frère, de Jean de Fréviller, son serviteur, et autres contre l'abbaye de Saint-Lucien, fit un accord avec ladite abbaye par lequel il fut réglé qu'il auroit la dixme sur tout lesdits territoires, excepté sur les vingt neuf à trente muids de terre, assis à Beaupuis, qui étoient du domaine de ladite abbaye, qui luy abbandonna les droits de cens et de champart qu'elle pouvoit avoir au territoire de La Neuville-le-Roy, le 25 septembre 1481. — Arch. de l'abbaye de Saint-Lucien de Beauvais. *Beaupuis.* »

(Bibl. nat., *Trésor généalogique de dom Villevieille*, t. 54, fol. 47).

CCCCVIII

1482, 17 mai. — « L'évêque d'Amiens saisit féodalement, comme sei-

gneur, les terres et seigneuries de Vinacourt et de Flexicourt, membres
dépendans de la châtellenie de Péquigny, que monseigneur Jean d'Ailly,
vidame d'Amiens, seigneur de Péquigny, avoit transportées, sans sa
permission et sans luy en payer les droits, à monseigneur JEAN, SEI-
GNEUR DE MAILLY, et à madame YSABEAU D'AILLY, sa femme, fille dudit
vidame, le 17ᵉ may 1482. — Arch. de l'évêché d'Amiens. »

(Bibl. nat., *Trésor généalogique de dom Villevieille*, t. 54, fol. 47).

CCCCIX

1482, 4 juillet. — Donation par « Jehan, seigneur d'Eaucourt, de
Hallencourt et de Lyonniers, chevalier, conseiller et chambellan du roy,
nostre seigneur, et cappitaine de cincq cens hommes du camp d'icelluy
seigneur, » à son frère « Anthoine d'Eaucourt, » pour son mariage avec
« le fille monsʳ de Bourbel, aisnée, » des « terres et seigneuries de Rau-
mont et de Fauconviller, » qui lui avaient déjà assignées par leur mère
« ANTHOINE DE MAILLY, deffuncte, » en faveur de son dit mariage.

(Arch. de La Roche-Mailly. Copie du XVIᵉ siècle, papier).

CCCCX

1482 environ. — « C'est le rapport et dénombrement d'ung fief et noble tenement que je, ANTHOINE DE MAILLY, escuier, seigneur de Camblignœul, ay puis naguères acquis pour mon fils illégitisme, nommé PON-
THUS, et que iceluy tient.... de mon très redoubté seigneur et prince
monsieur l'archiduc d'Austrice, duc de Bourgogne, comte de Flandres,
d'Artois, etc., à cause de son château d'Aubigny, iceluy fief séant oudit
terreoir de Camblignœul, qui se comprent en une pièce de terre labou-
rable nommé le camp d'Artois, contenant quinze mencandées ou environ, entre ledit Camblignœul et le Maisnil, tenant à ma terre, d'une
part, d'autre à le terre du marissal dudit Camblignœul et au chemin et
cauchie (chaussée) de Brunehault qui maisne d'Arras à Chent,.... laquelle déclaration et rapport baille pour mon dit fils à mon dit très redoubté seigneur et prince ou à ses officiers.... »

(Arch. de La Roche-Mailly. Copie papier, collationnée en 1776, à l'o-
riginal « en parchemin, reposant en la chambre des comptes du roy à
Lille, » par Godefroy, « écuier, seigneur de Maillart, directeur et garde
des chartes de laditte Chambre des comptes de Sa Majesté à Lille. »).

CCCCXI

1482 (v. s.), 19 janvier. — « HUTIN DE MAILLY, seigneur d'Auchy, paya les droits seigneuriaux dûs à la ville pour raison d'une maison assise à Amiens qu'il avoit prise à cens d'Enguerran Des Moustiers, écuyer, et de damoiselle Gille Taillant, sa femme, le 19ᵉ janvier 1482. — Hôtel de ville d'Amiens. Compte cotté 59. y. 3. »

(Bibl. nat., *Trésor généalogique de dom Villevieille*, t. 54, fol. 47 vᵒ).

CCCCXII

1482 (v. s.), janvier. Thouars. — *Création par Louis XI de foires et d'un marché à Mailly en faveur de Jean, seigneur dudit lieu.*

« Loys, etc., savoir faisons à tous présens et avenir nous avoir receue l'umble supplicacion de notre amé et féal conseiller et chambellan, JEHAN DE MAILLI, chevalier, seigneur de Mailli-aux-Bois, contenant que au dit lieu de Mailli y a grande et spacieuse place et est ledit lieu grant et spacieux, situé et assis environ bonnes villes et villaiges, ouquel lieu de Mailli y a grant trespas d'alans et de venans, et pour aucunement l'augmenter, actendu que, par cy-devant, il a esté fort grevé et opprimé à l'occasion des guerres qui ont eu cours en notre royaume, le dit suppliant, qui a grant désir de le remectre sus, nous a humblement supplié et requis qu'il nous plaise lui octroyer qu'il puisse doresenavant perpétuellement faire tenir une foire par deux jours, c'est assavoir l'un d'iceulx jours, le XIIIᵉ jour d'octobre, et l'autre, le mardi de feriez de Penthecouste, et aussi marché par chacun vendredy de l'an, ainsi que sont tenuz les marchez et foires des lieux et villes circonvoisines dudit lieu et villaiges de Mailli, lesquelles foires et marché ne seront préjudiciables aux autres foires et marchez, pour ce que à deux lieues à la ronde dudit lieu de Mailli n'y a foires ne marchez qui se tiennent aux jours dessus dits, ainsi que ledit suppliant nous a fait dire et remonstrer.

» Pourquoy, nous les choses dessus dites considérées, à icellui suppliant avons donné et octroyé, donnons et octroyons, de grâce espécial, par ces présentes, qu'il puisse et lui loise faire tenir audit lieu de Mailli lesdites foires et marché, par chacun an perpétuellement, aus jours dessus dits, c'est assavoir ledit marché par chacun vendredi de l'an et ladite foire l'une ledit XIII° jour d'octobre et l'autre le mardi des foiries de Penthecouste, et icelles foires et marché crier et publier aux lieux qu'il appartiendra et en la manière accoustumée, et tout ainsi que sont tenuz les autres foires et marchez des villes et villaiges circonvoisins....

» Si donnons en mandement, par ces mesmes présentes, aux bailliz de Vermendois, Amiens, Senliz, gouverneur de Peronne et à tous etc....

» Donné à Thouars, ou mois de janvier, l'an de grâce mil CCCC quatre vings et deux et de notre règne le vingt et ungiesme, ainsi signé : Par le roy, les évesques d'Alby, de Chaalon, maistre Jehan Chambon, le juge du Maine et autres présens. Disonne. Visa. Contentor. Texier. »

(Arch. nat., JJ 208, fol. 148 v°, n° 250).

CCCCXIII

1483 (v. s.), janvier. Montils-lès-Tours. — *Amortissement par Charles VIII en faveur de Claire de Florens, veuve de Colard de Mailly, seigneur de Conty et de Blangy-sur-Somme.*

« Charles, etc., savoir faisons à tous présens et advenir nous avoir receue l'umble supplicacion de notre chère et bien amée CLARE DE FLORENS, veufve de feu Rolant, en son vivant seigneur Desquennes, chevalier, et par avant femme de feu COLLART DE MAILLI, en son vivant aussi chevalier, seigneur de Conty et de Blangy, contenant que, pour le salut et remède de son âme et de ses prédécesseurs, parens et amis et successeurs, elle a dévocion, vouloir et entencion de fonder une messe perpétuelle chacun jour en l'église et monastère de Saint-Martin-aux-Gémeaux, en notre ville d'Amyens, et, pour la fondacion, doctotation, augmentacion et entretenement d'icelle, donner et départir de ses biens, rentes et revenues, et, entre autres choses, a vouloir et délibère donner, transporter et augmosner pour ladite cause la moitié à elle appartenant par indivis de la terre et seigneurie de Hamel-sur-Somme-lez-Corbie que ledit feu COLART DE MAILLI, son premier mari, durant et constant leur mariage, acquist et achapta de leurs deniers communs, laquelle terre et seigneurie s'extend en ung petit chasteau et chief-lieu seigneurial, cens, rentes, terres, préz, bois, cense amassée de maisons, granges et autres édiffices, qui pevent valloir la dite moitié VII^{xx} X livres tournois de rente ou revenu par chacun an, dont l'autre moitié compecte et appartient à FERRY DE MAILLY, chevalier, frère et héritier de feu COLART

16

DE MAILLI ; laquelle terre et seigneurie est tenue et mouvant en trois fiefz, l'un de notre très cher et très amé cousin le duc de Lorraine, à cause de son chastel et seigneurie de Bonnes, l'autre de la seigneurie de Quierceu et le tiers de la terre et seigneurie de Mourcourt, et si y a aucunes terres des appartenances de ladite terre et seigneurie tenues en arteries ? et censive des religieux, abbé et couvent de Sainct-Pierre de Corbie, mais elle doubte que quant elle l'auroit donnée et transportée on fist difficulté d'en laisser joir et user les religieux dudit couvent de Saint-Martin-aux-Gémeaulx ou autres ausquelz elle la donnera, si elle n'est par nous admortie, et, pour ce, nous a humblement suplié et requis notre grâce et provision convenable leur estre sur ce imparties. Pourquoy nous (suit l'amortissement).

» Donné aux Montilz-lez-Tours, ou mois de janvier, l'an de grâce mil CCCC quatre vings et trois, et de notre règne le premier. Ainsi signé : Par le roy en son conseil, ouquel monseigneur le cardinal de Bourbon, les contes de Clermont, de Dunois, de Merle et de Comminge, les évesques d'Alby, de Perrigueux, les sires de Torcy, d'Esquerdes, de Jauly, du Lau et autres présens. Brinon. Visa. Contentor. J. Texier. »
(Arch. nat., JJ 213, fol. 98, n° 92).

CCCCXIV

1484 (v. s.), 1er janvier. — « Messire ADRIEN DE MAILLY, chevalier, seigneur de Conty, de Tallemas, fils et héritier de feu messire FERRY DE MAILLY, chevalier, seigneur desdits lieux, fait foy et hommage et paye les reliefs et cambrellage qu'il devoit au vidame d'Amiens à cause de sa châtellenie de Pecquigny, pour raison du fief de Rost à luy avenu par la succession dudit feu messire FERRY DE MAILLY, son père, le 1er janvier 1484. — Arch. de S. A. P. Mgr le prince de Condé. »
(Bibl. nat., *Trésor généalogique de dom Villevieille*, t. 54, fol. 47 v°).

CCCCXV

1485, 2 décembre. — « Messire ADRIEN DE MAILLY, chevalier, avec le bailly et les autres hommes liges de la seigneurie de Hellicourt donnèrent l'investiture d'un noble fief assis à Espaumaisnil, tenu de ladite seigneurie, à noble homme Jean de Biencourt, seigneur de Pontraincourt, et à dame Antoinette Sarpe, sa femme, à qui Enguerran de Sarpe, seigneur de Saint-Mauvil, père de ladite Antoinette, l'avoit donné en avancement d'hoirie, le 2ᵉ décembre 1485. — Arch. de M. le marquis de Biencourt. »

(Bibl. nat., *Trésor généalogique de dom Villevieille*, t. 54, fol. 47 vᵒ).

CCCCXVI

1485 (v. s.), 14 janvier. — « Antoine de Belloy, écuyer, obtint saisine du bailly d'Allery pour noble et puissant seigneur monseigneur Adrien de Mailly, chevalier, seigneur de Thalmas, de Conty, d'Allery et autres lieux, pour un héritage assis à Wez de Bretagne qu'il avoit acquis de Huchon de Bully et d'Aëlis Hélissent, sa femme, par lettres du 14ᵉ de janvier 1485. — Arch. de M. le marquis de Valenglart au Quesnoy. »

(Bibl. nat., *Trésor généalogique de dom Villevieille*, t. 54, fol. 47 vᵒ).

CCCCXVII

1486, 12 août. — « Lettre en parchemin, de l'an 1486, le 12 août, signée Bassault, contenant un octroi du roi Charles et permission à Adrien de Mailli d'établir par chacun an deux foires à Conty, assavoir l'une au vendredi d'après Quasimodo, et l'autre le jour de la Saint-Barthelemi, et en outre d'un marché au jour de vendredi par chacune semaine. — Extrait d'un livre relié en bazane verte, intitulé : *Extraits de titres, cartulaires et journaux.* Article *Nantheuil.* »

(Arch. de La Roche-Mailly. Copie papier).

CCCCXVIII

1486, 26 septembre. — « Flamenc de Riencourt, écuyer, seigneur de de Tilloloy, comme tuteur d'Antoine, fils mineur de feu Raoul de Riencourt, avoue tenir de noble et puissant seigneur monseigneur Adrien de Mailly, chevalier, seigneur de Thalemas, Conty, etc., la terre et seigneurie de Bergicourt, tenue de la châtellenie de Conty, le 26ᵉ septembre 1486. — Arch. de M. le comte de Riencourt-Tilloloy. »

(Bibl. nat., *Trésor généalogique de dom Villevieille.* t. 54, fol. 47 vᵒ).

CCCCXIX

1487, 29 octobre. — En présence de « Jehan de Dounan et de Guillaume Darson, tabellions royaulx demourans à Coucy-le-Chastel, au
devant et assez près de la maison seigneurial de Cunissy, sont comparuz
en leurs personnes noble seigneur messire Colart de Mailly, chevalier, seigneur d'Autheuille, garni de conseil, d'une part, et révérend
père en Dieu messire Helye Darson, prêtre, abbé de Saint-Vincent de
Laon, Robert d'Orenge, Jehan Leleu et autres, pour messire Jehan Darson, aussy chevalier, d'autre part, » au sujet d'un procès qui s'était
élevé entre lesdits Colard de Mailly et Jean Darson, à cause des terres
et seigneuries de Cunissy et du Fau. Jean Darson avait été condamné
à se désister de ses prétentions sur ces terres. Colard de Mailly avait
alors donné à Etienne Picquoys, sergent du roi au bailliage de Vermandois « en l'exemption de Chauny, ressortissant à Noyon, » la mission de
lui « bailler la possession et saisine d'icelles terres. » On avait empêché le susdit sergent d'accomplir son exploit. Depuis, le dit abbé de
Saint-Vincent avait dit au sergent que « ne luy ne le dit messire Colard
de Mailly n'entreroient point dedans ladite maison et que on ne leur
feroit point d'ouverture. Et ainsi que ledit sergent tenoit le dit messire
Colart de Mailly par sa robe, au devant de ladite place et maison pour
le voulloir mectre dedans, ledict abbé de Saint-Vincent vint devant eulx
et leur mist les mains à tous deux à leurs poictrines en leur disant : Par
ma foy, monsieur, vous n'entrerez point dedans la place, et de fait, fit
fermer les huyz et les en garda.... » Colard de Mailly demande des « lettres d'instrument » qu'on lui accorde.

(Arch. de La Roche-Mailly. Orig. parchemin).

CCCCXX

1491, 18 novembre. — « Jehan Daulle, l'esné, lieutenant du prévost
de Péronne, pour le roy, » fait savoir que Colard de Bruille est comparu comme procureur « de maistre Ferry de Mailly, escolier, estu-
diant en l'université de Paris, lequel.... dit » qu'il se joignait « avec
messire Jehan de Mailly, chevalier, seigneur dudit lieu, en une certaine cause.... entre ledit seigneur de Mailly, deffendeur,.... à l'encon-

tre de messire Jehan de Longueval, chevalier, seigneur de Vaulx en Artois et de Beaumont.... »

(Bibl. nat., *Pièces originales*, t. 1801, *de Mailly*, 41638, n° 21, parchemin).

CCCCXXI

1492, 5 novembre. — *Colart Deutart, Huchon Walembert, Jehannin Bazin, Jehannet de Mailly et Pauquenet de Bayencourt, tuent Pierre Castellon dans la ville de Sailly-au-Bois « le jour de la surprinse de la ville d'Arras. »*

« Loys, etc. savoir faisons, etc., nous avoir receue l'umble supplicacion des parens et ami charnelz de Colart Deutart, demourant à Sailly-ou-Bois[1], contenant que le lundi prochain après le jour et feste de Toussains, l'an que l'on disoit mil IIII^c IIII^{xx} et XII, qui estoit le jour de la surprinse de la ville d'Arras[2], ledit Colart, suppliant, Huchon Walembert, dit Pendechar, Jehannin Bazin, JEHANNET DE MAILLY et ung nommé Pauquenet de Bayencourt, eulx advertyz, au matin du jour de la dite surprinse, se assemblèrent ensemble et pour savoir la vérité de ladite surprinse allèrent aux champs, tirans le chemin d'Arras, eulx embastonnez de picques, arcs et fleiches, pour résister saucuns du pais à eulx contraires les eussent voulu oultrager.

» Et eulx estans retournez assez près de ladite ville de Sailly-ou-Boys, le dit Huchon, venant devant les autres, trouva au devant de l'église parrochial dudit Sailly ung nommé Pierre Castellon, bastard de Jehan Castellon, dit Griffon, lequel bastard, ayant ung arc tendu et des fleiches, dist audit Huchon ces motz : Ces larrons feillars ? me veullent ilz admener ? Que veullent ilz faire ? Qu'on les pende ! Et à ses parolles ou plusieus autres motz ditz entre eulx prindrent l'un l'autre par

---

1. Sailly-au-Bois, département du Pas-de-Calais, arrondissement d'Arras, canton de Pas-en-Artois.

2. La ville d'Arras fut surprise par les Bourguignons, le 5 novembre 1492, deux jours après le traité d'Etaples. « Ce traité, dit le P. Daniel, ne pouvoit être que très chagrinant pour Maximilien d'Autriche, mais il s'en consola par la prise d'Arras, où Carquelevant, gentilhomme breton, à qui le maréchal des Cordes avoit confié cette place en partant pour Etaples, se laissa surprendre deux jours après la signature de la paix. »

la poictrine et batirent l'un l'autre de poings, et furent desmellez par aucuns assistans.

» En tantost après, en ce mesme instance, les dits Cabaré (Colard) Dutart, Jehannin Bazin, Jehannet de Mailly, Paucquernet de Bayancourt et le dit Huchon marchèrent avant pour aller en ladite ville de Sailly, et eulx estans assez près de la croix de ladite ville, ledit bastard Griffon les voyant venir commença à crier et dist audit Jehan Griffon, son père, estant assyz avec plusieurs autres au devant de l'ostel Saint-Anthoine, appartenant à Jehan Sallé : A l'ayde ! Voici des traistres qui me veullent tuer. Lors, ledit Jehan Griffon, voyant son dit filz bastard qui fuoit devant les dessus nommez, dist : Traitre, t'en fuys-tu ! Baille-moi ton arc et tes fleiches ; je les festiray[1] bien. Ce que fist le dit bastard. Lors, ledit Jehan Griffon commença à tirer contre les dessus dits et eulx contre luy. Et ainsi qu'ilz estoient à tirer des fleiches l'un l'autre, ledit Pierre Castellon, bastard, en recueillant les fleiches pour les bailler à son dit père, fust feru d'une fleiche qui luy entra au corps, duquel coup il alla tantost après en ce mesme jour de vie à trespaz. Pour occasion duquel cas ledit Colart Deutart et les dessus nommés ont esté appelez à oyr droit.

» Mais le dit Colart n'a osé ne ose comparoir devant justice, doubtant la rigueur d'icelle, tant pour ledit cas que pour ce qu'on luy a venté imposer avoir achapté de la monnoye de notre coing et l'avoir allouée au pais de Picardie et de Flandres pour plus hault pris qu'elle n'avoit son cours, mesme aussi qu'il avoit amené la femme d'un nommé Jehan de La Forge, demourant audit Sailly, et icelle a tenue et en fait ce que bon luy a semblé certaine espace de temps et puis l'auroit renvoyée avec son dit mary, et pour ces causes est en voye d'estre banny à tousjours mais de notre royaume. Aussi, que depuis deux ans et demy en ça ou environ a prins à plusieurs foiz de Bertrand Cibot et de ses compaignons, demourant au bailliage de Mante et conté de Montfort, la somme de quarante livres tournois de faulse monnoye, laquelle il achaptoit d'eulx, et avoit pour XX sols tournois de bonne monnoye XL ou XLV sols tournois de faulce monnoye ; et à ceste cause seroit en voye d'estre pourchassé avec plusieurs autres ses complices faulx monnoyers, qui sont à présent prisonniers, se noz grâce, etc.

1. Festier, combattre.

» Donné à Blois, ou moys de décembre l'an de grâce mil cinq cens, et de notre règne le troysiesme.

» Ainsi signé : Par le roy, monseigneur le cardinal d'Amboise, le conte de Ligney, le bailly de Caen et autres présens. Gohier. Contentor. Amys. *Registrata.* »

(Arch. nat., JJ 234, fol. 84, n° 150).

CCCCXXII

1492. — Dans un registre du Parlement de Paris, année 1546, on lit « que feu mons^r Engilbert de Clèves estoit seigneur de Cahieu, et, en l'an quatre cens quatre vingtz douze, il vendit pour le pris de neuf ou dix mil livres tournois ceste terre de Cahieu à feu JEHAN DE MAILLY, *cum perpetua facultate redimendi....* »

(Arch. nat., X^{1a} 4927, fol. 343 verso et suivants).

CCCCXXIII

1494, 9 octobre. — Devant les « tabellions jurez de Neufbourg, pour le roy, nostre sire, fut présent noble homme frère PHILIPPE DE MAILLY, chevalier de l'ordre de Saint-Jehan-de-Jérusalem, commandeur de Saint-Estienne de Renneville, lequel confessa avoir eu et reçeu de honnorable homme Jehan Lepoulletier, receveur du domaine de la viconté de Conches, la somme de » 32 sous tournois.

(Bibl. nat., *Pièces originales*, t. 1801, *de Mailly* 41638, n° 22, parch.).

CCCCXXIV

1499, 30 avril. Saint-Pierre de Rome. — Bulle du pape Alexandre VI, donnée à Saint-Pierre de Rome, la veille des calendes de mai 1499, l'an septième de son pontificat, par laquelle ledit Alexandre VI, ayant égard à la dévotion de son cher fils JEAN DE MAILLY, baron et seigneur temporel de la ville de Mailly (pro parte dilecti filii Johannis de Mailli, baronis et domini temporalis loci seu oppidi de Mailli, Ambianen. dioc.), envers les frères mineurs de l'Observance qu'il avait déjà établis à Mailly, approuve et confirme la donation qu'il a faite aux dits frères mineurs d'une maison au lieu de Bouillencourt, pour l'habitation

de quelques-uns d'entre eux, avec église, clocher, cloche, dortoir, ré-
fectoire, jardins, ortaus (cum ecclesia, campanili, campana, dormitorio,
refectorio, ortis, ortalitiis, et aliis necessariis officinis[1]).

(Arch. de La Roche-Mailly. Orig. parch. avec sceau en plomb).

CCCCXXV

1496, 17 mai. — *Procès au Parlement de Paris au sujet d'excès
commis par Robinet de Mailly contre Antoine de Canteleu, seigneur
de Cressonsac.*

« Entre Jehan de Laval, Cotin Billot, dit Frerain, Jehan Thuet et
Jehan de La Mortière, appellans du prévost de Paris ou de son lieutenant et de maistre Jehan Nepveu, examinateur ou Chastellet de Paris, et
de Colinet de Fontaines dit Thevaliers, soy disant sergent royal, d'une
part, et Anthoine de Cantheleu, seigneur de Cressonsac[2], Jehan Hervet
et Michel Guisselin, intimez, d'autre part.

1. M. l'abbé Gosselin, *Mailly et ses Seigneurs,* pp. 271-274, n'ayant pu re-
trouver l'original de cette bulle, qui existe dans les archives de la Roche-
Mailly, en a publié une traduction française tirée des archives, aujourd'hui
disparues, de la baronnie de Mailly.

2. Antoine de Canteleu était seigneur de Cressonsac du chef de sa femme
Yde de Chevreuse. Voici une liste des seigneurs de Cressonsac depuis la
fin du XIVe siècle.

1370, 15 novembre. « Noble homme mons[r] Gile de Nedonchel, chevalier,
sire dudit lieu de *Cressonsart,* gouverneur de Clermont en Beauvoisis, » suc-
cesseur et ayant cause de « Thibaut et Dreue de *Cressonsart,* escuiers, et de
Saucet de *Cressonsart,* chevalier, seigneur à son temps de la ville de Cressonsart. »

1381 (v. s.), 24 janvier. « Noble homme mons[r] Pierre, sire de Chevreuse
et de *Cressonsart,* chevalier et conseiller du roi. »

1401 (v. s.), 21 février. « Marguerite, femme de noble homme mons[r] Guillaume de Coleville, chevalier, par avant femme de feu monseigneur Pierre de
Chevreuse. »

1428, 20 avril. « Dame Perennelle de Moyeul, dame de Chevreuse et de
Cressonsac en Beauvoisiz. »

1460. « Colard de Chevreuse, seigneur de *Cressonsac.* »

1484, 20 mai. « Noble homme Nicolas, seigneur de Chevreuse et de *Cressonsac,* escuier. »

1500, 2 avril avant Pâques. « Françoise de Canteleu, fille émancipée de
Antoine de Canteleu et de damoiselle Yde de Chevreuse, sa femme ; icelle
Françoise héritière de feu Nicollas, en son vivant seigneur de Chevreuse et
de *Cressonsac,* son ayeul, et aussi des dits Anthoine de Canteleu et sa femme, détenteurs de ladite terre et seigneurie de *Cressonsac.* »

1573, 11 mars. « Messire Jacques du Fay, chevalier de l'ordre du roy, seigneur de Chasteaurouge et de *Cressonsac.* »

» Dudrac, pour ses causes d'appel, dit que les appellans ne sont sub- gectz du prévost de Paris.... Or, est vray que aucuns des gens et servi- teurs dudit intimé trouvèrent plusieurs chiens et levriers appartenans à ROBINET DE MAILLY, desquelz Jehan de Lalande osta ung avecques une picque appartenant à ung des serviteurs dudit de Mailly, appellé Pyl- lart. Et le lendemain, pour ce que ledit Pillart demanda sa picque à cel- luy qui la portoit, qui reffusa de la luy bailler, et s'enfouyt, mais, en soy enfuyant, le dit Pillart le suyvit, trouve l'autre qui est embusché, accom- paigné de XX ou XXX hommes, lequel et ses complices fait plusieurs excès et bateures....

» Le Clerc, pour ses deffenses, dit que ceulx DE MAILLY ont eu plu- sieurs inimitiés capitalles contre les seigneurs de Cressonsac, et que puis VII ans tuérent le prédecesseur, seigneur dudit Cresonsac, et ont menassé plusieurs foiz le dit intimé et ses subgectz, les ont batuz et mutillez par plusieurs foiz. Ce présupposé, dit que le XXIIᵉ jour de fé- vrier, dernier passé, partie adverse, après qu'ilz eurent disné au villaige de Pont-le-Roy, pour ce qu'ilz virent ung nommé Jehan Hamel, povre chartier, qui labouroit en une pièce de terre, commencèrent à crier au dit villaige de Pont-le-Roy : Nous allons tuer ou bien batre Jehan Ha- mel, de Creconssac, laboureur ; contre lequel ilz tirèrent plusieurs coups de macteratz, d'arbaleste, dont il a été en grant danger de sa personne. Depuis, maistre Jehan Nepveu alla audit Cressonsac pour faire infor- macion, mais vindrent menasser l'appellant et s'assemblérent et assail- lirent la maison de Jehan Le Bon. Après, se transportèrent en la basse- court dudit Cressonsac et firent plusieurs excez à diverses personnes et mesmement à ung nommé Guillaume Guisselin. Depuis, le dit DE MAILLY fist admenez l'intimé sur certaine pièce de terre pour le cuider tuer, etc.

1596, 28 novembre. « Messire Gaspard du Fay, chevallier, seigneur de Chasteaurouge et de *Cressonsart.* »
1624, 1625. « Messire Louis du Fay, chevalier, seigneur de Chasteaurouge et de *Cressonsacq.* »
1625. « Messire Charles du Fay, chevalier, et Jacques du Fay, chevalier, sieur de Chasteaurouge et de *Cressonsacq.* en partie. »
1687, 30 juillet. « Claude-Estienne Hébert, escuier, conseiller du roy, com- missaire des guerres ès armées du roy, seigneur de la terre et seigneurie de *Cresonsacq.* »
(Arch. nat.; fonds de l'abbaye de Saint-Antoine, S 4373).

» Appoincté est, touchant les causes d'appel, à mectre par devers la court et au conseil dedans troys jours, etc. »

(Arch. nat., X²ᵃ 61, reg. non paginé).

CCCCXXVI

1499 (v. s.), 17 janvier. — *Suite du procès intenté à Robinet de Mailly par Antoine de Canteleu et Yde de Chevreuse, sa femme, seigneur et dame de Cressonsac.*

« Entre Anthoine de Canteleu et Yde de Chevreuze, sa femme, demandeurs en cas d'excès, d'une part, et ROBINET DE MAILLY, escuier, défendeurs ès dits cas, prisonnier élargi par la ville de Paris, de l'ordonnance de la court, d'autre part.

» Le Clerc, pour ledit Canteleu, dit que par hayne conceue anciennement et dès longtemps par ceulx de la maison DE MAILLY à l'encontre des seigneurs de Chevreuse et de Cressonsac, feu JENTIN DE MAILLY, père dudit ROBINET, et autres ses parens et amys firent japieça tuer feu Robinet de Andefort, premier mary de la damoiselle de Chevreuse, femme dudit demandeur, dont procès auroit esté intenté à l'encontre du dit Robinet de Mailly et autres ou chastellet de Paris, lequel pendant, les parties lors mises ou saufconduit et sauvegarde du roy ; ou contempt de quoy néantmoins auroient ceulx de Mailly commis infiniz excès, entre lesquelz ung jour ledit Robinet de Mailly, sans cause ne raison, en commectant grans excès, acompaigné de XXV ou XXX garsons incongneuz, assiégea le chasteau de Cressonsac, print les officiers dudit lieu sur leur terre, et leur firent plusieurs excès. A une autre fois, le jour d'un Jeudi Sainct, cuidérent tuer et occir ledit seigneur de Chevreuses sur les champs et l'espièrent pour ce faire. Pour raison de ce furent faictes informacions, *in vim* desquelles le prévost de Paris décerna prinse de corps à l'encontre de aucuns et adjornement personnel contre ledit Robinet et autres, appella en la court, par arrest de laquelle les parties furent renvoiées par devant ledit prévost, où furent condemnez les dit de Mailly en XL livres de provision, lesdites parties remises ou saufconduict.

» Depuis, non obstant ces choses, les officiers et serviteurs dudit seigneur et dame de Chevreuse, a VIII mois ou environ, trouvèrent ung braconnier en la garenne dudit lieu de Cressonsac qui faignoit chasser

et avoit gens à guet pour cuider trouver le dit seigneur de Chevreuse
pour le tuer et oultraiger en sa personne ; la dame, qui en fut advertie,
voult scavoir que c'estoit, mais luy fut dict qu'elle n'y allast jà pour le
danger de sa personne ; laquelle dist que elle et lesdits DE MAILLY estoient cousins et croioit qu'ilz ne luy feroient point de mal. Et adonc y
fut veoir, et, en ce faisant, fut prins prisonnier ledit braconnier. Mais,
fut incontinant icelluy braconnier prisonnier recous[1] par ledit ROBINET
DE MAILLY et autres qui estoient jusques au nombre de XVI ou XVIII
embuschez au bois, lesquelz dirent plusieurs injures à ladite damoiselle
de Chevreuse, et que son mary y eust esté ilz l'eussent tué, en renyant
et maulgréant Dieu qu'ilz le tueroient aussi bien que avoit esté son dit
premier mary. De ce, informacions ont esté faictes par le prévost de
Paris qui ordonna prinse de corps à l'encontre dudit ROBINET DE MAILLY,
in vim de laquelle il a esté constitué prisonnier ès prisons du chastellet de Paris. Lequel Robinet prisonnier, soubz umbre d'une requeste
surreptice,…. se fist amener en la Conciergerie….

» Ledit demandeur conclud que ledit ROBINET DE MAILLY et complices
soient condempnez en amende honnorable, à la discretion de la court,
et profitable de VIII^c livres ou autres que verra ladicte court, etc.

» Barine, pour ROBINET DE MAILLY, dit que combien qu'il soit noble
personne, *de bonne et ancienne maison*, et qu'il n'ait meffait ne mesdit
au dit Canteleu,…. néantmoins en l'an IIIIxxXV, au moien de quelques
informacions qu'il fist faire aposte[2], auroit fait plainte au prévost de Paris
des dits excès, qui décerna adjournement personnel à l'encontre dudit
Robinet et d'autres. Voiant ledit Robinet que on faisoit grief, en appella
en la court de céans, et lors les parties oyes furent appoinctées au conseil, et depuis, par arrest de la court de céans, ledit Robinet a esté élargy
par tout, et combien que depuis ledit élargissement ledit Canteleu ne
ait peu faire procéder par emprisonnement ne autrement pour raison
des dits excès, sans ordonnance de la court, ce néantmoins, ou mois de
décembre dernier passé, incontinant que ledit ROBINET *fut arrivé en
ceste ville, de retour de la conqueste de Millan*, ledit Canteleu le fist
prendre au corps et mener ignomineusement au chastellet de Paris, et
depuis, par ordonnance de la court, a esté amené céans et élargy jusques à ce jour, etc.

1. Délivré.
2. Exprès.

» Au regard du braconnier allegué, dit que voirement quelque jour après disner, en chassant, firent lever ung renart qui fut poursuivy par le braconnier jusques au bois de Cressonsac, où fut énormement batu le braconnier par ceulx de Chevreuse ; et au regard de Mailly ny fut oncques, etc. »

Répliques de Le Clerc et de Barnie.

« Appoincté est à mectre par devers la court et au conseil sans contredictz, et sont lesdites parties *huicinde* mises ou saufconduict de la court ensemble leurs gens, familiers, domestiques et biens quelzconques, etc. »

(Arch. nat., X²ª 63, fol. 27 verso et 28).

CCCCXXVII

1500, 22 octobre. Montluçon. — Pierre, duc de Bourbonnais et d'Auvergne, comte de Clermont[1], fait savoir que son « amé et féal pannetier FERRY DE MAILLY, escuier, seigneur de la terre et seigneurie de Conty, » lui a fait « les foy et hommaige » dus pour raison de sa dite terre et seigneurie de Conty, tenue dudit Pierre à cause de son comté de Clermont-en-Beauvoisis. Ledit FERRY DE MAILLY était seigneur de Conty en vertu de la donation à lui faite naguères par « messire ADRIEN DE MAILLY, chevalier, son père. »

(Arch. nat., P 484, fol. 283).

---

1. Pierre II, duc de Bourbonnais, chambrier de France, lieutenant général du royaume, mari d'Anne de France, fille de Louis XI et de Charlotte de Savoie, mort le 8 octobre 1503.

XVIe SIÈCLE

CCCCXXVIII

1501, 2 juillet. Lyon. — Louis XII, à la requête et supplication de son « chier et bien amé eschançon ordinaire, FERRY DE MAILLY, escuier, seigneur de Sailly, filz de » son « amé et féal ADRIAN DE MAILLY, chevalier, seigneur de Conty, de Saint-Alban et de Thallemas, » fait don au dit Ferry de Mailly, pour le récompenser de ses services, d'une rente de 40 livres parisis que « Jehan de Fransures » prétendait avoir le droit de percevoir sur la terre « de Thallemas, » lequel de Fransures, « actaint et convaincu du crime de faulx, » avait été banni du royaume après confiscation de ses biens par arrêt de la cour de Parlement.

(Arch. nat., JJ 235, fol. 77 verso, n° 250).

CCCCXXIX

1501, 6 juillet. — « Contrat de mariage de JEANNE DE MAILLY avec Monsr JEAN D'IAUCOURT, chevalier, du 6e juillet 1501, par lequel il paroist qu'elle est fille de HUE DE MAILLY, qualifié monseigneur, et sœur de ROBERT DE MAILLY, escuier, seigneur de Rumesnil. »

(Arch. de La Roche-Mailly. Pièce parch. de 1696, « concernant le recouvrement des droits de francsfiefs.... » — Arch. nat., M 461 ; dossier *Mailly*).

CCCCXXX

1501, 23 août. — « Donation faite par Guillaume de Pisseleu, escuier, à noble homme ROBERT DE MAILLY, son neveu, fils de HUE DE MAILLY et de madame Péronne de l'Isseleu, de certaines terres, en faveur de son mariage avec damoiselle Françoise d'Iaucourt. »

(Arch. de La Roche-Mailly. Pièce parch. de 1696 « concernant le recouvrement des droits de francsfiefs.... »).

CCCCXXXI

1501, 1502. — Aveux rendus à Pierre, duc de Bourbonnais, par son « amé et féal Jacques de Mailly, escuier, et damoyselle Marie de Vignancourt, sa femme, par avant femme de feu Mre Jehan Délivré, en son vivant, greffier criminel de la cour de Parlement[1] » pour leur terre de Vienne-sur-l'Esglantier, relevant de Clermont-en-Beauvoisis.

(Arch. nat., P. 483, fol. 322).

CCCCXXXII

1502 (v. s.), 10 janvier. — « Feue madame Clare de Flourens[2], dame douairière de Disquemne et de Conty, avoit donné à l'abbaye de Saint-Martin-aux-Gemeaux pour la fondation d'une messe quotidienne à perpétuité la moitié par indivis de tous les droits et profits de la terre et seigneurie de Hamel-lès-Corbie, qu'elle et feu messire Colard de Mailly, son mary, avoient acquise pendant leur mariage, l'autre moitié appartenant à monsieur Charles, seigneur de Rubempré, et madame Françoise de Mailly, sa femme, avec la totalité des château et forteresse dudit lieu de Hamel, les religieux de ladite abbaye ayant renoncé à ce qu'ils pouvoient prétendre en iceluy château au profit de noble sei-

---

1. Le 21 août 1486, Jean Délivré, notaire et secrétaire du roi, greffier criminel de la cour de Parlement, annonce à un brigand, du nom d'Andrieu Peauset, qu'il va être exécuté aux fourches patibulaires de Montfaucon. (Arch. nat., X2a 51).

2. « Pr. no. Obitum nobilis et generosæ dominæ, dominæ *Claræ de Florens*, quæ, dum vixit, primo nobili militi, domino *Antonio de Hardentum*, domino temporali de Maisons et de Buchavennes, demum generoso militi, domino *Colardo de Mailly*, domino temporali de Blangy, de Conty et de Hamel, postremo nobili militi domino *Rolando, domino de Disquemne* et de Banelinghem, desponsata fuit. Post tamen prædictorum militum obitum in statu viduali multis annis opera misericordiæ ecclesiis et pauperibus impendendo valde laudabiliter conversata est. — Extrait du 2e *Martyrologe de N. D. d'Amiens.* » (Bibl. de l'Arsenal. Ms. de du Cange, no 5259, fol. 36).

gneur messire Adrien de Mailly, chevalier, seigneur de Conty, dont iceux seigneur et dame avoient les droits, et, au moyen de ladite renonciation ils ratifièrent ladite donnation et lesdits religieux leurs asseurèrent leur moitié, sauf la justice, pour la somme de 60 livres de rente annuelle, par lettres passées le 10e janvier 1502. — Arch. de madame Lefort, dame du Quesnel et de Hamel, à Amiens. »

(Bibl. nat., *Trésor généalogique de dom Villevieille*, t. 54, fol. 48).

CCCCXXXIII

1503, 23 novembre. — *Suite du procès intenté à Jean et Robinet de Mailly par Antoine de Canteleu et Yde de Chevreuse, sa femme, seigneur et dame de Cressonsac.*

« Du jeudi, XXIIIe jour de novembre mil Vc et troys, en la grant chambre. Courtardi président.

» Entre messire Jehan de Mailly, chevalier, seigneur d'Aussi, demandeur et requérant l'enterinnement d'une requeste, d'une part, et Anthoine de Canteleu, baron de Chevreuse, et damoiselle Yde de Chevreuse, sa femme, deffendeurs, d'autre.

» Dysome, pour messire Jehan de Mailly, chevalier, demande l'enterinement de sa requête.

» De Laporte, pour Canteleu, dit qu'il ne se fault esbayr se Mailly a baillé requeste pour évader qu'il ne soit constitué prisonnier tant pour les exeps et batures qu'il a commis tant contre les défendeurs que leurs gens que pour le meurtre commis en la personne de feu Robinet de Dampfort[1], de laquelle se rend coupable... Après les cas commis par les délinquans se retirèrent ou chastel de La Neufville pour cuyder évader la prise de leurs personnes et pugnicion du cas, encores les entretient, sollicite leur fait en ceste ville de Paris, et pour certain *fuerunt recepti*, ausquelz sa mère donna sa chesne qu'elle avoit à son col pour les stipendie du meurtre par eulx commis de la personne de Robinet de Dampfort. Depuis lequel cas, le demandeur, Robinet de Mailly, son frère, et autres leurs aliez, jusques au nombre de IIIIxx ou cent, *cum armis et fustibus*, ont persécuté les deffendeurs pour les tuer, au comptent qu'ilz vouloient poursuivre la réparation du meurtre, fait plusieurs cour-

---

1. Robinet de Andefort dans la pièce CCCCXXVI.

ses devant le chasteau de Cressonsac pour faire sortir les deffendeurs, les ont menassé qu'ilz leur en feroient autant que à Robinet de Dampfort, et, pour ce faire, ung mois après ou environ après le trespas de Collart de Chevreuse, ung jour de Chandeleur, le demandeur, ROBINET et maistre FERRY DE MAILLY, armés, embastonnez et accompagnez comme dessus, coururent devant le chasteau de Cressonsac, tyrèrent plusieurs traictz en la chambre de madamoiselle de Chevreuse, cuydant que monsieur de Chevreuse y fust, dirent plusieurs injures à ladite damoiselle deshonnestes à réciter et que s'ilz tenoient le défendeur luy en feroient autant qu'ilz avoient fait à Robinet de Dampfort, rompirent la muette[1] estant devant le chasteau, emportèrent ce qu'ilz trouvèrent, rompirent les huys et fenestres des maisons des povres gens, lesquelz furent contraincts eulx enfouir tous nudz, faisoit grant froit et neges, autrement les eussent tuez, poursuivirent ung povre prêtre lequel tout nud et parmy les neges s'enfouist en ses jardins où il fut longtemps à morfondre et en danger de sa personne, furent advertis que ung nommé Jehan Goupil c'estoit mussé en sa cave, allumèrent de la paille dedans la cave, les enfumèrent et tellement que de deux ans après ne vist goutte, et le menoit-on à l'église, et qui ne fust venu au secours l'ussent fait mourir, emmenèrent les chevaulx et cheriotz des povres gens et prisonniers ung nommé Guynes et Flamenq, lesquelz ilz tindrent l'espace de huit jours enferrés *adeo* que les jambes leur sont depuis enflez ; et (en blanc) encorres davantaige ung Jeudi absolut, le demandeur, frères et consors guettèrent les deffendeurs et ses gens, lesquelz estoient allez au bois pour faire une croix pour mectre devant l'église, les quelz frappèrent sur Canteleu et ses gens qui fut contrainct soy deffendre, aultrement l'eussent tué, et furent blecés une jeune fille qui eut ung traict dedans le bras et deux autres chacun ung autre ung genou et l'autre entre les deux espaulles, dont ilz furent longuement malades, etc.

» Dysonne » répond pour Mailly qu'à l'époque « du cas advenu (du meurtre), et que lors il (Mailly) n'estoit aagé que de six à sept ans. A ce que partie allègue que les délinquans se retirèrent au lieu de Neufville appartenant à Mailly, dit que le chastel de la Neufville n'estoit lors fait, etc.

» Les charges et enquestes seront communiquées aux gens du roy et

1. Muette, tour, donjon, en latin Mueta.

leur rapport oy par la court ordonnera sur ce qui a esté requis par les
parties et fera ledit Canteleu aporter dedans deux jours les informacions ·
que dit estre faictes touchant Mailly, et deffenses sont faictes pendant ce
de procéder contre Mailly. »

(Arch. nat., X²ᵃ 64, fol. 11 à 13).

CCCCXXXIV

1503 (v. s.), 2 janvier. — « Arrêt interlocutoire du Parlement de Paris
rendu entre messire JEAN, SEIGNEUR ET BARON DE MAILLY, chevalier, et
dame YSABEAU D'AILLY, sa femme, messire ANTOINE DE MAILLY, chevalier,
et ADRIEN DE MAILLY, escuier, frères, enfans desdits seigneur et dame,
demandeurs en proposition d'erreurs, d'une part, et messire Charles
d'Ailly, chevalier, deffendeur, d'autre part.... »

(Arch. de La Roche-Mailly. *Extrait des titres produits par messire
Alexandre-Louis de Mailly, appellé vicomte de Mailly...., pour les
preuves de son âge et de sa noblesse.* Cahier parchemin, p. 12).

CCCCXXXV

1503 (v. s.), février. — « JACQUES DE MAILLY, écuyer, tenoit une portion de seigneurie à Aurecourt, Récourt et Varenne-Fontaine, mouvante
de Montigny-le-Roy, au mois de février 1503. — Arch. de l'abbaye de
Montier-en-Der. *Déclarations des fiefs tenus du roy*, fol. 58 verso. »

(Bibl. nat., *Trésor généalogique de dom Villevieille*, t. 54, fol. 48 v°).

CCCCXXXVI

1505, 27 mai. — *Epitaphe de Jean de Mailly, chevalier, seigneur du
dit lieu.*

« Monsʳ JEHAN DE MAILLY, chevalier, seigneur dudit lieu, fondateur
de l'église de céans, trespassa le XXVIIᵉ jour de may, mil cinq cens et
cincq. »

(*Inscription gothique sur pierre trouvée vers 1865 dans le cimetière
des Cordeliers de Mailly, actuellement conservée dans la chapelle du
château).*

CCCCXXXVII

1506, 12 août. — Quittance de gages donnée à Jean Lalemant, conseiller du roi et receveur général de ses finances en Normandie, par « ANTHOINE DE MAILLY, chevalier, seigneur et baron dudit lieu, de Boullencourt, L'Oursignol, Benencourt, Quincy, Araines, L'Estoille, Bouthencourt, Boulaincourt-en-Sery, de Frestemeulle et du pays de Caieu. »

(Bibl. nat., *Titres scellés de Clairambault*, t. 175, p. 5931, n° 64. Orig. signé : *Anthoine de Mailly*).

CCCCXXXVIII

1506, 18 novembre. — « FERRY DE MAILLY, seigneur de Conty, conseiller et chambellan du roi,.... cappitaine de la ville et chasteau d'Arques, » donne quittance de gages pour sa charge de capitaine d'Arques[1].

(Bibl. nat., *Titres scellés de Clairambault*, t. 175, p. 5933, n° 65. Orig. signé : *F. de Mailly*).

CCCCXXXIX

1506, 16 avril, après Pâques. — « Déclaration et dénombrement de trois fiefz et nobles tenemens que je, ANTHOINE DE MAILLY, escuier, seigneur de Camblingnoeul, tiengs et advoe à tenir de mon très redoubté seigneur et prince monseigneur l'archiduc d'Autrice, duc de Bourgogne, conte de Flandres, d'Artois, etc., à cause de son chasteau d'Aubigny, qui se comprendent en ma dite seigneurie de Camblingnoeul.... »

(Arch. de La Roche-Mailly. Copie papier collationnée en 1780, « à un ancien dénombrement, » par « Josse-François-Sophie Binot, conseiller du roy, trésorier des chartres du pays et comté d'Artois. »

---

1. 1507, 30 juin. Quittance du même pour la même fonction. Sceau : *Ecu portant trois maillets avec lambel*. Légende : S. FERRY DE..... S. DE THALE-MAS. (Bibl. nat., *Titres scellés de Clairambault*, t. 175, p. 5933, n° 67. Orig. signé. — *Collection Clairambault*, t. 1197, cote 126. Copie).

1508, 18 juin ; 1509, 21 juillet. Quittances du même. (Bibl. nat., *Collection Clairambault*, t. 1197, cotes 127 et 128. Originaux parch. signés).

CCCCXL

1506 (v. s.), 24 janvier. Blois. — Louis XII fait savoir aux gens de ses comptes à Paris que son « amé et féal cousin, conseiller et chambellain ANTHOINE DE MAILLY, chevalier, seigneur et baron dudit lieu, » a fait « les foy et hommaige lige » qu'il était tenu de « faire, pour raison de sa baronnye, chastel, terre et seigneurie de Mailly, appartenances et dépendances d'icelle terre.... mouvant » du roi « à cause de » son « chastel et seigneurie de Péronne. — *Extrait du volume 15 des anciens hommages de France.* »

(Arch. de La Roche-Mailly. Copie papier. — *Preuves d'Alexandre-Louis de Mailly.* Cah. parch., p. 10).

CCCCXLI

1506 (v. s.), 25 février. — Quittance de gages donnée par « FERRY DE MAILLY, seigneur de Conty, ayant à présent la conduicte, de par le roy,.... des cent lances fournies de l'ordonnance dudit seigneur, dont naguères mons[r] de Gyé, mareschal de France, estoit cappitaine, et jusques ad ce que le roy.... y ait autrement pourveu[1]. »

(Bibl. nat., *Titres scellés de Clairambault,* t. 175, p. 5933, n° 66. Orig. signé : *F. de Mailly*).

CCCCXLII

1507, 5 août. — « De damoiselle MARIE DE MAILLY, fille et héritière de feu JEHAN DE MAILLY et de damoiselle KATHERINE DE MAMEZ, la somme de IIII liv. par., monnoye royal, pour le relief d'un fief qui se comprend ou quint du fief de Sabignez, scitué à Bours, ou comté de Saint-Pol, tenu du château d'Arras à LX sols parisis de relief et le tiers pour cambellage, à elle succédé par le trespas dudit feu Jean, son père, en son vivant seigneur de Mailly. Et fut ledit relief fait le Ve jour dudit mois d'aoust oudit an XVe sept. — Extrait du *Compte de Jean Ruffin, receveur commis, de par mons[r] l'archiduc d'Autrice, prince d'Espagne,*

---

1. 1509, 11 décembre. Autre quittance donnée par « Ferry de Mailly, seigneur de Conty, ayant la charge de cent lances des ordonnances du roi. » (Bibl. nat., *Collection Clairambault,* t. 1197, cote 129. Orig. parch., scellé et signé).

*duc de Bourgogne, de Brabant, comte de Flandres, d'Artois, etc., à
la recepte du domaine d'Artois,.... commençant le lendemain du jour
de Saint-Jean 1507 et finissant le jour de Noel, 1508.* »

(Arch. de La Roche-Mailly. Copie papier collationnée par Godefroy
en 1779).

CCCCXLIII

1508, 15 juillet. — « Contrat de mariage d'Antoine, baron de
Mailly, chevalier de l'ordre du roy, chambellan du roy François pre-
mier, avec Jacqueline d'Astarac[1], passé devant Hilaire Groslain et
Jean Lemaignan, notaires à Blois. »

Même date. — « Lettres d'Anne, reine de France, duchesse de Bretagne, par lesquelles elle donne à sa cousine, Jacqueline d'Astarac, la
somme de 10.000 livres, en faveur de son mariage avec le seigneur de
Mailly. »

(Arch. de La Roche-Mailly. Analyse des documents ; pièce papier du
XVIIIe siècle).

CCCCXLIV

1509, 21 juillet. — Arrêt du Parlement de Paris prononcé dans un
procès entre Philippe de Mailly, écuyer, seigneur de « Maulmez et
Dorvillier, » fils de defunts Antoine de Mailly, chevalier, et de Marie
de Dampierre, sa femme, (Philippus de Mailly, scutifer, locorum de
Maulmez et Dorvillier dominus, defunctorum Anthonii de Mailly, dum
vivebat militis, et Marie de Dampierre, ejus uxoris, filius), contre Marguerite de La Trémoille, veuve d'Antoine de Crevecœur, chevalier, au
sujet d'une rente de 20 livres tournois, due à l'abbaye de Longchamp.
Il est question dans cet arrêt de défunts François et Jean de Crevecœur,
enfants de la dite Marguerite de La Trémoille, de Jacques, bâtard de
Vendôme, qui avait épousé Jeanne de Rubempré, veuve de François de

---

1. Jacqueline d'Astarac était fille de Jean, comte d'Astarac, et de Marie de
Chambes, fille de Jean de Chambes et de Jeanne Chabot, dame de Montsoreau. Le contrat de mariage de Jean d'Astarac et de Marie de Chambes avait
été passé à Tours, le penultième jour de février 1483 (v. s.), en présence de
« noble et puissant seigneur messire Philippes de Commines, chevalier, seigneur d'Argenton, séneschal du Poictou. » (Arch. de Montsoreau. Original
parchemin).

Crevecœur, et de Louise de Crevecœur, fille de François de Crevecœur,
et de Jeanne de Rubempré.

(Arch. nat., X¹ᵃ 147, fol. 303 et 304).

CCCCXLV

1509, 3 novembre. — « Ferry de Mailly, seigneur de Conty, conseiller et chambellan du roy,.... cappitaine d'Arques et séneschal d'Anjou, » confesse avoir reçu de « honnorable homme Jehan Estienne, commis à la recepte du domaine de la vicomté d'Arques, la somme de » 57
livres 10 sous tournois « pour demye année de » ses gages de cappitaine
dudit lieu d'Arques[1].... »

(Bibl. nat., *Pièces originales*, t. 1801, *de Mailly*, 41638, n° 42. Orig.
parch., signé *F. de Mailly*).

CCCCXLVI

1509 (v. s.), 1ᵉʳ et 15 mars. — Procès au Parlement de Paris entre
« messire Anthoine de Mailly, » d'une part, « et dame Charlotte de
Bourbon, comtesse douairière de Nevers, ou nom et comme ayant le
bail et administration de Loys et François, ses enfans, et messire
Charles de Clèves, conte dudit Nevers et d'Eu, per de France, » d'autre
part, au sujet de « la terre et seigneurie de Cayeu » que « le dit feu conte
de Nevers[2] » avait vendue « au feu père dudit Mailly[3], » en 1493 (1492,
n° CCCCXXII). Le dit Mailly avait alors donné Cayeu à son fils mineur.
Charlotte de Bourbon demande la faculté « de remeré la terre et seigneurie de Cayeu et de Boullencourt-en-Séry[4] » à elle « baillée par le
feu conte de Nevers. »

(Arch. nat., X¹ᵃ 8333, fol. 92, 109, 110).

---

1. 1510, 8 juin. Autre quittance du même Ferry de Mailly avec son sceau :
Ecu portant trois maillets avec un lambel. (Bibl. nat., *Titres scellés de Clairambault*, t. 175, p. 5935, n° 68. Orig.).

2. Engilbert de Clèves, mort en 1506, mari de Charlotte de Bourbon. Le P.
Anselme, t. III, p. 450, dit qu'Engilbert de Clèves avait épousé *Catherine* de
Bourbon de qui il eut : *Charles* de Clèves, comte de Nevers, *Louis*, *François*
et *Engilbert*.

3. Jean de Mailly, mari d'Isabeau d'Ailly, mort en 1505.

4. Le 12 décembre 1498, on trouve « Jean Durot, lieutenant du bailly du
pays de Cayeu-sur-la-Mer et de Bouillencourt-en-Sery, pour noble, puissant
et très redoubtable seigneur, monseigneur Jean de Mailly, chevalier et seigneur dudit lieu de Mailly.... » (Arch. de La Roche-Mailly. Pièce papier).

CCCCXLVII

1509 (v. s.), 19 mars. — Procès au Parlement de Paris « entre damoiselle Marie de Mailly, dame Dyron, » d'une part, « et dame Ysabeau
d'Ailly, vefve de feu messire Jehan de Mailly, messire Anthoine de
Mailly, chevalier, seigneur dudit lieu, et Adrien de Mailly, escuier,
seigneur de Ravambergues, » d'autre part.

« Charmolue, pour » Marie de Mailly, dit « qu'elle est fille de feu
Jehan, seigneur de Mailly, et de dame Katherine de Mautmez, ses
père et mère ; elle, estant jeune, *fuit orbata patre* et tantost après *ma-
tre ;* s'empara messire Jehan de Mailly, son frère (mari d'Ysabeau
d'Ailly), de tous les meubles vallans cent ou six vings mil frans, et des
immeubles vallans de revenu par an neuf ou dix mil livres, dont la
moictié appartenoit à elle, et l'autre moictié au dit Jehan, son frère,
lequel elle a poursuivy longtemps après pour en avoir son partage, »
mais en vain, depuis « XXV ans que son père est décédé[1].... »

(Arch. nat., X^{1a} 8333, fol. 114 à 117).

CCCCXLVIII

1511, 19 décembre. — *Le Parlement de Paris proroge, en faveur de
Ferry de Mailly, seigneur de Conty, « le delay de venir faire serment,
pour raison de son office de sénéschal d'Anjou. »*

« Veu par la court (de Parlement) la requeste à elle baillée par Ferry
de Mailly, seigneur et baron de Conty, par laquelle, actendu qu'il estoit venu en personne ès vaccacions dernières et avoit baillé sa requeste
aux présidens de Parlement, icellui vacant, pour estre receu et faire le

---

1. On retrouve les traces de ce procès intenté par Marie de Mailly et
« Jehan de Mailly, chevalier, seigneur d'Auchy et de Turpigny, » contre son
frère, sa belle-sœur et ses neveux, dans les *Registres du Parlement,* aux da-
tes des 17 mai 1509 (X^{1a} 148, fol. 153, verso) ; 5 mars 1509, v. s. (X^{1a} 4851,
fol. 329 verso) ; 6 mai 1510 (X^{1a} 4851, fol. 443 verso) ; 23 janvier 1510, v. s.
(X^{1a} 4852, fol. 201) ; 2 avril 1511, v. s. (X^{1a} 1514, fol. 109 verso) ; 23 juillet
1512 (X^{1a} 1514, fol. 211 verso). Par un arrêt rendu le 12 avril 1513, après Pâques, le Parlement adjugea à Marie de Mailly une partie de ses demandes.
Voir cet arrêt reproduit *in extenso* dans : *Extrait de la généalogie de la Maison de Mailly,* par le P. Simplicien, *Preuves de Jean et d'Adrien de Mailly,*
pp. 8 à 11.

serment, pour raison de l'office de séneschal d'Anjou, à lui donné par le
roy, et que, obstant que le Parlement ne séoit, il n'avoit pas esté receu
et avoit esté contrainct s'en retourner de là les mons, au service du roy,
il requéroit lui donner souffrance de faire ledit serment pour raison du
dit office et requérir son institucion jusques à ung moys après son retour de delà les mons ; veu aussi l'arrest de ladite court du unziesme
jour de mars mil cinq cens neuf (v. s.), par lequel la court a enteriné
audit Conty les lettres à luy octroyées par le dit seigneur, contenant
souffrance et delay de venir faire ledit serment et requérir sa dite institucion jusques à ung moys après son dit retour, et tout considéré :

» La court, actendu l'absence nécessaire du dit DE MAILLY, lui a pro-
rogé et proroge le delay de venir faire le dit serment et requérir sa dite
institucion jusques à ung moys après son retour de delà les mons. »

(Arch. nat., X¹ᵃ 1514, fol. 16 verso).

CCCCXLIX

1513, 30 avril. — *Quittance d'Antoine de Mailly, seigneur du dit
lieu, de la somme de 437 livres 10 sous tournois pour « la soulde et
entretenement » de son navire.*

« Nous ANTHOINE DE MAILLY, chevalier, seigneur du dit lieu, confessons avoir eu et receu comptant de sire Jehan Lalemant, conseiller du
roy, nostre sire, receveur général de ses finances et par luy commis à
tenir le compte et faire le paiement des fraiz extraordinaires de ses
guerres et armée de mer ou pais et duché de Normandie, la somme de
quatre cens trente sept livres, dix solz tournois, à nous ordonnée par le
roy, nostre seigneur, tant pour la soulde et entretenement d'un navire
à nous appartenant, du port de soixante dix tonneaulx, ou environ, que
pour la nourriture de soixante dix hommes mariniers et gens de guerre
dont il estoit équippé, lequel navire fut prins ou moys d'aoust de l'année
dernière passée pour le service du roy, nostre dit seigneur, et par l'ordonnance de monseigneur le visadmiral, messire René de Clermont,
chevalier, lieutenant général du roy, nostre dit seigneur, en ladite armée, et illec retenu avec l'armée dudit seigneur pour l'accompaigner et
fortiffier contre ses ennemys, où il vacqua l'espace d'un moys entier, qui
est à la raison de cent solz tournois pour chacun homme, et vingt cinq
solz tournois pour tonneau, pour le dict moys, de laquelle somme de

quatre cens trente sept livres, dix sols tournois, nous tenons contents et bien paiez, et en quictons le dit receveur général, commis susdit, et tous autres.

» En tesmoing de ce, nous avons signé ceste présente de nostre main et scellée de nostre seel, le penultième jour d'avril, l'an mil cinq cens et treize.

» Anthoine de Mailly. »

(Arch. de La Roche-Mailly. Copie papier collationnée en 1781, par dom Etienne Henriot, à l'original en parchemin existant à Saint-Martin-des-Champs).

CCCCL

1513, 3 juillet. — Testament, par devant les « auditeurs jurez commis et establiz en la prévosté d'Anguy, » de « damoiselle JEHANNE DE MAILLY, vefve de feu ANTHOINE DE HELANDES, en son vivant escuier, seigneur de Montigny, près Rouen, » par lequel elle demande que son corps soit « inhumé au monastère des frères mineurs de Beauvais devant l'ymage de l'Annunciacion Nostre-Dame. » Après différents dons « aux maistre et povres escoliers du collège de Montagu, fondé à Paris, ou mont Saincte-Geneviefve, » la testatrice fait ajouter ces clauses : « Item, donne et laisse ausdits maistre et povres une croix d'or garnie de quatre perles, ung crucefix au meilleu, en laquelle y a une petite porcion de la Vrain Croix, laquelle » sera « mise en la chappelle dudit collége de Montagu. — Item, a donné et laissé ausdits povres *ses belles heures en parchemyn à l'usage de Romme que fit faire sa grant mère, LOYSE DE CRAM, fille de messire Guillaume de Craon, seigneur de Monbason et Saincte-More, historiées,* pour estre converties à leur prouffit.... — Item, et pour acomplir ce présent testament fait, a constitué et ordonné ses éxécuteurs mons^r le principal et maistre des povres dudit collége de Montagu, maistre Noël Beda, docteur en théologie[1],

---

1. Dans le testament de « Marie Parent, vefve de feu Regnault Larcher, bourgeois de Paris, » du 17 mars 1505 (v. s.), Noël Beda est qualifié « bachelier formé en théologie, pauvre escollier et grant maistre de la communaulté des maistres et escolliers pauvres estudiens en toutes facultés ou collége de Montagu fondé à Paris, près l'église madame Saincte Geneviefve appartenant à ladicte communaulté. » (Arch. nat., M 178, n° 7. Pièce papier). — Noël Beda, théologien, né en Picardie, au dire de Moréri, fut un des docteurs

maistre Thomas Warner, aussi docteur en theollogie, et maistre Jehan Richard, prêtre, curé de Savigny, et maistre Jehan Au Sablon, chanoine de Ponthoise.... »

(Arch. nat., M 178; collége de Montagu. Orig. parch., n° 6, portant au dos cette cote du XVI° siècle : « *C'est le testament de nostre mère madamoiselle de Catheu.* »).

CCCCLI

1514, 12 décembre. — « ADRIAN DE MAILLY, seigneur et baron de Ravambergue[1], » confesse avoir reçu « de noble homme Guillaume Tertreau, receveur pour le roy.... des tailles en l'élection d'Arques, » la somme de 35 livres tournois à lui « ordonnée par monseigneur le général de Normendye, pour avoir assisté pour les gens nobles du bailliage de Caux à la convencion et assemblée des gens des Troys Estatz du pays et duché de Normendye, tenue à Rouen, le VI° jour de novembre mil cinq cens et treze, pour le faict de la taille, creue et octroy du dit pays, pour l'année ensuivant finissant mil cinq cens quatorze.... »

(Bibl. nat., *Pièces originales*, t. 1801, *de Mailly*, 41638, n° 43. Orig. parch. signé : *Adriain de Mailly*).

CCCCLII

1514, 16 décembre. Amiens. — « Nobles et puissants seigneurs monseigneur ANTHOINE DE MAILLY, chevalier, seigneur et baron dudit lieu de Mailly, et monseigneur ADRIEN DE MAILLY, seigneur de Ravensbergue, son frère, » à cause de « leurs grands et urgents affaires et nécessités, » vendent, pour la somme de 3200 livres, 20 sous tournois, « à Jehan Le Forestier, l'aisné, bourgeois et marchand demeurant à Amiens, les terre, fief et seigneurie de Frettemeule et Drancourt.... qui se consistent en un seul fief ayant justice, seigneurie, haute, moyenne et

de son temps qui eut le plus de crédit et d'autorité dans la faculté de théologie. Animé d'un zèle turbulent, il fut condamné deux fois à être banni. En 1536, un arrêt du Parlement envoya le docteur incorrigible à l'abbaye du Mont-Saint-Michel où il termina ses jours.

1. Ravensbergh, dans la Flandre-Maritime, ancien diocèse de Saint-Omer. L'abbé Expilly (*Dictionnaire géographique*, t. VI, p. 30) indique les possesseurs de cette terre depuis Pierre, dit Maillet, seigneur de Mammez.

basse, tenue de monseigneur Loys de Clèves, à cause de sa terre, seigneurie et pays de Cayeu.... »

(Arch. de La Roche-Mailly. Copie papier collationnée en 1788, à l'original appartenant à M. de Belleval, demeurant à Abbeville).

CCCCLII

1514 (v. s.), 11 janvier. — Testament d' « ANTOINE DE MAILLY, chevalier, seigneur et baron dudit lieu de Mailly, » dans lequel il demande à être inhumé « au couvent de monsieur Saint-François de Mailly au lieu et auprès du corps de feu de bonne mémoire monsieur JEHAN DE MAILLY, » son père. Après différentes fondations de messes, Antoine de Mailly fait mention de sa « très chère et très amée compaigne et femme dame JACQUELINE D'ESTRAC, » et de madame Isabeau d'Ailly, sa mère. Il partage ensuite ses biens entre RENÉ DE MAILLY, son fils aîné, FRANÇOIS DE MAILLY, son second fils, et FRANÇOISE DE MAILLY, sa fille. Il laisse à ISABEAU, sa fille bâtarde, 1000 livres, pour l'aider à se marier, et recommande à la dite « Jacqueline d'Estrac, » sa femme, et à ses deux fils, de pourvoir aux besoins de « CLAUDE et HUTIN, » ses enfants bâtards. Parmi les exécuteurs testamentaires, on remarque en première ligne son frère ADRIEN DE MAILLY.

(Arch. de La Roche-Mailly. Copie papier du XVIIIᵉ siècle).

CCCCLIV

1516, 23 juillet. Dours. — « Vente faite par ANTOINE DE MAILLY, chevalier, seigneur et baron dudit lieu de Mailly, et ADRIEN DE MAILLY, seigneur de Ravembergues, Saint-Légier et Haucourt, son frère, à honorable homme maistre Antoine Le Blond, avocat et conseiller au siège du bailliage d'Amiens, des terres et seigneuries de L'Estoille, quints de la terre d'Ailly, Villers et Longuet, ainsi que du bois du *pont de L'Estoille, démoli durant les dernières guerres faites par les Anglois*, pour la somme de 8000 livres tournois ; les dittes terres déchargées du droit de douaire du à madame YSABEAU D'AILLY, dame usufruitière dudit Mailly, et de celui que madame JACQUELINE D'ESTRACQ, épouse dudit seigneur de Mailly, peut y prétendre, celle-ci déclarant qu'il est suffisamment assigné sur les autres terres et seigneuries appartenantes aux dits seigneurs vendeurs, ainsi qu'à damoiselle Françoise de Baillœul, épouse dudit seigneur de Ravembergues. »

(Arch. de La Roche-Mailly. *Preuves d'Alexandre-Louis de Mailly.* Cah. parch., p. 10).

CCCCLV

1516 ou 1517. — « De Jacques du Castel, procureur de messire Jehan de Moy, chevalier, seigneur de La Meslères, et de Robert de Mailly, escuyer, seigneur de Rumesnil, tuteurs de Antoine de Mailly, filz aisné de deffunct noble et puissant seigneur messire Jehan de Mailly, en son vivant, chevalier, seigneur d'Aucy, souffisamment fondé par lettres de procuration, pour le relief de la ditte terre et seignourie d'Aucy-lès-le-Bassée[1], la somme de LX sols parisis de relief et le tierch de cambrelaige, succédé audit Anthoine par le trespas de son dit feu père, et ycy, pour lesdits relief et cambrelaige, la somme de IIII livres X sols tournois. — Extrait du *Compte de Germain Picavet, commis, de par le roy de Castille, de Léon, de Grenade,…. archiduc d'Autriche, duc de Bourgoingne, conte de Flandres, d'Artois, à la recepte du domaine de Lens, commencé le 25 juin 1516.* »

(Arch. de La Roche-Mailly. Copie papier collationnée à l'original, en 1780, par Godefroy).

CCCCLVI

1519, 9 juillet. Mailly. — « Testament d'Isabeau d'Ailly, dame douairière usufruitière universelle de la baronnie de Mailly et seigneurie de Loussignol, passé à Mailly. »

(Arch. de La Roche-Mailly. Analyse du document dans un cahier en papier du XVIIIe siècle).

CCCCLVII

1519 (v. s.), 3 février. La Rochelle. — *François Ier fait don à sa*

---

1. Auchy-lès-La-Bassée, Pas-de-Calais, arrondissement de Béthune, canton de Cambrin.

« *chère et amée cousine* » *Jacqueline d'Astarac des droits de rachat dus à cause de la mort de son mari, Antoine de Mailly.*

« Francoys, par la grâce de Dieu, roy de France, à noz amez et féaulx les gens de noz comptes et général ayant la charge et administration de noz finances tant ordinaires que extraordinaires en noz pays de Picardie, salut et dillection.

» Savoir vous faisons que nous, inclinans liberallement à la supplication et requeste de nostre chère et amée cousine JACQUELLINE D'ESTRACT, DAME DE MAILLY, *tutrice légitime et*[1] ayant le bail et gouvernement de ses enffans myneurs d'ans, *en faveur mesmement de la proximité de lignage dont elle nous actient et à nostre très chère et très amée compaigne, la royne*[2], à icelle, pour ces causes et autres considéracions à ce nous mouvans, avons donné, quicté et délaissé, donnons, quictons et délaissons, par ces présentes, tous et chacuns les droictz de rachaptz, quinctz et requinctz, deniers et autres droictz et devoirs seigneuriaulx à nous appartenans, deuz et escheuz, tant par le trespas du feu SEIGNEUR DE MAILLY, son mary, pour raison d'icelle seigneurie de Mailly, tenue et mouvant de nous à cause de nostre prévosté de Péronne, que depuis le penultime jour de janvier derrenier passé que icelle terre et seigneurie de Mailly fust décretée par nostre court de Parlement à Paris, à quelque somme, valleur et extimation que les ditz droictz puissent estre et monter.

» Si vous mandons, commandons et expressément enjoignons et à chacun de vous, en droict soy et si comme à luy appartiendra, que, en faisant nostre dite cousine joyr de noz présents grâce, don, octroy et cession, vous, par le receveur ordinaire dudit Péronne, ou autre à qui se pourra toucher, vous faictes tenir quicte et paisible nostre dicte cousine des dictz droitz de rachaptz, quinctz, requinctz et autres droictz et devoirs seigneuriaulx qui nous pourroient estre deuz aux causes dessus dictes. Et, si icelle seigneurie estoit pour ce saisie ou aucunement empeschée, mectez là luy, ou faictes mectre, incontinent et sans delay, à plaine délivrance au premier estat et deu. Et, par rapportant ces dites présentes signées de nostre main ou *vidimus* d'icelles, faict soubz seel

---

1. Ces trois mots, en italiques, remplacent un membre de phrase primitif qui a été gratté.
2. Claude de France, fille de Louis XII et d'Anne de Bretagne, née en 1499, mariée le 18 mai 1514, morte le 20 juillet 1524.

royal, pour une foiz, et quictance de nostre dicte cousine sur ce suffisant, seullement, nous voullons iceulx droictz et devoir seigneuriaulx estre allouez ès comptes et rabatuz de la recepte du dit receveur ordinaire de Péronne, ou autre qu'il appartiendra, par vous gens de nos dicts comptes, en vous mandant de rechief ainsi la faire sans difficulté, car tel est nostre plaisir, nonobstant que telz manières de droictz n'ayons acoustumé d'en donner que la moictié ou le tiers, que descharge n'en soit levée et que la valleur d'iceulx ne soit cy speciffiée ne déclarée, et l'ordonnance par nous sur ce faicte et quelzconques autres ordonnances, restrainctions, mandemens ou deffences à ce contraires.

» Donné à La Rochelle, le troisiesme jour de février, l'an mil cinq cens et dix neuf.

» FRANCOYS.

» Par le roy : Robertet. »

(Arch. de La Roche-Mailly. Orig. parch.; sceau perdu).

CCCCLVIII

1521 (v. s.), 7 mars. Paris. — Mandement aux généraux conseillers sur le fait des finances de délivrer 400 livres tournois à Jacques de Beaune le jeune, trésorier du dauphin, pour remettre à RENÉ DE MAILLY et René de Prunellé, enfants d'honneur de la maison du dit dauphin. »

(Bibl. nat., ms., f. fr. 25720, fol. 191. Original. — *Catalogue des actes de François Ier*, t. I, Paris, imprimerie nationale, novembre 1887, p. 280, n° 1516).

CCCCLIX

1521 (v. s.), 8 mars. Paris. — « François Ier, voulant récompenser de ses services ROBINET DE MAILLY, écuyer, seigneur de Rumesnil, lui donne la coupe de trois arpents de bois de haute futaie dans la forêt de Beauquesne, pendant dix ans. »

(Arch. de La Roche-Mailly. Pièce parch. de 1697 « concernant le recouvrement des droits de francsfiefs. » — Arch. nat., M 461, dossier *Mailly*).

CCCCLX

1523, 11 octobre. — « Sentence du bailli de Senlis par laquelle appert la seigneurie de Ruminy avoir esté saisie sur ROBERT DE MAILLY, escuier, seigneur de Rumesnil, faute d'être allé à l'arrière-ban, et qu'il demande main-levée comme étant capitaine de 800 hommes de pied et 40 hommes d'armes, et qu'il était dans la ville de Doullens. »

(Arch. nat., M 461, dossier *Mailly*).

CCCCLXI

1525, 17 juillet. Silly. — Contrat de mariage, passé à Silly, d'ANTOINETTE DE MAILLY, fille de ROBERT DE MAILLY, seigneur de Rumesnil, et de Françoise d'Yaucourt, avec LOUIS DE MARICOURT, seigneur de Mouchy[1], en présence de « noble damoiselle Jacqueline Daunoys, vefve de feu noble homme Jehan de Maricourt, mère du dit Loys, maistre Pierre de Maricourt, licencié en chascun droit, frère du dict Loys, » et de plusieurs autres.

(Pièce incomplète du *Cabinet de M. le chevalier d'Apchon, communiquée par M. P. de Farcy*).

CCCCLXII

1526, 25 mai. « En la Tournelle criminelle » à Paris. — *Procès entre « messire Pierre de Bellefourrière[2], chevalier, seigneur du dit lieu, » d'une part, et Jacqueline d'Astarac et Philippe de Mailly, d'autre part, au sujet de la terre de Mailly, adjugée au dit Pierre de Bellefourrière.*

« Charmolue, pour ledit demandeur (Bellefourrière), dit qu'il est à présent question de gros excès, voyes de faict, rebellions et désobeissances faictes ou contempt et préjudice des adjudicacions et décret de la

---

1. Mouchy-le-Chastel, Oise, arrondissement de Beauvais, canton de Noailles.

2. Pierre de Bellefourrière, seigneur dudit lieu, fils de Perceval de Bellefourrière et de Jacqueline de Longueval, épousa Madeleine de Coucy. (P. Anselme, t. VIII, pp. 735, 736).

court faictz au demandeur, de la terre et seigneurie de Mailly, laquelle
est scituée et assise en lieu lymitrophe et de frontière prouchain et con-
tigu du pays et comté d'Arthoys, et de l'exécucion d'icelluy décret....

» Pour venir au cas, dit que ladite terre et seigneurie de Mailly,
ainsi que la court scet assez, a dès longtemps esté mise en criées, qui
ont esté faictes et poursuivies en la court de céans.... Et l'an cinq cens
vingt quatre, y eut arrest de adjudicacion ; et finablement ladicte terre
et seigneurie est demeurée audit demandeur comme plus offrant et derrenier encherisseur,.... et a faict de ladite seigneurie les foy et hommaige au roy.... Et depuis le demandeur a jouy de la dicte terre, mis et
estably officiers et gens pour la garde du chastel et place, et en iceulx
envoyé plusieurs ustancilles et meubles....

» Ce neantmoings, en méprisant et contempnant ladicte court.... et
commectant par ce moyen crime de lèze Majesté, *in tercio capite*,....
les dits deffendeurs et ung nommé FLEURENT DE MAILLY, frère dudict
PHILIPPES, deffendeur, auroient faict et faict faire plusieurs empeschemens rebellions et désobeissances audict demandeur, ses gens, officiers
et serviteurs estans en ladicte terre et seigneurie de Mailly, et aussi
deffenses aux subgectz et redevables de ladicte terre de ne payer aucune
chose audict demandeur, mais à ladicte DE LESTRAC, ses gens, officiers ou
commis... Et, non content de ce, ledict FLEURENT, PHELIPPES et le BAS-
TARD DE MAILLY, auroient faict ung grant amas de plusieurs aventuriers
et gens de guerre, en grant nombre, et seroient, et icelle de Lestrac
avecques eulx, venuz *more hostilli*, garniz de hacquebuttes, arbalestes
et autres bastons invasibles devant la place et chasteau dudict Mailly et
auroient sommé ceulx qui estoient au dict chastel pour le dict demandeur de rendre le lieu et place, autrement qu'ilz les feroient pendre et
estrangler aux portes du dict chasteau ; remonstrent les dicts gens et
serviteurs d'icelluy demandeur estans au dict chasteau qu'ilz estoient
léans pour le demandeur qui en avoit arrest et décret. Ce non obstant,
sont de rechief sommés et grandement menassez mesmes de faire marcher la grosse artillerie ; et furent contrainctz iceulx gardes et serviteurs du demandeur.... sortir hors du dict chasteau et rendre la place,
en laquelle la dicte de L'Estrac et autres ses gens et complices entrèrent
incontinant en grant force, pillent et degastent les biens et ustancilles y
estans et envoyez par ledict demandeur pour la provision de sa maison,
rompent huytz et portes, degastent, desmolissent et abbattent grant

quantité de boys de haulte futays, font menasses batre et excès aux
gens et officiers et subgectz du demandeur.... Pour raison desquelles
choses, sont faictes informacions, et icelles rapportées et veues par la
dicte court y a adjournement personnel decerné contre ladicte de L'Estrac et aussi contre ledict Phelippes de Mailly, qui depuis a esté arresté
prisonnier, et pareillement contre ledit Fleurent de Mailly, qui ne est
comparu.... » Pierre de Bellefourrière demande la condamnation des
coupables.

» Barjot, pour Jehan de Longueval, dit.... qu'il est l'ung des serviteurs, parens et alliez dudit demandeur, et que les dits deffendeurs, en
continuant leurs dits excès et voyes de faict, viennent accompaignez de
plusieurs aventuriers et autres mauvais garsons en la maison dudit de
Longueval, à heure indue et environ douze heures de nuict, où ilz en-
fondrèrent les huytz, celliers et portes de la dicte maison, en gectant et
mectant hors les serrures à coups de hacquebuttes, faisans plusieurs ju-
remens et blasphémes et disans que s'ilz tenoient ledit de Longueval
qu'ilz le mectroient en pièces et menassant la femme d'icelluy de Lon-
geval qu'ilz trouvèrent couchée en son lict ensaincte et preste d'acou-
cher, et y prindrent plusieurs meubles, chevaulx et harnoys, vins, ad-
voynes et vivres et provision en ladicte maison.... en hayne de l'exécution dudict arrest et decret. » Barjot demande réparation des dits excès.

» Alligret, pour lesdits deffendeurs, dit qu'il ne sceait pour qui a
parlé Barjot.... et quant audict de Bellefourrière, demandeur, dit que la
vérité est que la terre et seigneurie de Mailly a esté mise en criées,....
ausquelles se sont renduz plusieurs encherisseurs qui y ont mis leurs
enchères, entre lesquelles y en a une qui fut mise par le seigneur de
RAVEMBERGUE[1] montant à la somme de » 60000 « livres tournoys, au
moyen de laquelle demoura plus offrant et derrenier encherisseur. Et
parce que ledit seigneur de Ravembergue ne peult payer ne fournir le
pris de sa dicte enchère, il s'en desista.... Au moyen de quoy voyant la
dicte de L'Estrac que ladicte terre et seigneurie de Mailly se perdoit,
elle a quelques pourparler et parolles avec le dict demandeur pour con-
tracter le mariage de son fils[2] avec la fille dudict demandeur, et, en ce
faisant, saulver ladicte terre et seigneurie de Mailly au prouffit des dicts

1. Adrien de Mailly, frère d'Antoine.
2. René de Mailly.

filz et future conjoinct, ce qui est promis et accordé par ledict demandeur, qui dès lors promist a ladicte deffenderesse bailler et fournir l'argent des enchères, et ensemblement fut convenu et accordé que l'adjudication de décret de la dicte terre et seigneurie seroit faicte ou nom et
au prouffit dudict filz. En ensuyvant lequel traicté et accord, les dits
demandeur et deffenderesse viennent en ceste ville de Paris pour mectre
enchère sur ladicte terre ou nom dudict filz, et pour ce que la court ne
voullut recevoir les enchères ou nom dudict filz, parce qu'il estoit my-
neur, les font mectre ou nom dudict demandeur,.... et renonce ladicte
deffenderesse.... au douaire coustumier qu'elle avoit en ladicte terre et
seigneurie de Mailly et délaisse le don qu'elle avoit du roy des droictz
seigneuriaulx, parmy ce que le dict demandeur luy promect que elle
joyra comme tutrice et douairière des fruictz de ladicte terre.... »

La terre de Mailly est alors adjugée au demandeur pour la somme de
13.000 francs ; les conditions du mariage sont signées par « le seigneur
de Bellefourrière et dame Jacqueline de L'Estrac, et baillées en garde à
maistre Michel de Haulteville, maire de la ville de Péronne. » Mais le
demandeur « usant de mallefoy.... retire dudict de Haulteville le dict
contract et va demander à Madame, lors régente en France, le don des
foy et hommaige, reliefz et rachatz de la dicte terre.... Et sur ce les parties sont à présent en procès.... Or, en ensuyvant.... par ladicte deffenderesse sa possession qui ne lui fut jamais ostée...., après que le traicté
de paix fut publié au pays de Picardie, parce que auparavant elle n'osoit
venir en ladicte terre de Mailly pour la craincte de la guerre, elle y
seroit venue acompaignée seulement de dix ou douze de ses gens et entre autres dudict Phelippes de Mailly, son parent, et elle arrivée audict
lieu descendit aux Cordelliers, comme elle avoit acoustumé faire, et
après entra au chasteau, sans faire aucune viollance ne force, et avoit
aucuns gentilzhommes avec elle qui avoient chiens et oyseaulx pour
chasser, qui est bien pour monstrer qu'elle n'y venoit par force.... »

» La court appoincte les parties à mectre par devers elle et au conseil
et pourront adjouster à leur plaidoyé.... »

(Arch. nat., X²ᵃ 78, fol. 175 à 183).

CCCCLXIII

1526 (v. s.), 5 mars. Saint-Germain-en-Laye. — *François Iᵉʳ confir-*

18

me, contre Pierre de Bellefourrière, le don qu'il avait fait à Jacqueline d'Astarac, le 3 février 1519 (v. s.).

« Francoys, par la grâce de Dieu, roy de France, à noz améz et féaulx conseillers les gens tenans nostre court de Parlement à Paris, salut.

» De la partie de nostre chère et améc cousine JAQUELINE D'ESTRAC, vefve de feu ANTHOINE DE MAILLY, en son vivant, chevalier, seigneur du dit lieu, nous a esté exposé que, dès l'an cinq cens dix neuf, le troisiesme jour de février[1], nous luy avions.... faict don de tous et chacuns les droictz de rachaptz, quinctz et requinctz, deniers, à quelque somme, valleur et estimation que iceulx droictz puissent estre et monter, procédens et à nous deuz pour raison d'icelle seigneurie de Mailly, tant par les trespas dudit feu ANTHOINE DE MAILLY que à cause et au moien des décrect et adjudicacion faictz d'icelle terre par nostre dite court, le pénultime jour de janvier oudit an cinq cens dix neuf, et combien que nostre vouloir et intencion feust lors, comme encores est, de donner à nostre dite cousine exposant les dits droictz de quinctz et requinctz et autres quelz qu'ilz soient qui procedderoient à cause de la dite condempnation qui seroit faicte de la dicte terre sur ce, au moien des criées qui d'icelles terres pour lors en estoient faictes, néantmoins, Pierre de Belleforrière, aussi chevalier, soubz coulleur que ladite condempnation dudit pénultime jour de janvier qui auroit esté faicte à ADRIEN DE MAILLY n'avoit sorty effect parce qu'il n'auroit peu payer les deniers et enchères pour lesquelz ladite terre luy auroit esté adjugée, taisant nostre dit don, duquel paravant avoit esté deuement certioré et adverty, pour icelluy avoir eu en sa possession par aucun temps, auroit obtenu de nostre très chère et très amée dame et mère, lors régente en France, don des dits droictz, procédans à cause de la dite condempnacion à luy faicte d'icelle terre de Mailly, combien que telle adjudicacion luy eust esté faicte sur les mesmes et propres criées sur lesquelles ladite condempnation dudit pénultime jour de février seroit intervenue, comme dit est, et, soubz coulleur de ce, s'efforce vouloir frustrer nostre dite cousine esposant de nostre dit don, qui seroit et est totallement venir contre nostre voulloir et intencion, nous humblement requérant à ceste cause nostre dite cousine sur ce nostre provision.

1. Voir le Nᵒ CCCCLVII.

» Pour ce est-il que nous, ces choses considérées.... vous mandons, et pour ce que, pour raison dudit don et droictz, y a procès pendent par devant vous par appel en nostre dite court, commandons et enjoignons, par ces présentes, que appellez par devant vous en icelle nostre dite court les dits de Belleforrière et autres qui pour ce seront à appeller.... s'il vous appert des choses dessus dites ou de tant que souffire doye, vous, oudit cas, en procédant au jugement du dit procès, quant en estat de juger sera, faictes nostre dite cousine exposant joyr et user de nostre dit don et octroy et droictz à elle par icelluy donnez et qui nous ont esté acquis à cause des dites adjudications et criées, tout ainsi et par la forme et manière que si la dite condempnacion dudit pénultime jour de janvier eust sorty son effect,.... non obstant.... le don depuis faict par nostre dite dame et mère ou autres...., car tel est nostre vouloir....

» Donné à Saint-Germain-en-Laye, le Vme jour de mars, l'an de grâce mil cinq cens vingt six, et de nostre régne le treiziesme.

» Par le roy, le s^e de Lautrec et autres présens.

                              » Robertet. »

(Arch. de La Roche-Mailly. Orig. parch. et copie papier).

CCCCLXIV

1527, 13 août. Amiens. — *Contrat de mariage de Jean de Mailly, seigneur de Conty, et d'Anne de Créquy.*

« A tous ceulx qui ces présentes lettres verront, Adrien Pecoul, licencié ès loix, advocat et conseiller en la court du roy, nostre sire, à Amiens,.... salut.

» Savoir faisons que, par devant Anthoine Picquet et Jehan Castelet, notaires du roy, nostre sire, en la dicte ville et balliaige d'Amiens, comparurent en leurs personnes haulte et poissante dame madame Loise de Montmorency, vefve de deffunct hault et poissant seigneur monseigneur Gaspart de Colligny, chevalier de l'ordre du roy, nostre sire, seigneur de Chastillon, mareschal de France, et par avant femme de aussy hault et poissant seigneur, monseigneur Ferry de Mailly, en son vivant, chevalier, seigneur de Conty, mère de mons^r Jehan de Mailly, escuier, seigneur dudit Conty, Thalemas, Buyres, Fontaines et Wavans, filz et héritier dudit feu seigneur de Conty, d'une part, et hault et poissant seigneur monseigneur Thibaut Rouault, chevalier, seigneur de Rieux,

et dame Jehanne de Saveuses, sa femme, et en premières nopces de
deffunct hault et poissant seigneur, monseigneur Anthoine de Crequy,
en son vivant seigneur du Pont-de-Rémy, Caigny.... aussi chevalier de
l'ordre du roy, conseillier, chambellan ordinaire du roy, nostre dit seigneur, cappitaine de cent hommes d'armes de ses ordonnances et son
bailly d'Amiens, icelle dame Jehenne de Saveuses, mère de damoiselle
ANNE DE CRÉQUY, fille et héritière dudit feu seigneur du Pont-de-Rémy,
d'autre part.

» Et ont recongnut.... que, en la présence, par l'advis et du consentement.... de aussy hault et poissant seigneur monseigneur Anne de
Montmorency, pareillement chevalier de l'ordre, grant maistre et mareschal de France, oncle, monseigneur Francoys de Montmorency, chevalier, seigneur de La Rochepot, aussy oncle, pareillement hault et
poissant seigneur monseigneur Jehan de Humières, chevalier, seigneur
dudit Humières, monseigneur Guillaume de Humières, chevalier, seigneur de Lassegny, tuteur dudit seigneur de Conty, noble et scientific-
que personne monseigneur maistre Adrien de Hénencourt, seigneur du
dit lieu, docteur en décret, doien et chanoine de l'église Nostre-Dame
d'Amiens[1], cousins et prochains parens dudit seigneur de Conty ; hault

---

1. La famille de Hénencourt semble avoir la même origine que celle de
Mailly. Quoiqu'il en soit, elle portait *trois maillets* pour armes comme on
peut le voir dans la chapelle de Saint-Eloi à la cathédrale d'Amiens. Une
peinture murale du XVIᵉ siècle y représente le chanoine Adrien de Hénencourt, fondateur de la dite chapelle, à genoux sur un prie-Dieu couvert d'une
draperie ornée de deux *écussons portant trois maillets*. Non loin, sont deux
aumusses, surmontées de la devise TOLLE MORAS, avec un écusson écartelé
aux 1ᵉʳ et 4ᵉ quartiers *d'.... à trois maillets d'azur, de sinople ou de sable*
(couleurs usées), aux 2ᵉ et 3ᵉ quartiers, *d'.... à deux bandes de gueules*, sur
le tout, en abîme, *d'or à trois maillets de gueules*. Les mêmes armes sont
sculptées sur la miséricorde d'une des stalles du chœur de la cathédrale.
Adrien de Hénencourt fut un insigne bienfaiteur de N. D. d'Amiens. C'est à
sa générosité qu'on doit les belles clôtures du chœur qui représentent
« *l'histoire de l'invention monsieur Saint-Firmin.* » Dans son testament, du
18 juillet 1527, « Adrien de Hénencourt, seigneur du dit lieu, docteur en décret, licencié ès loix, doien d'Amyens et archidiacre de Noion, » demande à
être inhumé « au plus près de *l'histoire de l'invention de saint Firmin* dont »
il a fait « préparer le lieu, » et ordonne à ses exécuteurs de faire « parache-
ver ladite histoire » si elle ne l'était au moment de son trépas, et de « faire
faire une treille de fer (devant son tombeau) comme est celle de monsieur
d'Amyens, » son oncle (Ferry de Beauvoir). (Archives de la Somme, G 420.
Pièce papier. — Pour la description des peintures murales de la chapelle
Saint-Éloi, voir : *Les Sybilles, peintures murales de la cathédrale d'Amiens,
découvertes et expliquées par MM. Jourdain et Duval.* Amiens, 1846, bro-
chure de 31 pages avec planches).

et puissant seigneur, monseigneur Jehan de Créquy, chevalier, seigneur dudit lieu, oncle, monseigneur Philippe de Créquy, chevalier, seigneur de Berniculles, pareillement oncle et tuteur d'icelle damoiselle ANNE DE CRÉQUY, monseigneur George de Créquy, seigneur de Rissei, aussi oncle d'icelle damoiselle Anne, que pour parvenir à l'alliance de mariage pourparlé et lequel, au plaisir de Dieu, se parfera d'entre ledit seigneur DE CONTY, d'une part, et d'icelle damoiselle du PONT-DE-RÉMY, d'autre part, a esté déclairé, consenti et accordé par les dictes dames, mères des ditz seigneur de Conty et damoiselle Anne, en la présence des seigneurs dessus nommez, que les dits seigneur de CONTY et damoiselle de PONT-DE-RÉMY, venus en eaige, auront et prendront l'un l'autre à mariage. (Suivent les conditions).

» Ce fut fait, passé et recongnut à Amiens, le treziesme jour d'aoust l'an mil cinq cens vingt sept.

» Picquet. — Cartelet. »

(Arch. de La Roche-Mailly. Orig. parchemin).

CCCCLXV

1527, 3 décembre. — Mention du « contrat de mariage de RENÉ DE MAILLY, écuier, fils aîné, et assisté de noble dame JACQUELINE D'ASTARAC, veuve de feu noble seigneur messire ANTOINE DE MAILLY, chevalier, seigneur et baron dudit Mailly (ses père et mère), avec damoiselle MARIE DE HANGART, assistée d'Antoine de Hangart, écuier, seigneur de Remaugies, et de damoiselle Jeanne Caulier, ses père et mère, par lequel le dit RENÉ DE MAILLY déclare luy appartenir 6000 livres à lui données par feue dame ISABEAU D'AILLY, veuve de feu JEAN DE MAILLY, chevalier, seigneur dudit Mailly, sa grand mère, par acte passé devant Charles Chanleu, notaire à Mondidier. »

(Arch. de La Roche-Mailly. Cah. pap., p. 6).

CCCCLXVI

Sans date, après le 3 décembre 1527. — Mention de la « lettre de François Ier, par laquelle Sa Majesté déclare qu'il avoit cy devant fait don à sa chère et amée cousine dame JACQUELINE DE L'ESTRAC, veuve de feu ANTOINE, BARON ET SIRE DE MAILLY, de tous les droits qui lui étoient dus pour l'adjudication par décret de la dicte baronie de Mailly, à cause des dettes dudit défunt, quoyque les dits droits ayent été cédés au seigneur de Bellefourière, d'autant que l'on pensoit lors que le mariage de son cher et amé cousin RENÉ DE MAILLY, fils aîné dudit ANTOINE, se dut faire avec la fille du seigneur de Bellefourière, et qui s'est fait avec la fille du sr d'Aigny[1], ambassadeur vers l'Empereur. Sa Majesté fait don des dits droits au dit sr de Mailly, en considération de la proximité de lignage dont ledit sr de Mailly actenoit à la feue reine et des services rendus au roi Louis. »

(Arch. de La Roche-Mailly. Cah. pap. du XVIIIᵉ siècle, p. 7).

CCCCLXVII

Sans date. — Mention des lettres patentes de François Iᵉʳ au receveur général de ses finances dans lesquelles on lit : « Nous voulons et vous mandons de payer.... à nostre cher et amé cousin RENÉ DE MAILLY, la somme de » 4500 livres, « auquel nous avons fait et faisons don, par ces présentes, outre et par dessus les autres dons et bienfaits qu'il a eu de nous...., tant en faveur de l'affinité de lignage dont il nous actint que des bons et recommandables services que le feu seigneur de Mailly, son père, a fait au feu nostre très cher seigneur et beau père, le roy Loys, et à nous, au fait de nos guerres et autrement. »

(Arch. de La Roche-Mailly. Cah. p. du XVIIIᵉ siècle, p. 8).

CCCCLXVIII

1528, 29 juillet. Paris. — François Iᵉʳ fait savoir aux gens de ses comptes que son « bien amé RENÉ DE MAILLY, escuier, seigneur et baron du dict lieu, » a fait « au bureau de la Chambre des comptes les foy et hommaige » qu'il était tenu de faire « pour raison de la baronnie et seignourie de Mailly, à luy adjugée par arrest de » la « court de Parlement, tenue et mouvant » du roi, à cause du château de Péronne.

(Arch. de La Roche-Mailly. Vidimus parch. du 1ᵉʳ août 1528).

---

1. René de Mailly épousa, par contrat du 3 décembre 1527, Marie de Hangart, fille d'Antoine de Hangart et de Jeanne Caulier. Cette Jeanne Caulier était elle-même fille de « Jean Caulier, *sieur de Aigny,* » qualifié, en 1526, président du conseil privé de Charles-Quint et garde des chartes d'Artois. (Richard, *Inventaire sommaire des archives du Pas-de-Calais*, t. I, série A).

CCCCLXIX

1528, 7 septembre. — « Arrêt du Parlement de Paris rendu en faveur de messire Antoine de Mailly, chevalier, seigneur d'Auchy, demandeur, contre René de Mailly, écuyer, fils et héritier de feu messire Antoine de Mailly, et messire Pierre de Bellefourière, chevalier, deffendeurs. La cour condamne les deffendeurs à payer au seigneur d'Auchy les arréraiges échus de 1000 livres tournois de rente viagère pendant tout le temps qu'ils ont été détenteurs de la terre et seigneurie de Mailly ; elle condamne en outre le dit René de Mailly à payer et continuer la dite rente selon le contenu de l'arrêt et décret d'adjudication d'icelle cour du 11 mars 1524. »

(Arch. de La Roche-Mailly. Copie parch. — *Preuves d'Alexandre-Louis de Mailly* ; cah. parch., pp. 8 et 9).

CCCCLXX

1531 (v. s.), 7 février. — François Ier fait savoir que son « amé et féal Olivier de Parisy, chevalier, seigneur du Mesnil et de Beine, tuteur et curateur, ordonné par la cour de Parlement, à François de Mailly, fils de feu Anthoine de Mailly et Jacqueline de L'Estrac, et commissaire commis par ladite court au régime et gouvernement des terres et seigneuries de Boulayncourt, Pierrepons, Couterre, Agimont, Hargicourt, Mongival et Souiller, » a fait foi et hommage pour raison des dites terres et seigneuries de « Boulayncourt, Pierrepons, Couterre et Agimont, » relevant du roi à cause de sa « salle de Mondidier. »

(Arch. de La Roche-Mailly. Cah. pap., pp. 9 à 11).

CCCCLXXI

1532 (v. s.), 2 mars. Paris. — *Contrat de mariage de Jean du Bellay, seigneur de La Flotte, et de Françoise de Mailly.*

« Par devant Symon Chenu et Ambroys Evyn, notaires jurez du roy, nostre sire, ou chastellet de Paris, furent présens en leurs personnes noble et puissant seigneur messire Jehan du Bellay, chevalier, seigneur de La Flotte[1] et de Haulte-Rive[2], pour luy...., et haulte et puissante dame dame JACQUELINE DE L'ESTRAC, dame douairière de Mailly, vefve de feu hault et puissant seigneur messire ANTHOINE DE MAILLY, en son vivant, chevalier et baron du dit lieu de Mailly, stippulant pour damoiselle FRANÇOISE DE MAILLY, fille dudict deffunct et d'elle, à ce présente,.... lesquelles parties recongnurent.... avoir faict et font ensemble les traictez.... qui s'ensuyvent pour raison du mariage, qui, au plaisir de Dieu, sera faict et solempnisé, en face de saincte Eglise, des dicts messire JEHAN DU BELLAY[3] et de la dicte FRANÇOISE DE MAILLY[4], et du consentement, c'est assavoir le dict messire JEHAN DU BELLAY, en la présence et par l'advis et délibération de réverend père en Dieu, monseigneur messire Jehan du Bellay, conseiller du roy en son privé et estroict conseil, évesque de Paris, maistre René du Bellay, conseiller du roy, nostre sire, en sa court de Parlement, évesque de Grasse et abbé de Sainct-Méen et du Gué-de-L'Aulnoys, messire Martin du Bellay, chevalier, seigneur de Glatigny, cousins germains du dict seigneur de La Flotte, messire René de La Chappelle, aussi chevalier, seigneur de Charvalon et de La Tretonnière, nepveu dudict seigneur de La Flotte, et ladicte damoiselle de Mailly en la présence, par l'advis et délibération de ladicte Jacqueline, sa mère, haults et puissants seigneurs monseigneur Fréderic de Foix, conte d'Estarac, cousin germain, messire Phelippes de Chambes, chevalier, seigneur de Montsoreau, aussi cousin de ladicte damoiselle Françoise de Mailly, haulte et puissante dame [en blanc] d'Estarac, contesse de Vertuz, dame d'Avaigeur (Avaugour), lesquels ont promis.... prandre l'un d'eulx l'autre par nom et loy de mariage....; à l'euvre.... duquel mariage.... la dicte dame Jacqueline de L'Estrac a donné.... aus dictz futurs espoux.... la somme de dix mil livres tournois.... Faict et passé le » 2 mars 1532.

(Cabinet de l'auteur. Pièce parchemin).

1. Le château de La Flotte est situé dans la commune de Lavenay, département de la Sarthe.
2. Haute-Rive, château, commune et canton d'Argentré, département de la Mayenne.
3. Jean du Bellay, fils de Jean du Bellay et de Jeanne de Logé, avait épousé en premières noces Françoise de Villeprune, veuve de Guy d'Avaugour. (Communication de M. l'abbé Angot).
4. En 1547, Françoise de Mailly était veuve de Jean du Bellay. Elle se remaria en 1553 avec Antoine de Neuville. (Communication de M. l'abbé Angot d'après les archives de Hauterive).

CCCCLXXII

1536 (v. s.), 15 janvier. Paris. — François 1er, ayant « regard et sin-
gulière considéracion aux bons, grans et recommandables services »
que son « cher et amé cousin le SEIGNEUR DE ROYE, gentilhomme de »
sa « chambre, » lui a « par cy devant faictz et faict chacun jour, tant au
faict » des « guerres que autrement, » et voulant être reconnaissant non
seulement « envers luy, mays aussi envers » sa « chère et amée cousine,
MAGDELAINE DE MAILLY, sa femme (du seigneur de Roye), » leur donne
la somme de 3000 livres tournois à prendre chaque année, pendant trois
ans consécutifs, sur le revenu « du grenier d'Evreux et chambre à sel de
Conches.... »

(Arch. de La Roche-Mailly. Vidimus parchemin du 22 mai 1537).

CCCCLXXIII

1543, 1544. — « A MAGDELAINE DE MALLY, dame de Roye, la somme
de » 100 livres tournois à elle ordonnée par ladite dame (Eléonore d'Autriche) et dont elle lui a fait don pour convertir.... en abillemens et livrée
d'hyver de ceste dite année. »

(Arch. nat., KK 105. *Argenterie de la reine Eléonore d'Autriche*,
folio 45).

CCCCLXXIV

1546. — « De Jacques Prévost, ou nom et comme procureur spécial
de noble seigneur messire REGNÉ DE MAILLY, chevalier, seigneur du dit
lieu, et de madame MARIE DE HANGART, sa compaigne, la somme de
neuf livres tournois pour deux reliefs et tierch cambellage de certain
fief et noble tenement scitué au village de Agny, qui se comprend en
certain manoir, préz, terres labourables, droit de terrage et aucunes
menues censives, tenu de l'Empereur, à cause de son château d'Arras, à
soixante sols parisis de relief et le tierch cambellage, que le dit le Prévost audit nom a fait et relevé, le XIIIIe de juin XVc XLVI, comme succédé et escheu à ladite dame, Marie de Hangart, par le décès et trépas
de deffunct messire Jean Caulier, en son vivant, chevalier seigneur d'Ai-

gny, son père grand, et de damoiselle Jehanne Caullier, sa mère, pour ce cy, pour les dicts reliefs, la ditte somme de IX livres. — Extrait du *Compte du domaine d'Arras de l'année 1546, reposant en la Chambre des comptes du roi à Lille.* »

(Arch. de La Roche-Mailly. Copie papier collationnée en 1777 par Godefroy).

CCCCLXXV

1553, 16 juillet. Dancourt. — Par devant « les tabellions establis à Grandcourt soubz les tabellions du comté d'Eu, » fut présent « noble et puissant seigneur AYMES DE MAILLY, seigneur de Haucourt, Gringneuzville, Saint-Germain, Fesques, Orival et des Couldraulx, héritier de feu noble et puissant seigneur CHARLES DE MAILLY, en son vivant seigneur et propriétaire des dites terres et seigneuries, au droit de madame JEANNE DE HAUCOURT, lequel confessa avoir vendu à noble homme François Le Vasseur, écuyer, seigneur de Dancourt,.... une portion de fief noble à court èt usage, justice et juridiction, appellé le fief des Couldreaux, assis au hamel du Couldray, en la paroisse du dit lieu de Dancourt,.... en la forme et manière que en a jouy par cy-devant ladite dame Jeanne de Haucourt avant et en precédent l'engagement ou vendue conditionnelle que faicte avoit été de ladite portion de fief par ladite dame à feu noble homme Pierre de Fautereau, en son vivant écuyer, seigneur de Villers, ycelle portion de fief des Couldraux tenue du roy.... à cause de sa chastellenie de Mortemer. Ceste vendue faicte » pour le prix de 1000 livres tournois et 3 écus soleil « pour le vin, » payables « audit seigneur de Haucourt au chasteau et lieu seigneurial de Sainct-Ligier, de Haucourt ou au Neufchastel....

» Ce fut fait et passé audit lieu de Dancourt, le » 16e « jour de juillet, l'an de grâce » 1553.

(Arch. de La Roche-Mailly. Cop. papier collationnée à l'original en 1781, par Jean-François-Louis-Edouard Hesnard, notaire au comté d'Eu, résidant à Blangi).

CCCCLXXVI

1554, 15 novembre. Longchamp. — « Seur Marie Lotin, humble abbesse de Longchamp-lèz-Sainct-Cloud, » confesse avoir reçu « de seur JEHANNE DE MAILLY, religieuse de ladite maison, la somme de » 24 livres tournois, « laquelle somme a esté convertie.... en l'achapt d'une portion d'isle au port de Nully. » Le monastère était tenu à une rente de 40 sous tournois envers ladite Jeanne de Maïlly, mais celle-ci, « considérant la dicte somme de » 24 livres « estre procédée la pluspart des dons gratuitz qui lui ont esté faictz durant qu'elle gouvernoit les.... filles dudit lieu non professes, meue de charité et de dévocion, a prié.... que la dite rente soit convertie en charbon tous les ans pour chauffer les dictes filles non professes, » ce qui lui fut accordé.

(Arch. nat., L 1025, n° 14. Orig. parch., scellé).

CCCCLXXVII

1555. — « A RENÉ DE MAILLY, cappitaine et gouverneur des ville et chasteau de Montreul-sur-la-Mer, la somme de douze cens livres tournois, pour sa pension et estat, à cause de ladite cappitainerie durant la ditte année finye le dernier jour de décembre mil cinq cens cinquante cinq, dernier passé, cy XII° livres. — Extrait du *Roolle de plusieurs parties et sommes de deniers que le roy a commandé et ordonné estre paiées par le trésorier de son espargne, maistre Raoul Moreau.* »

(Arch. de La Roche-Mailly. Copie papier collationnée en 1781, par dom Etienne Henriot, à l'original conservé au monastère royal de Saint-Martin-des-Champs).

CCCCLXXVIII

1555, 30 mars, avant Pâques. Meung-sur-Loire. — Contrat de mariage, par devant « Nicollas Duboys et Francoys Lengloys, notaires royaulx à Meung-sur-Loire, » de « hault et puissant seigneur messire FRANCOYS DE SAUCOURT, chevallier, seigneur dudit lieu, Gausaucourt, Grantmanoir, Frauvillière, Gouy, Bavyncourt, Osfin, Vertum et Renelescluze, fils de feu puissant seigneur messire Jehan de Saucourt, luy vivant chevallier, seigneur des dictes terres, et de puissante dame, dame Anthoinette de Rasse, demeurant ledit seigneur au dit lieu de Renclescluze, d'une part, et haulte et puissante dame, dame CHARLOTTE DE MAILLY, fille de feu puissant seigneur ANTHOINE DE MAILLY, luy vivant chevallier,

seigneur d'Auchy, et de feue puissante dame, dame JEHANNE DE YAU-
COURT, vefve de feu hault et puissant seigneur messire JEHAN DE THAYE,
en son vivant chevallier de l'ordre, dame de Aucourt, Hallencourt, Fo-
restier, Lyonière, Brocourt, La Neufville-le-Roy, Tupigny, Yron, La
Vacqueresse et Sainct-Martin en Rivière, demeurant ès dictz lieux de
Brocourt et Eaucourt, d'aultre part. »

(Arch. de La Roche-Mailly. Copie papier du XVIe siècle).

CCCCLXXIX

1557, 17 décembre. Montreuil. — *Extrait d'une Lettre de René de
Mailly au duc de Guise.*

« Monseigneur, j'ay receu depuis deux jours les lettres qu'il vous a
pleu de m'escripre du VIIIe de ce moys, dont je vous remercye très
humblement, suivant lesquelles, quant à ce que me mandez vous faire
entendre des nouvelles de ce quartier, j'ai esté adverty que, à Calais et
à Guisnes, ilz sont en quelque doubte que l'on vueille faire entreprise
sur eulx, soubz coulleur de l'avitaillement d'Ardre, de façon que audit
Calays ilz besongnent aux réparations et fortifications d'icelle ville, mais
encores plus en la ville de Guisnes, il y a jà huict ou dix jours, davantage à ce que j'entends. Ilz ont faulte de gens et en ont mandé de la
mer.... L'on dict aussi que, puys quelques jours, ilz ont faict mourir au
dict Calays aucuns Françoys.... qui se estoient refugiez et qu'ilz ont
pensé les plus suspectz, tenant tous les autres encores prisonniers, à qui
l'on faict les procès..... »

(*Mémoires de la Société des Antiquaires de Picardie*, 2e série, t. II,
pp. 122, 123, d'après Bibl. du Louvre, F 216. Collection Bourdin, 5e vol.).

CCCCLXXX

1557 (v. s.), 31 janvier. Montreuil. — *Lettre de René de Mailly* « à
monseigneur le révérendissime cardinal de Lorraine. »

« Monseigneur, voullant à ce matin envoyer escorte, suivant ce que le
sr des Noyers m'en avoit escript, pour la conduicte des pouldres et
boulletz qui viennent du camp à Abbeville et Amyans, l'enseigne et le
guidon de la compagnye de monsr de La Trymoille, ordonnée ycy pour

cest effect et pour la garde de la place, me sont venuz advertir, pour le respec qu'ilz m'ont dict avoir au service du roy, que la plus grande partye des gensd'armes et archers de ladicte compagnye s'en estoient allez, disans se lasser d'icelle, de façon que pour l'heure ne font estat au plus de trente cinq ou quarante chevaulx, encores ne sont certains que le tout y vueille rester, dont je n'ay voullu faillir vous advertir pour, s'il vous plaist, le faire entendre au roy comme de ma part je fays le semblable à messeigneurs de Guyse et d'Aumalle, affin d'y donner ordre, considéré, monseigneur, le grand travail qu'il fault porter à faire la dite garde et incessamment à tous propoz les dictes escortes, comme ce jourdhuy encores est advenu que, après avoir conduict les dictes pouldres et boulletz à mon possible et si bien qu'il n'y a eu dommage, est arrivé l'argent du roy allant au dict camp à qui fault faire ainsi et d'heure à autre recommencer.

» Monseigneur, veoyant qu'il a pleu à ladicte Majesté, par le moien de mon dict seigneur de Guyse, me faire cest honneur de me promectre une compagnye de gend'armes, s'il vous plaisoit, et il se trouvoit bon que je la levasse maintenant sy tost que j'en auroys le commandement, je vous puys asseurer que, dans quinze jours ou trois sepmaines après, je luy feroys autant belle et bonne qu'il en soit pour luy faire service, non seullement en ceste ville, mais par tout ailleurs qu'il luy plairoit, et la levant de ceste saison cela viendroit bien à propoz pour la monstre d'avril, vous suppliant très humblement, monseigneur, de croyre que je ne suys point plus affectionné à recepvoir de ladicte Majesté cest honneur que de me veoir le moien pour myeulx faire paroistre le désir que j'ay de luy faire et à votre maison très humble et fidelle service.

» Monseigneur, je suplye le Créateur vous donner en bonne et parfaicte santé très heureuse prospérité.

» De Monstreul, ce dernier jour de janvier 1557.

» Votre très humble et très obéissant serviteur.

» René de Mailly. »

(Arch. de La Roche-Mailly. Original).

CCCCLXXXI

1558. 17 novembre. Amiens. — *Lettre de Sansac « à monseigneur le*

duc de Guyse, pair, grand chambellan de France et lieutenant géné-
ral du roi, » *dans laquelle il est fait mention de René de Mailly.*

« Monseigneur, je receu la lettre qu'il vous a pleu m'écrire du XIIIIe
de ce mois, et suivant icelle je ne feray faute de vous envoier dans trois
ou quatre jours un état de tout ce qui a été prêté cette année aux bendes
francoyses, de sorte que pour cette heure je ne m'étendray de vous en
mender davantage. Bien vous dire je, Monseigneur, que au mémoire des
bendes qui sont en Picardie, lequel je vous ay envoié par le cappitaine
Languetre, j'ay oublié d'y en mettre trois de légionnaires qui sont à
Guyse, assavoir le cappitaine La Roche, légionnaire de Champagne, et
les cappitaines Bernanpré et Mancourt, légionnaires de Picardie. Et
quant à ceulx de Palayseau qui étoient à Montreul vous ne serez point
en peyne de les faire paier, car, suivant ce que vous m'avez cy devant
écrit, on les a tous laissez aller à la file sans leur dire mot. Et, pour cette
occasion, MONSIEUR DE MAILLY demande en leur lieu deux ou trois autres
bendes que je luy envoyray, pour autant qu'elles sont toutes à présent
fort petites.

» Voilà, Monseigneur, tout ce que je vous saurois écrire pour cette
heure, fors présenter mes très humbles recommandations à votre bonne
grâce, et suplier le Créateur vous maintenir,

» Monseigneur, en perfette santé très heureuse et longue vie.

» Ecrit à Amyens, ce XVIIe jour de novembre 1558.

» Votre très humble et hobéissant serviteur.

» Sansac. »

(Arch. de La Roche-Mailly. Original).

CCCCLXXXII

1560, 13 octobre. — « RENÉ DE MAILLY, gentilhomme ordinaire de la
chambre du roy, cappitaine et gouverneur de Monstreul, » confesse
avoir reçu « de Mr Raoul Moreau, conseiller du dit sire et trésorier de
son espargne, la somme de » 2700 livres tournois pour ses gages de
deux années.

(Arch. nat., K 92, n° 47. Orig. parch. signé : *Mailly,* avec cachet
portant un *écu chargé de trois maillets.* — Arch. de La Roche-Mailly.
Copie, pap., collationnée en 1781, à l'original conservé à Saint-Martin-
des-Champs, par dom Etienne Henriot).

CCCCLXXXIII

1563, 28 janvier, 4 juillet. — Quittances de gages données par « Affrican de Mailly, lieutenant de la compagnie de trente lances fournies
des ordonnances du roi, soubz la charge et conduicte de Monsieur de
Mailly, capitaine. » Pièces signées et scellées du sceau d'Affrican de
Mailly : *Ecu portant trois maillets*[1].

(Bibl. nat., *Titres scellés de Clairambault*, t. 175, p. 5943, n° 76 ;
Collection Clairambault, 1197, fol. 133).

CCCCLXXXIV

1564, avril à octobre. — *Lettres du roy pour la publication des
monstres de la gendarmerie, avec le département faict par le dict
seigneur des lieux où elle tiendra garnison durant les quartiers d'a-
vril, juillet et octobre de la présente année mil cinq cens soixante
quatre.* — *A Paris, par Robert Estienne, imprimeur du roy, M D
LXIIII.*

« Picardie..... — Octobre..... Monsieur de Mailly, trente lances à
Montreul.

» Monsieur de Rubempré, vingt lances à Ardres.... »

(Bibl. nat., ms.; fonds français, 21543. Imprimé).

CCCCLXXXV

1564, 11 juin. — Contrat de mariage, par devant Romain, notaire, de
Jean de Mailly, écuyer, seigneur de Silly, en partie, et de demoiselle
Marguerite de Brunaulieu, fille de feu noble homme Nicolas de Brunaulieu, vivant, écuyer, seigneur de La Houssaye, en partie, et de demoiselle Péronne Dervault.

(Arch. nat., M 461 ; dossier *Mailly*).

1. 1564, 26 février, 1er décembre. Autres quittances du même « Affrican
de Mailly. » (Bibl. nat., *Collection Clairambault*, 1197, fol. 133, 134).

CCCCLXXXVI

1566, 18 janvier. Arras. — *Lettre de Pierre Cambier à René de Mailly touchant les affaires de religion.*

« Louenge à Dieu. D'Arras, che 18ᵉ de janvier 1566. — Monsieur, humble salut. Pour advis, ce bruict est comun que monsieur le comte d'Egemont doit venir à Arras, et esparly la plus part de la compaignie de monsᵣ de Ta[...]hinge qui est des chevaux legier qui sont party avecques monsieur d'Ansey, gouverneur deu pais de la Laleue, faire comandement par tout que tous les abitans estant chergez de la nouvelle relision aite par dedens trois jours à aporter leurs armes ès ville plus prochainne de leur résidense, sur paingne d'estre tenus pour rebelle de Sa Majesté et leur biens desclairez confisquez, tant mœuble que immœuble. L'on aprete l'artillerie Arras et se doit trouver le XXVᵉ de ce mois les chevaulx de la gouvernanche d'Arras pour mener les artilerie et munysions de gerre. Cheulx de Valencenne ont fait ungne saillye mardy dergnier du coté tirant vers Boucam en ung bourc nomé Denam, là où il en seroit demouré environ trois cens homme, et cheulx qui les ont defaict ont esté la compaignie de monsᵣ du Reulx avecque autres. J'ay eult chejourd'hui lestre de la ville d'Utrecque que il ont casiet dehors leur predicam et sy ont abatu et desmoly leur temple qu'il avoit faict batir et que le serviche dyvin sy recante come il soloit faire auparavant. Quant à cheulx de Valencienne le bruict est que il sont deliberé de vivre et mourir car il ont faict la Senne come l'on dict, toutefois il sont fort abusé, il ne peult resister, nostre bon Dieu apaisera son yre quant il lui plera ; Monsieur, priant Dieu vous donner bonne vie, nomement à Madamme et messieurs vos enfans.

» Votre serviteur : Pierre Cambier. »

(Arch. de La Roche-Mailly. Original portant cette suscription : « A monsᵣ, monsᵣ de Mailly. »).

CCCCLXXXVII

1566, 24 mai. — Quittance de gages donnée par « [René] DE MAILLY, seigneur dudit lieu, chevalier de l'ordre du roy et cappitaine de trente lances des ordonnances de sa Majesté[1]. »

(Arch. de La Roche-Mailly. Copie papier collationnée en 1781, par dom Etienne Henriot, à l'original où se voyait un reste de sceau portant encore « le maillet du bas de l'escu et une partie du cordon de chevalier de l'ordre du roi. »

CCCCLXXXVIII

1567, 2 juin. — Quittance de gages donnée par « JEHAN DE MAILLY, seigneur de Belleville, enseigne d'une compagnye de cinquante lances fournyes des ordonnances du roy, nostre sire, à présent réduicte à trente, estant soubz la charge et conduicte de MONS^r DE MAILLY, chevalier de l'ordre du roy.... » Pièce signée : *J. de Mailly*, avec cachet portant un *écu chargé de trois maillets*.

(Bibl. nat., *Titres scellés de Clairambault*, t. 175, p. 5939, n° 72).

CCCCLXXXIX

1567, août. — A la requête de son « amé et féal gentilhomme ordinaire de » sa « chambre, (JACQUES) DE MAILLY, vidame d'Amyens, seigneur de Vinacourt, en » Picardie, Charles IX établit audit Vinacourt, qui a été ruiné au cours des guerres, un marché le mercredi de chaque semaine.

(Arch. nat., JJ 225, fol. 178, n° 383).

CCCCXC

1567, 9 novembre. Paris. — Montre de 26 hommes d'armes et de 41 archers formant la compagnie « de MONSEIGNEUR DE MAILLY, chevalier de l'ordre du roy. — Monseigneur DE MAILLY, cappitaine. — JEHAN DE

---

1. 1566, 24 mai. Quittance de gages donnée par « Jehan de Mailly, enseigne de la compaignye de trente lances des ordonnances du roy, soubz la charge et conduicte de monsieur de Mailly, cappitaine. » Pièce signée : *J. de Mailly*, avec cachet portant un *écu chargé de trois maillets, sans lambel*. (Bibl. nat., *Titres scellés de Clairambault*, t. 175, p. 5937, n° 71).

Mailly, enseigne, seigneur de Belleville, demeurant à Saucourt. — René du Bellay, guydon, seigneur de La Flotte et y demeurant, etc.

» Hommes d'armes absens : Africain de Mailly, lieutenant de la dicte compagnie[1], etc. »

(Arch. de La Roche-Mailly. Copie papier collationnée en 1781, à l'original existant à Saint-Martin-des-Champs, par dom Etienne Henriot).

CCCCXCI

1567, 10 novembre. Paris. — Quittance de gages donnée par « René de Mailly, baron dudit lieu, chevalier de l'ordre du roy, gouverneur de la ville de Montreuil, cappitaine de cinquante hommes d'armes de ses ordonnances réduictz à trente. »

(Arch. de La Roche-Mailly. Copie papier collationnée en 1781, à l'original existant à Saint-Martin-des-Champs, par dom Etienne Henriot).

CCCCXCII

1568, 6 janvier. — Le duc « de Rouannoys, grand escuyer de France, » certifie « que Francoys de Mailly, dict Haulcourt, seigneur du dict lieu, est de présent paige en l'escurie du roy, luy faisant service en sa grand escurie et près de Sa Majesté. »

(Bibl. nat., *Collection Clairambault*, 1197, fol. 136. Copie papier du XVIe siècle).

CCCCXCIII

1568, 20 septembre. Bouillancourt. — Quittance de gages donnée par « René de Mailly, seigneur et baron du dit lieu, chevalier de l'ordre du roy, et cappitaine de cinquante lances de ses ordonnances[2]. »

---

1. 1567, 2 juin. Le même, qualifié « seigneur d'Anquerville, lieutenant » de la compagnie de monsr de Mailly, donne quittance de gages. (Bibl. nat., *Titres scellés de Clairambault*, t. 175, p. 5943, n° 77). — 1570 6 avril. Autre quittance donnée par « Affrican de Mailly, chevallier de l'ordre du roy, lieutenant de la compagnie de monsieur de Mailly. » (Bibl. nat., *Collection Clairambault*, 1197, fol. 137).

2. 1569, 10 mai. Autre quittance du même donnée « au camp au bourg du Moutier-Saint-Jehan près Semur. » (Bibl. nat., *Collection Clairambault*, 1197, fol. 136 verso. Orig. parch. signé et scellé).

Pièce signée et scellée d'un cachet portant un *écu chargé de trois maillets* et entouré du collier de l'ordre de Saint-Michel.

(Bibl. nat., *Collection Clairambault*, 1197, fol. 136. Orig. parch.).

CCCCXCIV

1568, juin et novembre. —*Extraits de Lettres du maréchal de Cossé à M. d'Humières, gouverneur de Péronne.*

1568, 26 juin. Abbeville. — « Je vous prye de faire diligence de.... faire savoir par tout votre gouvernement que tous ceulx qui sont des compagnies mandées qu'ilz ayent à me venir trouver incontinent. — *Noms des compagnyes mandées :* Monsieur de Mailly, monsᵣ de Piennes, monsᵣ de Crevecueur, monsᵣ de Rubempré, monsᵣ d'Estrées le jeune, monsᵣ de Pruncy, celle du maréchal de Cossé, du seigneur d'Humières, de Montfort, du baron de Mailly.... » (Bibl. nat., f. fr., 3045, fol. 15).

1568, 10 novembre. Saint-Quentin. — « Monsieur, je vous prie faire tenir à Mondidier la lettre que j'escriptz à monsieur de Mailly.... afin qu'il s'en vienne avecques ses filz et leurs compagnies.... » (Bibl. nat., f. fr. 3244, fol. 82. Orig.).

1568, 26 novembre. La Fère. — « Monsieur, je vous ay envoyé ce matin une lettre, par icelle vous pourrez veoir comme l'armée du prince d'Orenge prend le chemyn de Champaigne, et pour ce il est besoin de faire advancer les compagnyes de gendarmeryes quy sont despuys Amyens et Senlis en ça et non pas les gens de pied, affin que, sellon ce que l'on verra, l'on face marcher ou arrester. Je vous prye faire tenir les lettres que j'envoye à Amyens et celles que j'adresse à monsieur de Mailly, car je ne say s'il est à Mondidyer ou à Boullencourt.... » (Bibl. nat., f. fr. 3244, fol. 101. Orig.).

CCCCXCV

1569, 5 mai. « A Nollet en Bourgongne, le camp y estant. » — Quittance donnée par « Loys de Mailly, seigneur de Rumesnil, lieutenant de cinquante lances des ordonnances du roy, soubz la charge de monsᵣ le conte de Chaulne. » Pièce signée : *L. de Mailly,* avec cachet portant un *écu chargé de trois maillets et une croix en abime.*

(Bibl. nat., *Titres scellés de Clairambault*, t. 175, p. 5939, n° 73).

CCCCXCVI

1569, 10 mai. « Au camp au bourg du Moustier-Saint-Jehan, près Semur. » — Quittance de gages donnée par « JEHAN DE MAILLY, seigneur de Belleville, chevalier de l'ordre du roy, enseigne de la compaignye de MONSIEUR DE MAILLY[1]. » — Original parchemin. Sceau : *Ecu portant trois maillets et une renommée en abime.*
(Bibl. nat., *Collection Clairambault*, t. 1197, fol. 137).

CCCCXCVII

1569, 1er septembre. Le Plessis-lès-Tours. — Charles IX voulant reconnaître les services militaires de son « amé et féal le seigneur DE MAILLY, chevalier de » son « ordre et cappitaine de » cinquante lances de ses ordonnances, lui donne la somme de 4000 livres tournois. (Signé) Charles.
(Arch. nat., K 98, n° 9. Orig. parch.).

CCCCXCVIII

1571, 15 juillet. — « RENÉ DE MAILLY, seigneur de Boullencourt, chevalier de l'ordre du roy et cappitaine de cinquante lances des ordonnances de Sa Majesté, » donne quittance de gages pour son « estat de cappitaine » et pour sa « place d'homme d'armes. »
(Arch. de La Roche-Mailly. Copie papier collationnée en 1781, à l'original existant à Saint-Martin-des-Champs, par dom Etienne Henriot).

CCCCXCIX

1571, 30 octobre. — « JEHAN DE MAILLY, sieur de Belleville, chevalier de l'ordre du roy, lieutenant à présent de la compagnie de MONSIEUR DE

---

1. 1570, 7 avril. Autre quittance du même « Jehan de Mailly, sieur de Belleville, chevalier de l'ordre du roy, enseigne de la compagnie de monsr de Mailly. » (Bibl. nat., *Collection Clairambault*, t. 1197. fol. 137 verso. Orig. parch., signé et scellé).

Mailly, » donne quittance de gages pour son « estat d'enseigne de la dite compagnie, pour quatorze jours du moys de juillet mil cinq cens soixante et unze dernier passé. »

(Arch. de La Roche-Mailly. Copie papier collationnée en 1781, par dom Etienne Henriot, à l'original conservant le sceau de Jean de Mailly : « *Trois maillets, posés deux en chef et un en pointe, et une espèce de renommée en abyme qui se soutient d'un pied sur le maillet posé en pointe et dont on ne distingue pas les émaux.* »).

D

1572, 7 mai. — « Gilles de Mailly, baron du dit lieu, chevalier de l'ordre du roy et gouverneur, pour Sa Majesté, en ses ville et citadelle de Monstreul, » confesse avoir reçu la somme de 200 livres tournois « en testons, » pour son « estat et appoinctement, à cause dudit gouvernement, des moys de janvier et février derniers passéz. »

(Arch. de La Roche-Mailly. Copie papier collationnée en 1781, à l'original existant à Saint-Martin-des-Champs, par dom Etienne Henriot).

DI

1572, 19 juin. Montreuil. — « Roolle de la monstre et reveue faicte en la ville de Monstreul, le dix neufviesme jour de juing l'an mil cinq cens soixante douze, de trente hommes de guerre à pied françoys estans pour le service du roy en garnison en la dicte ville, soubz la charge et conduicte de monsieur (Gilles) de Mailly, chevalier de l'ordre du roy, gouverneur pour Sa Majesté en la dite ville de Monstreul et citadelle d'icelle, sa personne non comprinse. » — Les dix premiers « hallebardiers » touchaient neuf livres par mois pour la garde de la citadelle, et les vingt autres huit livres. — *Noms de quelques hommes de la dite compagnie :* « Le capitaine Venache. — Le capitaine Dailly. — Le capitaine Courtoys. — Pierre Lucas. — Chrestien Poiret. — Jehan Ricouart. — Nicolas de La Verdure. — Françoys Le Roy[1], etc. »

---

1. 1572, 19 juin. Montreuil. — Quittance du même « Gilles de Mailly, baron dudit lieu, chevalier de l'ordre du roi, gouverneur... de Monstreul et cappitaine d'une bande de trente hommes de guerre à pied françoys estans, pour le service du roy, en garnison en ladite ville et citadelle. » (Même source).

(Arch. de La Roche-Mailly. Copie papier collationnée en 1781, à l'original existant à Saint-Martin-des-Champs, par dom Etienne Henriot).

DII

1572, 26 juillet. — *Quittance de Louis de Mailly, seigneur de Rumesnil.*

« Nous LOYS DE MAILLY, seigneur de Rumesnil, pannetier ordinaire du roy, confessons avoir receu comptant de Mᵉ Guillaume Le Jars, conseiller du dit seigneur et trésorier de sa maison, la somme de cent livres tournois, en testons, à XII s. tournois pièce, à nous ordonnée par ledit seigneur pour noz gages à cause de nostre dit estat, durant le quartier d'avril, may et juing dernier passé, qui est à raison de IIIIᶜ liv. tourn. par an, de laquelle somme de C liv. nous nous tenons content et bien paié, et en quictons le dit Le Jars, trésorier sus dit et tous autres, par la présente que nous avons pour ce signée et à icelle faict mectre le seel de noz armes, le vingt sixiesme jour de juilliet l'an mil cinq cens soixante douze.

» L. de Mailly. »

Cachet : *Ecu portant trois maillets avec une croix en abîme.*
(Arch. de La Roche-Mailly. Orig. parch.).

DIII

1574, 25 janvier. 1575, 10 juin. — Quittance de gages données par « LOYS DE MAILLY, chevalier, seigneur de Rumesnil, lieutenant d'une compagnye » de 50 lances des ordonnances du roi « dont a la charge et conduicte monsieur de Chaulne. » Sceaux de Louis de Mailly : *Ecus portant trois maillets avec une croix en abîme.*

(Bibl. nat., *Collection Clairambault*, t. 1197, fol. 137, verso. *Titres scellés de Clairambault*, t. 175, p. 5941, nº 74).

DIV

1575, 26 juin. Senlis. — « Contrat de mariage de messire THIBAUT DE MAILLY, chevalier, assisté de madame MARIE DE HANGART, veuve de feu et puissant seigneur messire René de Mailly, seigneur baron dudit lieu, Collencamp, Beaussart, Boulencourt-en-Santerre, Gratibus, Malepart, Monthulin et Moyenville, chevalier de l'ordre du roy, capitaine de cinquante hommes d'armes de ses ordonnances et conseiller de son privé conseil, ses père et mère, avec damoiselle Françoise de Belloy, fille de hault et puissant seigneur messire Florent de Belloy, chevalier, seigneur de Belloy, d'Amy, Renonvillers, Houste? et Marœuil, et de défunte haute et puissante dame, madame Anne de Ligny, assistée de haute et puissante dame, madame Marie de Hallwin, veuve de feu hault et puissant seigneur messire Adrien de Ligny, chevalier de l'ordre du roy, capitaine et gouverneur de Maisière et pays de Rethelois, seigneur de Raray, Drelincourt, Haudencourt et d'Azincourt, mère de ladite Anne de Ligny, passé par devant Jean Lobrie et Pierre Charmolue, notaires à Senlis. »

(Arch. de La Roche-Mailly. Analyse prise sur l'original enregistré le 2 octobre 1706, « dans le *Catalogue des nobles de la généralité d'Amiens.* »).

DV

1575, 26 juin. Senlis. — Accord entre « haute et puissante dame Marie de Hangard, veuve de feu haut et puissant seigneur messire René de Mailly, en son vivant, seigneur baron dudit lieu, de Boullencourt, Gratibus, Malepart, Collencamps, Beaussart, Monthulin et Moyenville, chevalier de l'ordre du roi, capitaine de cinquante hommes d'armes de ses ordonnances et conseiller en son conseil privé, et dame Marie de Halluin, veuve de feu haut et puissant seigneur messire Adrien de Ligny, en son vivant chevalier de l'ordre du roi, capitaine et gouverneur de Mézières et pays de Rethelois, seigneur de Raray...., au nom et comme garde noble de Jacques, Françoise et Marie de Belloy, enfans mineurs et héritiers de défunt haut et puissant seigneur messire François de Belloy, en son vivant, chevalier, seigneur d'Amy, et dame Anne de Ligny, père et mère des dits mineurs, et haut et puissant seigneur messire Thibault de Mailly, chevaliers, seigneur de Remaugies et Onviller, au sujet du contrat de mariage de ce dernier avec « Françoise de Belloy, » sa future épouse.

(Arch. de La Roche-Mailly. Copie papier collationnée en 1775, à la minute « étant aux archives du marquisat de Néelle. »).

DVI

1576, 9 juin. Paris. — Le roi de France remet à son « cher et bien amé Louis DE MAILLY, chevallier, sieur de Silly, Tillart et Daunnarestz, » la somme de 1200 livres tournois, montant des droits seigneuriaux dus à Sa Majesté pour la vente de la seigneurie de Rumesnil, relevant de Doullens, échue audit Louis de Mailly par « la mort de feu JEHAN DE MAILLY, son père. »

(Archives départementales de la Somme, B 9 ; registre, fol. 56).

DVII

1578, 25 janvier. — Procès au Parlement de Paris « entre messire GILLES DE MALLY, chevalier de l'ordre du roy, cappitaine et gouverneur de Monstreul, curateur et tuteur de Charles, sire de Créquy, prince de Poix, filz mineur et seul héritier du feu cardinal de Créquy, en son vivant évesque d'Amyens, » d'une part, et « maitre Nicolas Chambort, receveur du taillon de Mante. »

(Archives nationales, X^{1a} 1657, fol. 343 verso).

DVIII

1579, 22 août. — Arrêt du Parlement de Paris rendu sur requête présentée par « GILLES DE MAILLY, seigneur et baron dudit lieu et de Boullencourt, chevalier de l'ordre du roy, gouverneur des ville et citadelle de Monstereul, » comme ayant les droicts « de FRANÇOIS DE MAILLY, filz aisné et principal héritier de feu AYMÉ DE MAILLY, seigneur de Haulcourt, et de JEHAN DE MAILLY, seigneur de Belleville, tuteur et gardien des enfans mineurs d'ans dudit feu Aimé de Mailly, frère et héritier de feu CHARLES DE MAILLY, filz aisné et héritier de dame FRANÇOISE DE BAILLEUL, et encore ledit Gilles héritier de feu messire RENÉ DE MAILLY, son père. » La susdite requête tendait au remboursement de diverses rentes grevant les terres de Gratibus et Malpart dues « par feu messire Jacques de Bailleul, seigneur de Saint-Ligier, » ayeul des enfants d'Aymé de Mailly. »

(Arch. de La Roche-Mailly. Pièce parch.).

DIX

1581, 23 novembre. Montdidier. — *Donation faite par Marie de Hangard à son fils Thibault de Mailly.*

« Fut présente en sa personne haute et puissante dame, madame MARIE DE HANGARD, veuve de feu haut et puissant seigneur messire RENÉ DE MAILLY, seigneur et baron dudit lieu, chevalier de l'ordre du roy, capitaine de cinquante hommes d'armes de ses ordonnances, conseiller en son privé conseil, demeurante à Boullencourt, paroisse de Saint-Martin dudit lieu, laquelle de son bon gré et bonne volonté et pour la bonne amitié qu'elle a toujours porté et porte à messire THIBAUT DE MAILLY, chevalier, seigneur de Remaugies, conseiller chambellan de monseigneur frère du roy, son fils, voulant faire sortir ses faits et promesses faites au contrat de mariage dudit Thibault et autres bonnes et justes causes à ce mouvans, elle auroit et a, par ces présentes, donné audit messire Thibault de Mailly, son fils,.... les terres et seigneuries du Monchel et les Petittes-Tournelles dudit lieu, tenus et mouvans.... de monseigneur le prince de Condé, à cause de sa seigneurie des Grandes-Tournelles, » lesquelles terres resteront dans la « ligne dudit Thibault, en la personne de RENÉ DE MAILLY, fils dudit Thibault, filleul d'icelle dame, pour l'amitié qu'elle a porté et porte audit René, sans charges d'aucunes dettes, douaire et droits quelconques, soit à dame Françoise de Belloy que autres ; et ou cas que ledit René iroit de vie à trépas, les dittes terres retourneront à ses frères et sœurs s'il y en a, suivant la coutume, sinon audit sieur de Mailly, s'il est vivant. »

Passé devant Ducastel et Desmaisons, notaires à Montdidier, le 23 novembre 1581.

(Arch. de La Roche-Mailly. Cop. papier du XVIIIᵉ siècle).

DX

1583, 13 novembre. Château de Bouillancourt. — *Testament de Marie de Hangard, veuve de René de Mailly.*

« A tous ceux qui ces présentes lettres verront, Pierre Normant, garde pour le roi, notre sire, du scel royal établi en la ville, gouvernement et prévôté de Montdidier, salut.

» Savoir faisons que, par devant Pierre de Maisons et Nicolas du Castel, notaires, garde notes royaux jurés commis establis pour le roi, notre dit seigneur, en la dite ville, gouvernance et prévôté du dit Montdidier, fut présente haute et puissante dame madame MARIE DE HANGARD, veuve de feu haut et puissant seigneur messire RENÉ DE MAILLY, en son vivant chevalier, seigneur et baron dudit lieu, capitaine de cinquante hommes d'armes des ordonnances du roi et son gouverneur en la ville de Montreuil, demeurant à Boullencourt, paroisse de Saint-Martin du dit lieu, prévôté dudit Montdidier, gisante au lit malade, toutes fois saine d'esprit et d'entendement, grâce à Dieu, connoissant et sachant qu'il n'est rien plus certain que la mort et incertain que l'heure d'icelle, ne voulant mourir intestat et se confiant à l'instruction et exemple donné à tous chrestiens par nostre sauveur Jesus-Christ étant à l'arbre de la croix, et conformément aux ordonnances de nostre mère saincte Eglise, catholique, apostolique et romaine :

» Au nom du Père, du Fils et du Saint-Esprit, a fait, nommé et dit son testament et ordonnance de dernière volonté en la forme et manière qui s'ensuit, revoquant tous autres qu'elle pourroit avoir faits cy devant, voulant cestuy présent sortir son plein et entier effet.

» Premièrement, a recommandé et remis son âme à Dieu, son créateur, le suppliant lui vouloir faire pardon et miséricorde, etc.

» Supplie ses exécuteurs cy-après nommés, son dit corps être inhumé dedans l'église mondit sieur Saint-Martin, son patron, dudit Boullencourt, auprès dudit défunt seigneur de Mailly, son mary, à la fabrique de laquelle église elle a donné et laissé cinq écus et à l'église de Remaugies autres cinq écus, au curé de la dite église où elle sera inhumée un écu soleil, au clerc vingt sols.

» A voulu et ordonné que son dict corps soit porté par six des plus pauvres femmes qui seront trouvées au lieu, lesquelles seront revêtues d'habillements de drap noir, chacune d'un cotillon, chausses et souliers noirs, dont elle a fait don et legat.

» Que à son enterrement, service et bout de l'an soient portées douze torches par douze enfans aussi des plus pauvres qui seront semblablement revêtus comme dessus.

» Et au jour de son dit enterrement soit chanté sur son corps vigiles et commandaces et une haute messe avec *Salve Regina* au devant de la représentation de la glorieuse vierge Marie. Au jour de son service soient dites et celebrées sept messes à nottes, l'une de la Trinité, une autre des Cinq Playes, une autre du Saint-Esprit, une autre des Sept Douleurs de la vierge Marie, une autre des Anges, une autre de tous les Saints, et une autre des Trepassés avec vigiles et commandaces, et basses messes à tous prêtres qui s'y trouveront, et les dites torches ardentes, faisant le dit service, tenues par les dits douze petits enfans ; semblable service estre fait au bout de l'an, etc.

» A voulu et veut que tous ses serviteurs et servantes soient satisfaits et payés de leurs gages et qu'ils soient revêtus chacun d'une robe noire avec le bonnet quant aux serviteurs.

» Item, a donné au couvent de l'ordre de Saint-François de Montdidier trois écus un tiers pour une fois, outre et par dessus le sallaire de celles qui l'ont gardée, gardent et garderont, de quoi elle a voulu et veult icelles être faictes et payées.

» Item, a donné aux sœurs de Saincte-Claire de la ville d'Amiens un écu soleil.

» Item, aux Cordeliers de Mailly trois écus vingt sols, à la charge de dire un service pour les trépassés quinze jours après son décès.

» Item, a donné à quinze pauvres femmes veuves, tant de Boullencourt que de Remaugies, quinze septiers de bled.

» Si a ordonné et ordonne que à tous pauvres qui se présenteront au jour de son service soit donné à chacun douze deniers, un petit pain et une écuelle de poix, afin qu'ils prient pour son âme.

» Et quant à ses biens temporels qu'il a plu à Dieu lui prêter en ce monde mortel a voulu et veult que le contract de transaction et accord qu'elle a fait avec son fils aîné GILLES DE MAILLY sorte son plain et entier effet.

» Item, a donné et donne à son fils RENÉ DE MAILLY sa couppe dorée et la couverte, un bassin et une esguière, le tout d'argent, avec son lit de velours noir passementé et chamaré de passement d'or, étoffé des autres choses qui lui appartiennent comme chalit, couverture, matelat, draps et autres choses y nécessaires.

» Item, a voulu et veut que les contrats de mariage de messire THIBAULT DE MAILLY, chevalier, seigneur de Remaugies, et FRANÇOISE DE MAILLY, ses enfans, sortent leur plein et entier effet, et que tous ses biens meubles ou sauf de ceux y après réservés soient et appartiennent à son dit fils Thibault, ensemble les terres et seigneuries qui demeureront de sa succession, c'est à savoir la terre et seigneurie du Monchel et les Petites-Tournelles, avec toutes et chacunes les rentes qui lui sont dues, tant en la ville de Paris que ailleurs, suivant la donation et promesse qu'elle lui a faite en son traité de mariage que autrement sans que ses autres enfans y puissent prétendre aucun droit, étant bien partis pour leur légitime, qu'ils pourroient prétendre.

» Plus, a donné à messire Thibault de Mailly, son fils, la somme de trois cents livres tournois de rente que défunte madame d'Aigny, sa grande mère, a achepté ou bien remply et remboursé à Charles Michois de la ville de Paris, en quoi la terre et seigneurie de Mailly étoit obligée et affectée comme le contiennent les contrats ou contrat passé à Encre, par devant Séneschal et Postel, notaires royaux au dit Encre, avec tous les arrérages qui seront dûs au jour de son trespas, a la charge toutes fois de fournir et accomplir au présent testament legats, obséques et funérailles et payer toutes ses dettes, spéciallement à sa fille Renée de Mailly, abbesse de Saint-Jean, les cinquante livres de rente qu'elle lui a donnée sa vie durant, et autre huit écus un tiers de rente viagère à dame Anthoinette de Hangard, sa sœur, religieuse au couvent Saint-Pierre d'Amiens.

» Item, a donné à madame de Liarres, sa fille, pour avoir mémoire et souvenance et prier Dieu pour son âme, sa vraie Croix étant enchassée de christal avec une image de sainte Barbe, aussi enchassée en argent doré et or, une pièce d'aigle de la grosseur d'un œuf et le pendant de taffetas et la licorne, avec tous et chacuns ses habillements servants à son corps.

» Plus, a voulu et veut icelui Thibault de Mailly, son fils, être tenu faire faire les refections qui se trouveront nécessaires au chasteau de Boullencourt après son décès....

» Plus, a voulu et veut que les sujets de la terre et seigneurie de Remaugies soient déchargés du droit d'agneau d'herbage et que ledit seigneur de Remaugies ne pourra prétendre icelui selon la volonté de feue mademoiselle de Remaugies, sa mère grand, qui a quitté icelui droit aux dits sujets.

» Et pour mettre ce présent testament à éxécution a nommé et élu ses féauls amis, Me Michel Langlois, avocat à Mondidier, et Me Jean Quesnel, procureur au dit Montdidier,.... auxquels.... elle a donné à chacun d'eux vingt écus d'or soleil....

» Ce fut fait et passé au chasteau de Boulliencourt, le treizième jour
de novembre mil cinq cent quatre vingt trois[1], après midy. »

(Arch. de La Roche-Mailly. Copie papier collationnée en 1775, à « la
minute étant aux archives du marquisat de Néelle » par le « greffier
garde des archives dudit marquisat. »).

DXI

1588, 16 février. Remaugies. — 1620, 13 février. Montdidier. — *Donation et substitution faites par Thibault de Mailly en faveur de ses enfants.*

« Fut présent hault et puissant seigneur messire THIBAULT DE MAIL-
LY, chevallier, gentilhomme ordinaire de la chambre du roy, seigneur
de Remaugyes, Onviller, Le Monchel et Les Petites-Tournelles, lequel
a recongneu comme cy devant et dès le moys de septembre dernier, devant partir pour aller en l'armée du roy allencontre des rebelles, il avoit
faict et dressé son testament escript et signé de sa main, par lequel, entre
aultres choses il avoit donné et legatté à dame FRANÇOISE DE BELLOY,
sa femme, ses meubles et acquestz, à la charge de paier ses debtes,
obsecques et funérailles, et sy avoit disposé au proufict de RENÉ DE
MAILLY, son filz aisné et principal héritier, de ses dictes terres et seigneuryes de Remaugyes, Onviller, Le Monchel, Les Petites-Tournelles,
et tous et chacuns ses immeubles, à la charge du douaire de la dicte dame
et du quind de CHARLES DE MAILLY, son aultre filz puisné, et des aultres
enffans quy pourroient naistre et issir de luy et de la dicte dame son
espouze, n'estoit que les dictz puisnez fussent pourveux de bénéfices,
auquel cas n'en seroit tenu. Et pour ce que le dict seigneur désire continuer en ceste volonté et asseurer les choses ainsy par luy données par
la meilleure forme et manière que faire se peult, a déclaré et déclaire
que, d'habondant, il a ratiffié et ratiffie lesdictes dispositions testamentaires, et de rechief, en tant que besoing seroit, a icelles renouvellées et
renouvelle par ces présentes.

» Et néantmoins.... pour faire que son intention soit ferme et estable
à tousjours pour le regard de ses dits enffans,.... il a déclaré et déclare

---

1. M. l'abbé Gosselin, *Mailly et ses seigneurs*, p. 66, donne par erreur la
date 1578 au testament de Marie de Hangard.

par ces dictes présentes, qu'il a donné et donne au dict René de Mailly, son filz aisné, à ceste fin ce jourd'huy par luy émancippé, par forme de contract d'entre vifs et par la meilleure forme et manière que donnation se puise faire, lesdictes terres de Remaugyes, Onviller, Le Monchel, Les Petites-Tournelles, et tous ses immeubles, à la retention touteffois du titre de précaire et à la charge du douaire de la dicte dame de Belloy, son espouze, et aussy du quind des puisnez naiz et à naistre quy ne seront pourveuz de bénéfices. Et au cas que le dict René de Mailly, son dict filz aisné, allast de vye à trespas premier que le dict Charles, puisné, déclare qu'il veult et entend que la dicte donation ayt lieu en la personne dudict Charles, aux mesmes charges et conditions, et ainsy subordinairement des aultres enffans qui pourront naistre du dict mariage.

» A quoy faire estoit présent Me Michel Langlois, advocat en la cour, demeurant à Mondidier, curateur ordonné par justice à cest effect au dict René de Mailly, filz aisné dudit messire Thibault de Mailly....

» Faict et passé audict Remaugyes, au chastel et lieu seigneurial du dict lieu, après midy, le mardy seiziesme jour de febvrier mil Ve quatre vingtz et huict, et en la présence de Jehan de Montoisel et Anthoine de La Gotterye, escuier, demeurant au dict Remaugyes.... »

« Et le treiziesme febvrier l'an mil six cens vingt, en la ville de Mondidier, par devant les.... notaires royaulx audict lieu,.... est comparu le dict messire Thibault de Mailly, chevallier, seigneur et baron du dict lieu, Remaugyes, Onviller, Les Petites-Tournelles, Le Monchel et aultres lieux, demeurant au dict Remaugyes, paroisse Sainct-Léger du dict lieu, lequel.... déclare.... que son intention.... est.... que Jacques de Mailly, chevallier, seigneur de Maresmoutier, son troisiesme filz, succéde par droit de substitution (en cas de décès) à messire René de Mailly, chevallier, seigneur dudict lieu, son frère aisné, donnataire des dictes terres (Remaugies, Onviller, etc.) au lieu de Charles de Mailly, second filz du dict seigneur de Mailly, premier appellé à la dicte substitution,... attendu qu'il est à présent abbé et relligieux professe de l'abbaye de Longviller, en Boullenoies, que ledit seigneur de Mailly, père, luy a.... faict obtenir conformément à la résignation que luy en a faicte messire René de Mailly, son oncle, abbé dudict lieu, sans que les enffans dudict messire René de Mailly, chevallier, seigneur et baron dudict lieu y eussent rien prétendu après le decedz de leur père....

» Faict et espedié au dict Mondidier, en l'hostel de la Hache, où estoient logéz lesdicts seigneurs père et fîlz, après midy, l'an et jour sus
dicts.... Demaison. — de La Morlière (notaires). »

(Arch. de La Roche-Mailly. Orig. papier).

DXII

1592, 15 mai. Montdidier. — *Nomination de Thibault de Mailly à la
tutelle de ses enfants, après le décès de sa femme Françoise de
Belloy.*

« A tous ceulx, etc., Pierre Bertin, escuier, seigneur de Charlotte,
lieutenant général, civil et criminel au gouvernement de Péronne, Mondidier et Roy, salut.

» Scavoir faisons que ce jourd'huy.... comparut en personne hault et
puissant seigneur messire THIBAULT DE MAILLY, chevallier, seigneur de
Remaugies, Onviller, Le Moncel et Les Petites-Tournelles, cappitaine
de *cinquante hommes d'armes de l'Union catholique de France*, lequel
a dict que le septiesme d'avril dernier décedda dame FRANÇOISE DE BEL-
LOY, sa femme, délaissant RENÉ, aagé de unze ans, six mois, CHARLES,
aagé de sept ans ou environ, MARIE, aagée de trois ans ou environ, et
JACQUES DE MAILLY, aagé de vingt mois, ses enffans et du dit seigneur,
comparant, desquelz ses enffans, il a prins et prend le bail selon la coutume de ce gouvernement de Péronne, Mondidier et Roye et de Vermendois quy est la garde noble selon les coustumes de Paris, Senlis,
Clermont en Beauvoisis et Montfort l'Amaury....

» En tesmoing de ce, nous avons faict mettre à ces présentes le scel
roial dudit gouvernement de Mondidier quy furent faictes et expédiées
le vendredy quinziesme jour de may l'an mil cinq cens quatre vingt et
douze.

» Ainsy signé : J. de Mailly. De Bertin. Gonnet et Bertin.

                                        » Du Castel. »

(Arch. de La Roche-Mailly. Pièce parch.; sceau perdu).

DXIII

1592, 31 octobre. — « Relief par hault et puissant seigneur messire
THIBAULT DE MAILLY, chevalier, seigneur et baron de Mailly, Boullien-

court, Mallepart, Maresmoutier, Gratibus, Remaugies, Onviller, Le
Monchel, Les Petites-Tournelles et Monthullin, cappitaine de cinquante
hommes d'armes, à Pierre Endel, conseiller en cour laye à Corbie, bailly
et garde de la terre et seigneurie de Forcheville pour Jehan de Querceques, escuyer, seigneur du dit Forcheville, de la terre et seigneurie de
Belleval mouvante de la dite seigneurie de Forcheville, à lui échue par
le décès de feu messire REGNÉ DE MAILLY, son nepveu, fils de messire
GILLES DE MAILLY. »

(Arch. de La Roche-Mailly. Orig. parch. — *Preuves d'Alexandre-
Louis de Mailly*, cah. parch., p. 7).

DXIV

1597, 16 février. Maubert-Fontaine. — Quittance de gages donnée
par « LOYS DE MAILLY, seigneur de Rumesnil, gouverneur pour le roy à
Maubert-Fontaine[1]. »

(Arch. nat., K 106, n° 20. Orig. parch. signé : *L. de Mailly*).

DXV

1598, 2 mai. — « Haut et puissant seigneur messire THIBAULT DE
MAILLY, chevalier, baron dudit Mailly, seigneur de Remaugies, Onviller, Les Petites-Tournelles et Le Monchel et autres lieux, demeurant au
dit Remaugies, paroisse du dit lieu, » donne à « JACQUES DE MAILLY, son
dernier fils, et de défunte FRANÇOISE DE BELLOY, son espouse, absent et
acceptant,.... le fief, terre et seigneurie de Maresmoutier, ses appartenances et appendances, audit seigneur appartenant, à lui escheu de la
succession de défunt RENÉ DE MAILLY, son neveu, vivant fils de défunt
haut et puissant seigneur messire GILLES DE MAILLY, frère aîné » dudit
Thibault.

(Arch. de La Roche-Mailly. Copie papier collationnée en 1775, « à la
minute étant aux archives du marquisat de Néelle. »).

---

1. 1599, 7 novembre. Autre quittance du même. (Arch. de La Roche-
Mailly. Orig. signé). — 1604, 26 avril. Autre quittance de « Louis de Mailly,
seigneur de Rumesnil, gouverneur pour le roi à Maubert-Fontaine. » (Arch.
nat., K 107, n° 43).

XVIIe SIÈCLE[1]

DXVI

1605, 26 février. — « Arrêt de la cour de Parlement rendu dans un procès entre Jean de Mailly et Marguerite de Bruneaulieu, sa femme, Adrien et Françoise de Mailly, leurs enfants, d'une part, et Claude du Micaut (de Humilcaut), damoiselle, veuve de feu Yves de Mailly, escuier, seigneur de L'Epine, tutrice de ses enfants, par lequel ledit Jean de Mailly est déclaré recevable à demander le partage des biens délaissés par le décès de Jean de Mailly, son père. »

(Arch. nat., M 461. Dossier *Mailly*).

DXVII

1607, 19 avril. — Par devant Pierre Le Gras, tabellion royal à Gisors, contrat de mariage d'Adrien de Mailly, écuyer, seigneur de La Houssaye, gentilhomme ordinaire de la vénerie du roi, fils de messire Jean de Mailly, chevalier, et de dame Marguerite de Bruneaulieu, avec damoiselle Marie de Capendu, fille de feu messire Henri de Capendu, chevalier, vicomte de Boursonnes, et de dame Antoinette de Mouy.

(Arch. nat., M 461. Dossier *Mailly*. — Arch. de La Roche-Mailly. Copie parchemin).

---

1. A cause de l'abondance des documents des XVIIe et XVIIIe siècles, je ne reproduirai désormais dans ce volume que les principales pièces concernant les diverses branches de la famille de Mailly.

DXVIII

1609, 24 janvier. Montdidier. — Contrat de mariage de « messire René de Mailly, chevalier, baron dudit lieu, Monthulain, Manneville et Marœul, » demeurant à Remaugies, fils aîné « de haut et puissant seigneur, messire Thibault de Mailly, chevalier, baron dudit lieu, seigneur de Remaugies, Onviller, des Petites-Tournelles et Le Monchel, demeurant audit Remaugies, paroisse de Saint-Leger, » ledit René de Mailly assisté de « révérend père en Dieu, frère René de Mailly, abbé de Longvilliers, oncle dudit René, et de Jacques de Mailly, écuyer, son frère, » avec :

« Damoiselle Michelle de Fontaine, fille de défunt messire Claude de Fontaines, vivant, chevallier, seigneur de Monfalet[1], Plainval, Le Vroimont, Villers-aux-Erables et Houchain, » et de Marie de Montan[2], remariée à « messire Antoine de Blotefière, chevallier, seigneur de Vauchelles, Courtemanche, Morlencourt.... Faict et passé à Mondidier, en l'hôtel de Jean Cheuret, maître du Cigne. »

(Arch. de la Roche-Mailly. Copie papier du XVIIIᵉ siècle, collat.).

DXIX

1609, 15 mars. Pontoise. — « Noble dame sœur Claude Le Boutillier, prieure de l'Hostel-Dieu de Ponthoise, sœur Louise Clément, Blanche Bouteville, Anne de Chanteloup, Catherine Rouseau, Marye Carterye, Louise Pliette » et autres, « touttes religieuses profèx audict Hostel-Dieu, » promettent « à messire François de Mailly, chevallier, seigneur de Haucourt, Sainct-Leger, Villedieu, et autres lieux, demeurant audict Haucourt,... de recevoir audict Hostel et Maison de Dieu damoiselle Madelaine de Mailly, fille de deffunct messerire François de Mailly, vivant chevallier, seigneur des dictes terres et seigneuries de Haucourt, Sainct-Legier, Villedieu et autres lieux, et de noble dame Marye de Hallencourt, ses père et mère, sœur du dict sieur de Haucourt, pour estre la dicte damoiselle Madelaine de Mailly, religieuse

1. Monstrelet, d'après P. Anselme, VIII, p. 636.
2. Marie de Montejean, d'après P. Anselme, VIII, p. 636.

profex au dict Hostel-Dieu et en iceluy lieu nourie, logée, couchée, en-
tretenue d'habits, linges et aultres choses nécessaires et convenables, »
moyennant la somme de six cents livres tournois qui devra être payée
par le dit seigneur de Haucourt.

(Arch. de La Roche-Mailly. Pièce papier).

DXX

1611, 3 janvier. — « Adveu et dénombrement de la terre et seigneurie
de Rouviller que nous Anthoine de La Viefville, chevallier, seigneur
d'Orviller, du dict Rouviller et aultres lieux, et dame Marie de Belloy,
notre femme et espouze, tenons et advoue tenir en foy et hommaige du
roy, nostre sire, et de hault et illustre prince François de Lorraine,
comte de Vaudemont et de Clermont en Beauvoisis, à cause de son
chasteau et comté dudit Clermont, la dicte seigneurie de Rouviller, à
nous appartenant du chef de nous Marie de Belloy, par la succession de
messire Florens de Belloy, chevallier, seigneur d'Amy, dudict Rouviller
et aultres lieux, notre père, et par partaige faict avecques messire Jacques de Belloy, chevallier, seigneur d'Amy et messire THIBAULT DE
MAILLY, chevallier, seigneur dudict lieu, Armaugie (sic) et aultres lieux,
à cause de dame MARIE DE BELLOY, sa femme, noz frère et sœur.... »

(Arch. nat., P 148¹. Pièce parchemin).

DXXI

1612, 12 mai. Roye. — Contrat de mariage entre « PHILIPPES DE
GUILLARD, escuier, baron d'Arcy, filz aisné de hault et puissant seigneur
messire Lois de Guillard, chevalier, seigneur de l'Isle, Maumillon,
Saint-Clément et d'Arcy-sur-Loire, et de haulte et puissante dame Marie
Raguier, sa femme, dame de l'Epichelière¹, Soligny², Vallon³ et Magny⁴,

1. L'Epichelière à Souligné-sous-Vallon.
2. Souligné-sous-Vallon, Sarthe, arrondiss. du Mans, canton de La Suze.
3. Vallon, Sarthe, arrondissement du Mans, canton de Loué.
4. Maigné, Sarthe, arrondissement de La Flèche, canton de Brûlon. — Les
terres de L'Epichelière, de Vallon et autres étaient dans la famille des Guillard depuis le XVIᵉ siècle. (Voir Le Paige, *Dictionnaire du Maine*, t. II, p.
513, et surtout R. de Montesson, *Recherches sur la paroisse de Vallon*, pp.
113 et suivantes).

pais du Maine.... » et autres lieux, et « damoiselle LOISE DE MAILLY, fille de hault et puissant seigneur messire THIBAULT DE MAILLY, chevalier de l'ordre du roy, seigneur dudit Mailly, Remaugies, Onviller, Les Petites-Tournelles, » et de « haulte et puissante dame dame FRANÇOISE DE SOIECOURT, dame de Soiecourt, Thilloloy.... » La dite Marie Raguier donne à son fils, Philippe de Guillard, les « terres et seigneuries de l'Epichelière, Souligny, Vallon et Magny au Maine. »

(Arch. départ. de la Somme, B 77. Registre ; fol. 214 verso à 220).

DXXII

1623, 12 novembre. Remaugies. — « Haut et puissant seigneur messire THIBAULT DE MAILLY, chevalier, gentilhomme ordinaire de la chambre du roy, capitaine de cinquante hommes d'armes, baron de Mailly, seigneur de Remaugies, Onviller, Le Monchel, Les Petites-Tournelles et autres lieux, demeurant audit Remaugies, paroisse dudit lieu, lequel pour la bonne amour paternelle qu'il a toujours porté et porte encore à présent à messire JACQUES DE MAILLY, chevalier, seigneur de Mareul, Maresmoutier et autres lieux, son fils, et pour.... le récompenser de la bonne compagnye qu'il luy a tousjours tenu et qu'il espère qu'il continuera, a reconnu luy avoir donné et donne, par ces présentes, par don d'entrevif et irrévocable, par la meilleur forme et manière que donation se peut faire, à ce présent et acceptant, les choses qui ensuivent. Et premier : le quart de quint de la baronnie, terre et seigneurie de Mailly, etc.

» Faict et passé au château et lieu seigneurial dudit Remaugyes, » par devant Lempereur, notaire royal au gouvernement et prévôté de Montdidier, « en présence de Pierre Boudechocque, magister, et Claude Dandrieu. »

(Arch. de La Roche-Mailly. Copie papier collationnée « à la copie authentique, déposée en l'étude de Louis, notaire royal d'Artois » à Arras, le 12 juin 1779).

DXXIII

1625, 16 septembre. Remaugies. — *Exhéredation de René de Mailly par son père Thibaut.*

« Fut présent en sa personne messire THIBAUT DE MAILLY, chevalier,

seigneur et baron dudit lieu, gentilhomme ordinaire de la chambre du
roy, capitaine de cinquante hommes d'armes, seigneur de Remaugies,
Onvillers, Le Monchel, Les Petites-Tournelles et autres lieux, demeurant en sa maison seigneuriale audit Remaugies, paroisse de Saint-
Léger dudit lieu, lequel a dit et déclaré que, cy-devant et au mois de février mil cinq cent quatre vingt huit, il avoit donné à messire RENÉ DE
MAILLY, son fils aîné, les terres et seigneuries de Remaugies, Les Petites-Tournelles et le dit Le Monchel[1], à la réservation de l'usufruit sa
vie durant des dites terres, pour lequel usufruit il s'étoit constitué possesseur précaire sous le dit messire René de Mailly son fils....

» Et pour autant que ledit messire René, son fils, lui avoit manqué
et manquoit, empêchant ledit sieur de Mailly, son père, en la jouissance
et perception dudit usufruit, annuellement, qui lui servoit d'aliment en
son ancien âge. Pourquoi ledit seigneur de Mailly, voyant ainsi empêchement par son fils, avoit et a, par ces présentes, pour cause d'ingratitude, insufficiosité, annullé et rompu, casse et annulle la dite donation
par lui faite audit messire René de Mailly, son fils.... à la réserve toutes
fois de la légitime dudit René de Mailly et du quint de ses autres frères
et sœurs puisnés, enfans dudit seigneur comparant ; déclarant ledit seigneur que les causes d'ingratitude, insufficiosité, sont à raison du trou-
ble et empeschement que ledit messire René de Mailly, son dit fils aîné,
fait, du peu de compte qu'il a du dit seigneur, son père, par un mauvais
naturel et avarice qu'il a en lui, lui empêchant son aliment par la jouissance qu'il fait de son bien, pourquoi il l'a déshérité et déshérite de
toute sa succession, s'en étant rendu indigne et incapable pour le mal
qu'il lui fait sur la fin de ses jours, lui donnant la mort au cœur comme
s'y lui donnoit un couteau, l'occupant à icelle pour si peu de chose, joint
les grands moyens de douze à quinze mille livres de rente qu'il possède,
ce qui est plus que notoire à tous, mêmement le refus et empêchement
injuste qu'il ne cesse de faire que ledit seigneur fut payé de ses dits ali-
ments, voulant que JACQUES DE MAILLY, chevalier, seigneur de Maresmoutier, Mareuil et autres lieux, poursuive le procès commencé par
ledit seigneur pour l'effet de la révocation des dites donations pour les
causes que dessus....

» Auquel JACQUES DE MAILLY, chevalier, comme à son bon fils qui lui

1. Voir numéro DXI.

a toujours bien servi, s'est rendu de bon naturel, bien humble et très
fidèle en son endroit, ledit seigneur comparant le réintégrant en son
bien patrimoine, pour en disposer comme dit est, a donné et.... donné
audit messire JACQUES DE MAILLY, son fils, absent ce acceptant par les
notaires soussignés, par donation entre vifs,... les dites terres et seigneuries de Remaugies, Onviller, Les Petites-Tournelles et Le Monchel,
à la réservation toutes fois de l'usufruit la vie durant dudit seigneur donateur.... et aussi à la réservation de la légitime et quint des autres frères et sœurs dudit Jacques de Mailly....

» Fait et passé audit lieu seigneurial dudit Remaugies, par nous notaires royaux en la ville, gouvernement et prévôté du dit Montdidier,
après midi, le seixième jour de septembre mil six cent vingt cinq....

» (Signé) de Mailly. — Demaison et Lempereur, notaires. »

(Arch. de La Roche-Mailly. Copie papier collationnée le 23 novembre
1775, « à la minute étant aux archives du marquisat de Néelle. »).

DXXIV

1626, 6 février. — « Partage des biens de messire THIBAUT DE MAILLY,
chevalier de l'ordre du roy, seigneur et baron de Mailly, etc., entre haut
et puissant seigneur messire RENÉ DE MAILLY, chevalier, gentilhomme
ordinaire de la chambre du roy, baron de Mailly, seigneur de Remaugies, Onviller, Le Monchel, Les Petites-Tournelles, Englebellemer, etc.,
et haut et puissant seigneur messire JACQUES DE MAILLY, chevalier,
seigneur de Mareuil, Maresmoutier, Fescamp, etc., et haut et puissant
seigneur messire Philippe de Guillard, chevalier, gentilhomme ordinaire de la chambre du roy, baron d'Arsy, et tuteur de ses enfants et de
haute et puissante dame LOUISE DE MAILLY, son épouse, passé à Mond-
dier. »

(Arch. de La Roche-Mailly. Copie pap. du XVIIIᵉ siècle, collationn.).

DXXV

1628, 30 octobre. — Contrat de mariage de « messire JACQUES DE
MAILLY, chevallier, seigneur de Marueil, Maresmoutier, Fécan en partie, Bois-d'Avenne et autres lieux, assisté de hault et puissant seigneur
messire RENÉ DE MAILLY, chevallier, gentilhomme de la chambre du

roy, seigneur baron dudit Mailly, Remaugie, Onvillé, Le Monchel, Les Petites-Tournelles et autres lieux, son frère ; de messire Charles du Belloy, chevallier, conseiller du roy en ses conseils d'estat et privé, gentilhomme ordinaire de sa chambre, grand sénéchal en la province de Picardie, seigneurs des Hommaiges de la ville de Roye, d'Amy, etc., cousin germain maternelle dudit seigneur de Mareuil.... » avec :

« Damoiselle FRANÇOISE DE BOUELLE, fille de messire François de Bouelle, chevallier, seigneur d'Espeville, Vrelaine, Muillé, Aubeigny, Planque, » et de « damoiselle damoiselle Flourence de Boubert, son espouze, assistée de messire Aimé de Mondion, chevallier, seigneur de Fravencourt et de Puiseruin, leur gendre, messire François de Hervilly, chevallier, seigneur de Denise, oncle, messire Isaac de Hervilly, aussi chevallier, seigneur dudit lieu, Beaumont, Bomont, la Baynitte et Louvelain, cousin, Adrien de Bugny, escuier, seigneur Dennemain, cousin, Jehan de Hervilly, escuier, seigneur du Han, aussi cousin, et Michel de Broye, escuier, seigneur de Saucourt, cousin....

» Passé sur la rivière de Somme, prévosté de Saint-Quentin au delà d'Espeville.... »

(Arch. de La Roche-Mailly. Pièces papier et parchemin).

DXXVI

1629, 16 août. — « Quittance donnée devant Philippe Collenaye, notaire royal en la prévosté de Montdidier, par hault et puissant seigneur messire JACQUES DE MAILLY, gentilhomme ordinaire de la chambre du roy, seigneur de Mareuil, Maresmoutier, Fescamp et autres lieux, à messire RENÉ DE MAILLY, son frère, gentilhomme ordinaire de la chambre du roy, baron de Mailly, Beaussart, Couillencamp, La Mansel (Le Monchel) et Petite-Tournelle, Remaugy, et autres lieux, de la somme de 4166 livres 13 sous 4 deniers. »

(Arch. de La Roche-Mailly. *Preuves d'Alexandre-Louis de Mailly ;* cah. parch. p. 7).

DXXVII

1630, 28 avril. Paris. — Contrat de mariage de « messire RENÉ DE MAILLY, fils ainé » de « hault et puissant seigneur messire RENÉ DE

Mailly, chevalier, sire et baron dudit Mailly, Colemcamp, Beaussart, Belleval, Ancrebellemer, etc., » et de « haulte et puissante dame Michelle de Fontaine, son épouse,... demeurans ordinairement audit Mailly, étant de présent à Paris, logés rue du Temple, en la maison de l'Echiquier, paroisse Saint-Nicolas des Champs, » avec :

« Damoiselle Margueritte de Monchy, » fille de « haut et puissant seigneur messire Jean de Monchy, chevallier, seigneur et marquis de Montcavrel, etc., gentilhomme ordinaire de la chambre du roy, capitaine de cinquante hommes d'armes de ses ordonnances, gouverneur pour Sa Majesté des villes, citadelle d'Ardres et château de Saint-Appuy-sur-la-Mer, » et de « haute et puissante dame Marguerite de Bourbon, son épouse,.... demeurans à Paris, dans l'enclos de Saint-Martin-des-Champs.... »

(Arch. de La Roche-Mailly. Copies collationnées du XVIIIᵉ siècle).

DXXVIII

1632, 26 octobre. Paris. — « Messire Jean de Saint-Germain, seigneur de Sully, conseiller du roy en sa cour des aydes, demeurant à Paris, rue de Dyane, parroisse Sainct-Paul, et damoiselle Louise Godeffroy, sa femme, » vendent « à hault et puissant seigneur messire Jacques de Mailly, chevallier, seigneur de Marcuil, Marcmoutier, Avennes, Fescan en partie et autres lieux, demeurant ordinairement audit Fescan, pais de Picardye, estant de présent à Paris, logé rue Sainct-Martin, parroisse Sainct-Laurent, en la maison où pend pour enseigne le Petit-Sainct-Martin,... la terre et seigneurie de Fresnoy-en-Santerre, située et assise près de la ville de Roye, consistant en haulte, moyenne et basse justice.... tout ainsi que feu noble homme Mᵉ Nicolas Parent, vivant conseiller et secrétaire du roy,... l'a acquis de noble homme monsieur Mᵉ Anthoine Le Camus, conseiller du roy en son grand conseil, par contract » du 9 décembre 1583. La dite terre de Fresnoy-en-Santerre, « mouvante de monseigneur le révérandissime évesque de Noyon, » est vendue audit Jacques de Mailly pour la somme principale de 42000 livres tournois.

(Arch. de La Roche-Mailly. Cahier parchemin).

DXXIX

1637, 27 décembre. Magny. — Contrat de mariage à Magny entre messire ADRIEN DE MAILLY, chevalier, seigneur de La Houssaye, fils de feu ADRIEN DE MAILLY, vivant chevalier, seigneur de La Houssaye, et de dame MARIE DE CAPENDU, avec demoiselle CATHERINE DE VALENCE, fille de feu Gilles de Valence, vivant chevalier, seigneur de Boucagny.
(Arch. nat., M 461, dossier *Mailly*).

DXXX

1640, 30 octobre ; 1642, 10-21 mars. Davenescourt. — *Testament de René de Mailly.*

« A tous ceulx, etc., François Cocquille, conseiller du roy, secrétaire de la maison et couronne de France, propriétaire du greffe de tabellionage et garde des petits sceaux au gouvernement, prévosté et aultres justices royalles de la ville de Mondidier, salut.

» Scavoir faisons que, par devant Pierre Courcier, nottaire royal au gouvernement de Mondidier,... l'an mil six cens quarante, le trentiesme jour d'octobre, avant midy, au village de Davenescourt, en l'abbaye et principalle demeure du dit lieu, où est demourant hault et puissant seigneur messire RENÉ DE MAILLY, chevalier, seigneur de Remaugye, Onviller, Le Monchel, Les Petites-Tournelles, Mainneville et aultres lieux, icelluy messire René de Mailly, au lict, malade, sain toutesfois d'esprit, mémoire et entendement, sans suggestion de personne.

» Au nom de la très-saincte et adorable Trinité, un seul Dieu, Père, Filz et Sainct-Esprit, a faict, dicté et nommé son testament et ordonnance de dernière volonté en la forme et manière quy s'ensuit.

» Premièrement, a recommandé son âme à Dieu, créateur d'icelle, le priant très humblement par les mérites du précieux corps et sang de son filz unicque, etc., désirant après, son corps estre ensepulturé en l'église dudit Remaugies avecq et auprès de la sépulture de ses prédicesseurs, en une cave et tombe quy sera faicte pour cest effect à la diligence des éxécuteurs, cy après nommez, et sera posé au dessus une grande pierre dure dans laquelle sera mis et appliqué une pierre de marbre, sur laquelle sera escrit et emprunt (empreint) son nom, qualitéz, seigneuryes et armes, et le jour de son decedz....

» Et au regard des biens temporelz qu'il a pleu à Dieu luy donner et
prester en ce monde il en a disposé en la forme et manière qui ensuit :

» Premièrement, a pour le salut de son âme, celle de la dame MICHEL-
LE DE FONTAINE, son espouze, et de ses prédecesseurs, a donné en usufruict à un homme d'église, prebtre, quy sera nommé par la ditte dame,
les terres de La Chappelle, se consistant en dix sept journeux ou environ de terre, à la Selle, avecq un pré,.... que ledit testateur a acquis de
feu messire JACQUES DE MAILLY, chevallier, seigneur de Mareul, son
frère puisné,... séant au terroir dudit Remaugie et Onviller, à la charge.... que ledit homme d'église sera tenu résider au dit Remaugie et
chanter journellement la messe des trespassez pour la rédemption de
son âme, celle de la dicte dame et de ses prédicesseurs.... Sera tenu en
outre ledit homme d'église d'aller au chasteau et lieu seigneurial dudit
Remaugye, advertir les héritiers du dit testateur de jour en jour qu'il
va chanter la ditte messe ; sy sera obligé à l'offertoir de la ditte messe
d'advertir les assistans de prier Dieu pour le salut des ames d'icelluy
testateur, la ditte dame et ses prédicesseurs, pour lesquelz il dira le *de
profundis*, l'antienne et *oremus* accoustumée....

» Item, a donné et donne à LOUIS DE MAILLY, son filz, les terres et
seigneuryes de Remaugyes, Onviller, Le Monchel et Petites-Tournelles,
à la charge de l'usufruict d'icelle terre et seigneurye du Monchel au
profict de CHARLES DE MAILLY, son fils, en cas qu'icelluy Charles soit
prestre ; et ou il ne seroit prestre, le dit testateur en a fait don audit
Charles de la propriété de la ditte terre et seigneurye du Monchel. Et
en oultre, à la charge de paier par le dit Louis la somme de cincq cens
cinquante livres tournois de rente viagers deubs aux dames CLAUDE-
IZABELLE DE MAILLY, religieuse en l'abbaye de Longcamps, IZABELLE,
religieuse, et RENÉE DE MAILLY, au couvent de l'abbaye de Sainct-Aus-
treberte, à Monstreul, et filles dudit testateur.

» Item, a donné et donne à THIBAULT DE MAILLY, aussy son fils, la
terre et seigneurye de Mainneville, circonstance et dépendance d'icelle,
et le Monthullin, la récompense duquel, estant deub au testateur par le
roy pour et au lieu dudit Monthullin, quy appartenoit audit testateur,....
lequel Thibault s'il estoit lors du decedz du testateur ou depuis profez
et pourveu d'une commandérye, icelle terre et seigneurye de Maineville
appartiendra audit Louis de Mailly, auquel audit cas il en a encore fait
don de la propriété d'icelle terre de Mainneville, a la charge de l'usufruict neanlmoins au proffit du dit Thibault, sa vie durant....

» Et le cas advenant que messire René de Mailly, baron de Mailly, son fils aîné, ne voulust se tenir aux donnations a luy faicte par son contract de mariage, et qu'il s'en voulust faire restituer et quy le peuve, pour apprehender la succession dudit testateur, en ce cas, le dit testateur a donné et donne à Louis de Mailly, hors part,... toutes ses acquetz et conquetz immeubles.... »

» Veult et a entendu le dit testateur que la ditte dame, sa femme, jouisse en usufruict sa vie durant de toutes les choses cy-dessus données.... »

Suivent des donations « à Jean Carette, son vallet de chambre,.... à Pierre Roussel, son domesticque,... à Pierre Hacroi, son domesticque et sommellier,... à Anthoine Dailly, son domesticque et cocher.... »

Exécuteurs testamentaires « Michelle de Fontaine, sa femme, et maistre Claude le Caron, antien majeur et advocat à Mondidier.... »

« Faict les jour, an et lieu susditz, en la présence de Jean d'Inval, escuyer, sieur de Moereu, cappitaine et grand bailly des villes et chasteau du marquisat d'Albert, et Florent Roullier, greffier des terres et seigneuryes d'Angez et Davenescourt, demeurant audit Davenescourt.... »

1642, 10 mars. « Au prioré de Nostre-Dame de Davenescourt. » — Ratification du testament susdit par « messire René de Mailly, chevallier, seigneur et baron dudit Mailly, Remaugye et aultres lieux, demeurant au dit prioré, » en présence « de noble homme Charles Le Caron, docteur en medecinne de la ville d'Amiens, de présent audit lieu susnommé, et maistre Jean de Caix, prebtre, curé dudit Davenescourt, y demeurant.... »

1642, 21 mars. — Lecture du testament de défunt René de Mailly, seigneur et baron dudit lieu, « en la salle et auditoire du roy à Mondidier.... »

(Arch. de La Roche-Mailly. Copie papier, collationnée).

DXXXI

1660, 23 novembre. Châteaux de Mailly et de Hérissart. — Contrat de mariage de « hault et puissant seigneur messire René-Jean de Mailly, chevalier, seigneur baron de Toutencourt, Varennes et autres

lieux, fils aîné » de « haut et puissant messire René de Mailly, chevalier, seigneur marquis dudit Mailly et autres lieux, et de deffunte haute
et puissante dame Margueritte de Monchy, » le dit René de Mailly
remarié à « dame Magdelaine de Laval, assisté (René-Jean) de haut
et puissant seigneur messire Jean-Baptiste de Monchy, chevalier, seigneur de Montcavrel et aultres lieux, colonel d'un régiment de cavalerie
étranger et brigadier des armées du roy, cousin germain dudit sieur
baron, » avec :

« Damoiselle Charlotte de Montesbene » demeurant à Amiens, fille
de « feu haut et puissant seigneur messire Cyprien de Montesbene, vivant chevalier, seigneur de Hérissart, Arquesve, Saulte? et Luris?,
capitaine d'une compagnie de gardes de la reine Marie de Médicis, et
maréchal de camp ès armées du roy, » et de « haute et puissante dame
Elizabeth du Châtelet.... »

Présents « Mᵉ Charles Dumont, prêtre, curé du bourg de Mailly, » et
« noble et discret Mᵉ Charles Le Pot, sʳ du Mesnil, chanoine de l'église
cathedralle d'Amiens. »

(Arch. de La Roche-Mailly. Copies papier du XVIIIᵉ siècle, collationnées).

DXXXII

1671, 20 avril. Paris. — Contrat de mariage de « hault et puissant
seigneur messire Louis de Mailly, chevalier, seigneur de Fescamp,
Fresnoy, Marmoutier et autres lieux, capitaine-lieutenant des gens
d'armes de son Altesse Sérenissime monseigneur le prince, fils de deffunt haut et puissant seigneur messire Jacques de Mailly, chevalier,
seigneur desdits Fescamp, Fresnoy et Marmoutier, et de dame Françoise de Banuelle (Bouelle), son espouse, demeurant à Paris, sur le quay
Malacquets, à Saint-Germain-des-Prés, » avec :

« Haute et puissante dame Margueritte de Marreau de Villeregis,
veuve de haut et puissant seigneur messire Maximilien-Claude-François,
comte de Gomicourt, seigneur de Lignerolles, Mazière et autres lieux,
demeurant à Paris, rue des Vieilles-Haudriettes, paroisse Sainct-Nicolas-des-Champs,... en la présence, par l'advis et du consentement,....

» De la part du dit seigneur de Mailly, de hault et puissant seigneur
messire Louis, marquis de Mailly, de Néelle et de Montcavrel, prince de
l'Isle-soubs-Montréal, comte de Bohin et Beaurevoir, baron de Beaulieu,

Frenesche, Athis et Capi, seigneur de Balagny et autres lieux, et de
messire Louis de Mailly, marquis de Nesle, ses cousins.

» Et de la part de la dite dame comtesse de Gomicourt, de dame Marie de Mauperu, veuve de messire Hector de Mareau, chevalier, seigneur
de Villeregis, conseiller du roi en ses conseils et en sa cour de Parlement, sa mère, damoiselle Thérèze de Mareau de Villeregis, sa sœur, et
de révérendissime messire Jean de Mauperu, conseiller du roy en ses
conseils, évesque et comte de Châlons-sur-Saône, son oncle....

» Fait et passé en l'hostel où demeure la dicte dame de Gomicourt, rue
des Vieilles-Haudriettes, parroisse Sainct-Nicolas-des-Champs.... »

(Arch. de La Roche-Mailly. Cah. parchemin).

DXXXIII

1684, 25 septembre. Mailly. — Mariage de « haut et puissant seigneur messire JEAN-BAPTISTE DE MONCHY, marquis de Montcavrel, de la
parroisse d'Allette, diocèse de Boulogne, » avec « haute et puissante demoiselle, mademoiselle CLAUDE DE MAILLY, de la parroisse dudit Mailly,
diocèse d'Amiens,.... en la présence de haut et puissant seigneur messire RENÉ DE MAILLY, marquis du dit lieu et de Nesle, et de haute et
puissante dame MADAME DE LAVAL, marquise de Mailly et de Nesle.... »
— Extrait des *Registres aux actes de mariages de la paroisse de
Mailly*.

(Arch. de La Roche-Mailly. Copie collationnée).

DXXXIV

1685, 31 janvier. — *Extrait de l'Aveu rendu à Louis XIV par Louis-
Philippe de Mailly, sénéchal de Vermandois, pour son fief de la sénéchaussée de Vermandois.*

« De vous mon souverain seigneur et monarque Louis quatorziesme,
par la grâce de Dieu, roy de France et de Navarre, je LOUIS-PHILIPPES
DE MAILLY, chevalier, sénéchal de Vermandois, seigneur de Fontaine-
Nostre-Dame, Fieulaine, Mereaulieu, tient et advoue tenir à foy et hommage à cause de votre châtelny et prévosté de Sainct-Quentin, le fief de
la sénéchaussé de Vermandois, et à cause d'iceluy fief et sénechaussée,
je jouy et suis possesseur de plusieurs beaux drois, possessions et domaines (suit l'énumération de tous ces droits).

» Item, quant le roy, nostre souverain seigneur, vient la primière fois en la ville de Sainct-Quentin, soit au disner ou soupper, le dict séneschal doibt aller au dressoire porter le plat d'argent que on doit mettre devant le roy, et quant on oste le dit plat, la viande qui est dedans appartient et demeure au profict du dict séneschal, lequel peut la dicte viande emporter sans meffaict....

» Icelluy Louis de Mailly a signé ce présent dénombrement de son seing et icelluy scellé du cachet de ses armes, le 31 janvier 1685.

» Louis-Pfilipe de Mailly. »

Cachet en cire rouge : *Ecu portant trois maillets*, surmonté d'une couronne de comte et accompagné de deux palmes.

(Arch. de La Roche-Mailly. Original : cahier parchemin de 32 pages).

DXXXV

1687, 7 février. — Contrat de mariage de « haut et puissant seigneur messire René, marquis de Mailly, chevalier, seigneur de Toutencourt, Varennes, Fontaines-sur-Somme et autres lieux, fils de deffunt haut et puissant seigneur messire Jean-René, comte de Mailly et de haute et puissante dame Charlotte de Montesbexe, » et petit-fils de « haut et puissant seigneur messire René, marquis de Mailly, seigneur de Collemcant, Encrebellemère, Beaussart et autres lieux, » avec :

« Damoiselle Anne-Marie-Madeleine-Louise de Mailly, damoiselle de Nesle, fille de haut et puissant seigneur messire Louis de Mailly, marquis de Nesle, prince de l'Isle-sous-Montréal et autres lieux, et de haute et puissante dame Jeanne de Monchy, » et petite-fille de « haute et puissante dame madame Magdelaine de Laval, marquise de Nesle, espouse dudit seigneur marquis de Mailly, » la ditte demoiselle Anne-Marie-Madelaine-Louise de Mailly, « étant de présent à Abbeville, en l'hostel de Mailly, seis près des Capucins. »

(Arch. de La Roche-Mailly. Copie pap. du XVIIIᵉ siècle, collationn.).

DXXXVI

1687, 7 juillet. Château de Versailles. — Contrat de mariage, avec l'agrément du roi, par devant Antoine Lorimier et Lesecq de Launay, notaires à Paris, de

» Haut et puissant seigneur messire Louis, comte de Mailly, colonel d'un régiment d'infanterie de Bassigny, fils de haut et puissant seigneur messire Louis, MARQUIS DE MAILLY, de Neelle et de Montcavrel, et de haute et puissante dame JEANNE DE MONCHY-BALAGNY, son épouse,.... demeurans en leur hôtel rue de Beaunne, quartier Saint-Germain-des-Prez, paroisse Saint-Sulpice, » avec

« Damoiselle ANNE-MARIE-FRANÇOISE DE SAINTE-HERMINE, fille de haut et puissant seigneur messire Elie de Saint-Hermine, chevalier, seigneur de Laigne et autres lieux, et de haute et puissante dame Magdelaine de Valois, son épouse, demeurans ordinairement en leur terre de la Laigne, pais d'Aunis, » en présence des princes et des seigneurs de la cour, et particulièrement de « haute et puissante dame Françoise d'Aubigné, marquise de Maintenon, dame d'atours de madame la Dauphine, » tante de ladite Anne-Marie-Françoise de Sainte-Hermine.

(Arch. nat., T¹ 2. Pièce papier).

DXXXVII

1687, 27 septembre. — *Sentence portant l'ordre d'enregistrement de titres de noblesse, en faveur de François de Mailly, seigneur de La Grurie.*

« A tous ceux, etc., les président, esleus, greneticrs, conseillers et controolleurs pour le roy en l'eslection et grenier à sel de Joigny, salut.

» Savoir faisons que, veu la requeste à nous présentée par FRANÇOIS DE MAILLY, chevallier, seigneur de La Grurye, filz d'HENRY DE MAILLY, lequel l'estoit d'ADRIEN DE MAILLY, et le dit Adrien de JEAN DE MAILLY, tous escuiers, chevalliers et seigneurs de La Houssaye, Aumarais, Silly, Tillard, La Ramée, etc., disant qu'encore que sa noblesse et antienne estraction soit notoire et clairement vérifiée par les contracts de mariage des dits JEAN, ADRIEN et HENRY DE MAILLY, des unze juin 1564[1], deux mars 1607[2] et trentième aout 1650[3], et par plusieurs autres pièces..., néanmoins il apris que les habitans de la parroisse de Fontenouille[4], où il fait à présent sa demeure, le menace de le faire imposer au roolle des

---

1. Voir numéro CCCCLXXXV.
2. Ou plutôt 19 avril 1607. Voir numéro DXVII.
3. Contrat de mariage de *Louis-Henri de Mailly*, écuyer, avec damoiselle *Marie de Court*. (Arch. de La Roche-Mailly).
4. Yonne, arrondissement de Joigny, canton de Charny.

tailles de la ditte parroisse, ce qu'ils pouroient faire à son grand préjudice et dommage, s'il ne luy estoit sur ce pourveu....

» Veu la présente requeste,.... nous ordonnons que les tiltres et pièces, au nombre de treize, seront enregistrées en notre greffe pour y avoir recours quand besoin sera, ce faisans que le suppliant jouira des priviléges et exemptions atribuez à la noblesse, pourveu qu'il ne fasse acte dérogeant, enjoignons aux habitans et collecteurs de la ditte parroisse de Fontenouille de le comprandre en leurs roolles des tailles au nombre des exemps....

» Le vingt-sept septembre mil six cens quatre vingt sept.... »

(Arch. de La Roche-Mailly. Pièce parch., collationnée à l'original le 17 octobre 1687).

DXXXVIII

1689, 29 octobre. Châtelet de Paris. — « Devant.... Jean Le Camus, chevalier, conseiller du roy en ses conseils, lieutenant particulier de la ville prévôté et vicomté de Paris, sont comparus les parens et amis de damoiselles

» MARIE-LOUISE, agée de seize ans et demie ou environ,

» ELIZABETH, agée de douze ans et demie ou environ,

» THERESSE, agée de onze ans ou environ, et de messire

» LOUIS-ALEXANDRE DE MAILLY, âgé de sept ans trois mois, enfans mineurs de deffunts messire LOUIS DE MAILLY, chevalier, seigneur de Frenoy, capitaine lieutenant des gens d'armes de feu Mr le prince de Condé, et de dame MARGUERITTE DE MAREAU DE VILLEREGIS, jadis son épouse, à présent sa veuve,

» Savoir la dite dame veuve dudit sieur de Mailly,

» Messire Louis, marquis de Mailly, chevalier, seigneur marquis de Nelle,,et

» Messire François, abbé de Mailly ; ledit sieur marquis de Mailly, oncle paternel, à la mode de Bretagne, desdits mineurs, et le dit sieur abbé, cousin issu de germain paternel.

» Messire Claude, duc de Saint-Simon, pair de France, chevalier des ordres du roy, gouverneur des ville, comté et citadelle de Blaye[1], et

1. Claude de Rouvroi, duc de Saint-Simon, mort en 1693, avait épousé en secondes noces Charlotte de l'Aubepisne, dont il eut le fameux Louis, duc de Saint-Simon, auteur des *Mémoires*.

» Messire Antoine de Beloy, chevalier, seigneur de Franceur, cousins paternels ;

» Messire Evrard Mareau, chevalier, seigneur de Villeregis, oncle maternel ;

» Messire Jacques d'Annet, chevalier, seigneur marquis d'Auvillars, oncle maternel, à cause de dame [......] Mareau de Villeregis, son espouse ;

» Messire René de Marillac, conseiller d'état et d'honneur au Parlement, chevalier, seigneur marquis d'Albessy ;

» Messire Gille de Maupou, chevalier, seigneur d'Ablège, conseiller du roy en ses conseils, maitre des requestes ordinaire de son hôtel, cousins maternels, tous parens.

» Jean des Hayette, procureur en cette cour, fondé de leur procuration,.... lequel ou dit nom nous a dit qu'il est besoin d'élire un tuteur ou tutrice et un subrogé tuteur aux dits mineurs.... »

Marguerite de Mareau de Villeregis est nommée tutrice de ses enfants « et pour subrogé tuteur messire Gilbert de Sireglime (sic) de Boisfranc[2], maitre des requestes.... »

(Arch. de La Roche-Mailly. Copie papier du XVIIIe siècle collationnée).

DXXXIX

1697, 24 mars. — « François de Mailly, escuier,.... d'une extraction noble et très ancienne, étant issu de la famille de Mailly, très connue dans la province, » et n'ayant « jamais fait acte desrogeant à noblesse, » est déchargé, « comme propriétaire de la terre et seigneurie de La Grande-Gruerie, scituée parroisse de Fontenouille, généralité de Paris, » de « la somme de six cents livres pour droits de francfief, » à laquelle il avait été taxé par « Me Jean Fumée, chargé par Sa Majesté du recouvrement des dits droits. »

(Arch. de La Roche-Mailly. Copie parchemin, collationnée).

2. Timoléon-Gilbert de Seiglière, seigneur de Boisfranc, maître des requêtes ordinaire de l'hôtel du roi et chancelier du duc d'Orléans, marié à Marie-Renée de Bellefourière. (P. Anselme. t. VIII, p. 737 D).

DXL

1700, 25 juillet. Paris. — *Donation entre-vifs, avec substitution de Nesle, graduelle et perpétuelle à l'infini, en faveur de tous les membres de la maison de Mailly.*

« Pardevant nous Jacques Faudoire et Claude Monnerat, conseillers du Roi, notaires au Châtelet de Paris, soussignés, furent présens : très-haut et très-puissant seigneur monseigneur Louis, MARQUIS DE MAILLY, de Neelle, Montcravel, à présent Mailly en Boulonnais, baron d'Emery, Flavy et d'Angoursan, vicomte de Monchy, seigneur de Maurup, Pargny, de Bauhin et de Beaurevoir par engagement, de Remaugies, Onvilliers et de Monthulin, de Montchelles, des Petites-Tournelles et de Balagny, et d'autres terres et seigneuries ; et très-haute et puissante dame madame JEANNE DE MONCHY, son épouse, qu'il autorise à l'effet des présentes, demeurant à Paris, en leur hôtel, rue de Beaune, au bout du Pont-Royal, paroisse Saint-Sulpice.

» Lesquels ont reconnu et confessé avoir par ces présentes donné et donnent par donation entre-vifs et irrévocable, en la meilleure forme que faire se peut, à la charge des substitutions et réserves, clauses, charges et conditions ci-après exprimées, à très-haut et très-puissant seigneur monseigneur Louis de Mailly, chevalier, marquis de Neelle, prince de Lisle-sous-Montreal, baron de la Mothe-Saint-Jean et de Semur, seigneur du Cosson, du Tour de Lassaux, Saint-Imoges et autres terres et seigneuries, leur petit-fils mineur, né le 27 février 1689, fils de défunt très-haut et très-puissant seigneur monseigneur Louis de Mailly, chevalier, marquis de Neelle, fils aîné desdits seigneur et dame donateurs, maréchal des camps et armées du Roi, tué au siége de Philisbourg, à la fin de l'année 1688, et de très-haute et très-puissante dame madame Marie de Coligny son épouse. Ce accepté pour ledit seigneur marquis de Neelle, mineur, aux charges des substitutions, réserves d'usufruit, clauses et conditions ci-après, par Me Louis de Longuemort, avocat au parlement, demeurant à Paris, rue de Verneuil, paroisse Saint-Sulpice, à ce présent, au nom et comme tuteur dudit seigneur marquis de Neelle, mineur, et des autres seigneurs et damoiselles appelés aux substitutions faites par le présent contrat, suivant l'avis de leurs altesses sérénissimes monseigneur le prince, monseigneur le duc,

monseigneur le prince de Conti, monseigneur le duc du Maine, de messeigneurs les princes de la maison de Lorraine en France, de messeigneurs les ducs de Bouillon, de Montmorency, Luxembourg, Châtillon,
de la Rochefoucault, de la Trémoille, de Foix, de Béthune, de Saint-
Simon, de la Feuillade, de Duras, de Choiseul, de Humières, de Boufflers, de messeigneurs les princes de Rohan et d'Isenghien, et autres
seigneurs parens paternels et maternels dudit seigneur marquis de
Neelle, de mademoiselle de Neelle sa sœur, et des enfans de feu monseigneur le comte de Mailly ci-après nommé, homologué par sentence du
Châtelet, du 3 avril dernier, expédiée par Tauxier, greffier, dont l'original est demeuré annexé à ces présentes, pour y avoir recours, et être
transcrit en fin des expéditions qui en seront délivrées.

» Premièrement, la terre, marquisat, ville fermée et château de
Neelle, située dans les baillages de Saint-Quentin, Peronne, Roye,
Noyon et Chaulny ; la terre et baronnie d'Emery et Flavy, située au
baillage de Chaulny.

» La vicomté, terre et seigneurie de Monchy-la-Gasche, et les autres
fiefs annexés et réunis à icelle.

» Un autre fief, terre et seigneurie de Monchy avec celui de la mairie,
situés dans l'étendue du baillage de Péronne.

» La terre et marquisat de Montcavrel, à présent sous le nom de
Mailly en Boulonnais, située dans la sénéchaussée de Boulonnais, y
compris la baronnie d'Angursan.

» Les terres et seigneuries de Bauhin et de Beaurevoir, situées au
bailliage de Saint-Quentin, possédées par engagement par lesdits seigneurs et dame donateurs, avec les finances qui se trouveront payées
au jour du décès du dernier mourant desdits seigneurs et dame donateurs, tant par eux que par leurs auteurs.

» L'hôtel de Mailly, situé en cette ville de Paris, rue de Beaune, près
le Pont-Royal, vis-à-vis les Tuileries, où demeurent lesdits seigneur et
dame donateurs.

» Plus, toutes les appartenances, dépendances et annexes, tant dudit
hôtel de Mailly que desdites terres et seigneuries ci-dessus données,
ainsi que le tout appartient auxdits seigneur et dame donateurs, même
les acquisitions et augmentations qu'ils y ont faites jusqu'à ce jour,
qu'ils y pourront faire ci-après, et qui se trouveront faites au jour de
leur décès, et joignant ledit hôtel, et aussi au dedans et aux environs

desdites terres, qui y demeureront unies et annexées, et compris en la
présente donation, en faisant toutefois déclaration par lesdits seigneur
et dame donateurs par les contrats des acquisitions qu'ils pourront faire
ci-après, que leur intention est qu'icelles acquisitions soient unies et
annexées auxdites maison, hôtel et terres et non autrement.

» Ensemble sont compris en la présente donation tous les meubles et
vaisselle d'argent étant de présent, tant dans ledit hôtel de Mailly que
dans le château de Neelle, desdits meubles et vaisselle d'argent il sera
incessamment fait un inventaire, certifié desdits seigneur et dame donateurs, et ensuite annexé à ces présentes, et ceux qui se trouveront aux
jours de leur décès dans les nouveaux bâtiments que lesdits seigneurs
et dame donateurs font et feront faire et continuer au château de Neelle
et audit hôtel de Mailly de cette ville de Paris.

» Tous lesdits biens ci-dessus donnés, appartenant auxdits seigneur
et dame donateurs, d'acquisitions par eux faites.

» Plus, la terre et seigneurie des Petites-Tournelles du Monchel, ses
appartenances et dépendances, et ainsi qu'elle appartient audit seigneur marquis de Mailly de son propre, située dans la coutume de
Montdidier.

» De tous lesquels biens ci-dessus donnés lesdits seigneurs et dame
donateurs se réservent à chacun d'eux l'usufruit leur vie durant et du
survivant d'eux, ensemble la réception des foi et hommages des vassaux,
les reliefs et saisines, le droit de nommer et pourvoir aux bénéfices et
offices, les droits honorifiques, profits de fiefs, lods, ventes, entrées et
issues et autres droits et revenus casuels ; à la charge par eux de payer
annuellement les charges réelles et féodales qui sont à prendre sur les
dites terres et seigneuries, et sans que ladite réserve puisse préjudicier
à la désaisine que lesdits seigneur et dame donateurs font par ces présentes de la propriété des choses ci-dessus données en faveur et au profit
dudit seigneur donataire, au désir des coutumes dans lesquelles lesdites
terres données se trouvent situées.

» Même lesdits seigneur et dame donateurs ont par ces présentes
donné audit seigneur marquis de Neelle, ou à celui qui recueillera les
biens ci-dessus au jour du décès du dernier mourant desdits seigneurs
et dame donateurs, en conséquence des substitutions ci-après, ce accepté pour eux par ledit sieur de Longuemort audit nom, tous les revenus desdites terres et seigneuries, profits de fiefs, droits seigneuriaux

et féodaux qui se trouveront dus à cause desdits biens ci-dessus donnés au jour du décès du survivant desdits seigneur et dame donateurs, pour en faire le recouvrement par ledit seigneur marquis de Neelle, ou par celui en faveur de qui la substitution se trouvera ouverte au jour du décès du dernier mourant desdits seigneur et dame donateurs, et en faire et disposer ainsi qu'il avisera.

» Et parce que lesdits seigneurs et dame donateurs désirent conser-
» ver à perpétuité à leurs descendans mâles et à ceux de leur nom et de
» leur maison et armes les biens ci-dessus donnés, ils veulent et enten-
» dent, sous le bon plaisir du Roi notre sire, que tous lesdits biens don-
» nés demeurent substitués aux conditions de la donation ci-dessus,
» comme ils les substituent par ces présentes graduellement aux enfans
» mâles qui naîtront en légitime mariage dudit seigneur marquis de
» Neelle donataire, et à leurs descendans mâles issus de mâles à perpé-
» tuité, l'aîné et celui de la branche aînée toujours préféré aux cadets
» de ligne en ligne ; et que ceux qui recueilleront les biens ci-dessus
» donnés en vertu de la présente substitution, ne puissent quitter le
» nom et les armes de Mailly en vue d'une autre substitution et sous
» quelque prétexte que ce soit ; et s'ils les quittent, que lesdits biens
» soient dévolus à ceux ou à celles qui seront appelés après eux à ladite
» substitution, ce qui aura lieu dans tous les cas ci-dessus et ci-après
» exprimés. »

» Comme aussi que dans tous les cas ci-dessus et ci-après exprimés, ladite substitution ne puisse être recueillie ni conservée par ceux qui se trouveront engagés dans les ordres sacrés, ou dans quelques ordres religieux ou militaires, et qui auront fait profession, sans toutefois qu'ils soient tenus de restituer les jouissances qu'ils auront perçues avant leur engagement.

» Veulent et entendent lesdits seigneur et dame donateurs, que ceux
» qui sont appelés à la présente substitution, soient saisis des biens
» substitués aussitôt que le cas de la substitution sera avenu, sans qu'ils
» soient obligés d'en faire demande en justice ; comme aussi que lesdits
» biens passent du premier substitué aux autres substitués, sans aucune
» distraction, soit pour cause de légitime, dot ou autrement, et sans
» aussi qu'ils puissent être chargés de dot, douaire et conventions ma-
» trimoniales des femmes, des donataires et substitués, » le tout dans tous les degrés de la présente substitution, sauf à elles et à leurs parens

et tuteurs à veiller à l'emploi et sûreté de leurs deniers et de leurs conventions, ainsi qu'ils aviseront. Pourront toutefois les revenus desdits biens seulement être chargés de douaires viagers, chacun desquels ne pourra excéder la somme de dix mille livres par an, qui ne passera pas aux enfans, et demeurera éteint par le décès de la veuve douairière ; et pour assurer le paiement desdits douaires, et empêcher que les arrérages ne s'en accumulent, veulent et entendent lesdits seigneur et dame donateurs, au cas qu'il n'y eût été pourvu par les contrats de mariage, que du jour de l'ouverture desdits douaires, le paiement en soit délégué sur les plus solvables fermiers ou receveurs desdits biens, et que les arrérages en soient payés aux veuves par préférence auxdits donataires et substitués, et à leurs créanciers, nonobstant toutes lettres d'état, saisies et empêchemens procédant des faits desdits donataires et substitués, ou de leurs créanciers ; au moyen de quoi lesdites veuves, leurs héritiers et ayans-cause ne pourront se pourvoir sur les autres revenus desdits biens, si elles n'ont fait, à mesure que les termes desdits douaires écherront, les diligences nécessaires pour être payées, lesquelles diligences ne pourront servir que pour se pourvoir sur les autres revenus, lesdits seigneur et dame donateurs déclarant que leur volonté est qu'en aucun cas les arrérages desdits douaires ne puissent charger ni affecter les fonds desdits biens donnés et substitués, nonobstant toutes coutumes et conventions contraires, auxquelles lesdits seigneur et dame donateurs entendent qu'il soit dérogé.

» Et au cas que la ligne masculine dudit seigneur marquis de Neelle donataire vienne à manquer, lesdits biens donnés appartiendront aux enfans mâles de défunt très-haut et très-puissant seigneur monseigneur Louis, comte de Mailly, fils puîné desdits seigneur et dame donateurs, et graduellement à leurs enfans et descendans mâles issus de mâles ; l'aîné desdits enfans mâles, et ses enfans et descendans mâles issus de mâles, préféré aux cadets ; et aussi aux mêmes préférences des aînés mâles dans chaque ligne, charges, réserves, conditions, prohibitions et droits ci-devant exprimés.

» Et s'il arrive que lesdites deux branches masculines viennent à manquer, lesdits biens donnés et substitués appartiendront aux filles du dit seigneur marquis de Neelle donataire graduellement, et à leurs enfans mâles, descendans mâles issus de mâles aussi graduellement et à perpétuité, l'aînée et ses enfans et descendans mâles issus de mâles préférée aux cadettes, et aussi aux mêmes préférences en faveur des aînés de ligne en ligne, charges, réserves, prohibitions et conditions ci-devant ; et outre sous la condition expresse que la présente substitution n'aura lieu à l'égard desdites filles, ni de leurs descendans appelés après elles, ni d'aucunes des autres filles qui seront ci-après appelées en divers cas à la présente substitution, ni pareillement de leurs descendans, sinon au cas seulement qu'elles se trouvent mariées à un de leurs parens au nom et armes de Mailly, ou qu'elles y aient été mariées et en aient eu des enfants, ou qu'elles épousent un de leurs parens dudit nom et armes ; ce qu'elles feront dans deux ans du jour que la substitution aura été ouverte à leur profit, si elles sont majeures de vingt-cinq ans ; et si elles sont mineures, dans deux ans du jour de leur majorité, pendant lequel tems elles jouiront desdits biens ; et après ledit tems, si elles n'ont point satisfait à ladite condition, lesdits biens appartiendront à celle des filles qui se trouvera appelée après elle à ladite substitution, aux conditions ci-dessus et autres ci-devant exprimées, sans toutefois qu'elle puisse prétendre les fruits et revenus du passé, qui demeureront incommutablement au profit de celles qui auront joui desdits biens pendant le temps qui leur est prescrit pour épouser un de leurs dits parens ; et ne pourront venir à ladite substitution les enfans mâles desdites filles, autres que ceux qui seront issus de mariage fait avec un de leurs parens desdits nom et armes.

» Tous les cas susdits venant à défaillir, lesdits seigneur et dame donateurs veulent que tous lesdits biens appartiennent à très-haute et très-puissante demoiselle mademoiselle Charlotte de Mailly, sœur dudit seigneur marquis de Neelle donataire, et graduellement à ses enfans mâles et descendans mâles issus de mâles à perpétuité, aussi aux mêmes préférences des aînés, charges, réserves, conditions, prohibitions et droits ci-devant.

» Et si ladite demoiselle et ses enfans mâles et descendans mâles issus de mâles, appelés aux termes ci-dessus, viennent à manquer, lesdits biens appartiendront aux filles de ladite demoiselle de Mailly, graduellement, et à leurs enfans mâles et descendans mâles issus de mâles, l'aînée et ses enfans mâles et descendans mâles préférée aux cadettes, et aussi aux mêmes préférences en faveur des aînés, charges, réserves, conditions, prohibitions et droits ci-devant.

» Et si la branche de ladite demoiselle Charlotte de Mailly vient à manquer, lesdits seigneur et dame donateurs veulent et entendent que lesdits biens donnés et substitués appartiennent aux filles dudit feu seigneur comte de Mailly graduellement, et à leurs enfans mâles et descendans mâles issus de mâles aussi graduellement, aux mêmes préférences, charges, conditions, prohibitions, réserves et droits ci-dessus exprimés, pour le regard des filles dudit seigneur marquis de Neelle donataire, et de leurs enfans et descendans, ce qui aura lieu de ligne en ligne et à toujours.

» Et si les branches des filles dudit feu seigneur comte de Mailly viennent à défaillir, lesdits seigneur et dame donateurs veulent et entendent que lesdits biens donnés et substitués appartiennent aux filles de l'aîné des enfans mâles dudit seigneur comte de Mailly et descendans mâles desdites filles, et après aux filles du second fils dudit seigneur comte de Mailly et descendans mâles desdites filles et ensuite aux filles du troisième fils dudit seigneur comte de Mailly, et aux descendans mâles desdites filles graduellement et à perpétuité de ligne en ligne, aux mêmes préférences en faveur de l'aîné de chaque ligne, charges, clauses, conditions, prohibitions et droits ci-devant exprimés, et de la même manière qu'il est à l'égard des filles dudit seigneur marquis de Neelle, donataire, et de leurs enfans et descendans.

» Et si tous ceux et celles qui sont appelés à ladite substitution viennent à défaillir, ou refusent d'exécuter les charges et conditions ci-dessus imposées, veulent et entendent lesdits seigneur et dame donateurs, que *lesdits biens appartiennent aux plus proches mâles du nom et armes de Mailly*, et graduellement à leurs enfans et descendans mâles issus de mâles le plus proche, et ses enfans et descendans mâles toujours préférés aux autres, le tout aux mêmes préférences d'aîné, charges, conditions, prohibitions, et droits ci-dessus, pourvu qu'il soit capable de recueillir la présente substitution, et que lui ni ses auteurs n'aient point été exhérédés par lesdits seigneur et dame donateurs. »

» En cas de rachat des domaines de Bauhin et de Beaurevoir, les deniers en seront remployés en achat d'autres terres nobles, le plus proche que faire se pourra des marquisats de Neelle ou de Mailly, ou dans l'étendue de leurs mouvances, lesquelles demeureront unies à celui desdits marquisats dans l'étendue duquel lesdites acquisitions seront faites, sinon à celui dont elles seront plus proches, et demeureront comprises dans les substitutions ci-dessus exprimées, comme en faisant partie.

» Et d'autant que lesdits seigneur et dame donateurs ont été obligés de faire des emprunts considérables à constitution de rente pour l'acquisition de partie desdits bien donnés et substitués, veulent et entendent lesdits seigneur et dame donateurs, que ledit seigneur donataire et ceux qui seront appelés après lui à la présente substitution, soient tenus de payer jusqu'à concurrence de quatre cent mille livres de principaux de rentes constituées par lesdits seigneur et dame donateurs, et les arrérages desdites quatre cent mille livres, qui écherront à compter du jour du décès du dernier mourant d'eux, réservant de pourvoir à l'acquittement du surplus de leurs dettes sur leurs autres biens non compris en la présente donation ; et pour faciliter le paiement desdits quatre cent mille livres et arrérages, que tous les revenus des terres et marquisat de Neelle, baronnie d'Emery et Flavy, vicomté, terres, fiefs, seigneurie, mairie de Monchi-la-Gasche, leurs appartenances, dépendances et annexes, terres et seigneuries de Bauhin et de Beaurevoir, ensemble tous les fruits et profits de fiefs, droits seigneuriaux et féodaux desdites terres qui écherront par chacune année après le décès du dernier mourant desdits seigneur et dame donateurs, soient employés au paiement desdites quatre cent mille livres de principaux et desdits arrérages ; au moyen de quoi ledit seigneur donataire, et ceux qui viendront après lui à la présente substitution, auront seulement la jouissance du surplus desdits biens jusqu'à l'entier acquittement desdites quatre cent mille livres de principaux et des arrérages, et néanmoins à mesure qu'il sera remboursé des principaux desdites quatre cent mille livres, ils jouiront d'autant du revenu sur lesdits fruits et revenus destinés à l'acquittement desdites quatre cent mille livres, que lesdits principaux produisaient annuellement d'arrérages ou intérêts par chacun an.

» Et pour l'exécution de tout ce que dessus, veulent et consentent lesdits seigneur et dame donateurs que tous lesdits revenus soient mis entre les mains d'une personne solvable en cette ville de Paris, qui sera nommée par très-haut et très-illustre monseigneur Victor-Auguste de Mailly, évêque de Lavaur, et monseigneur François de Mailly, archevêque d'Arles, primat et prince, enfans desdits seigneur et dame donateurs, ou par l'un d'eux en cas de décès de l'autre, pour être les revenus des biens destinés à l'acquittement desdites quatre cent mille livres employées par chacune année à payer les charges réelles desdites terres, les arrérages des rentes desdites quatre cent mille livres, et le surplus à acquitter les principaux desdites quatre cent mille livres.

» Sera tenu le préposé de rendre compte de son maniement d'année en année auxdits seigneurs évêque de Lavaur et archevêque d'Arles, ou à l'un d'eux en l'absence ou au défaut de l'autre ; et seront les quittances des paiemens qu'il rapportera, ensemble les titres des créances acquittées, mises en dépôt en un lieu sûr qui sera indiqué par lesdits seigneurs évêque de Lavaur et archevêque d'Arles, auxquels lesdits seigneur et dame donateurs donnent tout pouvoir de veiller à l'emploi desdits fruits et revenus, et à l'entière exécution des présentes donation et substitution ; et après leur décès, veulent et entendent que chacun d'iceux qui sont appelés à la présente substitution puissent veiller à l'exécution de toutes les clauses ci-dessus pour l'acquittement des dettes, s'il en reste encore à payer, et faire en justice à cet effet toutes poursuites nécessaires, et qu'ils soient remboursés de leurs frais par préférence sur les deniers destinés audit acquittement.

» La présente donation et substitution ainsi faite par lesdits seigneur et dame donateurs, pour l'amitié qu'ils portent audit seigneur marquis de Neelle leur petit-fils, premier donataire, et autres leurs petits-enfans ci-dessus appelés, et à leurs descendans, pour la continuation des droits des aînés de leur famille, et pour conserver lesdits biens donnés et substitués à leur postérité dans l'ordre et la manière qu'il est ci-devant dit, et parce qu'ainsi leur plaît et est leur volonté.

» Et sous toutes lesdites charges et conditions lesdits seigneur et dame donateurs ont transporté au profit desdits seigneurs donataires, et descendans substitués, et à chacun d'eux, et de ceux qui sont appelés et recueilleront ladite substitution, tous droits de propriété, noms, raisons et actions, rescindens et rescisoires, qu'ils ont èsdits biens donnés et substitués, s'en dessaisissant à leur profit pour s'en faire saisir et mettre en possession ainsi qu'il appartiendra.

» Reconnaissant lesdits seigneur et dame donateurs. avoir en leurs mains les titres et pièces concernant la propriété desdites terres et biens ci-dessus donnés, à cause dudit usufruit par eux réservé à titre de précaire, consentant qu'après leur décès lesdits titres et pièces soient mis ès-mains de celui qui devra jouir de la présente donation et substitution, ou pour lui en celles de qui il appartiendra ; même si besoin est, lesdits seigneur et dame donateurs promettent l'en aider toutefois et quantes, en attendant ladite délivrance, et pour faire publier, insinuer et enregistrer ces présentes en toutes juridictions et partout où besoin sera, même pour se dévêtir et dessaisir par lesdits seigneur et dame donateurs des biens ci-dessus donnés et substitués, ès-mains du Roi et des seigneurs dont lesdites terres et seigneuries sont mouvantes, et en consentir les investitures et saisines au profit dudit seigneur donataire et substitué, et en requérir l'investiture et saisine, et en prendre possession actuelle par mise de fait ou autrement, suivant les coutumes des lieux où lesdits biens sont situés ; lesdits seigneur et dame donateurs et ledit sieur de Longuemort audit nom, font et constituent leurs procureurs-généraux et spéciaux les porteurs desdites présentes, leur donnant pouvoir de faire pour raison de ce tout ce qui sera nécessaire, et d'en requérir tous actes, et dès à présent se sont lesdits seigneur et dame donateurs dessaisis et devêtus au profit dudit seigneur donateur de tous les dits biens donnés par l'octroi et tradition desdites présentes.

» Et pour l'exécution des présentes et dépendances, lesdits seigneur et dame donateurs ont élu leur domicile irrévocable en leur hôtel en cette ville devant déclaré, auquel lieu nonobstant, promettant, obligeant, renonçant.

» Fait et passé, à Paris, en l'étude de Monnerat, l'un des notaires soussignés, l'an mil sept cent, le vingt-cinquième jour de juillet, avant midi, et ont signé. Ainsi signé : de Mailly, Jean de Mailly ; de Longuemort, Faudoire et Monnerat, notaires. »

(Arch. de La Roche-Mailly ; imprimé, in-4° de 12 pages, *de l'imprimerie de Pillet aîné, rue des Grands-Augustins, n° 7*).

DXLI

1700, 29 décembre. Saint-Léger. — « Haut et puissant seigneur messire FRANÇOIS DE MAILLY, chevallier, seigneur de Saint-Léger, Le Coudray et autres lieus, terres et seigneuries, demeurant en son logis de Saint-Léger, » ayant institué pour son héritier « haut et puissant seigneur messire ANTOINE DE MAILLY, chevallier, seigneur marquis de Haucourt, d'Assigny et autres lieux et seigneuries, demourant ordinairement en son chasteau de Haucourt,... son nepveu, » donne « à damoiselle Catherine de Mailly et à damoiselle Marie-Anne de Mailly, toutes deux filles dudit seigneur de Haulcourt et de feüe dame Françoise de Cameson (Cannesson), son espouze, et à Antoinette de Martinville, fille de messire Louis de Martinville, marquis d'Estouteville et de feüe dame Anne de Mailly, son espouze, chacunnes cincquante livres de rente viagère, quy seront a les avoir après le decedz dudit seigneur de Mailly-Saint-Léger, dont ledit seigneur de Mailly-Haucourt sera tenu leur payer après le dit decedz.... »

(Arch. de La Roche-Mailly. Copie papier).

XVIII° SIÈCLE

DLXII

1708, 2 mai. Villaines-sous-Lucé. — *Naissance de Joseph-Augustin
de Mailly.*

« Le second may mil sept cent huict, est né un enfant mâle de légitime mariage de très noble et puissant seigneur JOSEPH, chevallier,
CIRE DE MAILLY, marquis de Hautcourt, seigneur d'Assigny, Villedieu,
Cany, Saint-Léger, baron de Saint-Amand, etc., et de haute et puissante dame, LOUISE-MAGDELAINE-MARIE-JOSEPH DE LA RIVIÈRE, dame
de Corbuon, a été ondoyé dans la chapelle dudit Corbuon, le même jour
et an que dessus, par nous curé soussigné ; les céremonies ont été diffe-
rées pour trois mois suivant la permission de monseigneur l'illustrissime et révérendissime Louïs, évesque du Mans, signé de sa main le même
jour et an que dessus. — Le Chevallier[1]. »

(Arch. de La Roche-Mailly. Copies collationnées, extraites, en 1750
et en 1829, des *Registres paroissiaux de Villaines-sous-Lucé*).

DXLIII

1720, 6 mars. Paris. — Contrat de mariage de « très haut et très

---

1. L'*Inventaire sommaire des archives de La Sarthe*, t. I, p. 560, donne
l'analyse de ce document sous cette forme : « *21 juin 1711.* Ondoiement d'un
enfant mâle, né de ce jour au château de Corbion, en cette paroisse, du mariage de Joseph de Mailly, seigneur d'*Harcourt,* baron de *Saint-Osmane,* et
de dame Louise-Madeleine-Joseph-Marie de La Rivière, dame de Corbion. »
— Ce volume d'inventaire fourmille d'erreurs semblables et souvent bien
plus grossières. Certaines pages en contiennent des quantités considérables.
Les érudits ne peuvent dans aucun cas ajouter foi à ce travail qui devrait
être repris en sous-œuvre.

puissant seigneur monseigneur Victor-Alexandre, sire marquis de Mailly, seigneur de Toutancourt, Varennes, Arsquéve, Fontaine-sur-la-Somme, Remaugie, Onvillé et autres lieux, colonel du régiment de Mailly, fils unique de deffunct très haut et très puissant seigneur monseigneur René, sire, marquis de Mailly, et de très haute et très puissante dame madame Anne-Marie-Madelaine-Louise de Mailly de Néelle, » avec :

« Très haute et très puissante damoiselle, mademoiselle Victoire-Delphine de Bournonville, fille mineure de défuns très haut et très puissant seigneur, monseigneur Alexandre-Albert-François-Barthelemy, prince de Bournonville, et de très haute et très puissante dame, madame Charlotte-Victoire d'Albert de Luynes, princesse de Bournonville, » du consentement de leurs parents, en présence des princes et princesses du sang.

(Arch. de La Roche-Mailly. Copie papier du XVIIIᵉ siècle, collat.).

DXLIV

1725, 28 mai. Versailles. — *Lettre de Louis XV à l'abbé de Saint-Denis en France pour le prier de faire remettre à la comtesse de Mailly le manteau royal conservé dans le trésor de son église.*

« A nostre cher et bien amé le supérieur de l'abaye royale de Saint-Denis en France.

» De par le roy,

» Cher et bien amé, ayant ordonné à la dame comtesse de Mailly, dame d'atours de la reyne, notre future épouse et compagne[1], de faire incessamment travailler à son habit royal, nous vous mandons et ordonnons de luy faire remettre le manteau royal qui est dans le trésor de votre église, pour le garder autant de temps qu'il luy sera nécessaire, en prenant par vous les seuretés accoutumées en pareilles occasions. Sy n'y faites faute, car tel est notre plaisir.

» Donné à Versailles, le vingt huit may, mil sept cent vingt cinq.

» Louis.

» Phelippeaux. »

(Arch. nat., K 141, nº 1. Original parchemin).

---

1. Marie Leczinska, fille du roi détrôné de Pologne, Stanislas, qui devait épouser Louis XV le 4 septembre 1725.

DXLV

1726, 30 mai. Paris. — Contrat de mariage, du consentement du roi, de « très haut et très puissant seigneur monseigneur LOUIS, COMTE DE MAILLY, chevalier, seigneur de Rieux, Rubempré, Brutelle,..... capitaine-lieutenant des gendarmes écossais du roi, commandant la gendarmerie de France, fils de très haut et très puissant seigneur, monseigneur LOUIS, COMTE DE MAILLY, seigneur desdits lieux, maréchal des camps et armées du roi, et de très haute et très puissante dame, madame ANNE-MARIE-FRANÇOISE DE SAINTE-HERMINE, dame d'atours de la reine, » avec :

« Très haute et très puissante damoiselle, mademoiselle LOUISE-JULIE DE MAILLY, fille aisnée de très haut et très puissant seigneur, monseigneur LOUIS DE MAILLY, chevalier des ordres du roi, marquis de Néelle et de Mailly, et de très haute et très puissante dame, madame ARMANDE-FELICE DE MAZARIN. »

(Arch. nat., T¹. Pièce papier).

DXLVI

1729, janvier. Versailles. — *Erection de la terre de Mailly en marquisat.*

« Louis, par la grâce de Dieu, roy de France et de Navarre, à tous présens et a venir, salut.

» Notre amé et féal VICTOR-ALEXANDRE DE MAILLY, mestre de camp du régiment de Mailly infanterie depuis l'année mil sept cens seize, nous fait exposer qu'outre la terre de Mailly, la plus ancienne baronnie de Picardie, laquelle est mouvante de nous à cause de notre château de Péronne, il possède encore les terres et seigneuries de Beaussart et Colincamp, Belval le haut et Belleval le bas, Englebelmer, la Tour du Pré, Toutancourt, Varennes et Arquèves, qui sont d'un revenu considérable ; que la maison de Mailly, à laquelle cette terre appartient depuis plusieurs siècles, est si ancienne et si illustre qu'il est incertain si elle a reçu son nom de cette terre, ou si elle le luy a donné ; qu'au moins l'histoire fait foy que dès l'année huit cens, Guillaume de Sanzay, petit fils du comte de Poitou épousa Marthe de Mailly ; qu'Ancelme de Mailly gouverna la Flandre sous la comtesse Richilde et fut tué devant Lille en l'année mil soixante onze[1] ; que Mathieu, sire de Mailly[2], en deffendant le roy Philippe-Auguste l'an onze cent quatre-vingt-dix-huit, fut pris prisonnier par les Anglois ; que Gilles, sire de Mailly, alla à la guerre de la Terre sainte et y mena neuf chevaliers[3] l'an 1245 ; qu'en 1340, Guillaume de Mailly étoit grand prieur de France[4] ; que Collard, sire de Mailly, fut l'un des seigneurs choisy, en l'année 1410, pour gouverner le royaume pendant la maladie du roi Charles six, et qu'il fut tué avec son fils aîné, en l'année 1415, à la bataille d'Azincourt ; que Jean, sire de Mailly, fut fait chevalier de l'ordre par Charles huit[5], l'an 1479 ; qu'Antoine, sire de Mailly[6], s'enferma en l'année 1537 avec Réné de Mailly, son fils, dans la ville de Metz, lorsque cette place fut assiégée par l'empereur Charles-Quint, et fut aussi fait chevalier de l'ordre par le roy François premier ; que Gilles, sire de Mailly, fut en l'année 1590, gouverneur de la ville de Montreuil[7] ; et que Réné de Mailly, père de l'exposant, ayant été pourveu par le feu roy Louis quatorze, notre très-honnoré seigneur et bizayeul, du régiment Orléannois, se trouva, après quelques années, obligé de quitter le service à cause de ses infirmités dont il décéda en l'année 1698, laissant l'exposant, son fils, âgé seulement de deux ans, lequel, aussitôt qu'il a pu porter les armes a pris, à l'exemple de ses pères, le party de nous servir, comme il fait depuis douze ans à la teste du régiment qui porte son nom.

» Et comme l'exposant désireroit qu'il nous plût, par ces considérations, décorer, en sa faveur, du titre et dignité de marquisat ladite ancienne baronnie de Mailly, et y réunir, à cet effet, lesdites terres et seigneuries de Beaussart et Collencamp, Belval le haut, Belval le bas, Englebelmer, la Tour du Pré, Toutencourt, Varennes et Arquèves, pour ne composer à l'avenir qu'une seule et même terre et seigneurie, il nous

1. Voir, n° III.

2. Ce Mathieu ne fut pas sire de Mailly.

3. On rencontre Gilles, sire de Mailly, avec neuf chevaliers, en 1270 ; voir p. 32, note 2. Un Gilles de Mailly se croisa cependant en 1245 ; voir, numéro XXVII.

4. Voir, numéro CIII.

5. En 1479, le roi de France était Louis XI et non Charles VIII.

6. Jean de Mailly était mort depuis longtemps en 1537.

7. Gilles de Mailly était déjà capitaine de Montreuil, en 1572 ; voir, n° D.

a très-humblement fait supplier de vouloir bien luy accorder nos lettres sur ce nécessaires[1].

» A ces causes, voulant gratifier l'exposant, en considération de sa haute naissance et des grands services qui ont été rendus aux Roys, nos prédécesseurs, par ceux de cette maison, l'une des plus anciennes et des plus distinguées du royaume, et désirant reconnoître ceux que l'exposant continue de nous rendre, de notre grâce spéciale, pleine puissance et autorité royale, nous avons joint, uny, annexé et incorporé, et par ces présentes joignons, unissons, annexons et incorporons ladite terre et baronnie de Mailly, et les terres et seigneuries de Beaussart et Collincamp, Belval le haut, Belval le bas, Englebelmer, la Tour du Pré, Toutencourt, Varennes et Arquèves, avec tous les fiefs, droits et revenus qui les composent, circonstances et dépendances, pour ne composer à l'avenir qu'une seule et même terre et seigneurie, laquelle nous avons, des mêmes grâce et autorité, créée, érigée, élevée, et décorée, créons, érigeons, élevons et décorons, par ces présentes, en nom, titre, dignité et prééminence de marquisat, sous la dénomination de marquisat de Mailly, pour en jouir par ledit sieur de Mailly, ses enfans, et postérité mâle, nez et à naître en légitime mariage, audit nom, titre et dignité de marquisat. Voulons et nous plaît qu'ils puissent se nommer et qualifier marquis de Mailly en tous actes, tant en jugements que dehors, et qu'ils jouissent de pareils honneurs, droits d'armes, blasons, autorité, prérogatives, prééminences en fait de guerres, assemblée d'Etats de noblesse et autrement, tout ainsy que les autres marquis de notre royaume et provinces de France, encore qu'ils ne soient icy particulièrement spécifiez ; que tous les vassaux, arrière vassaux, tenant noblement et en roture dudit marquisat de Mailly, le reconnoissent pour marquis, fassent leur foy et hommage, baillent leurs aveux, dénombremens et déclarations, le cas y échéant, sous le même nom et titre de marquisat de Mailly. Voulons pareillement que la justice, tant dudit marquisat que des terres et seigneuries qui le composent, soit exercée dans la paroisse de Mailly, chef-lieu dudit marquisat, et administrée à tous les habitans desdites terres

---

1. Il ne faut pas être surpris de rencontrer quelques erreurs dans cette pièce. Contrairement à l'opinion de plusieurs, ces sortes de documents n'ont aucune valeur en matière généalogique. Ils prouvent simplement l'érection d'une terre en marquisat ou en comté. Cette distinction avait échappé à M. le comte de Couronnel dans la polémique qu'il a soutenu, en 1891, avec M. le marquis de Mailly-Nesle.

par le bailly et autres officiers qui y sont établis ou autres que l'exposant voudra y établir ; à l'effet de quoy nous avons, du même pouvoir et
autorité, réuni et réunissons toutes lesdites justices à celle dudit Mailly.
Voulons en outre que tous les officiers qui y exerceront la justice intitulent leurs sentences et jugements sous le nom et titre de marquisat de
Mailly et scellent leurs dites sentences et jugements du sceau des armes de l'impétrant, sans touttefois aucune mutation ny changement de
mouvance, ny de ressort, ny contrevenir aux cas royaux dont la juridiction appartient à nos baillifs et sénéchaux, ny que pour raison de la
présente union, érection et changement du titre, ledit sieur de Mailly et
ses enfans et descendans soient tenus envers nous, ni leurs vassaux et
tenanciers envers eux à autres ni plus grands droits que ceux qu'ils doivent à présent ; à la charge de relever de nous à une seule foy et hommage à cause de notre chateau de Péronne, aux mêmes droits et devoirs
accoutumés, sans aussi déroger, ni préjudicier aux droits et devoirs, si
aucuns sont dus à autres qu'à nous, ni qu'à défaut d'hoirs mâles, nez en
légitime mariage, nous puissions, ni nos successeurs roys, prétendre
ladite terre être réunie à notre domaine, en vertu de l'édit de 1566, auquel édit et aux autres précédens et subséquens des années 1581 et 1682,
nous avons dérogé et dérogeons ; mais en ce cas, ou celui de la désu-
nion des terres unies par ces présentes, les dites terres retourneront en
leur premier état et titre.

» Si donnons en mandement à noz amez et féaux conseillers les gens
tenant nos cours de Parlement et chambre de nos comptes à Paris, présidens, trésoriers de France, généraux de nos finances à Amiens,
prévôt de Péronne ou son lieutenant et autres nos officiers qu'il appartiendra, que ces présentes nos lettres d'union et érection ils ayent à faire
registrer, lire et publier, garder et observer et de tout le contenu en
icelle jouir et user ledit sieur Victor-Alexandre de Mailly, ses héritiers
et successeurs mâles, ensemble les vassaux relevans dudit marquisat,
cessant et faisant cesser tous troubles et empeschemens contraires, car
tel est notre plaisir, nonobstant tous édits et ordonnances, même celle
du mois de juillet 1566 et autres, portant réunion à notre domaine des
duchez, comtez, marquisats et autres dignités à défaut d'hoirs mâles,
loix, statuts, arrêts, constitutions, coutumes, mandemens, restrictions
et défenses au contraire, auxquels, ensemble aux dérogatoires y contenus nous avons dérogé et dérogeons par ces dites présentes. Et afin que

ce soit chose ferme et stable à toujours, nous avons fait mettre notre scel auxdites présentes.

» Donné à Versailles au mois de janvier, l'an de grâce mil sept cent vingt-neuf et de notre règne le quatorzième.

» LOUIS.

» Sur le reply, signé : Phelypeaux, Visa : Chauvelin[1]. »

(Archives de la baronnie de Mailly. Original en parch. avec le grand sceau, publié dans *Mailly et ses Seigneurs*, par l'abbé J. Gosselin, pp. 337-340).

DXLVII

1739, 5 juin. — Devant les notaires au Châtelet de Paris, contrat de mariage de « haut et puissant seigneur messire LOUIS-ALEXANDRE DE MAILLY, chevalier, seigneur de Fresnoy, La Neuville et autres lieux, fils de défunct haut et puissant seigneur messire LOUIS DE MAILLY, chevalier, seigneur de Frenoy, La Neuville et autres lieux, et de haute et puissante dame, dame MARGUERITTE DE MAREAU, son épouse, » avec :

« Haute et puissante demoiselle, demoiselle MARIE-LOUISE DE SAINT-CHAMANS, fille de défunct haut et puissant seigneur, messire Antoine de Saint-Chamans, chevalier, marquis de Monteguillon,... mareschal de camp et armées du roy et lieutenant des gardes du corps de Sa Majesté, et de haute et puissante dame, dame Marie-Louise Larcher. »

(Arch. de La Roche-Mailly. Copie papier du XVIIIᵉ siècle, collat.).

DXLVIII

1743, 20 mai. — Bénédiction nuptiale dans « l'église paroissiale de la Madeleine de la Ville l'Evesque à Paris, » donnée par « Louis-André Chevalier, chanoine régulier de Sainte-Geneviève, ancien prieur de Saint-Eloy de Lonjumeau, chanoine de l'église cathédrale de Meaux, par permission et du consentement de Mᵉ Jacques Cadot, docteur en théologie et curé de l'église paroissiale de Sainte-Madeleine de la Ville l'Evêque, faubourg Saint-Honoré à Paris, » à :

« Très haut et très puissant seigneur, monseigneur LOUIS-VICTOR,

---

1. L'original de cette érection semble perdu.

marquis de Mailly, colonel du régiment de Périgord, infanterie, fils mineur de très haut et très puissant seigneur, monseigneur Victor-Alexandre, sire et marquis de Mailly, chef du nom et armes de la maison de Mailly, comte de Rubempré, baron de Blanchecourt, seigneur de Baussart, Colinquant et autres lieux, brigadier des armées du roy, et de très haute et très puissante dame, madame Victoire-Delphine de Bournonville, de droit et de fait de la paroisse de Saint-Sulpice, âgé de 20 ans ou environ, » avec :

« Demoiselle Françoise-Antoinette Kadot de Sebeville, fille mineure de haut et puissant seigneur défunt messire Charles-Louis-Fréderic Kadot, marquis de Sebeville, premier enseigne de la 2ᵉ compagnie des mousquetaires du roy, et de haute et puissante dame, dame Elizabeth-Thérèse-Margueritte Chevalier, comtesse de Pontdeveyle[1], et autres lieux, de droit et de fait demeurante Grande Rue du faubourg de cette paroisse, agée de 19 ans ou environ. »

(Arch. de La Roche-Mailly. Copies papier, collationnées).

DXLIX

1744, janvier. Versailles. — « *Erection du comté de Mailly et substitution graduelle, perpétuelle et à l'infini dudit comté, en faveur de la branche des comtes de Mailly, marquis d'Haucourt, ou de tels autres qu'il leur plaira y appeler.* »

« Louis, par la grâce de Dieu, roy de France et de Navarre : A tous présens et à venir. Salut. Notre cher et bien amé le sieur Joseph-Augustin, comte de Mailly, marquis d'Haucourt, brigadier de nos armées, et capitaine-lieutenant de la compagnie d'hommes d'armes de nos ordonnances, sous le titre des écossois, et notre chère et bien amée dame Marie-Michelle de Sericourt d'Esclainvillers, son épouse, nous ont fait représenter qu'ils étoient propriétaires des terres, seigneuries de Rayneval, Thory, Louvrechy, Sauviller-Mongival, Chirmont, Folleville, Esclainvillers, Saint-Martin, des fiefs de Quiry, Brinvillers, Bezieux, Butdevillers, Doffigny, Fransart, Mullot, Croquets, des Croquets, fiefs des dixmes de Rayneval et de Bezieux, des fiefs de Pertin, Rion-

1. M. l'abbé Gosselin, *Mailly et ses Seigneurs,* p. 102, imprime, *de Montigny.*

ville, Gaucourt, Malapris, de l'Hôtel-Dieu, Notre-Dame de Montdidier, Merry, Basse-Couture, Neuf-Moulin, le Vidamé d'Amiens, et la Mairerie avec leurs appartenances et dépendances, membres et annexes, que toutes ces terres, fiefs et seigneuries, et les justices qui en dépendent se trouvent contigues et forment ensemble une étendue et un revenu considérables, et seroient disposées à recevoir le titre et la dignité de comté, s'il nous plaisoit les en décorer, sous la dénomination du comté de Mailly, en les unissant toutes à celles de Rayneval, et en changeant le nom de Rayneval en celui de Mailly ; lesdits sieur et dame de Mailly nous ont encore fait représenter, que désirant faciliter à leurs descendans les moyens de rendre à l'Etat les services ausquels leur naissance et l'exemple de leurs ancêtres les engagent, à prévenir la décadence où la branche du sieur comte de Mailly s'est trouvée depuis près d'un siècle par la perte de ses biens, en sorte qu'elle s'est vue hors d'état de continuer les services que les rois, nos prédécesseurs, en avoient reçus, ils ont conçu le dessein, sous notre bon plaisir, de disposer en faveur de notre cher et bien amé LOUIS-JULES-JOSEPH-AUGUSTIN DE MAILLY, comte de Mailly, leur fils aîné, soit par donation entre-vifs, testament ou tout autre acte, desdites terres, fiefs et seigneuries avec leur appartenances et dépendances, membres et annexes, régies par la coutume de Mondidier, ensemble de celles qu'ils pourroient acquerir joignantes lesdites terres, avec clause de substitution graduelle et perpétuelle, et à l'infini, en faveur des descendans de leur dit fils aîné, et au défaut de leur dit fils aîné et de sa descendance en faveur des enfants puînez desdits sieur et dame de Mailly, l'ordre de primogéniture gardé, et au cas d'extinction de la descendance des sieur et dame de Mailly, en faveur des autres branches de la maison de Mailly, ou de telles autres qu'ils jugeront à propos, le tout suivant l'ordre de vocation qu'ils établiront par donation, testament ou tout autre acte ; mais comme cette disposition pourroit devenir inutile sans le concours de notre autorité, parce que les ordonnances d'Orléans et de Moulins, et les déclarations données en conséquence réduisent le cours des substitutions à certains degrez seulement, et que la disposition de quelques loix romaines approuvées par nos Parlemens assujettit les biens substituez à la restitution de la dot et aux douaires des femmes de ceux qui sont appellez aux substitutions fidei-commissaires, au moyen desquelles loix et dispositions la plupart des substitutions se trouvent anéanties, presqu'aussitôt qu'elles sont faites, lesdits sieur et dame de Mailly voulant prévenir ces inconveniens, nous ont fait supplier de les dispenser desdites loix, ordonnances et autres dispositions, et en conséquence leur permettre de disposer desdites terres, fiefs et seigneuries en faveur de leur dit fils aîné, et considerant qu'il s'agit de la conservation d'une des plus illustres et des plus anciennes maisons de notre royaume, alliée à notre maison royale, et à plusieurs autres maisons souveraines, distinguée depuis plusieurs siécles par les grands services et par les grands emplois de ceux qui en sont issus, entre lesquels plusieurs ont donné généreusement leur vie pour la défense de notre couronne ; l'un a été appellé au gouvernement de l'Etat sous notre prédecesseur le roi Charles VI. La plûpart ont été honorez du collier de nos Ordres ; d'autres en différens tems ont été revêtus des charges de grand chambellan, de grand pannetier, de grand maître de notre artillerie et autres charges importantes : que d'ailleurs cette même grace a déjà été accordée à une branche de cette maison par le feu Roi notre très-honoré seigneur et bis-ayeul, et que le meilleur usage que nous pouvons faire de notre autorité, est de l'employer à assurer à perpétuité l'exécution d'un dessein si louable, et si digne de l'attachement que lesdits sieur et dame de Mailly marquent pour notre personne et pour notre Etat, en prévenant la décadence d'une maison qui nous donne encore aujourd'hui dans la personne dudit sieur comte de Mailly des preuves éclatantes de son zèle et de son affection.

» A ces causes et autres à ce nous mouvans, nous avons de notre grâce spéciale, pleine puissance et autorité royale, joint, uni et incorporé, et, par ces présentes signées de notre main, joignons, unissons et incorporons à ladite terre, fief, seigneurie et justice de Rayneval, les terres, fiefs et seigneuries et justices de Thory, Louvrechy, Sauviller-Mongival, Chirmont, Folleville, Esclainvillers, S. Martin, les fiefs de Query, de Brinvillers, de Bezieux, Butdevillers, Doffigny, Fransart, Mullot, Croquets, des Croquets, fiefs des dixmes de Rayneval et de Bezieux, les fiefs de Pertin, Gaucourt, Malapris, de l'Hôtel-Dieu, de Notre-Dame de Montdidier, Merry, Basse-Couture, Neuf-Moulin, le Vidamé d'Amiens et la Mairerie, leurs circonstances et dépendances, membres et annexes, et même les terres, fiefs, seigneuries, justices et droits que lesdits sieur et dame comte et comtesse de Mailly, leurs successeurs et descendans, pourront ci-après acquerir de proche en proche, pour le tout ne faire et composer à l'avenir qu'une seule et même terre,

seigneurie et justice, laquelle nous avons des mêmes grâce, pouvoir et
autorité que dessus, créée, érigée et élevée, créons, érigeons et élevons
en titre, nom, prééminence et dignité de comté, sous la dénomination
du comté de Mailly, à l'effet de quoi nous avons commué et changé,
commuons et changeons ledit nom de Rayneval en celui de Mailly ;
voulons que lesdites terres, fiefs, seigneuries et justices, leurs circonstances et dépendances unies par ces présentes, soient à l'avenir tenuës et
possedées par lesdits sieur et dame comte et comtesse de Mailly, leurs
successeurs et descendans ausdits noms, titre et dignité de comté de
Mailly ; que lesdits sieur et dame de Mailly, leurs successeurs et descendans, puissent se dire, nommer et qualifier comtes de Mailly en tous
actes, tant en jugement que dehors, et qu'ils jouissent des mêmes honneurs, droits de justice et de jurisdictions et autres droits, prérogatives,
autoritez, prééminence en fait de guerre, assemblées d'Etats et de noblesse, et autres avantages et privileges dont jouissent ou doivent jouir
les autres comtes de notre royaume, encore qu'ils ne soient cy particu-
lierement exprimez ; que tous vassaux, arrière-vassaux, justiciables et
autres tenans noblement ou en roture des biens mouvans et dépendans
dudit comté de Mailly, les reconnoissent pour comtes, qu'ils fassent les
foy et hommages, fournissent les aveux, déclarations et dénombremens,
le cas y écheant, sous lesdits noms, titre et qualité de comte de Mailly,
et que les officiers exerçant la justice dudit comté intitulent à l'avenir
leurs sentences et autres actes et jugements, ausdits nom, titre et qualité de comte de Mailly, sans toutesfois aucun changement de ressort et
de mouvance, augmentation de justice et connoissance des cas royaux
qui appartiennent à nos baillifs et sénechaux, et sans que pour raison
de la présente érection lesdits sieur et dame comte et comtesse de
Mailly, leurs hoirs et successeurs, soient tenus envers nous, ni leurs
vassaux et tenanciers envers eux, à autres et plus grands droits et devoirs que ceux dont ils sont actuellement tenus, et sans que lesdites
terres, seigneuries et comté, leurs circonstances et dépendances puissent être sujets à réunion à notre couronne pour quelque cause et prétexte que ce soit, nonobstant tous édits et déclarations, ordonnances et
reglemens sur ce intervenus, et notamment les édits des années 1566,
1579, 1581 et 1582, auxquels nous avons dérogé et dérogeons par ces
présentes pour ce regard seulement et sans rien innover aux droits de
mouvance, devoirs de vassalité, et autres droits qui peuvent être dûs à

d'autres que nous, si aucuns il y a, ausquels droits et devoirs nous entendons que ces présentes ne puissent aucunement préjudicier, à la
charge toutefois par lesdits sieur et dame comte et comtesse de Mailly,
leurs hoirs et successeurs, seigneurs propriétaires de ladite terre, seigneurie et comté, de relever de nous en une seule foi et hommage, et de
nous payer et aux Rois, nos successeurs, les droits ordinaires et accoutu-
mez, si aucuns sont dûs, pour raison de la dignité de comté, tant que les
dites terres et seigneuries s'en trouveront décorées : Voulons que la justice dudit comté soit exercée par les officiers qui seront à cet effet établis
dans le lieu de Mailly, ci-devant appellé Rayneval, et dans l'auditoire
qui sera jugé le plus convenable ; ce faisant, ordonnons, voulons et nous
plaît que les habitans, vassaux et justiciables desdites terres, fiefs et
seigneuries, leurs circonstances et dépendances, ne puissent à l'avenir
se pourvoir en première instance que par devant lesdits officiers, sauf
l'appel quand le cas y échera ; que les sentences et jugemens qui y seront rendus et tous actes qui seront faits en ladite justice ayent la même
force, et soient executez de même que s'ils avoient été rendus dans les
lieux où étoient exercées les justices réunies par ces présentes, et des
mêmes grâces, pouvoirs et autoritez que dessus : Nous avons permis et
permettons par ces présentes ausdits sieur et dame comte et comtesse
de Mailly de disposer par donation, testament ou tout autre acte, dudit
comté de Mailly, ses appartenances et dépendances, membres et annexes ; ensemble des terres, seigneuries et justices, et droits que lesdits
sieur et dame comte et comtesse de Mailly, leurs successeurs et descendans, pourront ci-après acquerir, de proche en proche, en faveur du
dit sieur Louis-Jules-Joseph-Augustin comte de Mailly, leurs fils aîné,
avec clause de substitution graduelle et perpétuelle à l'infini en faveur
de sa descendance, et au défaut de leur dit fils aîné, et de sa descendance, en faveur des enfants puînez desdits sieur et dame comte et comtesse de Mailly, l'ordre de primogéniture gardé ; au cas d'extinction de
la descendance desdits sieur et dame de Mailly, suivant l'ordre de vocation qu'ils jugeront, soit en faveur de leur maison ou de telle autre qu'il
leur plaira, par donation, testament ou tout autre acte : Voulons que
ledit comté de Mailly, ses appartenances et dépendances, ensemble les
terres, seigneuries, justices et droits que lesdits sieur et dame comte et
comtesse de Mailly, leurs successeurs et descendans, pourront ci-après
acquerir de proche en proche, demeurent substituées par substitution

graduelle et perpétuelle et à l'infini, et autres clauses, charges et conditions qui pourroient être portées dans les actes contenant ladite substitution ; ensemble celles qui pourroient être nécessaires pour décharger
les biens substituez des hipoteques, de la restitution de dot et autre
convention matrimoniale des femmes de ceux qui seront appellez à ladite
substitution, lesquels biens pourront être chargez de douaires viagers
tels qu'ils seront stipulez dans les termes de ladite donation et substitution, seulement, duquel douaire les enfants ne pourront prétendre en
aucun dégré, ni sous quelque prétexte que ce soit la propriété, dérogeant à cet effet à tous édits, ordonnances, déclarations, arrêts, regle-
ments, loix, coutumes et usages contraires, et spécialement aux articles
59 de l'ordonnance d'Orléans et 57 de celle de Moulins, et aux déclarations données en conséquence ; le tout à la charge que ladite substitution sera lue, publiée et enregistrée avec toutes les solemnitez prescri-
tes par nos ordonnances ; ensemble les nouvelles acquisitions qui pourroient être faites pour augmenter ladite substitution, pour lesquelles
elle aura également son effet, et aux conditions qui y seront reglées.

» Si donnons en mandement à nos amez et féaux conseillers les gens
tenans notre cour de Parlement et chambre de nos comptes à Paris,
présidens-trésoriers de France et généraux de nos finances à Amiens,
et à tous autres nos officiers et justiciers qu'il appartiendra, que ces présentes ils ayent à faire lire, publier et enregistrer, et icelles exécuter
selon leur forme et teneur, pleinement, paisiblement et perpétuellement,
cessant et faisant cesser tous troubles et empêchemens et nonobstant
tous édits, déclarations, ordonnances, arrêts et reglemens à ce contraires, ausquels et aux dérogatoires des dérogatoires y contenus nous
avons dérogé et dérogeons par ces dites présentes, à cet égard seulement et sans tirer à conséquence, sauf toutefois notre droit en autres
choses, et l'autrui en tout. Car tel est notre plaisir. Et afin que ce soit
chose ferme et stable à toujours, nous avons fait mettre notre scel à ces
présentes.

» Donné à Versailles, au mois de janvier, l'an de grâce mil sept cent
quarante-quatre, et de notre regne le vingt-neuviéme. *Signé*, Louis ;
et plus bas, par le roi, Phelypeaux ; et à côté *visa*, d'Aguesseau. Pour
union de terres et érection en comté sous le nom de Mailly, avec permission de substituer à perpétuité. »

« Registré, oui le procureur general du Roy, pour jouir par lesdits impétrant et impétrante, leurs successeurs et descendans sieurs et propriétaires dudit comté de Mailly, de l'effet et contenu en icelles, et être exécutées selon leur forme et teneur, aux charges, clauses et conditions y contenuës, et encore aux charges portées par l'arrêt de ce jour. A Paris, en Parlement, le 12 février 1744. *Signé*, Du Franc.

» Registré en la chambre des comptes, oui le procureur général du Roy, pour jouir par les impétrans, leurs hoirs et successeurs, et tous autres qu'ils auront appellez conjointement à la substitution y portée, seigneurs et propriétaires de ladite terre, seigneurie et comté de Mailly, de l'effet et contenu en icelles, et être exécutées selon leur forme et teneur, suivant et aux charges portées par l'arrêt sur ce fait le vingt un février 1744. *Signé*, Du Cornet.

» Registré au bureau des finances d'Amiens, oui le procureur du Roi, pour jouir par les impétrans, leurs hoirs et successsurs et descendans seigneurs et propriétaires dudit comté de Mailly, de l'effet et contenu en icelles, et être exécutées selon leur forme et teneur, suivant la sentence sur ce faicte le deuxiéme jour de mars 1744. *Signé*, Bouttet, avec paraphe. »

(A Paris, de l'imprimerie de Paulus-Du-Mesnil, imprimeur-libraire, rue Sainte-Croix-en-la-Cité, MDCCXLIV[1]).

DL

1744, 24 janvier. — « *Lettres de don du duché pairie de Château-roux.... dans la province de Berry, à dame Anne de Mailly, veuve du sieur marquis de La Tournelle.* »

« Louis, etc., considérant que notre très chère et bien amée cousine MARIE-ANNE DE MAILLY, veuve du sʳ marquis de La Tournelle, est issue d'une des plus grandes et illustres maisons de notre royaume, alliée à la nôtre, et aux plus anciennes de l'Europe, que ses ancêtres ont rendu depuis plusieurs siècles de grands et importants services à notre couronne, qu'elle est attachée à la reine, notre très chère compagne, comme dame du palais, et qu'elle joint à ces avantages toutes les vertus et les

---

1. In-4º de 42 pages, y compris des *Extraits des Registres du Parlement, des Registres de la Chambre des Comptes et des Registres du Bureau des finances de la généralité d'Amiens.*

plus excellentes qualités de l'esprit et du cœur qui luy ont acquis une
estime et une considération universelle, nous avons jugé à propos de luy
donner, par notre brevet du vingt-un octobre dernier, le duché pairie
de Châteauroux,... sis en Berry, que nous avons acquis par contract
du 26 décembre 1736, de notre très cher et très amé cousin Louis de
Bourbon, comte de Clermont, prince de notre sang,... Nous avons, par
ces présentes, signées de notre main,... confirmé et confirmons le don
par nous fait à notre dite cousine en notre brevet,... et aux charges de
reversion et de réunion à défaut d'hoirs mâles, issus de notre dite cousine....

» Le vingt quatre janvier mil sept cent quarante quatre.... »

(Arch. nat., K 194, nº 50. Copie pap. collationnée).

DXLI

1750, 29 mars. — Devant les « conseillers du roy, notaires au Châtelet de Paris, » contrat de mariage « de très haut et très puissant seigneur, monseigneur Charles-Georges-René du Cambout, marquis de
Coislin, fils mineur de défunt très haut et très puissant seigneur monseigneur Pierre-Armand, marquis de Cambout, et de très haute et très
puissante dame, madame Renée-Angélique de Talhouet de Queravion, »
avec :

« Très haute et très puissante damoiselle, mademoiselle MARIE-ANNE-
LOUISE-ADÉLAÏDE-MÉLANIE DE MAILLY, fille mineure de très haut et très
puissant seigneur, monseigneur, LOUIS, COMTE DE MAILLY, chevalier des
ordres du roi, lieutenant général de ses armées, premier et grand
écuyer de madame la Dauphine, et de très haute et très puissante dame
madame ANNE-FRANÇOISE-ELISABETH ARBALESTE DE MELUN. »

Signèrent au contrat : Le Roi, le Dauphin, madame la Dauphine, mes-
dames de France, les princes et les princesses du sang.

(Arch. nat., T¹. Copie papier collationnée).

DLII

1751, 29 novembre. — « *Extrait du Chapitre de l'Ordre de Saint-
Michel, tenu aux Cordeliers, le 29 novembre 1751, auquel a présidé*

M. le comte de Mailly, commandeur et commissaire des Ordres de Saint-Michel et du Saint-Esprit. »

« Messieurs....

» Nous avons le bonheur de posséder aujourd'hui M. le COMTE DE MAILLY, lieutenant-général des armées du roy, premier écuyer de madame la Dauphine, comme il l'étoit de la précédente....

» Le grand nom de MAILLY est du nombre de ceux dont l'origine est presque la même que celle de la monarchie, et qui remonte jusqu'à plus de sept cens ans. La maison de Mailly rassemble une foule de grands chambellans, d'amiraux, de possesseurs des plus hautes dignités, de héros dans les premières croisades de Saint-Louis ; de personnages célèbres sous Charles le Sage. Elle a fourni *des dépositaires de l'autorité royale dans la maladie de Charles VI*, des témoins nécessaires aux mariages des filles de France, et dont les sceaux et les signatures sont conservés dans des contrats si augustes. Elle en nomme qui, sous Charles VII, furent chargés de la réception de nos reines et qui sous François Ier eurent l'honneur de son alliance, chevaliers des Ordres de nos premiers rois et de tous leurs successeurs....

» La gendarmerie écossoise composée de la fleur de la noblesse, et dont le commandement a été si long-temps héréditaire à la maison de Mailly, vit avec joie à sa tête celui qui nous préside. Depuis 1713, époque de ses premières armes, il a passé par tous les degrés militaires, et s'est distingué dans les occasions les plus éclatantes, dans les siéges de Fribourg et de Landau sous l'autre règne ; sous celui-ci dans l'affaire d'Estinguen, à la prise de Philisbourg, de Visembourg, de Fribourg, de Tournai, et dans l'immortelle journée de Fontenoy.

» La paix qui force au repos la vertu militaire, la dédommage à la Cour, par la dignité et les agréments d'une place de confiance par les relations journalières qu'elle donne à M. LE COMTE DE MAILLY avec une princesse qui fait nos délices et notre espérance, et de qui nous attendons encore de nouveaux apuis de la Monarchie.... »

(Arch. nat., M 64, n° 14, pp. 4 à 6).

DLIII

1757, 11 novembre, Leipzig. — *Lettre de Frédéric, roi de Prusse,*

adressée à Augustin-Joseph, comte de Mailly, blessée et fait prison-
nier à la bataille de Rosbach, le 5 novembre 1757.

« A monsieur le COMTE DE MAILLI à Mersebourg.

» Monsieur le COMTE DE MAILLI, je viens de recevoir la lettre que vous
avez voulu me faire le 10e de ce mois et j'aurois été charmé de pouvoir
vous témoigner mon inclination à vous obliger et à tous les autres officiers françois ; vous auriez reçu tout de suite vos passeports pour retourner en France, si on pouvoit vous regarder comme prisonniers de
cette nation, mais puisqu'on vous prend pour prisonniers autrichiens et
que le maréchal Daun a rompu le cartel établi avec nous, vous ne pourrés être relachés, que lors que l'on m'aura rendu mes prisonniers. Je
suis cependant fâché que vous servié de représaille de cet incident,
mais, la raison et même pour ainsi dire mon devoir envers mes braves
officiers m'y force. Sur ce, je prie Dieu, qu'il vous ait, monsieur le comte
de Mailli, en sa sainte et digne garde.

                                                » Féderic.
        » A Leipzig
     le 11e nov. 1757. »

« Si vous étiez ici en qualité de Français, je me ferai un plaisir d'aller
au devant de tout ce qui pourroit vous être agréable, mais la qualité
d'auxilières dont vous vous êtes revêtus, m'oblige de vous traiter comme tels et de ne vous échanger que lorsqu'il plaira à la reine d'Hongrie
de me rendre mes officiers, qui, pendant leur détention, ont été traités
avec indignité.

                                        » Fr. »

(Arch. de La Roche-Mailly. Orig. pap. — La dernière partie de cette
lettre est entièrement de la main du roi de Prusse. Cachet royal en cire
rouge sur l'enveloppe).

DLIV

1757, 12 novembre. Leipzig. — *Autre lettre du roi de Prusse au*
comte de Mailly.

« A Monsieur LE COMTE DE MAILLI à Mersebourg.

» Monsieur LE COMTE DE MAILLY, vous pouvés être persuadé que j'ay
tous les égards personnels pour vous et au point que je veux bien me
prêter à vos désirs, autant que les circonstances pourront le permettre,

en conséquence vous aurés le congé de pouvoir vous rendre pour quelque tems en France, mais cecy ne pourra se faire publiquement par les motifs qui vous sont déjà connus, et ce n'est uniquement que par rapport à vos raisons particulières[1] que je consens à ce congé qu'il faut cependant que j'ignorasse. Vous pourrés donc à cet effet vous adresser à mon frère le prince Henri, auquel j'en ai parlé et qui n'y opposera aucunes difficultés, mais en agira selon son bon plaisir. Tout ce que je demande de votre part à ce sujet c'est de vouloir bien garder cette lettre pour vous, sans la produire ny la faire voir à personne, afin que d'autres ne puissent tirer à conséquence la condescendence que j'ay bien voulu témoigner pour votre qualité et votre mérite personnel.

» Sur ce, je prie Dieu, qu'il vous ait, monsieur le comte de Mailli, en sa sainte et digne garde.

» A Leipzig, le 12e nov. 1757.

» Féderic. »

(Arch. de La Roche-Mailly. Orig. pap. — La signature de cette lettre est seule autographe. Cachet royal en cire rouge sur l'enveloppe).

DLV

1757, 26 décembre. Ariegau. — *Autre lettre du roi de Prusse au comte de Mailly.*

« A Monsieur LE COMTE DE MAILLÉ (sic), lieutenant général des armées du roi de France. Versailles.

« Monsieur LE COMTE DE MAILLÉ, je vous accorde volontiers la prolongation de votre congé, d'autant plus que je suis charmé d'avoir l'occasion d'obliger un homme de mérite et que j'ai toujours été du sentiment que les malheureuses querelles des rois doivent être le moins funeste que possible aux particuilliers : Prenés tout le tems qu'il vous faut pour arranger vos affaires, et au cas que la cour de Vienne devienne plus flexible, comme j'ai lieu de le supposer, et plus fidelle à observer le cartel, vous pourez peut être vous dispenser d'un voyage désagréable dans ce tems-ci, et on pourra régler l'affaire des échanges, sans que vous ayez besoin de vous déplacer.

---

1. Le comte de Mailly, d'après une lettre qu'il écrivit au roi de Prusse, avait en France de graves intérêts qui réclamaient sa présence.

» Sur quoi, je prie Dieu, monsieur le comte, qu'il vous ait en sa sainte garde.

» Fédéric (autographe). »

(Arch. de La Roche-Mailly. Orig. pap. Cachet royal en cire rouge sur l'enveloppe).

DLVI

1757, 26 décembre. Leipzig. — *Lettre du prince Henri, frère du roi de Prusse, au comte de Mailly.*

« A Monsieur le comte de Mally, lieutenant général des armées de Sa Majesté, à Paris, rue de Grenelle.

» Monsieur. — La façon obligente avec laquelle vous aves resu le peu de soin que j'ai taché de vous rendre ici est égale à la candeur de vos sentiments, je ressois avec reconnoissance les preuves de la satisfaction que vous m'en donnés par votre lettre du 30 de novembre, et j'aplaudis à l'intérêt que vous prenés à l'humanité. Je vois bien que vous avés pas besoin d'être exité à remplir un objet aussi désirable que celui de procurer la tranquilité publique, aussi aurois-je voulu vous témoigner plus tost combien je suis touché de la manière affectueuse avec laquelle vous voules bien vous prêter à rendre un service si essentiel. C'est pour m'informer qui je pourois vous indiquer à Paris qui soit instruit des intentions du roi, mon frère, que j'ai tardé à vous faire réponse. Mais, ayant apris qu'il se trouve actuellement personne qui soit chargé de ce soin, ainsi je dois vous prier de vous conduire celon vos propres lumiéres, persuadé que c'est le meilleur guide que vous puissies avoir.

» Et vous pourrés vous rappeler, Monsieur, tout ce que je vous ai dit, lorsque j'eus la satisfaction de vous parler ; le désir de voir finir les maux qui affligent presque l'Europe entière n'a pas diminué, et j'ose vous assurer que le roi pense de mesme, quoiqu'il ait eu depuis peu des succès qui ont changé de beaucoup la face de ces affaires. Je puis et crois mesme devoir vous instruire à cet égard que nous avons trente trois mille prisonniers des troupes autrichiennes, faite à la dernière bataille, y compris ceux qui ont été pris à Breslau, où toute la guarnison c'est rendu prisonier de guerre. Nous avons 16 généraux et cept cens officier autrichien. Quelqu'exorbitant que ce nombre peut vous paroître, je puis vous assurer que c'est un fait très certain, et qu'il est plustot diminué qu'augmenté.

» Si ces avantages pouvoit conduire à une paix honorable et que vous fussiés l'instrument de cet ouvrage, j'en ressentirois le plus parfait contentement. C'est dans cette vue que je vous fait part de nos succès et non pas dans l'intention d'en tirer vanité. J'espère que sur cet article vous me rendrés justice ; mais vous conviendrés aussi que les évenements dont je vous parle sont assés important pour que je vous en fasse part dans les circonstances où elle pouroit avoir à faire conoître la situation présente des affaires, desquelles nécessairement vous devés être instruit : après quoi j'atend que vous voudrés bien me communiquer comment on aura ressu les premières ouvertures que vous aurés faite.

» Je me suis approprié la lettre de madame la marquise de Durford au commandant de Fribourg, elle me sert de témoin que vous avés plus de reconnoissance que j'ai pu trouver de sujet de vous en donner, c'est à regret que je n'ai pas pu rendre au comte Durford les atentions que l'interet que la marquise a pris à lui exigeoit, mais il étoit trop tard, et c'est de quoi je suis sincèrement affligé.

» J'ai envoyé la lettre au roi par laquelle vous lui demandés une prolongation de conjé, j'espère que la réponse sera conforme à mon attente, du moins je négligerai jamais à vous donner toutes les preuves de la considération et de l'estime que j'ai pour vous. C'est en conformité de ces sentiments que je suis

» Monsieur

» Votre très affectionné serviteur,

» Henri. »

« Si vous quités Paris où vous allié, je vous prie de m'anvoyer votre adresse[1]. »

(Arch. de La Roche-Mailly. Orig. papier, entièrement de la main du prince Henri de Prusse. Cachet en cire noire sur l'enveloppe).

DLVII

1758, 28 janvier. Versailles. — *Extrait de la réponse du comte de Mailly à la lettre du prince Henri, du 26 décembre 1757.*

« Monseigneur. — Les bontés de V. A. R. s'ettendent dans touts les

---

1. 1757, 31 décembre. Leipzig. Autre lettre du prince Henri au comte de Mailly pour lui renouveler le désir qu'il a de voir la paix conclue. (Arch. de La Roche-Mailly. Original).

lieus sur moy... Que ne m'est-il permis au moins, Monseigneur, d'y répondre, en unissant mes soins aux sentiments si dignes de V. A. R. et dont elle est si généreusement animée.

» Aussi c'est dans ces veüs, Monseigneur, que depuis qu'il a pleut à V. A. R. de m'en confier l'ouverture, je n'ait pas negligé une seulle occasion de les faire cognaistre, et ma reteneü, à certains égards, n'avait eut d'autres bornes que les motifs dont j'ay eut l'honeur d'instruire V. A. R., lorsque authorisé plus amplement par la lettre dont elle m'a honoré le 26 décembre, j'ay creut pouvoir m'ouvrir avec plus d'assurance et de confianse. Et c'est d'après ces dernieres ouvertures, que, sans entrer dans les dettails antérieurs, il m'a esté répondut en substanse que le roy ne metterait jamais ny animosité, ny humeur dans la guere où S. M. a été forsé d'entrer par l'invasion de la Saxe et de la Bohesme, en qualité d'auxiliaire de l'empire de l'imperatrise reyne et du roy de Pologne, electteur de Saxe, que cependant, le roy, fidel à ses alliés, évitera toute négotiation qui pourait leurs doner ombrage, mais qu'il ne se refusera jamais conjointement avec ses alliés à une paix qui serait fondée sur les principes de l'équité et de la sureté de la paix publique de l'empire. Mais, ce que je puist encore y joindre, monseigneur, est l'assurensse des sentiments du roy les plus purs et les plus sinsères de voir la tranquilité rettablie et cimentée pour jamais, c'est le fond de son cœur, come celui de son ministère. Mais, V. A. R. sentirat d'elle mesme aisément que ces mesmes sentiments, sont dépendants par eux mesmes des différents moyens qui peuvent convenir à ses alliés, vis-à-vis desquells en effet, le roy, dans ce moment, n'a d'auttres titres que celuy d'auxilliaire et de garant de leurs ettats....

» V. A. R. m'a ordonné de luy marquer mon adresse, elle serat toujours à Paris, reu du Sépulcre, fobourg Saint-Germain, d'ou l'on m'envaisra fidellement à la cour les letres dont elles voudrat bien m'honorer.

» J'ay l'honeur d'estre avec un très profont respect, Monseigneur, de V. A. R.

» Le très humble et le très obeissant serviteur.

» Le Cte de Mailly.

» A Versailles, ce 28 janvier 1758. »

(Arch. de La Roche-Mailly. Copie).

DLVIII

1758, 1er mars. Breslau. — *Autre lettre du roi de Prusse au comte de Mailly.*

« A Monsieur le COMTE DE MAILLY, lieutenant général au service de France, à Versailles.

» Monsieur le COMTE DE MAILLY, la lettre que vous avés voulu me faire le 30e janvier passé m'est bien parvenue ; les sentimens que vous y témoignés pour moy m'ont fait plaisir, ils me confirment dans l'idée que je m'étois faite de votre caractère et de votre façon de penser. Je serois charmé de pouvoir vous convaincre autant que je le souhaiterois de mon estime et du désir que j'ay de vous faire plaisir, mais les circonstances présentes s'y opposent, je ne saurois vous accorder un plus long delay de votre congé, et, son terme échu, j'espère que vous vous rendrés au lieu qui vous a été assigné pour y rester jusqu'à ce que l'échange des prisonniers de guerre se fera.

» Sur ce, je prie Dieu qu'il vous ait, monsieur le comte de Mailly, en sa sainte et digne garde.

» A Breslau, le 1er mars 1758.

» Féderic (autographe). »

(Arch. de La Roche-Mailly. Orig. Cachet royal en cire rouge sur l'enveloppe).

DLIX

1758, 6 mars, 26 mai, 17 août, 22 août ; 1759, 11 et 15 janvier, 27 mars, 24 juin. — Autres lettres du roi de Prusse et du prince Henri au comte de Mailly, résidant à Paris ou à Versailles, sur le même sujet.

(Arch. de La Roche-Mailly. Originaux).

DLX

1759, 12 novembre. Elsterwerda. — *Dernière lettre du roi de Prusse au comte de Mailly pour lui annoncer sa liberté.*

« A Monsieur le COMTE DE MAILLY, à Paris.

» Monsieur le COMTE DE MAILLY, c'est avec plaisir que je vous vois en possession d'un bien pour lequel vous soupiriez depuis si longtems.

Sans les raisons les plus pressantes, vous en auriez joui plustôt et j'aurois été charmé de vous donner à cet égard là les marques de mon estime. Il m'en a couté certainement de retarder votre bonheur.

» Sur quoi, je prie Dieu qu'il vous ait, monsieur le comte de Mailly,
en sa sainte et digne garde.

» Fait à Elsterwerda, ce 12ᵉ de novembre 1759.

                                    » Féderic (autographe). »

(Arch. de La Roche-Mailly. Orig. avec deux cachets en cire rouge sur
l'enveloppe [1]).

DLXI

1767, 25 novembre. Paris. — Célébration, avec l'agrément du roi et
de la reine, du mariage « de très haut et très puissant seigneur, monseigneur ALEXANDRE-LOUIS, VICOMTE DE MAILLY, capitaine au régiment
de la Reine, cavalerie, seigneur du Fresnoy, La Neuville et autres lieux,
âgé de vingt trois ans, fils de défunt très haut et très puissant seigneur,
monseigneur LOUIS-ALEXANDRE, COMTE DE MAILLY, et très haute et très
puissante dame, madame MARIE-LOUISE DE SAINT-CHAMONS, de fait de
cette paroisse depuis plusieurs années, rue Saint-Dominique,... » avec :

» Très haute et très puissante demoyselle, mademoiselle ADELAÏDE-
MARIE DE LA CROIX DE CASTRIES, âgée de dix huit ans, fille de très haut
et très puissant seigneur, monseigneur Charles-Eugène-Gabriel de La
Croix, comte de Castries, gouverneur de la ville de Monpellier, baron
des Etats de Languedoc, lieutenant du roy de la même province, mestre
de camp général de la cavalerie légère et étrangère, lieutenant-général
des armées du roy, chevalier de ses ordres, et de très haute et très puissante dame, madame Gabriel-Isabeau-Thérèse de Rossel de Fleury,
présens et consentans, de fait et de droit de cette paroisse depuis sa
naissance, rue de Varenne.... »

Ce mariage fut célébré « dans la chapelle de l'hôtel de Castries, rue
de Varennes,.... en présence et du consentement de monsieur le curé
(de Saint-Sulpice) par l'illustrissime et révérendissime seigneur, mon-

---

1. 1759, 19 novembre. Dernière lettre du prince Henri dans laquelle il exprime au comte de Mailly l'estime qu'il a pour lui et pour les Français.
(Arch. de La Roche-Mailly. Orig.).

seigneur Pierre-Augustin-Bernardin de Rossel de Fleury, évêque de Chartres.... »

(Arch. de La Roche-Mailly. Copie papier collationnée extraite des *Registres de Saint-Sulpice*).

DLXII

1777, 2 février. Versailles. — *Brevet qui permet à Louis-Marie, marquis de Mailly, fils de Joseph-Augustin de Mailly, marquis d'Haucourt, et de Marie-Michelle de Séricourt, et à sa femme Marie-Jeanne de Talleyrand-Périgord, de prendre leur vie durant la qualité de duc et de duchesse de Mailly.*

« Aujourd'huy, deux février mil sept cent soixante dix sept, le Roy étant à Versailles, voulant donner au sieur Louis-Marie, marquis de Mailly, mestre de camp commandant du régiment de cavalerie Royal-Pologne, lieutenant général en survivance de la province de Roussillon, et gouverneur d'Abbeville en survivance, une marque distinguée de l'estime et de la bienveillance dont Sa Majesté l'honore, Sa Majesté a crû ne pouvoir la faire connoitre d'une manière plus éclatante et plus flâteuse pour lui qu'en luy accordant le titre de la première dignité de son royaume. Le zèle qu'il a fait paroitre en toute occasion pour le service de Sa Majesté, ceux qu'il a rendu dans les armées, et les preuves qu'il n'a cessé de donner de son attachement pour la personne de Sa Majesté, l'ont déterminée à faire jouïr ledit sieur marquis de Mailly des honneurs qu'elle n'accorde qu'aux personnes qui en sont susceptibles par un mérite et des qualités généralement reconnus. A cet effet, Sa Majesté à permis et permet audit sieur marquis de Mailly et à la dame son épouse de prendre leur vie durant la qualité de duc et de duchesse de Mailly, en tous actes publics et particuliers, tant en jugement que déhors, veut et entend qu'ils jouïssent des mêmes honneurs et prérogatives dans sa maison, et près sa personne, et des entrées au Louvre, dont jouissent les autres ducs et duchesses. Et pour assurance de sa volonté, Sa Majesté à signé de sa main le présent brevet, et fait contre-signer par moy conseiller secrétaire d'Etat et de ses commandemens en finances.

» Signé Louis.

» Amelot. »

(Arch. de La Roche-Mailly. Pièce papier).

DLXIII

1780, avant avril. — *Lettre d'Augustin-Joseph, comte de Mailly, au Roi pour lui demander l'autorisation d'épouser mademoiselle de Narbonne-Pelet.*

« Sire. — J'ai l'honneur de demander à V. M. l'agrément de mon mariage avec mademoiselle de NARBONNE, et j'ose en même tems, Sire, mettre sous les yeux de V. M. les raisons qui m'ont déterminé à prendre un nouvel engagement.

» J'ai l'honneur, Sire, d'être d'une maison, qui depuis le commencement de la monarchie a consacré ses jours au service des ancêtres de V. M. J'ai suivi avec le même zèle un devoir aussi sacré, et il ne me restait d'autre désir que de le voir perpétuer dans la descendance de mon fils.

» Mais, ayant perdu cet espoir et ma maison n'en ayant d'autre que dans un seul enfant, j'ai cru, sire, devoir en ranimer les espérances dans mes vieux jours, et ce sera la consolation du dernier de mes moments si je suis assez heureux, Sire, de laisser à V. M. un sujet, qui, à l'exemple de son père, consacre sa vie entière à son service et à se rendre digne de ses bontés.

» Ce sont, Sire, les tittres et les vœux sous lesquels j'ai l'honneur de demander à V. M. son agrément, mais soumis en même tems à ses ordres auxquels je désirerais avoir mille vies à lui sacrifier.

» J'ai l'honneur, etc. »

(Arch. de La Roche-Mailly. Copie papier).

DLXIV

1780, 6 avril. — Par devant les conseillers du roi, notaires au Châtelet de Paris, contrat de mariage de « très haut et très puissant seigneur, monseigneur AUGUSTIN-JOSEPH DE MAILLY, COMTE DE MAILLY, MARQUIS D'HAUCOURT, chevalier des trois ordres du roy, lieutenant-général des armées du roy, ancien directeur général des camps et armées, inspecteur général de la cavalerie, gouverneur d'Abbeville, lieutenant-général de Roussillon et commandant en chef de cette province, demeurant ordinairement en son château de Mailly[1], près Breteuil, province de Picar-

1. Mailly-Rainneval,

die, de présent logé » à Paris « rue de Bourbon, quartier Saint-Germain-des-Prés, paroisse Saint-Sulpice, » avec :

« Mademoiselle BLANCHE-CHARLOTTE-MARIE-FÉLICITÉ DE NARBONNE-PELET, demoiselle mineure, » fille de « très haut et très puissant seigneur, monseigneur François-Raymond-Joseph de Narbonne-Pelet, vicomte de Narbonne, lieutenant général des armées du roy, capitaine viguier de Sommières, seigneur comte de Fontanes,... » et de « très haute et très puissante dame madame Lucrèce-Pauline-Marie-Anne de Ricard, dame de madame belle-sœur du roi, » demeurant avec sa fille au palais des Tuileries.

(Arch. de La Roche-Mailly. Cah. papier).

DLXV

1782, 10 mai. — *« Arrêt du Conseil provincial et supérieur d'Artois, qui fait défenses à messire Charles-Oudard-Joseph Couronnel de Vélu, et à ses descendans nés, à naître, de se dire issus de la maison de Mailly, et notamment de la maison où branche de Mailly l'Orsignol, de prendre où porter le nom de Mailly seul où conjoinctement avec celui de Couronnel ; lui ordonne de faire tenir note dudit arrêt, en marge des contrats et actes de mariages, actes de baptêmes et de sépultures, tant dudit sieur Couronnel que de son père et de ses enfans, dans le délai d'un an ; de faire effacer le nom Mailly sur les épitaphes et autres monumens publics de sa famille dans le même délai, sinon permet à M. Alexandre-Louis vicomte de Mailly, premier écuyer de Madame, en survivance, colonel commandant du régiment d'Anjou, gouverneur des ville et citadelle de Mont-Louis, de le faire effacer aux frais dudit sieur Couronnel ; ordonne audit sieur Couronnel d'ajouter à ses armes par tout où elles sont peintes, gravées ou sculptées, la bande de sable mentionnée en la sentence du 24 avril 1445, ainsi que ses ayeux et les seigneurs de Cognœul la portoient, dans le même délai ; reçoit M. le vicomte de Mailly, opposant à l'arrêt du 3 aout 1771, portant enregistrement des lettres d'érection en marquisat des terres de Barastre et autres, obtenues par ledit sieur Couronnel sous le nom de Mailly-Couronnel, faisant droit sur ladite opposition et sur les conclusions de MM. les gens du Roi, ordonne que l'arrêt sera rapporté, condamne le sieur Couronnel aux dépens.*

« Louis par la grâce de Dieu, roi de France et de Navarre, au premier huissier de notre Conseil provincial et supérieur d'Artois, sçavoir, faisons : que vu par notre dite cour, le procès d'entre Charles-Oudart-Joseph de Mailly-Couronnel, chevalier, seigneur de Vélu, Barastre et autres lieux, demeurant en son château de Vélu, appellant de la sentence rendue en notre élection provinciale d'Artois, le 19 du mois d'août 1780, et intimé, d'une part ; Alexandre-Louis vicomte de Mailly, premier écuyer de Madame en survivance, colonel commandant du régiment d'Anjou, gouverneur des ville et citadelle de Mont-Louis en Rousillon, demeurant en son hôtel à Paris, intimé et incidament appellant de ladite sentence, de deuxiéme part ; Albertine-Françoise-Joseph de Harchies, curatrice établie par justice aux personnes et biens de Charles-Marie-Isabelle-Désiré-Guislain de France, chevalier, comte d'Hésecque, baron de Mailly, ayant repris les erremens dudit procès, au lieu et par le décès de Louis-Cyr marquis de Mailly, son oncle, par acte couché sur les régistres de notre dite élection d'Artois, le 10 mars 1779 ; icelui ayant repris lesdits erremens par acte fait sur lesdits registres, le 2 avril 1755, au lieu et par le décès de Victor-Alexandre-Cyr marquis de Mailly, chef du nom et armes de sa maison, aussi intimée et incidament appellante, de troisiéme part ; Louis comte de Mailly de Néelle, premier écuyer de Madame, brigadier des armées du Roi, demeurant en son hôtel à Paris, intervenant de quatriéme part ; la requête introductive d'instance présentée aux officiers de notre dite élection d'Artois, par Victor-Alexandre marquis de Mailly, chef du nom et armes de sa maison, le 14 novembre 1752, expositive qu'en cette qualité il ne pouvoit se dispenser de veiller à ce que personne n'ait usurpé le nom, l'honneur de sa maison, et les substitutions masculines et perpétuelles, en faveur de ceux qui portoient le nom de Mailly, formoient des raisons trop pressantes pour qu'ils puissent négliger de faire rectifier toutes les entreprises que des étrangers pouvoient faire pour s'arroger le nom et les armes de sa maison ; qu'il étoit venu à sa connoissance que Charles-Oudart-Joseph Couronnel, chevalier, seigneur de Vélu et autres lieux, prenoit dans tous les actes qu'il passoit le nom de Mailly-Couronnel, qu'il portoit pour armes trois maillets de gueules au champ d'or, qui étoient les armes de la branche éteinte de Mailly-d'Orsignol ou Rossignol ; que le sieur de Vélu ne pouvoit porter d'autre nom que celui de son père, qu'il s'appelloit Louis-Joseph Couronnel, il avoit été baptisé sous ce nom en la paroisse de Saint-Jacques à Douay, sa mareine avoit été Anne-Charlotte Couronnel, sa tante, sœur de Louis son père, ainsi qu'il résultoit de l'extrait-baptistaire du 6 novembre 1682. Quant aux armes on convenoit que ses ancêtres les portoient écartelées au premier et quatriéme d'or à trois maillets de gueules, mis deux et un, à un filet de sable mis en bande sur le tout, et au deuxiéme et troisiéme d'argent à trois chevrons de gueules ; qu'il n'étoit rien de plus juste que d'obliger chacun à porter le même nom et les mêmes armes que ses ancêtres. L'addition du nom de Mailly à celui de Couronnel étoit une usurpation. La suppression de la bande de sable dans les armes, qui n'étoit pas regardée comme une brisure, n'étoit qu'une suite de la même entreprise, puisqu'elle n'avoit pour objet que de rendre les armes plus conformes au nom qu'on vouloit s'arroger : de-là il concluoit à ce qu'il plût à nos officiers de l'élection d'Artois, lui permettre de faire assigner Charles-Oudart-Joseph Couronnel, chevalier, sieur de Vélu, pour se voir faire défenses de prendre à l'avenir le nom de Mailly, et de porter les armes de la branche éteinte de Mailly-d'Orsignol, lui ordonnant d'ajouter à ses armes le filet de sable sur le tout, ainsi que l'avoient toujours fait ses prédécesseurs ; qu'il lui fût permis de faire rayer ou biffer, aux dépens du sieur Couronnel de Vélu, le nom de Mailly dans tous les actes que lui ou son père avoit pu passer sous ce nom ; le condamner, pour son entreprise, à aumôner au pain des prisonniers, telle somme qu'il auroit plû à nosdits officiers de l'élection d'Artois d'arbitrer, et aux dépens ; au surplus, permettre de faire imprimer et afficher, aux dépens dudit sieur Couronnel, la sentence à intervenir par-tout où il appartiendroit. L'apostille couchée en marge de ladite requête portante soit partie appellée conformément à l'ordonnance du 14 novembre 1752 ; l'exploit d'assignation donnée en conséquence le 17 dudit mois de novembre audit sieur Charles-Oudart-Joseph Couronnel de Vélu ; la requête dudit Charles-Oudart-Joseph de Mailly-Couronnel, sieur de Vélu, du 17 du mois de janvier 1753, expositive que quelques personnes ennemies de son repos, et peut-être envieuses de son nom et de ses armes, avoient engagé le marquis de Mailly à diriger contre lui une action des plus fameuses ; elle tendoit à faire prononcer des défenses, contre lui, de prendre à l'avenir le nom de Mailly, et de porter les armes de la branche éteinte de Mailly-l'Orsignol ; de faire ordonner d'ajouter à ces armes le filet de sable sur le tout, ainsi que l'avoient toujours fait ses prédécesseurs ; qu'il fût permis au marquis de Mailly, dans tous les actes que lui ou son père avoit

pu passer sous ce nom, qu'il fut condamné pour son entreprise, à aumôner au pain des prisonniers telle somme que nos officiers de l'élection
d'Artois auroient trouvé bon d'arbitrer ; il demandoit en outre la permission de faire imprimer et afficher la sentence qui interviendroit aux
dépens du sieur de Vélu, qu'une demande de cette conséquence ne devoit point être hazardée, qu'elle exigeoit pour se soutenir les meilleurs
titres, et les raisons les plus puissantes. L'objet qu'il se proposoit n'é-
toit point d'examiner et de discuter, dans toute leur étendue, ce que
présentoit M. le marquis de Mailly, qu'il le feroit par la suite. Mais il en
disoit assez pour faire voir que jamais peut-être on avoit offert aux yeux
de la justice une demande d'une aussi grande conséquence, fondée sur
des moyens aussi légers ; il n'étoit rien d'aussi essentiel que de se conserver le nom et les armes de sa famille ; plus le nom étoit illustre, plus
on devoit apporter de soin à en empêcher la perte. Le sieur de Vélu, qui
croyoit être issu de la branche de Mailly-l'Orsignol devoit donc tout
mettre en usage pour montrer que le nom et les armes qu'il en portoit,
n'étoit rien moins qu'une usurpation ; que si le château de Vélu n'avoit
point été consumé par les flammes, ainsi qu'il étoit connu de toute la
province, il n'auroit point été dans le cas de faire de grandes recherches,
et auroit trouvé dans le sein de sa famille, les titres nécessaires pour se
maintenir dans son état ; mais ce malheureux accident l'avoit presque
dépouillé de tout ; que cependant il ne seroit point sans défenses, ce qui
n'étoit plus chez lui devoit être pour la meilleure partie chez M. le marquis de Mailly, chef du nom et des armes de sa maison ; les titres qui
reposoient dans ses archives étoient communs à ceux qui avoient l'honneur de lui appartenir ; le sieur de Vélu qui croyoit de bonne foi d'avoir
cet avantage, avoit le droit d'en demander la communication, c'étoit le
but principal de sadite requête, soutenir qu'il étoit de la maison de
Mailly n'étoit point une allégation frivole, qu'il y avoit un fait bien important, reconnu par le marquis de Mailly, anciennement les seigneurs
de l'Orsignol étoient de leur maison, mais le sieur de Vélu étoit parent
du côté paternel à ces anciens seigneurs d'Orsignol, il étoit donc de la
maison de Mailly, il n'avoit donc point usurpé les droits d'autrui, en en
prenant le nom et les armes, en voici quelques preuves ; qu'une sentence du bailliage de Lille, de Douay et d'Orchies, du 24 avril 1445, en
déchargeant du droit de nouvel acquêt Charles Couronnel, dont le sieur
de Vélu étoit issu, faisoit connoître cette vérité, elle prouvoit que ce

Charles, fils de Hugues, descendoit du côté paternel de Cogneul, qui étoient une cotte noble d'ancienneté, que ses armes étoient trois maillets de gueule sur un champ d'or à une bande de sable avec le cri de Mailly, que de ce côté Hugues Couronnel étoit cousin issu de germain et légitime à défunt Collart de Cogneul, sieur de Cogneul, et à Mathieu de Cogneul, son frère, or, si les auteurs du sieur de Vélu étoient parens du côté paternel à Collart et à Mathieu de Cogneul, il le leur étoit aussi, et par suite il avoit l'honneur de l'être à M. le marquis de Mailly, car Collart et Mathieu étoient de la maison de Mailly-l'Orsignol, le père Anselme, dans son histoire généalogique et chronologique de France, rapportoit cette circonstance[1], première preuve, ce que disoit le père Anselme se trouvoit en termes plus précis dans un certificat de dom Etienne Lepez, religieux de Saint-Vaast qui avoit travaillé avec soin aux généalogies pendant plus de 30 ans, avoit rapporté les mêmes choses que disoit la sentence ci-dessus, il attestoit qu'il avoit vu dans les archives de la maison de Mailly, deux titres, l'un de mai 1233, le deuxiéme, d'avril 1250, qui faisoit connoître que les seigneurs de Cogneul, dont Charles Couronnel étoit de la branche cadette de Mailly-Cogneul, il n'étoit question que de voir ces deux titres, et toutes les difficultés auroient été applanies ; deuxiéme preuve que plusieurs dénombremens montroient que l'Orsignol et Cogneul ne composoient qu'une même seigneurie, qu'un fief tenu de la terre d'Aveluy, mais il étoit certain et le marquis de Mailly ne désavoueroit point que le sieur de Vélu étoit parent aux anciens seigneurs de Cogneul, il étoit donc de nécessité qu'il l'étoit aussi aux anciens seigneurs de l'Orsignol qui étoient eux-mêmes les seigneurs de Cogneul, on voyoit encore aujourd'hui leurs armes dans plusieurs endroits de l'église paroissiale de Cogneul ; troisiéme preuve que la maison de Mailly avoit deux branches, la première étoit éteinte dans la maison de Guerbode, la deuxiéme étoit celle du sieur de Vélu ; il y avoit plus de cent ans que la branche aînée prenoit dans tous les actes le nom de Mailly et qu'elle en portoit les armes en plein ; ce fut sous ce nom qu'elle obtint des lettres de chevalerie du roi d'Espagne le 10 de juin 1655, une possession aussi ancienne au mérite d'une constitution légitime, n'auroit pas, comme dit Dumoulin, par la vertu de la

---

1. Le P. Anselme, qui ne saurait faire autorité en matière généalogique quand il n'établit pas ses filiations sur des documents, ne parle nulle part de la parenté des Mailly et des Cogneul.

possession, mais par la force du titre qu'elle présuposoit ; quatrième preuve que la branche cadette dont ledit sieur de Vélu descendoit pouvoit avoir été un peu plus tard à joindre le nom de Mailly à celui de Couronnel, mais dès 1681 ce qui avoit coutume jusques aujourd'hui ; l'ayeul, le père du sieur de Vélu et lui-même n'en avoient point porté d'autre, ce seroit sous ce nom que depuis cette époque ils avoient été convoqués tous les ans aux Etats de la Province, c'étoit sous ce nom que le père du sieur de Vélu avoient été nommé député à la Cour en 1714, c'étoit sous ce nom qu'il avoit été présenté au Roi, et qu'il avoit signé tous les actes de sa députation ; c'étoit en un mot sous ce nom qu'ils avoient été connus publiquement et généralement dans toute la province depuis 1681, d'ailleurs les actes, la possession des membres de la première branche profitoient à la deuxième, c'étoit la même famille ; cinquième preuve que cette branche cadette avoit oublié ou négligé de prendre le nom de Mailly avant 1681 elle en portoit les armes sans distinction ; bien auparavant on trouvoit dans l'église de Saint Nicolas-au-Château, à Tournay, le tombeau du bizayeul du remontant, mort le 6 mai 1658, où les armes de Mailly-l'Orsignol étoient en plein sans bande ni filet : le défunt avoit vécu 55 ans ; qu'on voyoit dans la même ville, dans l'église des Récolets, l'épitaphe de damoiselle Antoinette de Couronnel, veuve de Jacques Cornaille, écuyer, seigneur du Crocquet ; les armes de Mailly-l'Orsignol y étoient aussi sans filet et sans bande, cette demoiselle étant morte en 1650, ainsi voilà une possession de plus d'un siécle où étoit la famille du sieur de Vélu, de porter sans la moindre brisure les armes de Mailly-l'Orsignol ; sixième preuve, que contre tant de titres et de monumens contre une possession aussi suivie, aussi ancienne, M. le marquis de Mailly n'opposoit que l'extrait baptistaire du père du sieur de Vélu où l'on ne trouvoit point le nom de Mailly, il disoit que rien n'étoit si juste que de porter le nom de son père, que d'accord, le sieur de Vélu ne refusoit point de porter le nom de Couronnel, ce n'étoit point la difficulté, elle consistoit à savoir si le nom de Couronnel donnoit l'exclusion à celui de Mailly, et le sieur de Vélu venoit d'établir d'une manière assez forte que les deux n'étoient qu'un, de sorte que de prononcer Mailly-Couronnel ou seulement Couronnel c'étoit la même chose qui désignoit la branche cadette de Mailly ; passons à un exemple à qui rendra la chose plus sensible, que M. le comte d'Hénu étoit de la maison de Coupigny, cependant qu'on l'appelloit Coupigny

d'Hénu ou d'Hénu simplement, il étoit également distingué et reconnu :
le sieur de Vélu estimoit que Mailly-Couronnel ou Couronnel seulement
produisoit le même effet, parce que Couronnel étoit Mailly, comme
d'Hénu étoit Coupigny, mais cet extrait baptistaire qu'auroit-il donc
opéré ? il auroit eu tout l'effet qu'il pouvoit et devoit avoir : il faisoit
une preuve pleine que son père s'appelloit Couronnel, et ce fait étoit
vrai, mais il ne pouvoit point empêcher que ce Couronnel ne fut en même temps un Mailly, parce que réellement il étoit un Mailly ; un acte
quelque authentique, quelque respectable qu'il étoit ne faisoit preuve
que de son contenu, il ne faisoit point de préjudice aux faits, dont il ne
s'expliquoit point : par exemple, supposé que dans l'extrait baptistaire
d'un des enfans de M. le comte d'Hénu, on avoit négligé de mettre fils
de M. de Coupigny, et que l'on se seroit contenté d'écrire fils de M. le
comte d'Hénu, pourroit-on argumenter de-là, et dire au fils du baptisé
de la sorte, prenez le nom d'Hénu, contentez-vous-en, que défenses vous
soient faites de prendre le nom de Coupigny ? un semblable discours
révolteroit, il en devoit être de même ici, car on se persuaderoit d'avoir
établi que le père du sieur de Vélu étoit de la maison de Mailly, comme
on supposoit que l'enfant baptisé sous le seul nom d'Hénu étoit de celle
de Coupigny, le sieur de Vélu se flatoit que toutes les personnes non-
prévenues seroient convaincues qu'il étoit issu de la maison de Mailly :
des titres du treizième et du quinzième siècle, une possession au-delà de
la mémoire des hommes, une infinité d'actes publics et solemnels, la
notoriété générale se réunissoient pour faire cette preuve, et certes il
seroit difficile d'en offrir de plus solide et de plus regulière ; cependant
si M. le marquis de Mailly n'en étoit point satisfait, il ne pourroit dans
les circonstances ou se trouvoit le sieur de Vélu se dispenser de lui
communiquer tous les titres et papiers qui avoient du rapport à la terre
et seigneurie de l'Orsignol-Cogneul et singuliérement les deux titres,
dont dom Etienne Lepez faisoit mention dans son certificat du 24 avril
1704, de-là il concluoit à ce qu'il plut à nos officiers de l'élection d'Artois, lui donner acte de ce que pour moyens de défenses contre la requête du marquis de Mailly, il employoit le contenu en la sienne, ce faisant, le débouter des fins et conclusions d'icelle, et le condamner aux
dépens, et où nosdits officiers auroient trouvé de la difficulté de le prononcer ainsi quant à présent, en ce cas, avant faire droit au fond, ordonner audit sieur de Mailly de déposer, par expurgation de serment,

au greffe de ladite élection ou chez un notaire choisi et nommé par les parties, tous et généralement quelconques, les titres et papiers, mémoires, notices, dénombremens et aveux qu'il pouvoit avoir en sa possession concernant la terre et seigneurie de l'Orsigneul-Cogneul, et particuliérement les deux titres, l'un du mois de mai 1233 et l'autre du mois d'Avril 1250, annoncés dans le certificat de dom Etienne Lepez, religieux de Saint-Vaast, en date du 24 avril 1704, pour y rester pendant six mois, pour par le sieur de Vélu en prendre telle communication, inspection, collation et vidimus qu'il trouveroit convenir, pour être ensuite procédé selon raison, ce qui seroit exécuté ; quant à la déposition, nonobstant opposition ou appellation quelconque et sans y préjudicier, attendu qu'il s'agissoit d'instruction ; l'ordonnance couchée en marge de ladite requête, portante en plaidant ; le jugement de nos officiers de l'élection d'Artois, du 12 février 1753, portant appointement en droit, production dudit Victor-Alexandre-Cyr marquis de Mailly et de Charles-Oudart-Joseph de Mailly-Couronnel, en date des 6 avril et 30 octobre 1753, en exécution dudit appointement ; les écritures du sieur de Mailly-Couronnel, du 7 de novembre 1753 ; la requête en production, nouvelle dudit sieur de Mailly-Couronnel, du 12 du même mois de novembre 1753 ; l'ordonnance sur icelle portante permission de produire, sauf contredits dans les délais de l'ordonnance, les écritures de Louis-Cyr marquis de Mailly, du 23 de juillet 1755, la requête en production, nouvelle dudit jour 23 juillet 1755, sur laquelle est l'ordonnance portante permission de faire production, sauf contredits dans les délais de l'ordonnance, la requête de Charles-Oudart-Joseph de Mailly-Couronnel, du 17 de janvier 1759, afin de permission de faire collationner par devant commissaire de notre dite élection ; les piéces par lui employées en l'instance, l'ordonnance sur ladite requête de permis ainsi qu'il est requis ; l'écriture dudit sieur de Mailly-Couronnel du 13 juin 1760, l'écriture de Louis-Cyr marquis de Mailly du 8 juillet 1760, la requête en production, nouvelle dudit jour 8 de juillet 1760, l'ordonnance couchée en marge d'icelle portante permission de produire, sauf contredits dans les délais de l'ordonnance, l'écriture de Charles-Oudart-Joseph de Mailly-Couronnel, chevalier sieur de Vélu, du 26 de novembre 1761. Requête d'Alexandre-Louis vicomte de Mailly, premier écuyer de Madame en survivance, colonel-commandant du régiment d'Anjou, concluante à ce qu'il auroit plut à nos officiers de l'élection d'Artois, le

recevoir partie intervenante en l'instance pendante entre messire
Charles-Marie-Isabelle-Desiré-Guislain de France, comte d'Hesecques,
ayant repris au lieu et par le décès de messire Charles-Victor-Alexan-
dre-Cyr marquis de Mailly, son oncle, d'une part ; et le sieur Charles-
Oudart-Joseph Couronnel de Vélu, d'autre part : faisant droit sur l'intervention ; faire défenses audit sieur Couronnel de Vélu de porter à
l'avenir le nom et les armes d'aucune des branches, soit existantes, soit
éteintes de la maison de Mailly, ordonner que ledit nom de Mailly sera
rayé dans tous les actes publics ou particuliers, passés par le sieur Couronnel, son père ; ordonner au surplus que les armes de ladite maison
seroient rompues, biffées et effacées partout où ledit sieur Couronnel les
avoit fait peindre, sculpter ou graver ; le condamner pour ses entreprises et contraventions, aux amendes portées par les placards et réglemens ; lui faire défenses de récidiver sous plus grosses peines, et le condamner aux dépens ; permettre de faire imprimer et afficher la sentence à intervenir aux frais dudit sieur Couronnel de Vélu ; lui donner
acte de ce que, pour moyen d'intervention, il employoit le contenu de
sadite requête, se réservant de prendre ci-après d'autres et plus amples
conclusions, s'il y écheoit. L'ordonnance couchée par apostille en marge
de ladite requête, portant viennent les parties à l'audience au 14 de ce
mois, du 7 avril 1779. Requête en défense de Charles-Oudart-Joseph,
marquis de Mailly-Couronnel, de Barastre, chevalier, sieur de Vélu, du
14 dudit mois d'avril 1779, tendante à ce qu'il auroit plu à nosdits seigneurs lui donner acte de ce que, pour exceptions et au besoin pour défenses contre la requête à lui signifiée le 7 avril 1780, par M. le vicomte
de Mailly, et les demandes y portées, il employoit le contenu en sadite
requête ; ce faisant, en plaidant déclarer ledit sieur vicomte de Mailly
non-recevable èsdites demandes, fins et conclusions ; le déclarer du
moins non-recevable quant à présent, et le condamner aux dépens, sans
préjudice à tous autres droits, noms, raisons, actions et exceptions,
dans lesquels il se réservoit formellement. Autre requête du sieur de
Mailly-Couronnel, du 23 juin suivant, tendante à ce qu'attendu la justi-
fication de la qualité dudit sieur vicomte de Mailly, il fut reçu partie intervenante, et en outre à ce que, sans s'arrêter à son intervention et
demandes, ledit sieur vicomte de Mailly y fut déclaré non-recevable ou
débouté, avec dépens : le jugement de nos officiers de l'élection d'Artois, du 23 juin, qui reçoit ledit Alexandre-Louis, vicomte de Mailly

partie intervenante en l'instance, et qui appointe en droit et joint ; productions respectives des parties, des 21 juillet et 7 août 1779, et premier juin 1780, en exécution de l'appointement dudit jour 23 juin 1779. La requête dudit Charles-Oudart-Joseph de Mailly-Couronnel, chevalier, marquis de Mailly-Couronnel de Barastre, du 8 juin 1780, téndante à ce qu'en expliquant, corrigeant et augmentant au besoin les conclusions par lui ci-devant prises, sans s'arrêter aux interventions, demandes, fins et conclusions desdits sieurs comte d'Hesecque et vicomte de Mailly, dans lesqu'elles ils seroient respectivement déclaré non-recevables, ou dont en tous cas ils seroient déboutés, il fut maintenu et gardé dans ses droits et possession des nom, cri et armes de Mailly-Couronnel, comme formant une branche cadette de l'illustre maison de Mailly ; qu'il fut maintenu et gardé également et au besoin dans le droit et possession où il étoit, tant par lui que par ses auteurs de porter les armes pleines de la branche de Mailly-l'Orsignol ou Rossignol, qu'il fut fait défenses audit sieur comte d'Hesecques et vicomte de Mailly et à tous autres de le troubler dans lesdits droits et possession, que lesdits sieur comte d'Hesecques et vicomte de Mailly fussent condamnés en tous les dépens, et qu'il lui fut permis de faire imprimer et afficher à leurs frais et dépens le jugement à intervenir par-tout où besoin seroit, au nombre de 1000 exemplaires, sur laquelle requête est l'ordonnance du même jour, portant appointement en droit et joint, et au surplus en jugeant. La requête dudit sieur Alexandre-Louis vicomte de Mailly, du premier août de ladite année 1780, à fin de production nouvelle des titres et piéces enoncées en icelle ; et tendante à ce qu'en corrigeant, rectifiant et augmentant les conclusions prises en l'instance, faute par le sieur Charles-Oudart-Joseph Couronnel de Vélu d'avoir justifié qu'il descend en ligne directe et masculine de la maison de Mailly de Picardie, notamment de la branche de l'Orsignol, comme il le prétendoit, il fut déclaré non-recevable en ses demandes, ou en tous cas débouté, et qu'ayant égard à la demande dudit sieur vicomte de Mailly, formée par sa requête du 7 avril 1779, il fut fait défenses au sieur Couronnel de Vélu et à ses enfans nés et à naître de se dire issus et descendans directement ni indirectement de ladite maison de Mailly de Picardie, qu'il lui fut fait défenses de porter à l'avenir le nom de Mailly et les armes pleines que portoit Antoine de Mailly, seigneur de l'Orsignol, qui étoient trois maillets de gueules sur un champ d'or, sauf à lui de pren-

dre celles qu'avoient Charles Couronnel, Robert son petit-fils et autres
ses descendans, lesquelles sont aussi trois maillets de gueules sur un
champ d'or, mais à une bande de sable sur le tout, et que dans le cas
où les armes pleines d'Antoine de Mailly, seigneur de l'Orsignol, que
s'attribue le sieur de Vélu, se trouveroient dépeintes et figurées sur le
registre armorial de notre élection, il fut ordonné que note seroit tenue
sur ledit registre de la sentence à intervenir, qu'au surplus les conclusions prises en l'instance par ledit vicomte de Mailly lui fussent adju-
gées avec dépens. L'ordonnance sur cette requête portant permission
de produire, sauf contredits dans les 24 heures, attendu l'état du procès,
et au surplus en jugeant. La requête dudit sieur vicomte de Mailly, en
date du 18 dudit mois d'août. Ladite requête concluante à ce qu'il plut
à nos officiers de l'élection d'Artois, faire défenses audit sieur Couronnel
de Vélu, de porter le nom et les armes de Mailly, au cas de contredit,
condamner ledit Couronnel de Vélu en tous les dépens, que ledit sieur
vicomte de Mailly étoit obligé d'exposer, l'ordonnance sur icelle portant permission de joindre, la *Sentence rendue par les Officiers de notre Election Provinciale d'Artois, le 19 août 1780, laquelle faisant
droit sur le tout, faute par Charles-Oudart-Joseph de Mailly-Couronnel d'avoir justifié qu'il descendoit en ligne directe et masculine de
la maison de Mailly dont il s'agissoit, ni d'aucunes branches de cette
maison, il auroit été déclaré non-recevable en sa demande à fin d'être
maintenu dans le droit et possession des nom, cri et armes de Mailly-
Couronnel, comme conformant une branche cadette de ladite maison
de Mailly ; il auroit été déclaré pareillement non-recevable dans sa
demande, à fin d'être maintenu dans le droit et possession de porter
les armes pleines de la prétendue branche de Mailly-l'Orsignol ; et
ayant aucunement égard aux interventions et demandes d'Alexandre-
Louis vicomte de Mailly, fait défenses audit Charles-Oudart-Joseph
de Mailly-Couronnel et à ses descendans nés et à naître de se dire
issus directement ou indirectement de ladite maison de Mailly, et de
prendre le nom de Mailly seul et simplement ; ledit Alexandre-Louis
vicomte de Mailly auroit été déclaré non-recevable dans ses autres
demandes formées par requête des 7 avril 1779 et premier août 1780,
permis néanmoins audit vicomte de Mailly de faire imprimer le présent jugement au nombre de 50 exemplaire, et afficher au nombre de
25 aux frais et dépens dudit Charles-Oudart-Joseph de Mailly-Cou-*

ronnel ; sur le surplus des demandes, fins et conclusions des Parties,
elles auroient été mises hors de Cour ; ledit Charles-Oudart-Joseph
de Mailly-Couronnel, auroit été condamné en la moitié des dépens
vers toutes les Parties, l'autre moitié entr'elles composées. La commission de relief d'appel obtenue en notre chancellerie d'Artois, par
ledit de Mailly-Couronnel, le 11 octobre 1780 ; les commissions de relief d'appel obtenues en notre dite chancellerie, par M. le vicomte de
Mailly ; la dame d'Hesecque en sa qualité, les 24 janvier, 10 mars et 4
avril 1781, l'appointement de conclusions passé au greffe de notre dite
cour, le 24 dudit mois d'avril 1781. La requête d'Alexandre-Louis, vicomte de Mailly, présentée à notre dite cour, le 10 de juillet 1781, concluante à ce qu'il lui auroit plut par arrêt, donner acte audit vicomte de
Mailly, de ce que pour griefs et moyens de l'appel par lui interjetté,
ensemble pour satisfaire à l'appointement de conclusions reçu et passé
entre les parties, le 20 avril 1781, il employoit quant à présent tout ce
qu'il avoit été dit, signifié et produit de sa part en première instance,
en conséquence en procédant au jugement du procès, en tant que touchoit l'appel principal interjetté par le sieur Couronnel, de la sentence
contradictoirement rendue au siége de notre élection d'Artois, le 19
août 1780, mettre l'appellation au néant, condamner le sieur Couronnel
en l'amende et faisant droit sur l'appel incidemment interjetté par ledit
vicomte de Mailly, mettre l'appellation et ce dont est appel au néant ; en
ce que, 1° il n'y étoit fait défenses audit Couronnel de prendre le nom
de Mailly seul et simplement, 2° il n'y étoit pas ordonné que le nom de
Mailly seroit rayé dans tous les actes publics et particuliers passés par
ledit Couronnel et par son père, 3° il n'y étoit pas ordonné que les armes de la maison de Mailly seroient rompues, biffées par-tout où ledit
Couronnel et ses pères les auroient fait peindre et graver ; 4° ledit sieur
Couronnel n'y étoit pas condamné pour ses entreprises et contraventions aux amendes portées par les placards et réglemens ; 5° il n'y étoit
pas fait défense de récidiver sous plus grosses peines ; 6° enfin, il n'y
étoit pas condamné en tous les dépens : émendant quant à recevoir ledit
vicomte de Mailly, en tant que de besoin, opposant à l'arrêt d'enregistrement fait en notre dite cour, des lettres d'érection en marquisat de
Mailly-Couronnel, Barastre, en date du 7 juin 1771 ; en ce que par lesdites
lettres-patentes, ladite terre de Barastre étoit érigée en marquisat sous
le nom de Mailly, et ledit sieur Couronnel autorisé à se qualifier mar-

quis de Mailly-Couronnel-Barastre, faisant droit sur le tout faire défenses audit Couronnel et à ses enfans nés à naître, de prendre le nom
de Mailly ni seul et simplement, ni conjoinctement à celui de Couronnel ; ordonner que note de l'arrêt seroit tenu sur les registres de notre
dite cour en marge dudit enregistrement, ordonner en outre que le nom
Mailly seroit rayé dans tous les actes publics et particuliers passés par
ledit sieur Couronnel où par son père, et que les armes de la maison de
Mailly seroient rompues, biffées et effacées par-tout où ledit sieur Couronnel et son père les avoient fait placer, sculpter et graver et qu'au cas
où les armes pleines d'Antoine de Mailly, seigneur de l'Orsignol, se
trouveroient peintes et figurées sur le registre amorial de ladite élection comme indicative de parenté avec ledit sieur Couronnel, ordonner
que note seroit tenue sur ledit registre de l'arrêt qui interviendroit ;
condamner ledit sieur Couronnel pour ses entreprises et contraventions,
aux amendes portées par les placards et réglemens, lui faire défenses
de récidiver sous plus grosses peines, le condamner en l'amende et aux
dépens des causes principales et d'appel ; ladite sentence au résidu sortissante effet, permettre audit vicomte de Mailly, de faire imprimer et
afficher l'arrêt qui interviendroit aux frais dudit Couronnel, au nombre
de cent exemplaires, sans préjudice à autres droits, sur laquelle requête
avoit été dit en jugeant. La requête de Charles-Oudart-Joseph de
Mailly-Couronnel, répondue et exploitée les 12 et 17 juillet 1780, concluante à ce qu'il auroit plut à notre dite cour, lui permettre de faire
assigner aux délais de l'ordonnance, le sieur marquis de Mailly de
Néelle, pour en jugeant voir dire et ordonner que l'arrêt à intervenir
dans l'instance dont étoit question, seroit déclaré commun avec lui ;
dire dans ladite instance ce qu'il trouveroit convenir et être pris avec
lui ou contre lui par ledit de Mailly-Couronnel, telles conclusions qu'au
cas appartiendroit ; l'apostille couchée en marge de ladite requête, portant soit partie appellée. La requête de Louis comte de Mailly de Néelle,
chef du nom et armes de la maison de Mailly, répondue et signifiée les
26 et 27 juillet 1781, à ce qu'il auroit plut à notre dite cour, par arrêt,
lui donner acte de ce que pour satisfaire à l'assignation à lui donnée de
la part dudit Charles-Oudart-Joseph Couronnel, il s'en referoit à ce
qu'il seroit par justice ordonné, se réservant dans tous ses droits et actions ; l'apostille couchée en marge de ladite requête portant en plaidant, l'écriture en défense de la dame comtesse d'Hésecques, en sa qua-

lité, signifiée le 27 de juillet 1781. La requête d'Alexandre-Louis vicomte de Mailly, répondue et signifiée le premier août 1781, expositive
que le sieur Charles-Oudart-Joseph Couronnel, par sa requête adressée
à la cour le 12 juillet 1781, auroit exposé qu'il étoit en instance avec
ledit vicomte de Mailly qui lui contestoit tout à la fois son nom et ses
armes, que son intention étoit d'obtenir une décision certaine et irrévocable, que quelques droits que le vicomte de Mailly eut réclamé, que
quelques soient ceux que sa naissance et son nom pouvoient lui donner,
le vicomte de Mailly devoit avouer que sa branche n'étoit qu'une branche cadette, et que le marquis de Néelle étant le chef du nom et des armes il devoit être son premier contradicteur nécessaire, que de-là il résultoit qu'il étoit de son intérêt évident et palpable de mettre ledit sieur
marquis de Néelle en cause, pour faire déclarer commun avec lui l'arrêt
à l'avenir, et par le moyen se faire mettre irrévocablement à l'abri d'un
second procès ; dans ces circonstances, le vicomte de Mailly auroit conclu à ce qu'il plut à notre dite cour, lui donner acte de ce qu'en ce qui
le concernoit, il consentoit que l'arrêt à intervenir soit déclaré commun
avec le comte de Mailly de Néelle, demandant dépens, l'apostille couchée en marge de ladite requête, portant en plaidant l'arrêt rendu à
l'audience de notre dite cour, le 2 août 1781, par lequel il auroit été
donné défaut contre Charles-Oudart-Joseph Couronnel, et pour en adjuger le profit et être fait droit sur les demandes des parties, les auroit
appointées en droit et joint de conclusion du 24 avril 1781. La requête
du sieur Charles-Oudart-Joseph de Mailly-Couronnel, signifiée le 9
août 1781 ; la requête verbale signifiée de la part du vicomte de Mailly,
le 13 octobre 1781. L'arrêt de notre dite cour du 25 octobre 1781, qui
reçoit ledit de Mailly-Couronnel, opposant à l'arrêt par défaut du 2
août 1781, en payant les frais préjudiciaux, et pour être fait droit sur
les demandes, appointe les parties en droit et joint à l'appointement du
24 avril précédent, la requête de Charles-Oudart-Joseph Couronnel,
répondue et signifiée les 21 et 23 novembre 1781, à ce qu'il auroit plut
à notre dite cour, par arrêt, en adhérant par ledit Charles-Oudart-
Joseph de Mailly-Couronnel, aux conclusions qu'il avoit ci-devant prises en l'instance, les expliquant, corrigeant, augmentant au besoin en
procédant au jugement de ladite instance, faisant droit sur l'appel interjetté par ledit Charles-Oudart-Joseph de Mailly-Couronnel, de la sentence rendue au siége de l'élection d'Artois, le 19 août lors dernier, aux

chefs qui leur faisoient griefs, sans s'arrêter aux appellations interjettées de ladite sentence, tant par Alexandre-Louis vicomte de Mailly-
Saint-Chaman, que par dame Bertine-Françoise-Jos. de Harchies, en sa
qualité, non plus qu'aux demandes fins et conclusions par eux respectivement prises au procès, notamment à celles formées et contenues
dans leur requête le 10 juillet lors dernier et 16 de ce présent mois de novembre, dans lesquelles ils seroient déclarés respectivement non-recevables, ou dont en tous cas ils seroient déboutés ; mettre l'appellation
dudit Charles-Oudart de Mailly au néant, émendant attendu qu'il n'a-
voit pu recouvrer ni se procurer une expédition authentique des titres
du mois de mai 1233 et du mois d'avril 1250, qui avoient été vu en originaux long-temps avant l'instance, dont il s'agissoit chez les seigneurs
de Mailly, par dom Lepez, religieux de l'abbaye de Saint-Vaast d'Arras,
lesquels titres prouvoient que les anciens seigneurs de Cogneul, étoient
issus en ligne masculine d'Antoine de Mailly, seigneur de Cogneul, attendu aussi que les copies desdits titres qui avoient été faites par ledit
dom Lepez, et portées par lui dans ses recueils, y ont été arrachées par
une main étrangère de sorte qu'il étoit impossible d'en constater maintenant et en aucune manière le contenu, ayant égard au surplus que
cette preuve d'une filiation directe suivie et immédiate dans les dixiéme,
onziéme, douziéme et treiziéme siécle, par des titres authentiques de ce
temps-là est une chose que la maison de Mailly, de laquelle le vicomte
de Mailly-Saint-Chaman se prétendoit issu, n'avoit pu rapporter elle-
même lorsqu'elle fut obligée de justifier de sa noblesse par devant M.
Bignon en 1706, donner acte audît sieur Charles-Oudart-Joseph de
Mailly-Couronnel, de ce qu'il insistoit plus dans sa demande, à fin de
faire dire qu'il étoit issu de la maison de Mailly, par une branche cadette que seroit celle de Rossignol ou l'Orsignol, lui donner pareillement acte au besoin de ce qu'il n'avoit jamais prétendu aucun droit,
comme il n'en prétend aucun au majorat qu'on dit être établi en cette
maison, en conséquence le maintenir et garder dans ses droits, possession et jouissance, de se dire et nommer et qualifier Mailly-Couronnel,
de porter pour armoirie d'or à trois maillets de gueule, comme aussi
d'avoir pour cri de Mailly, condamner ledit sieur de Mailly-Saint-Chaman, la dame de Harchies, en sa qualité, ou qui d'eux il appartiendroit
en tous les dépens des causes principales et d'appel, déclarer au besoin
l'arrêt à intervenir commun avec le comte de Mailly de Néelle, et at-

tendu qu'il s'agissoit de maintenue en fait d'état, permettre audit sieur de Mailly-Couronnel, de faire imprimer et afficher l'arrêt à intervenir, par-tout où besoin seroit, au nombre de 600 exemplaires, aux frais du dit sieur vicomte de Mailly-Saint-Chamans, sans préjudice à tous autres droits, noms, raisons, actions et exceptions, comme à prendre ci-après telles autres conclusions qu'au cas appartiendroit, sur laquelle requête a été dit : ait acte au surplus en jugeant, la requête dudit Alexandre-Louis vicomte de Mailly, répondue et signifiée le 19 et 21 janvier dernier, tendant à ce qu'il auroit plu à notre dite cour, par arrêt, lui donner acte de ce que pour griefs et moyens de l'appel incidemment par lui interjetté ensemble, pour satisfaire à l'appointement des conclusions reçu et passé entre les parties, le 23 avril 1781, et employoit quant au besoin tout ce qu'il avoit été signifié et produit de sa part en premiere instance, en conséquence en procédant au jugement du procès, en tant que touchoit l'appel principal interjetté par ledit sieur Couronnel, de la sentence contradictoirement rendue au siége de l'élection le 19 août 1781, et sans avoir égard aux demandes formées par ledit Couronnel, dans le cours du procès, et notamment par la requête du 21 novembre 1781, signifiée le 23 décembre 1781, dont il seroit débouté ; mettre l'appellation au néant, condamner ledit sieur Couronnel en l'amende et faisant droit sur l'appel incidemment interjetté par ledit vicomte de Mailly, de ladite sentence mettre l'appellation et ce dont étoit appel au néant, en ce que, 1° il n'y étoit fait défenses audit sieur Couronnel, que prendre le nom de Mailly seul et simplement, 2° il n'y étoit pas ordonné que le nom de Mailly seroit rayé et biffé dans tous les actes publics et particuliers passés par ledit sieur Couronnel et par son pere ; 3° il n'y étoit pas ordonné que les armes de la maison de Mailly seroient rompues, biffées et effacées par-tout où le sieur Couronnel et ses pères les avoient fait peindre sculpter et graver ; 4° ledit Couronnel n'y étoit pas condamné pour ses entreprises et contraventions aux amendes portées par les placards et réglemens ; 5° il n'y étoit pas fait défenses de récidiver sous plus grosses peines ; 6° enfin, il n'y avoit pas été condamné aux dépens, émendant quant à ce recevoir ledit vicomte de Mailly, en tant que de besoin opposant à l'arrêt d'enregistrement fait en la cour, des lettres d'érection en marquisat des terres de Barastre et autres, sous le nom de Mailly-Couronnel de Barastre, en date du 7 juin 1771, en ce que par lesdites lettres-patentes ladite terre de Barastre étoit éri-

gée sous le nom de Mailly, et ledit Couronnel autorisé de se qualifier
marquis de Mailly-Couronnel-Barastre, faisant droit sur le tout, faire
défenses audit sieur Couronnel et à ses enfans nés et à naître de prendre le nom de Mailly, ni seul ni simplement, ni conjoinctement avec celui de Couronnel, ordonner que note de l'arrêt à intervenir seroit tenu
sur les registres de notre dite cour, en marge dudit enregistrement,
ordonner en outre que le nom Mailly seroit rayé dans tous les actes publics et particuliers, passé par ledit sieur Couronnel ou par son père,
et que les armes de la maison de Mailly seroient rompues, biffées et
effacées par-tout où ledit sieur Couronnel et son père les avoient fait
peindre, sculpter et graver et qu'au cas où les armes pleines d'Antoine
de Mailly, seigneur de l'Orsignol, se trouveroient peintes et figurées sur
le registre armorial de l'élection, comme indicatives de parenté avec
ledit sieur Couronnel, ordonner que note seroit tenue sur ledit registre
de l'arrêt qui interviendroit, condamner ledit sieur Couronnel pour ses
entreprises et contraventions, aux amendes portées par les placards et
réglemens, lui faire défenses de récidiver sous plus grosses peines, le
condamner en l'amende et aux dépens des causes principales et d'appel;
ladite sentence de l'élection au résidu sortissante effet, permettre audit
vicomte de Mailly de faire imprimer et afficher au nombre de cent exemplaires l'arrêt qui interviendroit, aux frais du sieur Couronnel, sans
préjudice à tous les droits, noms, raisons, actions et prétentions dudit
vicomte de Mailly, comme aussi de prendre ci-après s'il y échoit, telles
autres et plus amples conclusions qu'il trouveroit convenir. L'écriture
dudit sieur de Mailly-Couronnel, intitulée, addition et refléxion signifiée le 2 mars 1781, concluante à ce qu'il auroit plu à notre dite cour
par arrêt, en corrigeant, expliquant et rectifiant au besoin tout ce qui
auroit été dit, fait et conclu au procès pendant en icelle, procédant au
jugement de l'instance, faisant droit sur l'appel interjetté par ledit de
Mailly-Couronnel, de la sentence rendue en notre élection d'Artois, le
19 août 1780, aux chefs qui lui faisoient griefs; sans s'arrêter aux appellations interjettées de la susdite sentence, tant par le vicomte de
Mailly que par la dame comtesse d'Hésecques, en sa qualité non plus
qu'aux demandes, opposition, tierce-opposition, fins et conclusions
qu'ils avoient respectivement prises, faites et formées dans lesquelles
ils seroient purement et simplement déclarés non-recevables, où dont
ils seroient déboutés, mettre l'appellation dudit Charles-Oudart-Joseph

de Mailly-Couronnel et ce au néant, émendant lui donner acte au besoin, de ce qu'il n'insistoit plus dans sa demande, à fin de faire dire
qu'il étoit issu de la maison de Mailly-l'Orsignol ou Rossignol, en ce
que celle-ci auroit été formée par un individu nommé Antoine de Mailly,
seigneur dudit lieu de l'Orsignol, soutenant que ledit Antoine n'ayant
jamais existé, n'avoit pu donner l'être à ladite maison, pareil acte aussi,
de ce qu'il n'avoit jamais prétendu et ne vouloit prétendre aucun droit
à la substitution contenue en l'acte de donation faite par Louis-Charles
de Mailly et dame Jeanne de Monchy son épouse, le 25 de juillet 1700,
en conséquence, le maintenir et garder dans ses droits, possession et
jouissance de se dire, nommer et qualifier Mailly-Couronnel, marquis
de Mailly-Couronnel de Barastre, circonstances et dépendances, de
porter pour armoiries, un écu d'or à trois maillets de gueules, comme
aussi d'avoir pour cri *Mailly*, condamner ledit vicomte de Mailly et la
dame d'Hésecques, où qui d'eux il appartiendroit, en tels dommages et
intérêt qu'il auroit plu à notre dite cour fixer, applicable au profit des
pauvres de la ville et cité d'Arras, et en tous les dépens des causes principales, d'appel et demande, exposés par ledit sieur marquis de Mailly-
Couronnel vers toutes les parties, déclarer l'arrêt à intervenir commun
avec le comte de Mailly marquis de Néelle, qu'il fut au surplus permis
audit sieur marquis de Mailly-Couronnel, de faire imprimer et afficher
ledit arrêt par-tout où besoin sera, au nombre de six cens exemplaires,
aux frais dudit vicomte de Mailly, sans préjudice à tous autres droits ;
requête dudit sieur Couronnel répondue et signifiée le 24 avril 1782,
concluante à ce qu'il auroit plu à notre dite cour, vu les piéces et productions des parties en expliquant, corrigeant et rectifiant tout ce qui
auroit été dit, fait et conclu au procès de la part dudit sieur de Mailly-
Couronnel, procédant au jugement d'icelui par arrêt conformément aux
dispositions du placard du 23 juin 1530, des déclarations, réglemens,
lettres-patentes et édits de 1704, 1744 et 1745, faisant droit sur l'appel
interjetté par ledit sieur de Mailly-Couronnel, de la sentence rendue au
siége de l'élection d'Artois, le 19 août 1780, aux chefs qui lui faisoient
griefs, sans s'arrêter aux appellations du vicomte de Mailly et de la
dame d'Hésecques en sa qualité, non plus qu'aux demandes, opposition,
tierce-opposition, fins et conclusions qu'ils avoient respectivement prises, faites et formées dans lesquelles déclarées purement et simplement
non-recevables où dont ils seroient déboutés, mettre l'appellation d'ice-

lui, Mailly-Couronnel et ce au néant, ayant égard notamment au mémoire signifié le 2 mars dernier, et à la production y jointe, desquels il
résultoit que la maison de Mailly-l'Orsignol ou Rossignol, n'avoit pu
se former ni être formé par un individu nommé *Antoine de Mailly*, qui
auroit été l'un des fils de Gilles de Mailly, second du nom, puisque ledit
Antoine n'avoit jamais existé[1] ; donner acte audit sieur de Mailly-Couronnel, de ce qu'en tant que de besoin seroit, il n'insistoit plus dans sa
demande, à fin de faire dire qu'il seroit issu de la maison de Mailly,
à laquelle ledit vicomte de Mailly pouvoit appartenir comme descendant de Thibault, baron de Mailly, et parent par cette souche commune
à Louis marquis de Mailly, *demandeur originaire*, ce qui n'étoit pas
même pleinement justifié ; comme aussi lui donner acte au besoin, de ce
qu'il n'avoit jamais prétendu et ne vouloir prétendre aucun droit à la
substitution contenue en l'acte de donation faite par Louis-Charles de
Mailly et dame Jeanne de Monchy son épouse, le 25 juillet 1700, ce faisant maintenir et garder ledit sieur de Mailly-Couronnel, comme issu
des anciens seigneurs de Cogneul, issus eux-mêmes des seigneurs de
Mailly de l'Orsignol et de Cogneul, maison distincte de celle du vicomte
de Mailly, dans ses droits, possession et jouissance, de se dire et nommer de Mailly-Couronnel, et de s'intituler et qualifier de marquis de
Mailly-Couronnel, de Barastre, circonstances et dépendances, de porter
pour armoiries un écu d'or à trois maillets de gueules et d'avoir pour
cri Mailly ; condamner ledit vicomte de Mailly, la dame d'Hesecques en
sa qualité ou qui d'eux il appartiendroit, en tels dommages et intérêts
qu'il plairoit à notre dite cour fixer, applicable du consentement dudit
sieur de Mailly-Couronnel, à la bourse commune de pauvres de la ville
et cité d'Arras, et en tous les dépens des causes principales, d'appel et
demandes par lui exposés vers toutes les parties, déclarer l'arrêt à intervenir commun avec le comte de Mailly de Néelle. permettre au surplus audit de Mailly-Couronnel, de faire imprimer et afficher ledit arrêt,
tant en cette ville d'Arras qu'ès autres villes de la province et par-tout
ailleurs où besoin sera, au nombre de 600 exemplaires, aux frais dudit
vicomte de Mailly et de ladite dame d'Hésecques, en sa qualité ou de
l'un d'eux, sur laquelle requête a été dit en jugeant ; autre requête du

---

1. Cet Antoine de Mailly, prétendu fondateur de la branche Mailly-L'Orsignol n'a, en effet, jamais existé, malgré l'affirmation contraire du P.
Anselme.

dit sieur Couronnel, répondue et signifiée le 27 avril 1782, concluante à
ce qu'il auroit plut à notre dite cour, lui adjuger les conclusions prises
en sa requête du 15 dudit mois d'avril ; au surplus ordonner que note
seroit tenue de l'arrêt à intervenir sur les registres de l'élection d'Artois, en marge de la sentence dont étoit appel ; sur laquelle requête
avoit été dit en jugeant ; la requête dudit Charles-Oudart-Joseph de
Mailly-Couronnel ; répondue et signifiée le 6 dudit mois de mai, concluante à ce qu'il auroit plut à notre dite cour par arrêt, et en lui donnant acte des déclarations et reconnoissances par lui passées en sa requête, lui adjuger les fins et conclusions par lui prises au procès, sans
préjudice à autres droits sur laquelle requête a été dit : ait acte au surplus en adjugeant ; les requêtes et productions respectives des parties ;
tout ce qu'elles avoit écrit et produit pour satisfaire aux réglemens ;
conclusions de notre procureur-général : oui, le rapport de M. Jacques-
Louis-Nicolas Vaillant, conseiller garde-de-sceaux : TOUT CONSIDÉRÉ :

» NOTRE DITE COUR, par son jugement et arrêt, met les appellations
et la sentence de laquelle il a été appellé au néant, émendant sans avoir
égard aux demandes dudit Mailly Couronnel, dont il est débouté, faisant droit sur celles d'Alexandre-Louis de Mailly et de ladite d'Harchies, en sa qualité, faute par ledit de Mailly-Couronnel, d'avoir justifié
que les seigneurs de Cogneul dont il est venu et extrait ainsi qu'il est
énoncé en la sentence du 24 avril 1445, étoient de la maison de Mailly,
et notamment de la maison ou branche de Mailly-l'Orsignol, fait défenses audit Mailly-Couronnel, et à ses descendans nés ou à naître de se
dire issus desdits de Mailly ; lui fait pareillement défenses de prendre
ou porter le nom de Mailly seul ou conjointement avec celui de Couronnel ; lui ordonne de faire tenir note du présent arrêt en marge des
contrats et actes de mariage, actes de baptêmes et de sépultures, tant
dudit de Mailly-Couronnel, que de son pere et de ses enfans ; et ce
dans le délai d'un an ; sinon ledit temps passé, permet audit Alexandre-
Louis de Mailly, de faire tenir ladite note en marge desdits actes aux
frais dudit de Mailly-Couronnel ;

» Ordonne pareillement audit Couronnel de faire effacer le nom de
Mailly sur les épitaphes et autres monumens public de sa famille, dans
le même délai, sinon permet audit Alexandre-Louis de Mailly de les
faire effacer aux frais dudit Couronnel ; d'ajouter à ses armes part-tout
où elles sont peintes, gravées ou sculptées, la bande de sable mention-

née en ladite sentence du 24 avril 1445, ainsi que ses ayeux et lesdits seigneurs de Cogneul la portoient, et ce aussi dans le même délai ;

» Reçoit Alexandre-Louis de Mailly, opposant à l'arrêt du 3 août 1771, portant enregistrement en notre dite Cour, des lettres d'érection en marquisat des terres de Barastre et autres obtenues par ledit Couronnel sous le nom de Mailly-Couronnel,

» Et faisant droit tant sur l'opposition dudit Alexandre-Louis de Mailly, que sur celle contenue ès plus amples conclusions de notre procureur-général, ordonne que ledit arrêt sera rapporté ; déclare le présent arrêt commun avec Louis de Mailly de Néelle, sur le surplus des fins et conclusions des parties, les met hors de Cour ; condamne ledit Charles-Oudart-Joseph Couronnel, aux dépens des causes principales et d'appel envers lesdits Alexandre-Louis de Mailly et Albertine-Françoise-Joseph de Harchies, ès noms, même en ceux par eux exposés envers toutes les parties.

» Si mandons mettre le présent arrêt à exécution, selon la forme et teneur, de ce faire et d'en rescrire te donnons pouvoir. Donné en notre Cour du conseil provincial et supérieur d'Artois, le dix mai l'an de grace mil sept cent quatre-vingt-deux, et de notre règne le neuviéme. Par le conseil. *Signé*, LE ROUX DU CHATELET, avec paraphe, collationné et scellé. »

(A Arras. De l'imprimerie de Michel Nicolas, rue Saint-Géry[1].)

DLXVI

1783, 9 mai. — *Adrien-François Courtois rapporte au greffe de la cour l'arrêt du Conseil supérieur d'Artois, rendu le 3 août 1771, portant enregistrement du titre d'érection en marquisat des terres de Barastre et autres lieux sous le nom de Mailly-Couronnel.*

« Extrait aux actes judiciaires du Conseil d'Artois.

» Est comparu Mᵉ Adrien-François Courtois, procureur au conseil d'Artois *et ad lites* de Charles-Oudart-Joseph Couronnel, seigneur de Barastre-Vélu et autres lieux, demeurant en son château de Vélu, lequel, en exécution et pour satisfaire à l'arrêt de la cour rendu au rapport de M. le conseiller Vaillant le dix mai mil sept cent quatre-vingt-

---

1. In-quarto de 14 pages.

deux, au procès d'entre ledit s^r de Barastre, d'une part ; ALEXANDRE-
LOUIS, VICOMTE DE MAILLY, de deuxiéme part ; Albertine-Françoise-
Joseph de Harchies en sa qualité de troisiéme part, et LOUIS DE MAILLY
DE NEELLE, de quatriéme part ; a rapporté au greffe de la cour et a
remis entre les mains du greffier de ladite cour, l'arrêt rendu en ladite
court, le trois août mil sept cent soixante onze, portant enregistrement
en icelle du titre d'érection en marquisat des terres de Barastre et autres obtenu par ledit Couronnel, sous le nom de Mailly-Couronnel de
Barastre, de quoi par ledit Me Courtois audit nom, a requis acte et a
signé.

» Fait au greffe dudit conseil d'Artois, le neuf may mil sept cent
quatre vingt trois.

» Sirou. »

(Arch. de La Roche-Mailly. Pièce parch.).

DLXVII

1783, 14 juin. Versailles. — *Etat et office de maréchal de France
pour Joseph-Augustin de Mailly.*

« Louis, par la grâce de Dieu roy de France et de Navarre, à tous
ceux qui ces présentes lettres verront, salut.

» Les droits les mieux fondés aux premières dignités de l'Etat, sont
ceux que réunit un militaire d'une naissance illustre, qui, parvenu de
grade en grade à celui d'officier général, s'est dévoué pendant le cours
d'une longue carrière à la défence de la patrie, et qui, blanchi dans les
camps, a donné des preuves multipliées de zèle et de valeur. Nous rem-
plissons le vœu de la nation en lui conférant le titre le plus glorieux ;
celui de maréchal de France.

» Le s^r JOSEPH-AUGUSTIN, COMTE DE MAILLY D'HAUCOURT, chevalier de
nos ordres, l'un de nos lieutenants généraux en nos armées, lieutenant
général commandant en chef en notre province du Roussillon, ayant
mérité cette haute dignité par la distinction de ses services, nous avons
crû qu'il étoit de notre justice de la lui accorder. Il commença de servir
dès 1726, en qualité de mousquetaire, et après avoir remplis les fonctions d'enseigne au régiment de Mailly et avoir été employé dans l'état-
major de ce corps, il fut nommé successivement guidon de la compagnie
des gendarmes de la Reine, sous-lieutenant de celle des chevaux legers

de Berry, capitaine lieutenant de la compagnie des gendarmes de Berry, capitaine lieutenant de celle des gendarmes écossois. La guerre s'étant déclarée en 1733, il servit la même armée au siége de Kell ; se trouva en 1734 à l'attaque des lignes de Stolhossen, ainsi qu'au siége de Philisbourg, à l'affaire de Clausen, en 1735, et au mois de février 1740, il fut décoré de la croix de Saint-Louis. La guerre ne fut pas plustôt rallumée en 1741 qu'il passa à l'armée qui étoit sous les ordres du maréchal de Maillebois en Wesphalie, d'où il marcha avec elle sur les frontières de la Bohême et de la Bavière. Il se distingua à l'attaque de D'aumis, servit au siége de Brannaw, et rentra en France avec la gendarmerie au mois de janvier 1743, pourvu du grade de brigadier par brevet du 20 février suivant. Il se trouva à l'affaire de l'isle de Reynach, et il concourut à la défence de l'Alsace. On le vit donner des preuves de l'intrépidité la plus rare le jour de l'attaque des lignes de Wessembourg. Un régiment de cavalerie et un autre de dragons venoient d'être mis en désordre par un corps de cavalerie des ennemis, il fond sur cette troupe à la tête de 150 gendarmes, et la repousse jusque dans ces lignes. Une troupe d'infanterie marche au secours de ce corps, elle est culbutée à son tour. Il charge de nouveau la cavalerie qui s'étoit ralliée, la met en fuite pour la seconde fois, fait éprouver le même sort à l'infanterie et reprend 40 officiers qui avoient étés faits prisonniers ; 94 gendarmes perdirent la vie dans ces différentes charges ; et le s^r comte de Mailly y eut un cheval blessé sous lui. L'honneur qu'il s'étoit acquis lui mérita des éloges du feu Roy, auquel il fut présenté quelques tems après cette action, et qui lui accorda une pension de 3000 #. Il se trouva à l'affaire de Reischewaux et au siége de Fribourg. Crée maréchal de camp le premier may 1745, il servit en cette qualité aux siéges de Tournay, d'Oudernade et de Doudermonde et d'Ath. Il passa à l'armée d'Italie en 1746 et il commanda un corps de réserve qui après l'affaire d'Astic contint les ennemis sur le Tanozo. La colonne droite de l'armée fut sous ses ordres à la bataille de Plaisance ; il battit les ennemis qui lui étoient opposés, les força dans leur retranchement sur la Trebie et emporta le château d'Orsolingo ; mais le centre de l'armée ayant été defait, et sa colonne se trouvant coupée, ce revers n'ébranla point son courage. Sachant que l'armée faisoit sa retraite sous Plaisance, il se détermina à marcher vers cette ville ; il deploya dans cette occasion tous les talens qu'on pouvoit attendre du général le plus expérimenté et le plus brave. Un corps de

cavalerie tente vainement de lui fermer le passage, il le charge, perce à
travers les ennemis, leurs enlève 4 piéces de canons, fait 150 prisonniers et rejoint l'armée. Chargé bientot aprés de reconnoitre celle du
roy de Sardaigne, il lui donne le change par la sagesse de ses dispositions, et aprés l'avoir mis dans l'impossibilité d'entamer sa troupe dans
sa retraite, il arrive sur les rives du Po, où il reçut ordre de marcher au
combat du Tidon ; il ne put y arriver que vers la fin et il le termina avec
son corps de réserve. Le commandement d'une partie des arrières gardes de l'armée lui fut confiée depuis Gène jusques en Provence, et il
contribua à la défence de cette province, ainsi qu'à la reprise des isles
Sainte-Marguerite. Les troupes du roy de Sardaigne éprouvérent de
nouveau sa valeur au passage du War, il y força deux de leurs batail-
lons ; il servit à l'affaire de l'Assiette à la tête de la colonne gauche de
l'armée, le corps qui étoit sous ces ordres y perdit 1875 hommes, et il
y reçut lui même un coup de feu à la cheville du pied. Des preuves aussi
multipliées de talens et de courage méritoient une récompense, le gouvernement d'Abbeville lui fut accordé à ce titre par le feu roy, le premier
de septembre 1747. La valeur et la capacité qu'il avoit montré en différentes occasions lui firent déférer le commandement de l'arrière garde
de l'armée. Il marcha avec les grenadiers vers Briançon, contint les
ennemis, se porta dans le comté de Nice, et se trouva au combat de la
Roya. Le feu roy pour reconnoitre les services qu'il lui avoit rendus,
l'éleva au grade de lieutenant général de ses armées le 10 may 1748, le
nomma inspecteur général de sa cavalerie et de ses dragons le 21 de
mars 1749, et disposa en sa faveur au mois d'aoust suivant de la lieute-
nance générale et du commandement en chef du Roussillon. La guerre
s'étant déclarée de nouveau, il fut employé en 1757 à l'armée qui étoit
sous les ordres du maréchal d'Estrées, se trouva à la bataille d'Has-
tembech, et la seconde colonne de la droite qu'il commandoit y emporta une batterie des ennemis. Minden pris, il joignit sous Hanovre
l'armée dont le commandement avoit été confié à notre cousin le maréchal
prince de Soubise. La bataille de Rosbach si fatale à la France, donna
un nouvel éclat à sa réputation, il s'y signala par des prodiges de valeur
à la tête de deux brigades, fit partager nos pertes aux ennemis, tailla en
pièce leurs gendarmeries, et ne fut fait prisonnier qu'après qu'il eut été
blessé à la tête d'un coup de sabre, et renversé à terre sans connoissance. La liberté lui est à peine rendû qu'impatient de se distinguer de

nouveau il se rend à l'armée d'Allemagne, fait les campagnes de 1760,
1761 et 1762, et se trouva aux affaires de Corback, de Soest, d'Vuna,
Filengausen, à la reprise de Cassel, et aux combats de Grabesting, de
Friberg et d'Amenebourg.

» Au retour de la paix, il repassa en Roussillon, joint au talent du
guerrier ceux de l'administrateur et assure le bonheur de cette province.
L'enseignement public, l'éducation des enfants destinés à la carrière
militaire, le commerce, le retablissement du Port Vendres, les routtes,
la défence des côtes, toutes les parties de l'administration ont étées
tour à tour l'objet de ses soins vigilans. Les établissements sans nombre
qu'il y a formé, dont plusieurs à ses propres frais, sont autant de monu-
ments de son zèle, de son humanité, de sa bienfaisance et de ses lumiéres. Le feu roy l'établit en 1771 directeur général des camps et armées
pour les parties des Pyrennées, des côtes de la Méditerranée et des
frontiéres des Alpes ; et nous avons nous mêmes jugé à propos de le
nommer chevalier de nos ordres le 26 may 1776. Mais ne pouvant trop
lui marquer de nouveau notre satisfaction des services distingués qu'il
a rendu à l'état pendant la guerre ; de l'usage respectable qu'il a fait de
ses talens dans son commandement pendant la paix, et du zèle infatiga-
ble avec lequel il n'a cessé de servir le feu roy et nous mêmes pendant
52 ans, *nous nous sommes déterminés à l'élever à la dignité de maréchal de France.*

» Sçavoir que, pour ces causes et autres bonnes considérations à ce
nous mouvans, nous avons ledit s^r COMTE DE MAILLY fait, constitué, ordonné et établi, faisons, constituons, ordonnons et établissons par ces
présentes signées de notre main, *Maréchal de France*, et le dit état et
office que nous avons de nouveau crée et augmenté, créons et augmen-
tons en sa faveur outre et par dessus ceux qui sont à présent, lui avons
donné et octroyé, donnons et octroyons pour l'avoir, tenir, et d'orena-
vant exercer, en jouir et user aux honneurs, authorités, prérogatives,
préeminence, franchises, liberté, gages, pensions, droits, pouvoirs,
puissances, facultées, revenus et émoluments qui y appartiennent, tels
et semblables qu'elles ont et prennent, et tout ainsi qu'en jouissent les
autres maréchaux de France, encore qu'ils ne soient si particulièrement
déclarés ni spécifiés, tant qu'il nous plaira.

» Si donnons en mandement à nos amés et féaux, les gens tenant nos
cours de parlements, et à tous nos lieutenants généraux gouverneurs,

capitaines, chefs et conducteurs de nos gens de guerre, et à tous nos justiciers, officiers et sujets que ledit s^r comte de Mailly, du quel nous nous
réservons de prendre le serment en tel cas requis, ils fassent, souffrent
et laissent jouir et user d'ycelui, ensemble de tout le contenu cy dessus,
plainement et paisiblement, ayent à lui obéir et entendre ès choses touchant et concernant ledit état de maréchal de France, mandons en outre
à nos amées et feaux les gardes de notre trézor royal, et trezoriers généraux des dépenses de la guerre présent et avenir, et à chacun deux
comme il appartiendra, que les gages, pensions, et droit attribués audit
état et office, tout ainsi qu'en jouissent les autres maréchaux de France,
ils payent et délivrent ou fassent payer et délivrer audit s^r comte de
Mailly par chacun an aux termes et en la maniére accoutumée, et rem-
portant les présentes ou copie d'icelle duement collationnée avec sa
quitance sur le suffisante seulement. Nous voulons tout ce que payer et
delivrer lui aura été à loccasion susditte être passé et aloué en la dépense de leurs comptes par nos amés et feaux les gens de nos comptes
auxquels mandons ainsi le faire sans difficultés, tel est notre plaisir.

» En témoin de quoi nous avons fait mettre notre seel à ces dittes présentes. Donné à Versailles le 14me du mois de juin l'an de grâce 1783 et
de notre régne le dixiéme. »

(Arch. de La Roche-Mailly. Copie papier).

DI XVIII

1788, 30 juin. Paris. — Célébration, dans la chapelle de l'hôtel d'Harcourt, du mariage de « très haut et très puissant prince Louis-Marie,
duc d'Aremberg, chevalier de l'ordre de Saint-Hubert, colonel en second
du régiment de La Marck au service du roy, âgé de trente un an, fils de
défunt très haut et très puissant prince, Charles-Marie-Raymond, par
la grâce de Dieu, duc souverain d'Aremberg, prince du Saint Empire
Romain, duc d'Archost et de Croi, et de très haute et très puissante
princesse, Louise-Margueritte, comtesse de La Marck et de Schleyden,
présente et consentante, de la paroisse de la Madeleine la Ville l'Evêque, depuis un an, rue Saint-Honoré, cy-devant de celle de Notre-Dame
La Chapelle de la ville de Bruxelles, pendant plusieurs années, » avec :

» Très haute et très puissante demoiselle Anne-Adélaïde-Julie de
Mailly-Nesle, dame d'Yvry-sur-Seine, âgée de vingt-deux ans, fille de

très haut et très puissant seigneur monseigneur LOUIS-JOSEPH-AUGUS-TIN, COMTE DE MAILLY, MARQUIS DE NESLE, chef du nom et armes de la maison de Mailly, PRINCE SOUVERAIN D'ORANGE et de Neufchâtel en Suisse, marquis de Mailly, Montcavrel, comte de Bouhain et Beaurevoir, baron de Beaulieu, Treviche, Emery, Attris et Capy, maréchal des camps et armées du roi, premier écuyer de madame, présent et consentant, et de défuncte très haute et très puissante dame, madame Adélaïde-Julie d'Hautefort de Montagnac, de fait et de droit de cette paroisse (de Saint-Sulpice) depuis sa naissance, chez monsieur son père, quai Malaquais.... »

(Arch. de La Roche-Mailly. Cop. collationnée, extraite des *Registres de Saint-Sulpice*).

DLXIX

1794, 24 avril. Arras. — *Acte de décès du maréchal de Mailly.*

« Extrait des registres aux actes de décès des habitans de la ville d'Arras.

» Aujourd'hui, quatriéme jour de germinal, seconde année (24 avril 1794) de la République une et indivisible, onze heures du matin, par devant moi François-Hubert Carrois, officier public élu pour constater le décès des citoiens de cette commune, sont comparus Jean-Baptiste Vauclin, marchand, et Jean-Baptiste Henriez, tailleur, majeurs, domiciliés à Arras, lesquels ont déclaré que AUGUSTIN-JOSEPH MAILLY, *âgé de quatre vingt neuf ans*[1], natif de Villaine[2], département de la Sarthe, *cy-devant maréchal de France*, domicilié à Paris, *est mort hier, une heure de l'après-midi, place de la Révolution, en vertu d'un jugement du tribunal criminel et révolutionnaire en datte du même jour* ; d'après cette déclaration, je me suis assuré dudit décès et sans pouvoir parvenir à l'indication du nom de son épouse, j'ai rédigé le présent acte que j'ai signé avec les dits témoins, à Arras, les jour et an cy-dessus. — *Signés :* Vauclin, Henriez et Carrois.

» Pour extrait conforme, le maire d'Arras, B.-J. Sallart. »

(Arch. de La Roche Mailly. Copie authentique de 1816).

---

1. C'est une erreur ; le maréchal de Mailly étant né le 2 mai 1708, n'avait pas encore 86 ans.

2. Villaines-sous-Lucé, canton de Lucé, arrondissement de Saint-Calais, département de la Sarthe,

Il me paraît inutile d'ouvrir un nouveau chapitre pour y publier des documents du XIX⁰ siècle. Je crois préférable de clore ce volume de *Preuves* par l'acte de décès, ou pour mieux dire par l'acte d'assassinat du maréchal de Mailly, en remarquant que la Révolution qui martyrisait le jeune et infortuné Louis XVII savait aussi frapper un vieillard de quatre-vingt-six ans, coupable de porter dans son cœur le deuil de la monarchie qui avait fait la France !

IDENTIFICATIONS, ADDITIONS ET CORRECTIONS

La lettre (G) placée à la fin de la plupart des articles suivants indique que les identifications, additions ou corrections ont été faites par M. le comte de Brandt de Galametz, érudit picard, qui a une connaissance particulière de la topographie et des familles de sa région.

N° II, titre, au lieu de *3 août*, lire *5 août ;* ligne 10, au lieu de *Lioberti*, lire *Lietberti*. — Ce document n° II est d'une authenticité très contestable. La forme *Aousti* pour *Augusti* est d'ailleurs inusitée.

N° III, titre, *comtesse d'Artois*, lire *comtesse de Flandre*.

N° IV. Une copie de la charte communale d'Encre, conservée aux archives nationales, porte la date de 1188, une autre celle de 1178 (K 650). Dans ces copies, au lieu de *Eustachius de Anchisia*, on lit *Eustachius de Authuil*.

N° VII, page 10, ligne 9, *Forceuil*, lire *Forcevil* (G).

N° VIII, ligne 4, *de Marolio*, lire *de Morolio* (G).

N° X, ligne 10, *Villaci-Britonoso*, lire *Villari-Britonoso* (G).

Nᵒˢ XIV et XV, retrancher (v. s.) après la date.

No XVI, lignes 1 et 2, *Aevois*, lire *Aenors* (G).

No XXV, ligne 5, *Aleline*, lire *Alelme* (G) ; ligne 7, *1ᵉʳ carton d'Artois*, lire *1ᵉʳ cartulaire d'Artois*.

No XXXVI, page 30, ligne 2, *Belleval*, lire *Beauval* (G).

No XLI, ligne 3, *Belves*, lire *Balues* (G).

No XLIII, l. 2, lire, « *l'ostellerie Saint-Jehan d'Amiens* » les dîmes.

No LX, page 45, 3ᵉ paragraphe, ligne 4, *Fieules*, lire *Fienles* ; ligne 6, *Bidens*, lire *Hideus* ; *Mangoual*, lire *Mangoval* ; ligne 7, *Lisles*, lire *Lisques* ; ligne 9, *Géras*, lire *Gérar* ; ligne 11, *Hailly*, lire *Heilly* (G).

No LXII, ligne 1ʳᵉ, *Ronqueval*, lire *Longueval* (G).

No LXV, ligne 2, *Fricourt* pour *Fruiecourt* ; ligne 6, *Friencuria*, lire *Frieucuria* (G).

No LXVII, ligne 4, *rouans*, lire *kevaus*.

No LXVIII, après la date ajouter *Lille*.

1322, 18 octobre. — GILLES, SIRE D'AUTUILLE, chevalier, donne quittance de 105 s. par. à maître Jehan de Salins, trésorier d'Artois, pour sa dépense « quart d'hommes d'armes » et de ses chevaliers en la compagnie de Louis, comte de Nevers et de Flandre, du commandement de « Madame, venredi, samedi et le dymenche devant Saint-Luc. » Sceau de Gilles. (Arch. dép. du Pas-de-Calais, A 408). (G).

No LXXIV, ligne 4, *Gorges*, lire *Coges* (G).

No LXXXI, ajouter à la fin de ce document : « Au dit chevalier, le dimenche a gist à Remis, pour lui, XXVI hommes d'armes et LIV chevaux, » 114 s. 8 den. — « Au dit chevalier pour ses despens de le matinée, nuit de Trois Roist, pour le souper celi nuit à Cambrai, pour XXV hommes d'armes et LIV chevaliers, » 10 liv. 18 s. — « Au dit chevalier, pour ses despens fais à Remis le jour des Trois Rois au disner, XXV hommes d'armes et LIV chevaux, » 57 s. 6 d. — « Au dit chevalier, le jour des Trois Rois aux vespres, pour lui, ses gens, et pour les despens de ses garchons et de LIV chevaux, » 119 s. 6 d. — « Au dit chevalier le mercredi à Arras, pour les despens de lui et de ses gens à XI chevaux, » 51 s. 6 deniers (G).

No LXXXIII, p. 58 et 61, *Sainte de Gonnes*, lire *Sainte de Gouves* (G).

No LXXXIX, titre, *1834*, lire *1334* ; page 65, 3e paragraphe, ligne 9, *Wiguete*, lire *Wiquete*, ligne 11, *Medon*, lire *Nedon*, ligne 12, *Levifontaine*, lire *Benifontaine* (G).

No XCIV, titre, Robert *Palle* ou *Paille*.

No CX, ligne 5, *Lurson*, lire *Luiton* (G).

No CXVI, ligne 3, *Friencourt*, lire *Frieucourt* (G).

Nos CXXII et CXXIII, *Diquemne*, lire *Diquemue* (G).

Nos CXLI et CXLIII, *Friencourt*, lire *Frieucourt* (G).

Nos CXLV et CXLVI, *Diquemne*, lire *Diquemue* (G).

No CXLVII, passim, *Saint-Onyn*, lire *Saint-Ouyn* ; *Diquemne*, lire *Diquemue* (G).

No CLV, 2e paragraphe, ligne 2, *Gueberfay*, lire *Guebienfay*, aujourd'hui *Bienfay*, canton de Moyenville, Somme (G).

No CLX, p. 106, ligne 4, *Launoy*, lire *Lannoy*, ligne 12, *Guinchy*, lire *Givenchy*, ligne 17, *Rieaumes*, lire *Ricaumes* (G).

No CLXIV, lignes 3 et 7, *Mariaucourt*, lire *Moriaucourt* (G).

No CLXX, lignes 2 et 3, *Baconel* et *Basconnello*, lire *Bacouel* et *Bascouello* (G).

No CLXXI, ligne 6, *Tristeam*, lire, *Tristram*, ligne 7, *Cauliers*, lire *Canliers* (G).

No CXC, ligne 3, *Diquemne*, lire *Diquemue* (G).

No CXCV, ligne 6, *Marin*, lire *Malin*, lignes 7 et 8, *Roulecourt*, lire *Reulecourt* (G).

N° CXCVII, p. 124, ligne 1ʳᵉ, *Soubren,* lire *Sonbrin, Martin* lire *Mallin,* lignes 2 et 3, *Roulecourt,* lire *Reulecourt,* ligne 3, *Yzanguin,* lire *Yzangrin* (G).

N° CCVII, ligne 6, *Bertranecourt,* lire *Bertramcourt* (G).

N° CCXVI, ligne 2, *Hulkerque,* lire *Hutkerque,* ligne 5, *Diquemne,* lire *Diquemue* (G).

N° CCXVII, page 135, ligne 13, *gondable,* lire *goudable,* n° 4, ligne 6, *Quenaussart,* lire *Quevaussart* (G).

N° CCXIX, ligne 2, *Baux,* lire *baux,* ligne 11, *Ains ?,* lire *Amiens,* p. 137, lignes 6 et 14, *Launoy,* lire *Lannoy* (G).

N° CCXXXIV, lignes 2, 3 et 10, *Belval,* lire *Bauval,* lignes 9 et 11, d'*Argonnes,* lire d'*Argouves ;* note 1, d'*Argonnes,* lire d'*Argouves* (G).

N° CCXLVI, ligne 6, *Lieseez,* lire *Liestez* (G).

N° CCLVIII, page 157, ligne 3, *Blatou,* lire *Blaton* (G).

N° CCLXX, ligne 1ʳᵉ, *Caulers,* lire *Canlers* (G).

N° CCLXXXII, p. 170, ligne 4, *Dunkerque,* lire *Dutkerque* (G).

N° CCCIX, titre et ligne 10, *Rouville* lire *Ronville* (G).

N° CCCXVIII, ligne 2ᵉ, *Brenvilles,* lire *Bienviller* (G).

N° CCCXXI, page 191, note 2, lire *Haplaincourt,* aujourd'hui *Applaincourt,* Somme, canton et arrondissement de Péronne ; p. 192, note 2, lire *Bailleul-le-Mont,* Pas-de-Calais, arrondissement d'Arras, canton de Beaumetz-lès-Loges (G).

N° CCCXXII, passim, *Diquemne,* lire *Diquemue* (G).

N° CCCXXVIII, ligne 1ʳᵉ, *Brétéacourt,* lire *Bétencourt,* page 197, ligne 3, *à Vions* et *Salans,* lire *Avions* et *Saluns* (G).

Page 200, note 1, ligne 3, *Diquemne* lire *Diquemue* (G).

N° CCCXL, ligne 2, *Fouqueviller,* lire *Fonqueviller* (G).

N° CCCXLIII, page 203, ligne 5, *d'Auvert*, lire *d'Ouvert*, ligne 12, *Freuloy*, lire *Foulloy* (G).

N° CCCLIV, page 213, ligne 1re, *Warsies*, lire *Wasiers* (G).

N° CCCLX, ligne 4, *Dampierre*, lire *Dompierre* (G).

N° CCCLXVII, ligne 2, *Vironchieux*, lire *Vironchiaux* (G).

N° CCCLXXIV, ligne 9, *Waurens*, lire *Waurans* (G).

N° CCCLXXXI, ligne 2, *Boudues*, lire *Bondues* (G).

N° CCCLXXXV, lignes 1 et 3, *Barelinghen*, lire *Bavelinghen* (G).

N° CCCLXXXVII, ligne 3, *Caulers*, lire *Canlers* (G).

N° CCCLXXXVIII, ligne 2, *Barelinghen*, lire *Bavelinghen*, ligne 4, *Redelinghem*, lire *Rodelinghem* (G).

N° CCCCIX, ligne 2, *Lyonners*, lire *Lyomers* (G).

N° CCCCXIII, ligne 3, *Desquennes*, lire *Desquemues* (G).

N° CCCCXXI, titre et ligne 2, *Deutart*, lire *Dentart* (G).

N° CCCCXXXII, ligne 2, *Disquemne*, lire *Disquemue*, note 2, *Disquemne*, lire *Disquemue ; Banelinghen*, lire *Bavelinghen* (G).

N° CCCCXLIV, lignes 4 et 6, *Dampierre*, lire *Dompierre* (G).

N° CCCCLXXVIII, ligne 5, *Frauvillière*, lire *Franvillière*, *Osfin*, lire *Offin* (G).

Page 300, 2e paragraphe, ligne 1re, *Liarres*, lire *Lierres* (G).

N° DXIII, page 304, ligne 4, *Querceques*, lire *Quereques* (G).

N° DXXV, page 311, lignes 7 et 8, *Bouelle*, lire *Bovelle* (G).

N° DXXXII, ligne 11, *Lignerolles*, lire *Lignereulles*, *Mazière*, lire *Maizière* (G).

TABLE ALPHABÉTIQUE[1]

A

Abancourt (Adrienne d'), femme de Pierre de Baudreuil, i, 479.

Abbeville, i, 118, 162, 195, 257, 310, 385, 404, 407, 479, 493, 499, 512, 517, 521 ; ii, 82, 111, 172, 236, 284, 318, 357, 381.

Abbeville (Bonne d'), épouse de Michel de Ligne, i, 358.

Abbeville (Marie d'), femme de Jean d'Eaucourt, i, 382, 384, 386.

Ablain (Jeanne d'), femme de Hugues de Dompierre, i, 365.

Ablège (Gilles de Maupeou, seigneur d'), ii, 321.

Aboval (Guillaume d'), gouverneur d'Arras, i, 332.

Aboval (Jean d'), seigneur de Lieuvilliers, époux de Marie de Mailly, i, 369.

Aboval (Jeanne d'), fille de Guillaume d'Aboval, épouse de Jean de Mailly dit *le Besgue*, i, 332.

Abscon, i, 35.

Acheux, i, 11, 12, 59, 65, 72, 86, 87, 91-93, 109, 110, 147 ; ii, 13, 25-27, 39, 49, 71, 76, 81, 84, 87-93, 95, 100, 101, 128.

Achicourt (seigneurs d'), i, 71, 326 ; ii, 32, 56, 57.

Achiet-le-Grand, ii, 193.

Achiet-le-Petit, i, 488 ; ii, 193.

Achy (Guillaume d'), chanoine de Sainte-Opportune, i, 173.

Acigné (Marie d'), femme de Jean VIII de Créquy, i, 197.

---

1. Cette table a été dressée par les soins de M. l'abbé Em. Chambois.

B

Brunaulieu (Nicolas de), seigneur de La Houssaye, ı, 398 ; ıı, 287.

Brunon, évêque de Langres, ı. 7.

Brunswick (duc de), ı, 128.

Brutelle, ı, 465 ; ıı, 335.

Bruxelles, ı, 486 ; ıı, 194.

Bruyère (Jean de), femme de Guy de Nesle, ı, 92.

Buc (Gérard de), châtelain de Lille, ı, 37, 38 ; ıı, 4.

Buch (Frédéric de Foix, captal de), ı, 183.

Buckingham (duc de), ı, 114, 257.

Bucquoy, ı, 176, 488.

Bueil (seigneur de), ı, 128.

Bugny (Adrien de), seigneur Dennemain, ıı, 311.

Buire-aux-Bois, ı, 67, 108, 146, 234, 244, 245, 247, 250, 255-258, 267, 283, 284, 288, 294, 306, 309, 362, 488, 489 ; ıı, 53, 63, 68, 78, 80, 109, 110, 116, 130, 149, 168-170, 225, 275.

Buironfosse, ı, 87.

Buisson (dame du), ıı, 125.

Buissy (Jean de), époux de Catherine de Mailly, ı, 331, 332.

Bulin, ı, 301.

Bulles, ı, 100.

Bullion de Fervacques (Auguste-Léonore-Olympe-Nicole de), ı, 422.

Bully (Huchon de), ıı, 243.

Burete (Jakemes), lieutenant du bailli de Bapaume, ıı, 52.

Buridan (Hector), chevalier, ı, 361, 362.

Burris ı, 51.

Bus (Ingerrannus del), ıı, 10.

Busnes, ı, 333 ; ıı, 189.

Busset (vicomte de), ı, 527.

Bussu (Jacques de), ıı, 100.

Bussy (Jacques de), ıı, 193.

Butdevillers, ıı, 340, 342.

Buxières, ıı, 69.

Buzançois (comte de), ı, 234, 422, 424.

C

28

Coucy (Jean de), fils d'Enguerrand III de Coucy, ɪ, 73.
Coucy (Jean de), ɪ, 277 ; ɪɪ, 171, 172.
Coucy (Jeanne de), femme de Mathieu de Heilly, ɪɪ, 76, 77.
Coucy (Madeleine de), femme de Pierre de Belleforière, ɪ, 180 ; ɪɪ, 270.
Coucy (Marguerite de), femme de Guy de Nesle, ɪ, 99.
Coucy (Marie de), fille d'Enguerrand III de Coucy, ɪ, 73.
Coucy (Marie de), femme de Gilles VI de Mailly, ɪ, 108, 117 ; ɪɪ, 121,
    122, 142.
Coucy (Raoul II de), ɪ, 73.
Coucy (Raoul de), seigneur de Montmirail, ɪ, 99 ; ɪɪ, 173.
Coucy (Raoul de), seigneur d'Ancre, ɪ, 311.
Coucy (Raoul de), évêque de Noyon, ɪ, 269, 270 ; ɪɪ, 173.
Coucy (Yves de), ɪɪ, 2.
Coucy (seigneur de), ɪ, 246, 257, 312 ; ɪɪ, 58.
Coullemont, ɪ, 59, 122, 123, 128, 132, 138, 139, 141, 310, 317, 319 ;
    ɪɪ, 104, 129, 146, 155, 213, 216.
Coupigny (maison de), ɪɪ, 363, 364.
Courcelles, ɪ, 12, 51, 361, 387, 405.
Courcelles (André de), ɪɪ, 56.
Courcelles (Jean de), seigneur de Saint-Liébault, ɪɪ, 170.
Courcelles (Péronne de), épouse de Jean d'Ocoche, ɪ, 313.
Courcelles (Pierre de), seigneur de Tramecourt, ɪ, 313.
Courcier (Pierre), notaire, ɪɪ, 313.
Couronnel (famille de), ɪ, 130, 152, 222-224, 342, 423 ; ɪɪ, 358-379.
Couronnel (Anne-Charlotte), ɪɪ, 359, 360.
Couronnel (Antoinette de), femme de Jacques Cornaille, ɪɪ, 363.
Couronnel (Charles), ɪ, 343 ; ɪɪ, 368.
Couronnel (Charles-Oudart-Joseph), ɪ, 224 ; ɪɪ, 358-379.
Couronnel (Clérembault), ɪ, 342-344.
Couronnel (Gérard), ɪ, 343.
Couronnel (Hue), ɪ, 343.
Couronnel (Louis-Joseph), ɪɪ, 359, 360.
Couronnel (Pierre), ɪ, 343.
Couronnel (Robert), ɪ, 342, 344 ; ɪɪ, 368.
Court (Claude de), seigneur de Mézières, ɪ, 399.
Court (Marie de), femme de Louis-Henry de Mailly, ɪ, 399.
Court (Marie-Michelle de), femme de Charles-Timoléon de Séricourt,
    ɪ, 516.

Cressonsart (Béatrix de), i, 103.
Cressonsart (Dreux de), i, 101-106 ; ii. 102, 248.
Cressonsart (Guiard de), i, 105.
Cressonsart (Guillaume de), i, 103.
Cressonsart (Hersende, dame de), i, 101.
Cressonsart (Hersende de), fille de Dreux de Cressonsart, i, 102.
Cressonsart (Marie de), fille de Thibault de Cressonsart, i, 104.
Cressonsart (Mathilde de), fille de Thibault de Cressonsart, i, 104.
Cressonsart (Mathilde de), fille de Dreux de Cressonsart, i, 102.
Cressonsart (Raoul de), i, 102.
Cressonsart (Robert de), évêque de Beauvais, i, 60, 61, 103, 104 ;
    ii. 121.
Cressonsart (Robert de), évêque de Senlis, i, 104.
Cressonsart (Saucet de), chevalier, i, 106 ; ii, 248.
Cressonsart (Simon de), i, 104-106.
Cressonsart (Thibault de), i, 100, 103, 104, 106 ; ii, 248.
Cressy, ii, 217, 218.
Crèvecœur, ii, 221, 222.
Crèvecœur (. . . de), ii, 291.
Crèvecœur (Antoine de), i, 163, 363, 366 ; ii, 237, 260.
Crèvecœur (François de), ii, 260, 261.
Crèvecœur (Jean de), fils d'Antoine de Crèvecœur, ii, 260.
Crèvecœur (Jean de), i, 286.
Crèvecœur (Louise de), fille de François de Crèvecœur, ii, 261.
Crèvecœur (Philippe de), seigneur d'Esquerdes, i, 164 ; ii, 236, 237.
Crèvecœur (Philippe de), femme de Charles d'Ailly, i, 163.
Cringnans (Jean), ii, 49, 50.
Crissé (sire de), i, 148.
Croindeborch (Marie de), femme d'Arnoul des Aneulles, i, 283 ;
    ii, 200.
Croisilles, i, 50.
Croissy (marquis de), i, 515.
Croly, i, 372.
Croslebois (Jean), i, 94 ; ii, 94, 104.
Crouctes (Lotard des), ii, 152.
Croy, i, 409.

Croy (Alexandre-Emmanuel, prince de), i, 489.
Croy (Anne de), femme de Philippe de Croy, i, 395.
Croy (Charles-Alexandre, duc de), i, 408.
Croy (Geneviève d'Urfé, duchesse de), i, 410, 411.
Croy (Isabelle-Caroline-Marguerite de), femme de Guillaume de Mailly, marquis du Quesnoy, i, 488, 489.
Croy (Isabelle-Claire-Eugénie de), épouse de Louis III de Mailly-Coucy, i, 395.
Croy (Marie de), femme de Charles-Albert de Longueval, i, 488.
Croy (Philippe de), comte de Porcien, ii, 237.
Croy (Philippe de), comte de Solre, i, 395.
Croy (Philippe-Emmanuel-Antoine-Ambroise de), i, 488.
Cuigneras (Jeanne de), ii, 124.
Cuinghem (Marie de), épouse de Daniel de Herzelles, i, 294.
Cunissy, i, 338 ; ii, 244.
Cuyso (Agnès, *dicta* de Loisy, domina de), i, 110.

D

Daillon (Jacques de), seigneur du Lude, i, 300.
Dailly (le capitaine), ii, 293.
Dainville (Baudouin de), ii, 65.
Damiette (siège de), i, 54.
Dampierre, ii, 110.
Dampierre (Guillaume de), comte de Flandre, ii, 33-35.
Dammartin (comte de), i, 77.
Dammartin (Charles de Trie, comte de), i, 99.
Dammartin (Mathieu de Trie, comte de), ii, 32.
Dammartin (Antoine de Vergy, comte de), i, 278.
Dan (Girard), bourgeois de Paris, i, 380.
Dandrieu (Claude), ii, 308.
Daniel, abbé de Clairfaix, i, 46 ; ii, 10.
Dant (Jean), époux d'Antoinette de Mailly, i, 330 ; ii, 214.
Dany (Jean), ii, 154.

E

Estourmel (Marie d'), femme de Robert de Mailly, seigneur de Marquais, ɪ. 330.

Estouteville (Jacqueline d'), femme de Jacques de Mouy, ɪ, 382.

Estouteville (Marie d'), femme de Gabriel d'Alègre, ɪ, 193.

Estouteville (Louis de Martainville, marquis d'), époux de Anne de Mailly, ɪ, 497 ; ɪɪ, 332.

Estrades (Godefroy d'), comte de Ligny, ɪ, 429.

Estreelles (Jacques d'), ɪ, 249 ; ɪɪ, 71, 72.

Estrées-en-Cauchie, ɪ, 172, 173.

Estrées (. . . d'), ɪɪ, 291.

Estrées (Jean d'), ɪɪ, 182.

Estrées (Robert d'), ɪ, 534.

Estrées (maréchal d'), ɪ, 229, 512 ; ɪɪ, 381.

Etaples, ɪ, 267 ; ɪɪ, 194.

Etaples (Tassart d'), ɪɪ, 56.

Etinehem, ɪ, 87, 362 ; ɪɪ, 76, 95, 213.

Etival, ɪ, 506.

Eu (Geoffroy d'), évêque d'Amiens, ɪɪ, 15, 16.

Eu (comtes d'), ɪ, 176 ; ɪɪ, 34, 129.

Eu, ɪ, 286, 495 ; ɪɪ, 282.

Eudes, roi de France, ɪ, 6.

Eurart, prieur d'Encre, ɪɪ, 37.

Eusèbe, évêque d'Angers, ɪɪ, 2.

Evin (Ambroise), ɪɪ, 279, 280.

Evrard, évêque d'Amiens, ɪ, 57.

Evrard (Marie), femme de Florimond du Metz, ɪ, 399.

Evreux (comte d'), ɪ, 79.

Evreux, ɪ, 271, 304, 363 ; ɪɪ, 186, 281.

F

Failly-sous-Bois, ɪ, 388.

Fallart (François de), époux de Françoise de Mailly, ɪ, 406.

Falleville (François de Launoy, seigneur de), ɪ, 197.

Grammont (Catherine-Charlotte-Thérèse de), princesse de Bournonville, i, 220.

Grancourt, i, 310 ; ii, 101, 115, 210, 282.

Grandmanoir, ii, 283.

Grandmont (Claude-Antoine de), époux de Marie-Françoise de Mailly,
  i, 395.

Grandpré (Charles-François de Joyeuse, comte de), i, 395.

Grandvillers, i, 378 ; ii, 234, 235, 238.

Granger (Guillaume), ii, 151.

Granson (Thomas de), i, 112.

Granson (bataille de), i, 161.

Grasse, i, 183 ; ii, 280.

Gratibus, i, 123, 145, 152, 191, 200 ; ii, 147, 156, 295, 296, 304.

Gravelines, i, 182.

Graville (Jean Malet, sire de), i, 264.

Greboval (Mathieu de), ii, 115.

Grenas (Jacques de Heilly, seigneur de), ii, 77.

Grenet (Guillaume), ii, 163.

Grenier (Jeannin), ii, 152.

Gricourt-lès-Bours, i, 157 ; ii, 223.

Grigneufville, i, 479, 481, 482 ; ii, 282.

Grignon (Jean), ii, 115.

Grigny, ii, 202.

Grigny (Antoinette de), femme de Georges de Rosimbos, i, 364 ;
  ii, 218.

Grimberghem (Louis-Joseph d'Albert, prince de), i, 226.

Grivesnes, i, 145, 148, 152, 165 ; ii, 211, 212.

Groslain (Hilaire), notaire à Blois, i, 175 ; ii, 260.

Grosserne (Antoine de L'Espinay, seigneur de), i, 371.

Grutuse (Marguerite de), femme de Louis de Mailly, i, 394.

Grutzen (Charles-Albert de Longueval, comte de), i, 488.

Guarbecque (Jean de Nédonchel, seigneur de), i, 328.

Guebienfay (Jean de), i, 333 ; ii, 103, 180, 389.

Guebienfay (Yde de), femme de Mathelin de Mailly, i, 333 ; ii, 180.

Gueldres (duc de), ii, 132, 136.

Guénant (Radegonde), femme de Guy V de La Trémoille, i, 122.

Guerbode (famille de), ii, 362. *Voir* Gherbode.

H

I

J

K

L

M

Mailly (Antoine de), fils d'Adrien de Mailly-Haucourt, i, 479, 482.

Mailly (Antoine de), chevalier de Malte, fils de François II de Mailly-Haucourt, i, 494.

Mailly (Antoine de), fils de Philippe de Mailly-Haucourt, époux 1° de Marie Petit, 2° de Marthe de Beuzelin, 3° de Françoise de Cannesson, 4° d'Angélique du Mesnil, i, 494, 497-503 ; ii, 331, 332.

Mailly (Antoine de), fils de Philippe de Mailly-Saint-Eloy, i, 534, 536.

Mailly (Antoinette de), fille de Jean II de Mailly ; femme de Philippe de Noyelles, i, 144, 153 ; ii, 209-211.

Mailly (Antoinette de), fille de Jean III de Mailly ; femme de Foulques de Fautreau, i, 173.

Mailly (Antoinette de), fille de Guillaume de Mailly *dit* Saladin, épouse de Jean Dant, i, 330 ; ii, 214.

Mailly (Antoinette de), fille de Mathelin de Mailly-Authuille, femme de Jean d'Eaucourt, i, 333 ; ii, 213, 239.

Mailly (Antoinette de), religieuse à Bourbourg, fille d'Enguerrand de Mailly-Auvillers, i, 369.

Mailly (Antoinette, *aliàs* Jeanne *ou* Adrienne de), fille de Hutin de Mailly-Auchy, femme de Jean d'Eaucourt, i, 379 ; ii, 253.

Mailly (Antoinette de), fille de Robert de Mailly-Rumaisnil ; femme 1° de Louis de Maricourt, 2° de Louis de Rouvroy, i, 390 ; ii, 270.

Mailly (Antoinette de), fille de Pierre de Mailly, seigneur d'Aumarets, i, 400.

Mailly (Antoinette de), religieuse à Abbeville, fille d'Yves de Mailly-L'Epine, i, 404, 407.

Mailly (Antoinette de), fille d'Adrien de Mailly-Haucourt ; femme de Robert du Bosc, i, 481.

Mailly (Antoinette de), fille d'Edme de Mailly-Haucourt, i, 483.

Mailly (Antoinette de), fille de Gédéon de Mailly, seigneur de Briaute, i, 536.

Mailly (Antoinette-Marie-Victoire de), fille de Louis-Victor, marquis de Mailly, i, 235.

Mailly (Armand de), fils d'Antoine de Mailly-L'Epine, i, 411.

Mailly (Arnoldine-Marie-Pauline de), chanoinesse de Sainte-Anne de Bavière, fille d'Adrien de Mailly, i, 527.

Mailly (Guyot *ou* Guy de), i. 9.

Mailly (Guyot de), fils d'Esgare de Mailly, i, 63, 80 ; ii, 58, 61.

Mailly (Hélène de), fille d'Adrien de Mailly, sire de Conty, épouse de Saladin d'Anglure, i, 295.

Mailly (Hélène de), fille de Colard de Mailly-Authuille, i, 338.

Mailly (Henri de), fils de François I de Mailly, seigneur d'Haucourt, i, 493.

Mailly (Henri-Louis de), fils de René V de Mailly, i, 218.

Mailly (Henriette-Adolphine de), fille de Ferry-Paul-Alexandre de Mailly ; épouse d'Aimery-Marie de La Rochefoucauld, i, 529.

Mailly (Henriette-Victorine-Amanda-Marie de), fille d'Adrien, comte de Mailly ; épouse de Louis-Charles-Rodolphe, prince de Lucinge-Faucigny, i, 527.

Mailly (Hippolyte de), dame de Bazoches-en-Dunois, i, 357.

Mailly (Hortense-Félicité de), fille de Louis III de Mailly-Nesle ; épouse de François-Marie de Fouilleuse, i, 448.

Mailly (Huart de), sergent du roi, i, 84.

Mailly (Hue de), i, 84, 88 ; ii, 52.

Mailly (Hue de), seigneur de L'Orsignol, fils de Colart, sire de Mailly ; époux de Marguerite d'Athies, i, 131-133, 136-138 ; ii, 212, 215, 218, 220, 221, 223, 224.

Mailly (Hue de), écolier, à Orléans, i, 136.

Mailly (Huguenin de), fils d'Estenin de Mailly, i, 9.

Mailly (Hugues *le Gros* de), i, 9.

Mailly (Hugues de), fils de Gilles I de Mailly, i, 62, 63 ; ii, 19, 22.

Mailly (Humbert I de), comte de Dijon, fils de Wautier de Mailly ; époux d'Anne de Sombernon, i, 6-8, 35, 36 ; ii, 1.

Mailly (Humbert II de), comte de Dijon, fils d'Humbert I de Mailly, i, 8.

Mailly (Humbert de), comte de Châlon, fils d'Anselme-Antoine-René de Mailly, comte de Châlon ; époux de Marie-Jeanne-Augustine-Renée de Morell d'Aubigny, i, 523, 526.

Mailly (Hutin de), seigneur d'Auchy, fils de Jean II de Mailly ; époux de Péronne de Pisseleu, i, 153, 157, 158, 377-380, 387, 388, 390 ; ii, 228, 230, 234, 235, 237, 238, 240, 250, 253.

Mailly (Hutin de), bâtard d'Antoine de Mailly, ı, 378, 388 ; ıı, 266.

Mailly (Isabeau de), fille d'Antoine de Mailly ; épouse du seigneur de Châteauvillain, ı, 240.

Mailly (Isabeau de), fille d'Adrien de Mailly, seigneur de Conty, épouse de Georges de Claire, ı, 295.

Mailly (Isabeau de), damoiselle de La Vieuville, ı, 350, 351.

Mailly (Isabeau de), fille bâtarde d'Antoine de Mailly, ı, 178 ; ıı, 266.

Mailly (Isabelle de), fille de Jean II de Mailly ; femme de Jean de Neufville, ı, 155.

Mailly (Isabelle de), religieuse, fille de René II de Mailly, ı, 207 ; ıı, 314.

Mailly (Isabelle de), *dite* de Coucy, religieuse à Charonne, fille de Louis III de Mailly *dit* de Coucy, ı, 395.

Mailly (Isabelle de), fille de Louis-Henri de Mailly ; femme de Pierre des Rues, ı, 405, 406, 412.

Mailly (Isabelle-Marguerite de), fille de Guillaume de Mailly ; épouse d'Antoine de La Haye, ı, 489.

Mailly (Isabelle-Philippe-Thérèse de), fille de Guillaume de Mailly ; femme de Louis-Armand de Millendonck, ı, 489.

Mailly (Jacob de), écuyer, ı, 290, 291.

Mailly (Jacqueline de), abbesse de Longchamp, fille de Jean II de Mailly-Auvillers, ı, 364 ; ıı, 216.

Mailly (Jacqueline de), fille d'Anselme-Antoine-René de Mailly, comte de Châlon ; épouse de Marie-Charles-Stanislas, comte de Gontaut-Biron, ı, 526.

Mailly (Jacques de), fils de Nicolas de Mailly, ı, 55.

Mailly (Jacques de), vidame d'Amiens, fils de Jean III de Mailly ; époux de Marie de Vignacourt, ı, 171, 173 ; ıı, 254, 289.

Mailly (Jacques de), huissier de la cour de Parlement, seigneur d'Estrée-en-Cauchie, ı, 172, 173.

Mailly (Jacques de), seigneur de Mareuil, fils de Thibault de Mailly ; époux de Françoise de Bouvelles, ı, 200, 201, 203, 204, 417-419 ; ıı, 302-304, 306-310, 312, 314, 316.

Mailly (Jacques de), fils de Jacques de Mailly-Mareuil, ı, 419.

Mailly (Jacques de), fils de René II de Mailly, ı, 206

Mailly (Jacques de), fils de René III de Mailly, ı, 213.

Mailly (Jacques de), fils de Gilles II de Mailly-Authuille, ı, 327.

Mailly (Jacques de), seigneur de Besgue, fils de Jean de Mailly *dit* Le-Besgue, I, 332.

Mailly (Jacques de), fils de Jean II de Mailly-Auvillers, I, 364 ; II, 218.

Mailly (Jacques de), *dit* Lascaris, fils d'Antoine de Mailly-L'Epine, I, 410-413.

Mailly (Jacques de), fils de Jacques de Mailly-Lascaris, I, 413.

Mailly (Jacques de), fauconnier du roi, I, 394.

Mailly (Jacques de), fils de Philippe de Mailly, seigneur de Saint-Eloy, I, 534.

Mailly (Jacques de), fils de Ferry de Mailly, seigneur de Bertrancourt, I, 534.

Mailly (Jacques de), I, 117, 364 ; II, 257.

Mailly (Jean de), seigneur de Longeau, I, 9.

Mailly (Jean de), seigneur de Palais, I, 9.

Mailly (Jean de) *dit* Rifflart, sergent du roi, I, 88.

Mailly (Jean de), *dit* Sévin, prévôt de Beauquesne et de Montreuil, I, 21, 84 ; II, 51-53, 58.

Mailly (Jean de), chapelain du château de Beauquesne, I, 49 ; II, 81, 82.

Mailly (Jean de), prêtre, fils de Pierre de Mailly, I, 49.

Mailly (Jean de), seigneur de Lagnicourt ; époux de Yolande d'Allewagne, I, 158, 159.

Mailly (Jean I de), fils de Colart, sire de Mailly ; époux de Marie de Hangest, I, 129, 131, 132, 136, 141-144, 361 ; II, 157, 158, 202-204, 207, 215.

Mailly (Jean II de), fils de Colart, sire de Mailly ; époux de Catherine de Mametz, I, 131, 132, 136, 144-157, 160, 337, 377, 423 ; II, 199, 200, 209-211, 214-219, 223-226, 259.

Mailly (Jean III de), fils de Jean II de Mailly ; époux d'Isabeau d'Ailly, I, 148, 152, 156, 158, 160-168, 170, 171, 174, 176, 178, 179, 186, 337, 477, 478 ; II, 219, 224, 225, 228-232, 235, 236, 238, 240, 241, 244, 245, 247, 248, 257, 258, 261, 262, 266, 277.

Mailly (Jean I de), seigneur de L'Orsignol, I, 28, 29, 63, 73-80, 239-245, 325 ; II, 38, 40, 43-51, 54.

Mailly (Jean II de, seigneur de L'Orsignol, fils de Jean I de Mailly-L'Orsignol, I, 244-251, 309, 310 ; II, 53-61, 63-73, 76, 78, 80, 82.

Mailly (Jean III *dit* Maillet de), seigneur de L'Orsignol, fils de Jean II de Mailly-L'Orsignol ; époux de Jeanne de Picquigny, i, 245, 248-251, 254, 255, 309, 313 ; ii, 62-75, 77, 85, 86.

Mailly (Jean IV *dit* Maillet de), seigneur de L'Orsignol, fils de Jean III de Mailly-L'Orsignol ; époux de Jeanne de Crésecques, i, 146, 251, 255-261, 267, 276, 284 ; ii, 109-113, 116, 118, 119, 123, 124, 127, 130, 149, 169, 170, 184, 185, 194, 201.

Mailly (Jean de), évêque de Noyon, fils de Jean IV de Mailly-L'Orsignol, i, 146, 154, 258, 259, 261, 266-275, 283, 288, 290 ; ii, 159-175, 185, 186, 194, 195, 209, 217, 219, 220, 225.

Mailly (Jean de), fils de Jean IV de Mailly-L'Orsignol, i, 258, 284, 290.

Mailly (Jean V de), baron de Conty, fils de Ferry II de Mailly-Conty ; époux d'Anne de Créquy, i, 299, 301, 302, 304, 306-308 ; ii, 275, 276.

Mailly (Jean de), fils de Gilles II de Mailly-Authuille, i, 327.

Mailly (Jean de), *dit* Le Besgue, fils de Gilles III de Mailly-Authuille, i, 332, 337, 340 ; ii, 159, 175, 183, 189, 195, 199.

Mailly (Jean de), fils de Jean de Mailly *dit* Le Besgue, i, 332 ; ii, 195, 197.

Mailly (Jean de), fils de Gilles IV de Mailly-Authuille ; époux de Marguerite de Fiennes, i, 335, 336.

Mailly (Jean de), fils d'Antoine de Mailly-Cambligneul ; époux de Catherine de La Chaussée, i, 343, 344.

Mailly (Jean I de), seigneur de Nedon, époux d'Isabeau de Beuvry, i, 80, 245, 347, 340 ; ii, 50.

Mailly (Jean II de), seigneur de Nedon, fils de Jean I de Mailly-Nedon ; époux de . . . . d'Haveskerque, i, 348, 349.

Mailly (Jean I de), seigneur d'Auvillers, époux de Louise de Craon, i, 360, 361 ; ii, 118, 181, 182, 198, 199.

Mailly (Jean II de), seigneur d'Auvillers, fils de Jean I de Mailly-Auvillers ; époux de Jeanne de Wasiers, i, 361-365 ; ii, 198, 199, 212, 213, 216, 221, 222.

Mailly (Jean de), fils de Jean II de Mailly-Auvillers, i, 363.

Mailly (Jeannet de), fils de Jean II de Mailly, i, 152-154 ; ii, 228.

Mailly (Jeannet de), i, 159 ; ii, 245, 246.

Mailly (Jeannin de), *dit* Griffon, fils de Girard de Mailly, i, 9, 27.

Mailly (Jérôme de), fils d'Antoine de Mailly-La Houssaye, i, 499.

Mailly (Jérôme de), fils d'Antoine de Mailly-Haucourt, i, 500, 501.

Mailly (Jérôme-François-Joseph de), fils de Joseph de Mailly-Haucourt, i, 507, 515.

Mailly (Joseph de), marquis d'Haucourt, fils d'Antoine de Mailly ; époux de Louise-Madeleine-Josèphe-Marie de La Rivière, i, 500, 503-509 ; ii, 333.

Mailly (Joseph de), fils de Joseph-Augustin, comte de Mailly, i, 516.

Mailly (Joseph-Augustin, comte de), marquis d'Haucourt, maréchal de France, fils de Joseph de Mailly ; époux 1° de Constance Colbert de Torcy, 2° de Marie-Michelle de Séricourt, 3° de Blanche-Charlotte-Marie-Félicité de Narbonne-Pelet, i, 501, 507, 509, 511-523 ; ii, 332, 340-357, 379-385.

Mailly (Joséphine de), fille de Joseph-Augustin de Mailly, i, 516

Mailly (Jossine de), fille de Colart de Mailly-Authuille ; femme de Jacques d'Ordre, i, 338.

Mailly (Jourdaine de), fille de François II de Mailly-Haucourt ; femme de Louis de Saint-Ouen, i, 495.

Mailly (Lancelot de), fils de Gilles III de Mailly-Authuille, i, 329.

Mailly (Louis-Charles I de), marquis de Nesle, fils de René II de Mailly ; époux de Jeanne de Monchy, i, 206-208, 216, 217, 429-441, 451-453, 457, 472 ; ii, 315-328, 375, 376.

Mailly (Louis II de), marquis de Mailly et de Nesle, fils de Louis-Charles I de Mailly-Nesle ; époux de Marie de Coligny, i, 433, 441, 442, 453, 467 ; ii, 322.

Mailly (Louis III de), marquis de Nesle, fils de Louis II de Mailly-Nesle ; époux d'Armande-Félice de La Porte-Mazarin, i, 435, 442-455, 464 ; ii, 322, 323, 335.

Mailly (Louis de), seigneur d'Authuille, fils de Jean de Mailly ; époux de Marguerite de Gaesbecq, i, 336, 337.

Mailly (Louis I de), seigneur de Rumaisnil, fils de Jean de Mailly-Rumaisnil ; époux de Louise d'Ongnies, i, 392-394 ; ii, 291, 294, 296, 304.

Mailly (Louis II de), fils de Louis I de Mailly-Rumaisnil ; époux de Guillemette de Coucy, i, 394, 395.

Mailly (Louis III de), *dit* de Coucy, seigneur de Rumaisnil, fils de
Louis II de Mailly-Rumaisnil ; époux d'Isabelle-Claire-
Eugénie de Croy, ɪ, 395.

Mailly (Louis de), époux de Marguerite de Grutus, ɪ, 394.

Mailly (Louis de), seigneur de Sourdon, fils de Nicolas de Mailly, seigneur de Fieffes, ɪ, 406, 410.

Mailly (Louis de), comte de Mailly, maréchal de camp, fils de Jacques
de Mailly-Mareuil ; époux de Marguerite de Mareau,
ɪ, 419-421 ; ɪɪ, 316, 317, 320, 321, 339

Mailly (Louis, comte de), fils de Louis-Charles I de Mailly-Nesle ;
époux d'Anne-Marie-Françoise de Sainte-Hermine, ɪ, 439,
457-463, 467 ; ɪɪ, 318, 319, 335, 359.

Mailly (Louis de), comte de Rubempré, fils de Louis, comte de Mailly ;
époux d'Anne-Françoise-Elizabeth Arbaleste, ɪ, 461, 465,
467-469, 510, 511, 520 ; ɪɪ, 347.

Mailly (Louis de), seigneur du Quesnoy, fils d'Edme de Mailly-Haucourt ; époux d'Anne de Melun, ɪ, 483, 485.

Mailly (Louis de), ɪ, 75, 251-254, 327, 328.

Mailly (Louis de), seigneur de La Vieuville, fils de Florimond I de
Mailly, ɪ, 535, 536.

Mailly (Louis de), bâtard d'Antoine de Mailly-L'Epine, ɪ, 410, 411.

Mailly (Louis-Alexandre de), fils de Louis de Mailly-Mareuil ; époux
de Marie-Louise de Saint-Chamans, ɪ, 420-422, 465, 516 ;
ɪɪ, 320, 321, 339, 355.

Mailly (Louis-Alexandre, comte de), fils de Louis, comte de Mailly ;
époux de Louise-Julie de Mailly, ɪ, 445, 461, 464, 465 ;
ɪɪ, 335.

Mailly (Louis-Gabriel-Raoul de), fils d'Arnould-Adrien-Joseph de
Mailly, comte de Mailly, marquis d'Haucourt, ɪ, 530.

Mailly (Louis-Henri de), fils d'Adrien I de Mailly-La Houssaye ; époux
de Marie de Court, ɪ, 399, 400 ; ɪɪ, 319, 320.

Mailly (Louis-Henri de), seigneur de L'Epine, *dit* le marquis de Mailly,
fils d'Yves de Mailly-L'Epine ; époux de Philippe de L'Ar-
che, ɪ, 404, 405, 406, 409.

Mailly (Louis-Joseph-Augustin de), fils de Louis, comte de Mailly-
Rubempré ; époux d'Adélaïde-Julie d'Hautefort, ɪ, 425,
470-472, 511 ; ɪɪ, 370, 371, 379, 384.

Mailly (Madeleine de), fille de Hutin de Mailly ; femme de Claude de
    Bournonville, ɪ, 379.
Mailly (Madeleine de), religieuse à l'Hôtel-Dieu de Pontoise, fille de
    François I de Mailly, ɪ, 493 ; ɪɪ, 306, 307.
Mailly (Madeleine-Léonore-Joséphine-Berthe de), fille d'Arnould-
    Adrien-Joseph de Mailly, marquis d'Haucourt et de
    Nesle, ɪ, 530.
Mailly (Mahieu de), ɪ, 87 ; ɪɪ, 71.
Mailly (Marcel de), seigneur de La Perrière et de Longeau, ɪ, 9.
Mailly (Marguerite de), fille de Jean II de Mailly ; femme de Renaut de
    Haucourt, ɪ, 153, 154, 157 ; ɪɪ, 228.
Mailly (Marguerite de), fille de René I de Mailly ; femme de Jacques
    d'Ostrel, ɪ, 191, 194 ; ɪɪ, 300.
Mailly (Marguerite de), fille de Jean IV de Mailly-L'Orsignol ; femme
    1° de Pierre *dit* Ferrand des Quesnes, 2° de Renaud de
    Quincampoix, ɪ, 259, 260 ; ɪɪ, 138, 139, 144, 145, 148,
    149.
Mailly (Marguerite de), fille d'Antoine de Mailly, ɪ, 294.
Mailly (Marguerite de), fille de Gilles de Mailly ; femme 1° d'Henri de
    Boissy, 2° de Gilles de Rouvroy, 3° de Gilles de Soye-
    court, ɪ, 318.
Mailly (Marguerite de), fille de Gilles I de Mailly-Authuille ; femme
    d'Antoine de Division, ɪ, 325.
Mailly (Marguerite de), fille de Jean de Mailly, *dit* Le Besgue ; femme
    d'Antoine de Béthancourt, ɪ, 332 ; ɪɪ, 196, 197, 199.
Mailly (Marguerite de), fille de Louis de Mailly-Authuille ; femme de
    Philippe de Saveuse, ɪ, 337.
Mailly (Marguerite de), fille d'Antoine de Mailly-Cambligneul, ɪ, 343.
Mailly (Marguerite de), religieuse à Longchamps, fille de Jean II de
    Mailly-Auvillers, ɪ, 364.
Mailly (Marguerite de), fille de Jean de Mailly-Auchy ; femme 1° de
    Jean Basset, 2° de François d'Averhoust, ɪ, 382.
Mailly (Marguerite de), fille de Ferry de Mailly, seigneur de Bertran-
    court, ɪ, 534.
Mailly (Marguerite de), fille de Florimond I de Mailly, ɪ, 535, 536.
Mailly (Marguerite de), fille de Gédéon de Mailly, ɪ, 536.
Mailly (Marie de), dame de Béthancourt, fille de Gilles V de Mailly,
    ɪ, 92, 99, 120, 121 ; ɪɪ, 121, 125, 126.

Mareau de Villeregis (Thérèse de), ii, 317.

Mares (Mathieu des), ii, 208, 209.

Mares (Wibert des), ii, 217.

Marestmontier, i, 200, 418, 419 ; ii, 147, 302, 304, 308-312. 316, 317.

Mareuil (seigneurs de), i, 199, 200, 204, 417-425 ; ii, 295, 306, 308-312, 314.

Marguerite, femme de Gautier, sire d'Avesnes, i, 44.

Marguerite, comtesse de Flandre, ii, 121.

Maricourt (Jean de), i, 310 ; ii, 117, 270.

Maricourt (Louis de), époux d'Antoinette de Mailly, i, 390 ; ii, 270.

Maricourt (Pierre de), ii, 270.

Maricourt, i, 333 ; ii, 109.

Marie, comtesse de Flandre, femme de Baudouin IX, i, 46.

Marie, femme de Jean de Mailly, i, 9.

Marie-Thérèse, reine de France, i, 25, 212.

Marigny (Pierre de), ii, 163, 165.

Marigny (vicomte de), i, 462.

Marillac (René de), marquis d'Albessy, ii, 321.

Marle, i, 246 ; ii, 73, 210, 242.

Marlette (Jean), i, 146 ; ii, 181.

Marly (Pierre de), i, 50.

Marly (Mathieu I de Montmorency, seigneur de), i, 51, 52.

Marly (Mathieu III de Montmorency, seigneur de), i, 83.

Marly (Thibault de), ii, 32

Marly (seigneur de), i, 71.

Marmoutier, abbaye, i, 264.

Marquais-lès-Péronne, i, 330 ; ii, 201, 214.

Marquette, ii. 4.

Marquette (Nicole de), femme de Gédéon de Mailly, i, 536.

Marquette (Pierre de), seigneur de Toully, i, 536.

Martin V, pape, i, 270.

Martin (Louise), abbesse de Bival, i, 495.

Martin (Nicolas), huissier à Paris, i, 410.

Martin (Nicolas), notaire à Amiens, i, 193.

Martinsart, i, 55, 57, 108, 145 ; ii, 100, 126, 219.

Martinville (Antoinette de), i, 498 ; ii, 332.

Martinville (Louis de), marquis d'Estouteville, époux d'Anne de Mailly, i, 497 ; ii, 332.

N

O

P

Q

R

S

Sac (Jean), II, 163.

Sacquespée (Jacques), II, 169.

Sacquespée (Jean), II, 137.

Sailly-aux-Bois, I, 159, 296, 297, 304 ; II, 101, 245, 253.

Sailly (Alleaume de), II, 113, 115, 128.

Sailly (Hugues de), époux de Marie de Mailly, I, 328.

Sainghien (Jacques d'Ordre, seigneur de), I, 338.

Sains, I, 43 ; II, 218.

Sains (Baudouin de), I, 340.

Sains (Eustasie de), femme de Mathieu du Bois, I, 340

Sains (Jacques de), époux de Marie de Mailly, I, 367.

Sains (Regnauld de), I, 137.

Saint-Alban, I, 297 ; II, 253

Saint-Amand, I, 498, 503, 509 ; II, 333.

Saint-Amand (Philippe de), grand-prévôt de Saint-Vast, II, 10.

Saint-Amand (Tassart de), I, 343.

Saint-André de Clermont (Trinitaires de), I, 106.

Saint-Antoine, abbaye, I, 102, 103.

Saint-Appuy-sur-la-Mer, II, 312.

Saint-Aubert-de-Cambrai, abbaye, I, 35, 40, 48.

Saint-Aubin (seigneurs de), I, 337.

Saint-Aubin (Jean de), seigneur du Fresnoy, I, 337.

Saint-Benoît-du-Mans, paroisse, I, 505.

Saint-Blaise (Marguerite de), femme d'Antoine de Moy, I, 368.

Saint-Chamans (Antoine de), I, 422 ; II, 339.

Saint-Chamans (Marie-Louise de), femme de Louis-Alexandre, comte de Mailly, I, 422 ; II, 339, 355.

Saint-Clair (Bruneau de), I, 124.

Saint-Clément (Louis de Guillard, seigneur de), II, 307.

Saint-Crépin (Guyard de), I, 94 ; II, 104.

Saint-Crespy (Guy de), II, 84.

Saint-Cyr, I, 408.

Saint-Denis, abbaye, I, 42. 102, 103 ; II, 176, 334.

Saint-Denis (siège et bataille de), I, 187, 287.

Sainte-Austreberte, abbaye, I, 330 ; II, 314.

Sainte-Austrude, abbaye, I, 36.

Sainte-Colombe, abbaye, I, 253.

T

X

Y

Z

TABLE DES MATIÈRES

XIᵉ siècle. 1-6

XIIᵉ siècle 7-10

XIIIᵉ siècle 11-42

XIVᵉ siècle 43-140

XVᵉ siècle 141-252

XVIᵉ siècle 253-304

XVIIᵉ siècle 305-332

XVIIIᵉ siècle. 333-385

Identifications, additions et corrections 387-391

Table alphabétique 393-554

Table des matières 555